U0635853

XUN HUA WEN SHI CONG SHU
循化文史丛书

主　编　韩大全

副主编　侃　本

政协循化撒拉族自治县委员会　编

福天宝地

FU TIAN BAO DI

中国文史出版社

图书在版编目（CIP）数据

福天宝地 / 政协循化撒拉族自治县委员会编 . -- 北
京 : 中国文史出版社，2022.11
（循化文史丛书）
ISBN 978-7-5205-3860-2

Ⅰ. ①福… Ⅱ. ①政… Ⅲ. ①文史资料－循化撒拉族
自治县 Ⅳ. ① K294.44

中国版本图书馆 CIP 数据核字（2022）第 197032 号

责任编辑：王文运　　李晓薇

出版发行：中国文史出版社

社　　址：北京市海淀区西八里庄路 69 号　　邮编：100142
电　　话：010-81136606　81136602　81136603（发行部）
传　　真：010-81136655
印　　装：深圳市国际彩印有限公司
经　　销：全国新华书店
开　　本：889mm×1194mm　1/16
印　　张：31
字　　数：427 千
版　　次：2024 年 1 月北京第 1 版
印　　次：2024 年 1 月第 1 次印刷
定　　价：460.00 元（全四册）

文史版图书，版权所有，侵权必究。

文史版图书，印装错误可与发行部联系退换。

顾　　问：黄生昊　中共循化县委书记

韩兴斌　中共循化县委原副书记、政府原县长

何　林　中共循化县委副书记、政府县长

马维胜　青海民族大学校长

策　　划：韩大全　循化县政协主席

编委会主任：韩大全　循化县政协主席

副 主 任：巴才让快　中共循化县委副书记

陈雪俊　中共循化县委原副书记

桑　吉　中共循化县委统战部部长

李淑梅　中共循化县委宣传部部长

仁　青　循化县政协副主席

马明义　循化县政协副主席

车军利　循化县政协副主席

噶尔哇·阿旺桑波　循化县政协副主席

马红梅　循化县政协原副主席

马海龙　循化县政协秘书长

马国祥　循化县政协原秘书长

委　　员：马成俊　青海民族大学副校长

韩新华　青海省政协学习和文史委员会原副主任

彭　忠　循化县政协社会法制和文化文史学习委员会原主任

唐　钰　《中国青年报》驻青海记者站原站长

侃　本　青海省《群文天地》执行主编、《藏族民俗文化》副主编

黄军成　青海民族大学教授

马德育　循化县政协科教文卫和学习文史委员会主任

马新华　循化县政协科教文卫和学习文史委员会副主任

主　　编：韩大全　循化县政协主席
副 主 编：侃　本　青海省《群文天地》执行主编、《藏族民俗文化》副主编

编　　审：马成俊　青海民族大学副校长
　　　　　韩新华　青海省政协学习和文史委员会原副主任

统　　筹：马海龙　循化县政协秘书长兼办公室主任
　　　　　马国祥　循化县政协原秘书长兼办公室主任
　　　　　韩文明　循化县政协办公室副主任

编　　务：马进仓　循化县政协办公室秘书
　　　　　马丽莎　循化县政协办公室秘书
　　　　　韩德明　循化县政协办公室秘书

工作人员：田喜平　韩晓光　马德明　桑　杰　李萍华　韩梅娟　马宗智

增强中华文化认同　构筑共有精神家园

　　习近平总书记在党的二十大报告中指出："中华优秀传统文化源远流长、博大精深，是中华文明的智慧结晶，其中蕴含的天下为公、民为邦本、为政以德、革故鼎新、任人唯贤、天人合一、自强不息、厚德载物、讲信修睦、亲仁善邻等，是中国人民在长期生产生活中积累的宇宙观、天下观、社会观、道德观的重要体现，同社会主义核心价值观具有高度契合性。我们必须坚定历史自信、文化自信，坚持古为今用、推陈出新，把马克思主义思想精髓同中华优秀传统文化精华贯通起来、同人民群众的共同价值观念融通起来，不断赋予科学理论鲜明的中国特色，不断夯实马克思主义中国化时代化的历史基础和群众基础，让马克思主义在中国牢牢扎根。"习总书记 2023 年 6 月 2 日在全国文化传承座谈会上进一步指出："中国文化源远流长，中华文明博大精深。只有全面深入了解中华文明的历史，才能更有效地推动中华优秀传统文化创造性转化、创新性发展，更有力地推进中国特色社会主义文化建设，建设中华民族现代文明。"县政协征集编纂的《积石古风》《福天宝地》《泉润四庄》《时空回响》四部反映各民族历史文化史料著作即将与读者见面，这是新一届政

协为全县民族文化事业奉献的倾情之作，也是我县近百年文化遗珍的一次拾遗和汇集，对于保护和传承文化遗产、推动文化事业繁荣发展具有十分重要的意义。

循化是全国唯一的撒拉族自治县，是春天的使者踏访高原最早的一方热土，是黄河上游流动的风情画廊。多年以来，撒拉族、藏族、回族、汉族等各民族交往交流交融，手足相亲、守望相助、休戚与共、和衷共济，共同演绎了你中有我、我中有你的生动历史，共同创建了全国民族团结进步示范县。在这片热土上，循化各族儿女在清水湾的惊涛骇浪里演了"英雄救英雄"的壮举，在红光村的悲壮历史中赓续传承红色基因，诞生了十世班禅大师额尔德尼·确吉坚赞、爱国老人喜饶嘉措等爱党爱国爱教名人及邓春兰、邓春膏博士等文化先驱，留下了"各民族像石榴籽一样紧紧抱在一起"的深厚根基，凝结成了中华民族多元一体、团结融合的一个缩影。

存史资政，继往开来，是中华民族的优良传统，也是时代文明进步的重要标志。县政协征集、编纂的四部历史文化专辑，以新的视角挖掘民族文化的题材，提炼民族文化的丰厚资源，全面系统介绍各民族社会文化、交流交往等，笔墨生动，图文并茂，创意新颖，富有时代感，是可信度较高的史料。该系列书籍的付梓问世，既吸收了传统史料之精华，又凝聚了现代发展之新篇，是一部展示各民族辉煌发展历程的成就展，也是一部记述各民族开拓进取推动时代变迁的奋斗史，更是一部描绘各民族热爱生活、追求生活、创造生活的生动写照，四部著作犹如四片连接紧密的拼图，填补了循化汉族、藏族、回族文史资料著作空白，向读者呈现出了一幅全面反映循化社会、经济、文化状况的宏伟历史画卷，提供了高品质的文化产品和精神食粮。

历史是一面镜子，文化是精神、是脊梁。前事不忘，后事之师，通过大量阅读和深刻认识全县各民族的文化与发展，才能更进一步增强中华民族的认同感，提升中华民族的凝聚力，为建设"黄河上游丹山碧水、浓郁风情、产业鲜明、宜业宜居现代化和美循化"做出积极贡献,惟勤惟实,把"十四五"规划擘画的美好蓝图变为现实。希望这套丛书能够给读者呈现出各民族丰富多彩、波澜壮阔的美丽画卷,愿勤劳、智慧、勇敢的循化各族人民在中国共产党的领导下,承先辈之壮志,穷集体之智慧,尽民众之力量,施发展之大计,展富裕之蓝图,人尽其才,物尽其用,浓墨重彩地描绘和美循化美好的明天!

中共循化撒拉族自治县委书记 董璞

2023 年 6 月 18 日

以史为鉴　开创未来

在蒙昧初开的洪荒年代，大禹率众抡斧斫山，疏浚导河，开启了这一方土地的文明先河。公元13世纪初，撒拉族先民拔寨起营，从遥远的中亚举族东迁，沿着古丝绸之路万里辗转，来到祁连山东南脚下的黄河谷地——循化，将这一方风景秀丽、气候宜人的温润河川选择为无数次转场的最后一站，在东方乐土上续写一个民族新的生命之歌。

新中国成立后，获得新生的撒拉族、藏族、回族、汉族等各族人民共同依偎在伟大祖国的怀抱，沐浴着党的阳光雨露，在沿着中国特色社会主义阔步前行的征途中，守望相助，互鉴共荣，共同见证了积石山下、黄河岸畔的沧桑巨变，聆听了华夏盛世、九州太平的百年乐章。从争取国家独立到建设社会主义，再到全面建成小康社会，回望一个世纪的来时路，多少风卷云舒，沧海桑田，在历史的大舞台一次次拉开帷幕，又一次次终场谢幕。而在跌宕起伏的历史进程中，被大禹治水的史前文明浸润过的这片土地从来没有缺席过，一代代循化人紧跟时代潮流，融通四方，博采众长，在黄河浪尖上表达生存的姿态，谱写气势如虹的生命壮歌，在丹山碧水间创造风情卓著的民族文化、瑰丽多彩的民俗文化、深邃悠远

的黄河文化、感天动地的红色文化、高山仰止的人文景观，为博大精深的中华文化增添了独特亮眼的活力。

值此党的二十大胜利召开、全面开启中华民族伟大复兴第二个百年奋斗目标新征程之际，由县政协组织编纂的文史资料《积石古风》《福天宝地》《泉润四庄》《时空回响》即将付梓，这是继《兴旺之路》《中国撒拉族百年实录》《凝固的乐章》《筑梦之路》等文献后，循化文史工作又一项丰硕成果，为审视循化的前世今生提供了新的历史坐标，打开了崭新的视觉维度。

这套文史资料是历史见证人亲力亲为、所见所闻的实录，也是考究者对循化各民族历史文化的追寻探索、研究考证、抢救挖掘的重要成果，其时间跨度之大、人物类型之多、选材角度之宽、内容涉猎之广，无疑是循化文史宝库的重要收获。借此，我们不仅能够直观感受到循化多元文化交织相融的瑰丽与厚重，更是对研究循化历史文化提供了比较丰赡的第一手资料，在宣传循化、增强地域文化自信方面必将产生积极意义。

县政协调集各方力量，在不到一年时间里，能完成如此宏大的史诗性文化工程，实属不易。我们应当感谢参与此次文史编纂工作的同志们，是他们在历史深井中的钩沉，在时光河流中的淘洗，在阡陌村巷间的捡拾，用一行行文字擦亮尘封的岁月，用四部书的纵横度采撷那些在大时代大变革大发展波峰上闪耀的浪花，释放岁月缝隙里的光芒，使那些不该忘记的、可圈可点的人物鲜活如初地呈现在我们面前，使那些游弋在我们的记忆之外的事件变得清晰如昨，使循化历史人文底蕴变得更加深厚，文化循化的魅力得以充分彰显。

作为黄河上游历史文化资源相对富集之地，循化在全省乃至全国都有不可忽略的吸引力和关注度。希望政协文史工作以这套丛书的出版为契机，进一步增强文化使命感，不断延伸探寻历史的目光，挖掘整理好尚未面世的珍贵文史资料，为建设"黄河上游丹山碧水、浓郁风情、产业鲜明、宜业宜居的现代化和美循化"提供历史经验、精神动力和智力支持。

祝贺《循化文史丛书》出版。

中共循化撒拉族自治县委员会副书记、县长　循林

2023 年 6 月 20 日

留住历史记忆　回望百年沧桑

循化县政协文史资料征编工作始于 20 世纪 80 年代初，当时征编的两本油印本《循化文史资料专辑》《循化文史》开启了循化文史资料的先河。从此，历届政协高度重视文史资料征编工作，先后征集出版了《兴旺之路》《凝固的乐章》《筑梦之路》等八辑文史专辑，发挥了文史资料"存史、资政、团结、育人"的作用，为研究循化的近现代历史留下了真实、鲜活的珍贵资料，对挖掘地方文化资源、弘扬爱国主义精神、繁荣文化事业、促进民族团结发挥了积极作用，获得了社会各界的广泛好评。

循化是全国唯一的撒拉族自治县，历史悠久，人杰地灵，文化独特。长期以来，各民族在长期交往交流中相互尊重、相互欣赏、相互学习、相互借鉴，形成了你中有我、我中有你、谁也离不开谁的和谐民族关系。循化是撒拉族、藏族、回族和汉族等各民族文化和情感记忆的载体，是各民族休戚与共、荣辱与共、生死与共、命运与共的共同精神家园，各民族历史源远流长，文化底蕴深厚，民族风情浓郁，这些丰富的遗产为循化县创建民族团结进步事业打下了良好的基础。如何保护、挖掘、整理和开发循化各民族丰厚的文化底蕴和优秀文化，提升循化历史文化品位，振奋民族精神，传承民族文化，是人民政协文史资料工作面临的重要课题。为此，循化县十六届政协以对历史负责、为各民族负责的求实态度，在广泛听取各族各界人士的意见、建议后，结合循化历史传承、区域文化、民族特点，本着创建民族团结进步事业、促进各民族交往交流交融、构建中华民族共有精神家园、铸牢中华民族共同体意识的精神，为进一步增进民族团结，增强民族自信心，填补汉族、藏族、回族文史专辑空白，决定征编以四个世居民族为主体的系列文史专辑，最终形成《积石古风》《福天宝地》《泉润四庄》《时空回响》四部全面展示循化各民族的史料著作，并将之政协历年来征集的存稿编入《时空回响》专辑中一并出版。

各专辑的撰稿人，大多是循化近百年来重大历史事件的亲历、亲见、亲闻者，内容涵盖了循化各民族社会变迁、名人贤士、社会贤达、重大历史事件、重要历史人物和各界人士艰苦创业兴办企业、从事金融外贸、潜心科研、致力教育、关注民生的事迹史料及研究成果。协助当事人整理史料或代笔撰稿的同志，有许多是资深的专家、学者和文史爱好者。

此次征集和编纂文史资料，在短短一年时间内征集了近 200 万字的稿件，这得益于县委、县政府的关心和支持，特别是县委书记黄生昊，原县长韩兴斌，县长何林多次听取工作汇报，提出指导意见，为征集工作的顺利进行给予了大力支持。同时得益于各位专家、学者的无私帮助，凝聚着编纂工作者的心血和汗水，融入了广大文史爱好者的爱心。青海民族大学党委副书记、校长、博士生导师马维胜教授，从文史征集思路、定位、策划及人才支援等方面给予了指导和帮助；青海民族大学党委常委、副校长、博士生导师马成俊教授，致力反哺家乡文史事业，充分发挥研究撒拉族历史文化的专业特长，亲自参与征集、撰稿、编辑、审稿工作；青海省政协学习和文史委员会原副主任韩新华同志，充分发挥 30 余年征集、编辑政协文史资料的深厚功底和丰富经验，全程参与征集、撰稿、审稿及版式设计等各环节工作，不遗余力、无私奉献；青海民族大学经济管理学院黄军成教授，负责征编《泉润四庄》专辑，牺牲个人的业余时间，多次深入循化，走村入户征集史料，保质保量地完成了该专辑的征编任务；青海省《群文天地》执行主编侃本同志，将长期以来研究藏族文化历史的心血倾注到《福天宝地》的征编工作中，使得该专辑内容全面，丰富多彩；县政协文史委员会原主任彭忠同志和《中国青年报》驻青海记者站原站长、著名记者唐钰同志，联手深入挖掘循化地区汉族的历史故事、著名人物、民俗风情等内容，展示出了循化汉族深厚的文化底蕴。

为了在较短的时间里高质量完成文史资料的征编和出版工作，2021年暑假期间，马成俊教授带领黄军成教授、韩学俊老师、姚鹏、方玮蓉、刘子平等几位博士深入循化县帮助撰写文史资料。在最后的审稿环节，马成俊副校长还邀请青海民族大学唐仲山、张科、李建宗、王刚等教授，姚鹏、方玮蓉、刘子平、冶敬伟四位博士以及马汀楠等，集中精力进行审稿，为此次文史资料的顺利完成做出了贡献。终稿阶段，马成俊、韩新华二位同志进行全面统稿，在严格把好政治关、史实关的基础上，从文章结构、字词句段、标点符号等方面全面把关。文稿审定后，韩新华同志又参与了整部丛书的装帧设计与图文录入工作及出版的后期工作。

此次呈现给大家的四本文史资料专辑凝聚了大家的心血和汗水，比较全面地反映了循化县各民族近现代以来的重要人物、重大事件，特别是被历史遗忘或者是在历史的尘埃中即将消失的重要人物和事件，为大家呈现出了很多原始的资料。在这套文史资料丛书即将付梓面世之际，我谨代表循化县政协向所有参与征集、编辑、审阅、修改、校对、编印的各位专家、学者和工作人员致以崇高的敬意和衷心的感谢！

文史资料工作是人民政协一项富有统一战线特色的基础性工作，发挥着"存史、资政、团结、育人"的重要作用。期待此次出版发行的四部文史资料，能为循化县新时代社会主义文化建设、增强文化自信发挥积极的作用。

我们要深入学习贯彻习近平总书记关于加强和改进人民政协工作的重要思想，深刻把握时代要求、深化规律性认识，推动政协文史工作从以抢救挖掘为主，向抢救挖掘与做好经常性文史工作并重转变，从重视史料征集向更加重视史料研究、利用转变，使之更好成为人民政协专门协商机构特色优势的基础支撑，成为促进中华儿女大团结的有利抓手，成为发挥委员主体作用的有效载体。要继续积极、主动地开展抢救性保护工作，启动循化县口述史的采集编辑工作，进一步深入挖掘循化地区社会变迁、生产生活、民风民俗、民族语言、文化艺术等史料，运用现代化的音像存储手段，将面临消失的珍贵历史、文化资源，生动、直观地保存下来，留住历史记忆，发挥社会效益，为打造人文循化、书香政协做出积极的贡献。

是为序。

循化县政协党组书记、主席

2023 年 6 月 30 日

○目录 ———— CONTENTS

一

智者情怀

喜饶嘉措大师的传奇人生

侃 本 *

喜饶嘉措大师于 1884 年阴历四月初八诞生在今青海省循化撒拉族自治县道帏藏族乡贺庄村一个普通农民家庭中，乳名多杰。多杰的父亲名叫拉浪杰，母亲名叫拉浪吉，多杰还有一个年长他 5 岁的姐姐，叫李毛先。

多杰两岁时父亲病故，3 岁时母亲带着姐姐和他返回娘家，5 岁时母亲把年幼的他送到古雷寺一位叫洛赛的老僧人处。洛赛老僧人是多杰母亲的伯父，早年在此寺出家为僧，性格温顺。洛赛老僧人见自己的侄女把唯一的儿子送到他的身边，既高兴又感动。他见这小外孙眉清目秀，两眼炯炯有神，灵气异常，甚是欢喜，

◎年轻时的喜饶嘉措大师（侃本 提供）

便形影不离地陪伴在他的身边，有意培养他，从最初的识字开始，慢慢让他念诵一些日常经文。洛赛老僧人发现这孩子天赋过人，教什么一学就会，再难的经文读上三四遍亦熟记无误。

* 侃 本，青海省《群文天地》执行主编、《藏族民俗文化》副主编。

多杰长到 7 岁时，在古雷寺高僧拉仁巴诺吾仁波切座前授沙弥戒，正式取法名为喜饶嘉措（寓意智慧的海洋），又拜拉仁巴托麦仁波切系统学习佛教经典，两位拉仁巴高僧无微不至地关怀和培养多杰，期望他将来成为有用之才。

喜饶嘉措出家之时，虽然国内局势动荡不安，但古雷寺迎来了创寺 600 年以来的黄金季节，古雷寺历史上的第一位拉仁巴高僧和第二位拉仁巴高僧同时坐镇一座寺院，又有十几位格西大学者辅佐他们，一时间古雷寺学者云集，声名远扬。

喜饶嘉措自幼天资聪颖，六根清净，与同龄人相比有着非凡的天赋。这些高僧学者慧眼识珠，第一眼见到喜饶嘉措便都觉得这孩子日后定能成大器，都从不同的角度把自己的心血倾注在小小的喜饶嘉措身上。

喜饶嘉措 9 岁时，聪慧颖悟，异于常人，寺中需要念诵的经文，倒背如流，所有仪轨，应用娴熟。11 岁时，于学习之余按当地习俗，随同师傅或年长的学僧到附近乡村去从事一些简单的佛事活动，以化缘求得些许布施，补贴生计。15 岁时，古雷寺有一位叫鲁智的佛画师，在自己的僧园内修建了一座别致的小花园，寺内僧人闲暇之时经常游览该园，称赞之余喜欢赋诗填词。一日喜饶嘉措也前去观赏，感叹之余为其赋诗，"博大妙智贯经文，洞彻精义无遗留，顶礼土旦嘉措尊，请赐无碍之辩才，药树葱茏园林中，稀奇庄严无量宫，画师鲁智之寮舍，福泽眼中甘露融。"诗句虽短，但立意新颖，起承自然，转合得体，其才华显露无遗。16 岁时，喜饶嘉措带着古雷寺两位高僧拉仁巴的厚望和家乡父老乡亲的希冀赴甘肃拉卜楞寺继续深造。在秋季法会期间加入拉卜楞僧团，先后拜大格西迭部官切喇嘛，系统地学习了因明逻辑学，拜大学者贡唐洛哲嘉措学习了中观理论，拜德唐活佛学习了律经等。喜饶嘉措在拉卜楞寺用 5 年时间学完了一般学僧需要 12 个春秋才能完成的课程。这样充满智慧、奋发向上的学僧人见人爱。他深受拉卜楞寺四世嘉木样活佛在内的诸多学者的赏识，特别是大学者贡唐洛哲嘉措亲自给他授了比丘戒。这几位高僧大德同时把自己全部的心血倾注在一个学僧身上，在当时来说非常罕见，甚至有人说，拉卜楞寺 300 年历史上这样的例子非常少。可见，

20 岁出头的喜饶嘉措已经锋芒毕露，而且又有远大的抱负。后来，在恩师贡唐洛哲嘉措等大师的鼓励和资助下，他只身背着简单的行囊徒步向西藏拉萨进发。

遵照大师的意愿和嘱托，喜饶嘉措在 21 岁那年到达拉萨，入哲蚌寺果芒扎仓学习。在这里他先后拜精通显密经典的大格西乔智噶布和布都仁波切等三十几位德高望重的高僧为师，深入而系统地学习了所有显密经典要义。

勤奋好学的喜饶嘉措早早修完五部大论，以辩才出众而声名远扬，得十三世达赖喇嘛器重。在罗布林卡举行的特殊辩经法会上，各方大德学者共集问难，喜饶嘉措一一应对，获得桂冠，因而被破格授予拉仁巴格西称号，最终得以参加大昭寺辩经法会，获头等拉仁巴格西称号。

拉仁巴是藏传佛教最高学位，学僧在修完五部大论后经所属学院严格筛选，符合参加拉仁巴学位答辩的学僧，推举给西藏噶厦政府后，参加拉萨大昭寺前举行的正月祈愿大法会辩经考试，方可正式取得拉仁巴格西学位。

1915 年，年仅 32 岁的喜饶嘉措获得拉仁巴格西称号，他凭借自己佛学上的渊博和出众的辩才能力，成为当时全藏区公认的学问最渊博、知识最全面的学者之一。从此，在各种辩论场合，只要喜饶嘉措参加答辩，西藏各大寺院的学僧就会不远千里来聆听。他的名声如日中天，光耀万丈，在西藏佛学界确立了不可撼动的地位。

十三世达赖喇嘛是西藏历史上一位非常显赫的人物，在他亲政期间英国入侵西藏，发生江孜之战，在内地发生辛亥革命，清帝退位。在这一系列的重大事件面前，他为了寻求更好的出路，先后到达北京、蒙古国、印度等地。不久，他回到拉萨进行了一系列的政治改革。在重振西藏文化方面，他多年来一直想将藏传佛教所有典籍作彻底梳理，但一直找不到理想的人选。这期间他目睹喜饶嘉措在答辩拉仁巴格西学位时的风采，他认为他需要的人选，这回自己冒出来了，继而亲自把喜饶嘉措邀请到自己的夏宫罗布林卡，特聘他主持整理校勘各种经典。

1916 年，喜饶嘉措奉十三世达赖喇嘛之命担任重刻布顿仁钦珠（1290—1364）全集的校对任务，经过 6 年的时间完成了《布顿全集》的校勘任务。而后又奉十三世达赖喇嘛之命，主持重刻大藏经《甘珠尔》的校勘任务。他花了整整 8 年时间，才完成了《甘珠尔》的校勘任务。在校勘《甘珠尔》的同时，还完成了《第悉桑结嘉措全集》等巨著的校勘工作。他前后用了 15 年的岁月，完成了上述经典著作的整理校勘工作。十三世达赖喇嘛对喜饶嘉措的渊博学识甚为倚重，凡藏传佛教经籍中遇到的疑难问题，常征求喜饶嘉措的意见。在这期间，喜饶嘉措还接受十三世达赖喇嘛的委托，为西藏三大寺及上下密宗学院等应届堪布升迁时的主考官，将这些候选人的佛学功底以讲辩形式考核摸底后，如实禀报达赖喇嘛分别任命。同时，他还兼任西藏噶厦政府创办的贵族学校的老师。

喜饶嘉措以其渊博学识，成为藏区学术界的泰斗，前来求教问难者不胜枚举。他先后在三大寺轮回讲授五部大论，著名学者如后来成为十四世达赖喇嘛经师的赤江活佛、果芒学院堪布曲沛嘉布、格西雄巴次成、藏族史学家更登群培、贡巴萨土登吉札、更浪洛桑坚赞等皆出自他的门下。俗家贵族也多送子弟在喜饶嘉措座前求学，如阿沛·阿旺晋美、索康·旺钦格勒、江洛坚·索南亚布、德格赛·索朗旺堆、擦戎等都曾拜他为师。从此喜饶嘉措成为桃李遍藏乡的大师，他的学生和僧徒中，不少人后来成为西藏政坛和宗教界的显赫人物。

喜饶嘉措在西藏的一举一动不仅引起了中国内地各界人士的高度关注，同样也引起了印度、尼泊尔等国的关注，他们纷纷通过各种渠道或联系，或派人前来邀请，如印度直接派大学者罗列赫前往西藏商谈喜饶嘉措赴印度便是一例，因喜饶嘉措大师奉十三世达赖喇嘛之命，正在从事大藏经《甘珠尔》的校勘任务而未能成行，遂推荐爱徒更登群培与罗列赫同行周游印度。

1933 年 12 月 17 日，58 岁的十三世达赖喇嘛土登嘉措在拉萨布达拉宫圆寂。接着，西藏看似平静的社会发生了一系列的波动，大小权贵之间的矛盾、老贵族和新贵族之间的矛盾、前藏和后藏之间的矛盾、"亲汉派"和"亲英派"之间的矛盾、青藏和康藏之争，都从暗地里涌现出来，成为公开的事情，还有外面虎视眈眈的英国人和沙俄人，也在时刻注意着西藏局势的发展。此时，在十三世达赖喇嘛时期红极一时的大学者喜饶嘉措大师也感受到了时局的复杂性，更有甚者，有人对他主持校勘的大藏经《甘珠尔》颇有微词。这时候他想起了十三世达赖喇嘛和他的一次谈话，要他到西藏以外更广阔的地方去施展才华，把藏族文化传播到更远、更广阔的地方。

1936年冬，喜饶嘉措大师终于接受国民政府的再三邀请，在国民党监察委员黎丹等人的陪同下，由拉萨出发，取道印度，途经香港、上海到达南京，受到南京国民政府教育部和蒙藏委员会及西藏驻南京办事处、班禅堪布厅、甘青会馆、青海同乡会等的热烈欢迎。九世班禅比喜饶嘉措大师大一岁，早喜饶嘉措大师13年离开西藏，在内蒙古、北京、南京等地活动。此次，欣闻喜饶嘉措大师要来南京，特别嘱托内侍人员，喜饶嘉措大师要在班禅堪布厅安身，自己在内地的未尽事宜托付喜饶嘉措大师来完成。次年，九世班禅在回藏途中经过甘肃拉卜楞寺、青海塔尔寺等地，最后圆寂于青海玉树大寺的甲拉颇章。

1937年初，喜饶嘉措大师受到国民政府首脑蒋介石、林森、汪精卫、戴季陶等的先后接见，也受到了国民政府蒙藏委员会委员长吴忠信及社会各界人士的热烈欢迎。同时，国民党中的爱国将领冯玉祥、张治中等虔心佛教的政客经常拜见他，请教佛教中的疑难问题，他成为这些将军的精神导师。

为了加快沟通和增进汉藏文化交流，让广大的内地知识分子对藏族悠久的历史文化有所了解，喜饶嘉措大师又被聘为北京、清华、中央、武汉和中山5所国立大学的客座教授，开设藏族文化、历史和佛学理论讲座，为内地培养了一大批爱好藏学的人才，由此开启了藏学研究在内地的先河。同时，喜饶嘉措大师又是在北大、清华、武大等国内顶尖高校授过课的第一位藏族学者。大师在繁忙的讲学之余，一面整理散落的藏文佛经，一面从事佛学著述。与国学大师陈寅恪、陈垣等，佛学大师吕澄、杨仁山、欧阳渐等进行学术交流，还与上海大菩提协会会长赵朴初、《藏汉大辞典》主编张怡荪等有着密切的交往。

大师首次在内地讲经是在上海大菩提协会，对以赵朴初会长为首的300名学徒讲授菩提道次第等佛经。随后在南京、武汉、成都、重庆、兰州等地根据各佛教团体的意愿讲授菩提道次第、圣道三要等佛教经典要义。在西安广仁寺官付清大喇嘛的提议下撰写了《宗喀巴大师礼赞十七颂》，同时，还在各佛教古刹和道场等不同场合多次进行了藏族文化大讲座。

抗战爆发后，日军轰炸南京，存放在甘青会馆的大师著作手稿等一夜之间化为灰烬，大师痛心疾首。对日军野蛮行径，大师撰文号召佛门僧徒团结抗日，坚决反对日本军国主义侵略中国的阴谋，极力维护祖国领土主权的完整。

1938年，喜饶嘉措大师任国民政府参政会参政员，凡涉及藏传佛教和蒙藏等民族的事务常征求他的意见，他也时刻关注着这些地区的僧俗事务，不失时机地提出一些务实建议。1939年5月，国民政府蒙藏委员会和教育部拨发经费，组织抗战宣传团，派他到甘、青两省进行抗日宣传工作。他到过很多地方，利用他的影响力，一方面积极宣传

◎《喜饶嘉措大师史料集》书影 （侃本 提供）

抗日，一方面讲经说法，取得了很好的效果。7月21日，十四世达赖喇嘛寻访队离开青海塔尔寺前往拉萨，喜饶嘉措大师特地赶来参加护送，亲自主持宗教仪式，祈祷他们一路顺风。8月29日，在青海湖边以国民政府名义进行盛大的万人祭海典礼，派八战区司令长官朱绍良代表中央政府维持秩序，喜饶嘉措大师负责祭海仪式，连续5天时间在祭海的同时给前来参加祭海的藏族、蒙古族、汉族等各族各界群众进行了热情洋溢的演讲。

1940年，国民政府册封喜饶嘉措大师为"辅教宣济禅师"，并授大小银印两枚。这是国民政府颁给西藏高僧为数不多的册封之一。喜饶嘉措大师虽然不是真正意义上的活佛，但他的学问与声望已经达到了登峰造极的地步，西藏十三世达赖喇嘛和流落在内地的九世班禅都对他另眼相看，而且寄予厚望，国民政府也了解其中的含义，为此，册封他为"辅教宣济禅师"，其历史意义非常深远。

1941年，大师家乡的父老乡亲为了抵制马家军的兵役，联名上书请大师想个万全之策，大师即刻报请国民政府教育部批准，在大师的出家之寺古雷寺创办了"国立青海喇嘛教育国文讲习所"，1942年3月正式开学，他亲自任所长，从此以后马家军免去了当地的兵役。这所学校在当时培养了很多僧俗学员，青海解放后这些学员大部分都在各自的岗位上殚精竭虑，做了很多有意义的事情。值得一提的是，中国藏学研究中心原副总干事彭哲先生、西北民族大学原副校长宁武甲先生、青海民族出版社原副总编智华先生、青海省人民政府翻译处原副处长屈焕先生、青海省佛教学院原副院长彭措先生等，都是这所学校培养出来的优秀人才。

1943年，喜饶嘉措大师受国民政府委派前往西藏，主要是希望借助其声望及地位开展一些活动，但他们在西藏那曲受阻，经过多次交涉无果后被迫返回重庆。根据近几年公布的资料得知，当时的实际情况是随大师同行的有50余人，其中有大师的徒弟、翻译，也有随行去朝佛的，还有国民政府军统人员。当时，那曲的防守官是大师曾经的徒弟，他很好地接待了大师一行，但是，等待了一个多月后接到了西藏噶厦政府的最后通牒，只准喜饶嘉措大师师徒进藏，其余人原路返回。大师考虑到这些随从的安全，同他们一起返回重庆了。此后，大师相继到安多地区负有盛名的卓尼大寺、拉卜楞寺、夏琼寺、支扎寺、广惠寺、却藏寺、佑宁寺、塔尔寺、赛宗寺、尖扎德庆寺、昂拉金殿寺、堪布拉寺、贵德罗汉堂寺和珍珠寺、藏王热巴巾之塔等二十几座古刹礼佛讲学。最后，到热贡地区的各大寺庙讲授和传达佛教教义。甘青地区的藏传佛教高僧大德群趋座前，执经问难，即便是名冠一时的拉卜楞寺金座贡唐活佛、同仁隆务寺寺主夏日仓活佛、兴海赛宗寺寺主阿柔仓活佛、尖扎德欠寺寺主夏茸尕布活佛、湟源东科尔寺寺主东科尔活佛、大通广惠寺寺主敏珠尔活佛、互助佑宁寺寺主章嘉活佛及康区各大教派的主持堪布，皆以师礼待之，执礼有加。

1947 年，大师担任国民政府蒙藏委员会副委员长和国民党中央监察委员会委员一职，参与管理蒙古地区、藏族地区及其他各省信奉藏传佛教的少数民族聚居区的行政、宗教及其他各项事务。此年 4 月 14 日，寿年仅 32 岁的甘肃拉卜楞寺寺主、第五世嘉木样丹贝坚赞圆寂，喜饶嘉措大师代表国民政府前往拉卜楞寺致祭。途经甘肃临夏时，访问临夏清真大寺，与临夏地区各界伊斯兰教教职人员亲切交谈，增进了宗教互信。不仅如此，大师还与西宁东关清真大寺、临夏清真大寺、循化街子清真大寺等宗教教职人员有长期的交往。

1948 年，全国即将解放，国民党南京政府行将土崩瓦解，高级官员纷纷逃往台湾。此时，喜饶嘉措大师悄然回到了古雷寺，潜心修佛，并给僧俗学员讲学。同时，还为家乡的建设献计献策，特别是大师提倡家乡人民植树造林、开展集市贸易、调解邻里纠纷，做了很多有益的事情。

新中国成立后，喜饶嘉措大师受到中国共产党建立的人民政府的敬重和信任，应青海军政委员会之邀请，他欣然回到西宁，受到廖汉生、张仲良等领导同志的欢迎，开始了与共产党合作、为人民服务的新生活。

1950 年 1 月 1 日，青海省人民政府成立，大师出任第一届政府副主席。次年，又任西北军政委员会委员、西北民族事务委员会副主任。他在省政府任职期间，青海发生了翻天覆地的变化，政治、经济、文化、教育、卫生、社会秩序等迈上正常的轨道，青海各族人民真正感受到了共产党领导的新政府才是他们期盼已久的政府。这期间，值得一提的还有青海民族公学（青海民族大学前身）、《青海藏文报》、青海人民广播电台藏语部等相继诞生。作为省政府主管文教的副主席，又是青海省文教委员会的第一位主任，这些新生事物的诞生都与他分管领导有很大的关系。

1951 年 8 月，喜饶嘉措大师还与十世班禅联合号召青海佛教界踊跃捐款捐物，支持抗美援朝，完成了"青海佛教号"战斗机的捐献任务。

1950 年，喜饶嘉措大师会同赵朴初居士等佛教界著名人士在北京成立现代佛学社并组织出版发行《现代佛学》月刊。1951 年，大师在西安会见了西藏赴北京和谈代表一行，其中阿沛·阿旺晋美是大师的学生，其他几位也都听过他的课，非常仰慕他。1952 年11 月 15 日，他作为发起人之一在北京召开了成立中国佛教协会的筹备会议。次年 6 月13 日，中国佛教协会在北京成立，喜饶嘉措大师任第一副会长。9 月 19 日，圆瑛法师圆寂，喜饶嘉措大师出任代理会长。1954 年 9 月 20 日，中国佛教协会代会长喜饶嘉措等当选为全国人民代表大会代表。

1955 年 8 月，喜饶嘉措大师正式当选为中国佛教协会会长。1955 年 4 月 4 日至 5 月 4 日，以 73 岁高龄的喜饶嘉措为团长的中国佛教代表团一行 10 人，应缅甸吴努总理的邀请，对缅甸进行为期一个月的访问，这是新中国成立后我国宗教团体首次与外国友好往来。11 月 9 日，喜饶嘉措会长率中国佛教代表团赴尼泊尔参加第四届世界佛教徒联谊大会，这是中

◎喜饶嘉措大师（右一）与青海省党政领导合影（侃本 提供）

国佛教协会首次参加"世佛联"大会。喜饶嘉措当选为大会常设机构世界佛教徒联谊会副主席。

1956年9月，中国佛学院在北京成立，喜饶嘉措大师兼任院长。他亲自给藏语班授课，对僧俗学员除要求精研佛典、深入教理、提高文化素质外，更注重爱国爱教、德行戒律的教育。同时，大师积极协助党和政府贯彻宗教信仰自由政策，带领全国各民族佛教徒积极致力于庄严国土、利乐有情的事业；关心培养佛教人才，开展佛学研究工作，还经常到全国各地调研讲演。讲演内容往往是佛教与时代相结合，他口齿伶俐，慷慨激昂，轰动全国。

1957年，大师率领中国佛教代表团赴尼泊尔参加世界佛教大会，之后转赴印度参加释迦牟尼圆寂2500周年纪念大会，还出席由职工委员会、教育文化科学技术机构共同组织举办的佛教文艺和佛教哲学会成果纪念会。这期间，十四世达赖喇嘛的兄长当彩活佛和嘉乐敦珠二人前来拜谒大师，大师耐心地劝导他们，要细心辅佐好年轻的达赖喇嘛。

1958年，应柬埔寨国王西哈努克亲王的邀请，喜饶嘉措大师率领中国佛教代表团到柬埔寨王国参加为期15天的第六届世界佛教大会。秋末，应苏联和瑞典两国政府的邀请，中央人民政府委派大师赴苏联参加为期8天的世界佛教协调理事会，接着赴瑞典参加世界和平理事会第一次大会。1961年，应斯里兰卡政府的邀请，大师率领中国护送佛牙代表团到达斯里兰卡进行为期20天的访问。为了广泛传播我国的民族宗教文化，他不辞高龄到这些国家访问和参加重要国际会议，增进了中国佛教和国际佛教界的交流和合作，成为国际交往的友好使者。当年11月10日，喜饶嘉措会长又率中国佛教代表团赴柬埔寨出席第六届世界佛教徒联谊大会。

喜饶嘉措大师作为一位杰出的学者，在发展新中国藏文翻译出版事业方面也做出了重要贡献。解放初，他校审了政协第一届全体会议通过的《共同纲领》，指导翻译了1954年一届全国人大一次会议通过的我国第一部宪法。后来，又参与了《毛泽东选集》

的翻译初审工作。同时，为组织、建设和培养新中国第一批藏语文翻译出版队伍倾注了大量心血。这期间，他抽空到中央民族大学给全体师生授课，还对民族出版社出版的藏文文法等进行审定，时常关注新中国藏族文化教育的健康发展，提出建设性的意见，做了许多有益的工作。

党和人民给予了这位佛学大师很高的荣誉。喜饶嘉措先后当选为青海省第一、二、三届人民代表大会代表，全国政协第一、二、三、四届委员会委员，第三届全国政协常委，青海省第一、二、三届政协常委。

对于喜饶嘉措大师在促进民族团结、维护祖国统一等方面卓有成效的努力和贡献，党和人民政府给予了高度的评价。毛泽东、朱德、刘少奇、周恩来等多次称誉他为"爱国老人""佛学泰斗"。毛泽东主席还曾亲自写信，对大师予以慰问和勉励。中央特拨专款在北京雍和宫后面为大师修建一处禅院，并为大师配有藏汉两种语言的秘书和专车。1960 年，周总理将北京龙华寺一口重达 4000 公斤的明代铸造的大铜钟送给大师，青海省人民政府拨专款在循化县道帏乡古雷寺修建一座钟楼，以示对大师功德的嘉勉。

"文化大革命"开始后，大师受到了极不公正的待遇。1968 年 11 月 1 日，喜饶嘉措大师在西宁圆寂，终年 85 岁。

粉碎"四人帮"后，随着党的民族政策和宗教政策全面贯彻落实，喜饶嘉措大师对党对人民的热爱和所做出的功绩重新得到公正的评价。青海省人民政府于 1979 年 10 月 7 日，在西宁市举行隆重的追悼大会，对他的一生作了高度的评价。1980 年 12 月 19 日，《人民日报》发表了由习仲勋、刘澜涛、杨静仁、汪锋、阿沛·阿旺晋美、扎喜旺徐联合署名的《爱国老人喜饶嘉措》一文，对喜饶嘉措的一生作了实事求是的评价，文章指出："喜饶嘉措是受到人民尊敬的爱国老人，是永远值得我们怀念的诤友，是宗教界朋友学习的好榜样。"

喜饶嘉措大师一生刻苦求学，著作等身。他一生有 15 本著作，但这些手稿大部分在日军轰炸南京期间损失殆尽，剩余一小部分后来在入住甘肃兰州饭店期间被一场突如其来的火灾焚毁。解放以后他写的文章和过去留存的少量著作，1952年由青海新华印刷厂用长条形式铅印出版2本，1982年青海民族出版社再将这些汇集成三卷本出版发行，2013年在此基础上再次进行修订和补充后由青海民族出版社出版发行新版三卷本。

纵观喜饶嘉措大师的一生，他幼年丧父，二十几岁时母亲与姐姐先后离世，只有姐姐唯一的儿子时常陪伴

◎喜饶嘉措大师在世界佛教大会上 （侃本 提供）

他。另外，从宗教层面来说，喜饶嘉措大师既不是活佛转世，又不是达官贵人的后代，完完全全是一个贫苦农民的儿子。他所有的成绩都是凭借自己的聪明才智和坚韧毅力拼搏得来的。从政治层面来说，据吴忠信和黎丹等人的书信记载，国民政府早年邀请喜饶嘉措大师去南京是经过深思熟虑后有计划、有步骤进行的。与元代邀请八思巴、明代邀请释迦也失、清代邀请章嘉若必多吉等有相似之处，但前面几位名曰"帝师"，只为几个上层人士服务，而喜饶嘉措大师摆脱了历史上"帝师"的局限，全方位投入汉藏文化交流中。喜饶嘉措大师不仅在藏传佛教界有崇高的威望，而且在汉传佛教界也是声名鹊起，从民国期间各类文人学者的随笔中随处可见对他的赞誉。

总之，喜饶嘉措大师在不同时期为汉藏文化交流做出了极大的贡献。他毕生致力于汉藏文化交流的同时，为民族团结倾注了更多的心血，他的爱国爱教的情怀让世人永远缅怀。

爱国爱僧　懿德学儒

蒲文成 [*]　遗稿

2014 年 11 月的一天，我还在省外的旅途中，忽然接到中国藏学研究中心张云先生的电话，说我曾是才旦夏茸先生的学生，能否写一篇回忆先生的文章。接到电话后，我突然想到先生离世已有 30 个年头，可能是人到老年似乎更喜欢回忆过去，我好几个晚上思绪万千，想到了许多与才旦夏茸先生有关的往事，回到西宁后，将这些片段回忆记录下来，作为对导师的深切怀念。

◎才旦夏茸教授（侃本 提供）

初识先生

1960 年我还在读高中时，正值国家严重灾荒时期，饥饿威胁着生存，生活极度困难。幸运的是，我因工作需要，还没有学完高三课程，便被吸收为中学教师。生活在几乎都是大学毕业的同事中，面对跟我差不多年龄的学生，自己很不自在，暗下决心，欲另求发展。1963 年，我考入当时的青海民族学院少语系，平生第一次真正接触藏族

---

[*] 蒲文成，青海省政协原副主席，已故。

和藏语文。尽管我是土生土长的青海人，但由于自然地理的分割，对于藏族社会的认识，完全同于祖国内地的普通人，对各少数民族的风土人情、宗教信仰等还一无所知，一切都是那样的陌生和新奇。当时印象很深的一件事，是在校园里偶然见到一位身着红色袈裟的老师，在几位年轻教师的陪同下缓步走过，迈进教学楼。他身材魁梧，肃穆儒雅，眉清目秀，面色白净，气宇轩昂，与众不同。我向老师和高年级的同学打听，方知这是蜚声学林的知名藏学权威才旦夏茸先生。只是那时自己初涉藏学，尚无聆听他授课的资历和缘分。

大学学习期间，我们曾到青海省海南藏族自治州的尕海滩草原进行社会主义教育运动。毕业后，我被重新分配到果洛藏族自治州班玛县中学工作。在那里，曾长时间与当地的汉藏多民族学生一块学习生活。值得回忆的是，自己曾自编藏文教材，为全县培养了一批基层会计，带着他们去当时的马可河公社各生产队实习，后来听说他们大多数都是基层会计中的骨干。在那个多运动的年代，我因为粗通藏语文，便常被抽调参与一系列社会活动，称之为"下乡"。其间，我多次深入基层，与藏族群众"三同"（同吃、同住、同劳动），在那里生活、工作十余年，果洛成为我的第二故乡。这些年中，感受良多，值得回忆的人和事一言难尽，让我终生难忘，最有意义的是自己对藏族和藏族社会的各个层面有了一些初步的了解和感性认识。

1976 年粉碎"四人帮"，结束"文化大革命"，1977 年恢复了高考制度。1978 年夏天，我乘坐汽车，经过 3 天的长途跋涉，回到阔别的故乡探亲。世上的事都是机缘巧合，1978 年对我来说是一个极具怀念的年份。20 世纪六七十年代，整个青海仍然信息闭塞，尤其是远在天边的果洛草原，仿佛是个世外桃源。探亲期间，我到母校拜访当年的各位师长，在王青山先生那里第一次听到西北民族学院（今西北民族大学）招收古藏文硕士研究生，导师是才旦夏茸、王沂暖等先生。这对我来说是一个振聋发聩的消息。这时的我已对藏学、藏学学者有了肤浅的了解，知道才旦夏茸先生在 20 世纪 40 年代已名闻藏乡，公认他和西卜莎格西罗哲嘉措是绍继和光大安多高僧根登罗桑华旦和晋美·丹曲嘉措经师晋美三旦学说的两大高徒。在 20 世纪 70 年代国内藏学界，他与西藏的东噶·洛桑赤列先生和四川的毛尔盖·桑木旦先生齐名，是国内最出名的藏族学者。对于学习藏语文，打算研究藏学的学子来说，能成为才旦夏茸先生的学生，听其教诲指导，是一种幸运和机遇。于是，我慕名作出决定，积极准备，报考 1979 年西北民族学院古藏文专业的硕士研究生。

令人欣慰的是，1979 年的夏天，我接到了西北民院的录取通知书。9 月的一天，我去民院报到。一天下午，当时少语系的系主任褚荣华先生召集被录取的四位研究生（另外三位是高瑞、达瓦洛智和官却，都是藏族）开会。开会的主题是师生见面、宣布有关事项。这是我第一次零距离、面对面地拜见才旦夏茸先生。先生貌似威严，实则和蔼，他用安多藏语问我的出生地域、求学过程、生活经历等基本情况，我用生硬的藏语回答先生的提问，不知是先生巨人的伟岸，还是自己语言的蹩脚，一时意外地惶恐、忐忑不安。先生看到此状，有意放慢声音，压低语调，和颜悦色地安慰、鼓励我，令我至今记忆犹新。自此，我成为才旦夏茸的学生，开始了人生新的征途。

受学三载

才旦夏茸先生是一位学识渊博、教学严格的名师，更是一位关爱后学、诲人不倦的长者。在我们的课堂教学中，先生主要讲授藏文文法、藏文古体诗作、藏文古典名著选读等课程。藏文文法主讲藏语语格遣词造句法和词义音势变化的规律，是学藏文者的必修课。尽管自己在本科学习阶段也曾较系统地学习过，但毕竟不扎实，加之已过多年，听先生授课，完全不乏新鲜感。先生提炼《司都文法》《色多文法》等相关传统名著的精华，自编教材，按藏族学者传统的独特命名法，取名《吞米夏隆》，意思是"上师吞米桑布扎之教言"。藏族史上一般认为，公元 7 世纪中叶，吐蕃著名学者吞米桑布扎（简称吞米）创制了藏文，并写出过最早的文法书。先生对其文法著作的命名，取不忘师承、所说一切源于正统之意。《吞米夏隆》经先生梳理归纳，条分缕析，说理清晰，更兼先生讲授引经据典、深入浅出，口齿清楚、语言优美，颇受听课师生欢迎。该教材后来公开出版，被多数民族院校相关专业作为教材，2006 年获首届"中国藏学研究珠峰奖"。

藏文古体诗歌，通称"年阿"，是指以古印度学者旦志所写的《诗镜论》(亦译《诗镜》)为基本理论指导，采用不同修辞方式（诗格）写成的古体格律诗。在藏族学界，自古至今把"年阿"的写作作为文化学习不可或缺的训练，"年阿"写作水平的高低是衡量藏文学识和文化水平的重要尺度，诸凡学人无不重视和苦练，常在著书立说、讲经传教、书信往来、劝化教民等时广泛运用。才旦夏茸先生是写"年阿"的大家，他极其擅长此类诗作，享有盛名。早年他每到一地，都会用"年阿"记录所见和感想，在他的著作、文章中都有很多此类作品。读先生的古体诗作，意境深远，妙语连珠，读来真是一种享受。先生讲授这门课，也是自编教材，油印成册，取名《诗学通论》。这门课当时最受欢迎，全校几乎所有藏语文教师都来和我们四人一起听先生的讲授。先生授课，总是理论联系实际，先讲旦志诗论，后举名家诗作，说明各种诗格，教给撰写方法。对我们几位学生严格要求，每授完一部分，必布置作业，要求我们通过写作实践，消化领会所学，掌握诗格理论。记得自己以勤补拙，认真完成作业，多次得到先生的表扬鼓励。如今回想起来，那是先生对我这个唯一汉族学生的关爱，当时我并没有完全理解其良苦用心。这门课学完后，我们几位同窗顺着先生的讲解思路和旦志《诗镜论》体例，按藏区三大方言区，汇集 14 世纪以来藏族诗学文坛 11 位学者的古体诗作 2190 首，

◎才旦夏茸教授文集书影 （侃本 提供）

分3章365种诗格，进行类编，辑成《藏文古体诗格举例汇编》一书，由甘肃民族出版社出版，成为解读先生正式出版的《诗学通论》，学习藏文古体格律诗的参考书。

先生是一位宗教学者，有很深的佛学造诣，他所讲授的藏文古典名著，几乎都涉及宗教文化，先生总能举纲张目、提要钩玄，表现出广博的知识和对佛教理论的理解，尤其对宗喀巴大师的《菩提道次第广论》有过卷帙浩繁的诠释。自己正是凭借先生的讲述和这些释本，对藏传佛教的一般修持次第有了一点了解，并根据能海上师的阐述，曾撰文《浅谈宗喀巴大师的显密学修次第》，连载于《广东佛教》。

考察西藏

先生是一位理论联系实际、注重社会实践的学者。1982年夏，他虽已古稀之年，却不辞劳顿，亲自带领我们去西藏作田野考察。随先生去西藏考察的除了我们四位学生，还有母校的褚荣华主任和却太尔教授。到西藏后，今西藏大学的曲央教授也加入我们的考察队。20多天中，我们先在拉萨市及其周围地区考察，然后从拉萨到江孜，再到日喀则、拉孜、萨迦，折东去扎囊、桑耶、乃东、琼结，几乎走遍了卫藏两地的主要山川、城镇、寺庙、古堡和其他名胜古迹，领略神奇的高原风光，考察古老的民族风情和宗教文化。这个地球最后净土的高原大陆，不愧是万山的灵境、生灵的家园、江河的摇篮、民族的乐土、艺术的圣地，崇山峻岭、蓝天白云，江河清澈、湖面如镜，自然风光和人文风貌独具特色，民族风情和历史文化积淀深厚，一切给人以强烈的视觉冲击和心灵震撼，感到无限神秘，令人神往。每到一地，先生总是滔滔不绝地给我们讲解相关的历史和典故，提醒我们应该搜集的文献和以后需要弄清的问题。先生严谨的学风和丰厚的藏族社会、历史、宗教、文化知识学养，为我们树立了榜样，进一步激发了我们的学习动力，同时我们也学到了许多田野调查方法，为后来的研究考察提供了借鉴。应该说，这是我一生中最值得回忆的学习经历。

这次考察中，有许多事至今难忘。雄伟的布达拉宫耸立在拉萨市西北隅玛布日山上，是藏族地区最为宏伟的建筑、藏族文化的象征，宫宇层叠、文物丰富。由于先生的影响力，管理部门为我们提供了最优惠的待遇和方便，几乎参观了一切殿堂，拜见瞻仰了所有珍贵文物，据说这在旧时西藏，只有五品以上大员才有此福分。在大昭寺，先生为我们讲述初建的神奇传说、文成公主请进藏域的觉卧像、藏区宗教场所的分类等。巡礼完哲蚌、色拉等大寺后，我们驱车前往达孜境内的甘丹寺。甘丹寺是最著名的格鲁派祖庭，供奉宗喀巴大师肉身舍利的名刹，坐落在旺波日山坳。当时尚无汽车通达的公路，从山下要走很长一段山路才能到达寺院。先生以古稀之年，拄着拐杖，和我们一起沿着崎岖的山路和荆棘丛生的山地，艰难地一步一步前行。我们只有时而搀扶，相伴前行，别无帮助的能力，至今汗颜。最令人伤感的一幕是，上山后先生俯视寺院全景，偌大的寺址上，到处残墙断壁，一片废墟。先生面带极度悲痛的表情，默默念诵着经文，期待能尽快恢复重建、再放异彩。考察中，先生总是结合考察对象的特点，讲述历史，或提出希望。如在泽当海波日山猴子洞，讲述藏族的起源和繁衍；在雍布拉康和藏王墓，讲述吐蕃的兴起和王室世系；在桑耶寺，讲述吐蕃的兴佛史和前弘期佛教；在江孜，讲说当年英帝国主义的入侵和藏民族的英勇抗敌斗争；在萨迦南寺，先生长久伫立在主殿拉康钦莫难以计数的经卷前，告诫我们应该肩负起整理藏文文献的重任。考察中，先生还常常联系藏传佛教历史和与青海的关系向我们传授知识，如在曲水县聂塘卓玛拉康，讲述阿底峡尊者在西藏的传教、噶当派的形成，七世达赖喇嘛格桑嘉措的经师阿旺却丹的生平及热振活佛系统与青海的渊源关系等。

1982年，中国共产党的宗教信仰自由政策正在落实，藏传佛教再弘，一度出现狂热。一天，我们陪同先生在罗布林卡参观，偶尔遇到来自甘南藏区的一些朝拜者，他们得知先生是才旦夏茸活佛后，纷纷前来顶礼，要求摩顶。没过多久，园中的各地游览者不约而同地蜂拥而至，将先生围得水泄不通。我们为了先生的安全，不得不通过公安部门，将先生从无数朝拜者中"解救"出来，终止参观，回到寓所。这使我再次切身体会到藏族的佛教信仰和信仰的力量。考察期间,西藏知识界、学术界的同行们得知先生驾临拉萨,再三请求,请先生作了一次学术报告。记得报告在一个大礼堂进行,讲座的内容是藏族的传统文化,礼堂内座无虚席。尽管先生用安多方言讲授,听众不一定完全听得明白,但秩序井然,听众不时报以掌声。这也使我深深感受到广大藏族群众对知识和真正学者的尊重。

博学多产

先生于 1910 年阴历四月二十二出生于今青海省循化县积石镇。3 岁时被化隆支扎寺寺主夏玛尔班智达认定为才旦寺第四世才旦夏茸活佛晋美·图登嘉措(1863—1909)的转世灵童。6 岁被迎入才旦寺坐床。1916 年,由赛支寺嘛呢活佛根敦丹增坚赞剃度,授沙弥戒。1918 年到土哇寺显宗经院,翌年转入丹斗寺经院,先后师事洛桑达哇、阿旺群增、根登罗桑华旦等,学习《现观庄严论》《入中论》《因明摄类学》等多种显密经典,兼学诗学、历算等。他天资聪颖、勤奋好学,自学为主、成绩优异。1923 年,慕名拜循化尕楞寺(20 世纪 20 年代,晋美·丹曲嘉措离寺于洛杨塘建囊欠修持,尕楞寺后成为宁玛派寺院)的活佛晋美·丹曲嘉措为师,系统学习藏传因明和般若、中观诸学,苦学传统诗学、历算等,晋美·丹曲嘉措大师成为影响他一生的根本经师。同时,拜根登罗桑华旦为师,学习《大日如来经》等密典和《诗镜论》。1929 年 20 岁时受正圆比丘戒,正式取法名晋美柔贝洛珠,标志着他已学完规定的课程,完成了基本的佛学训练。这时,先生已精通显密"三藏四续",渐以博学闻名安多藏区。从 20 世纪 40 年代起,往返于青海、甘肃各地和四川阿坝等藏区,讲经、传法、建寺、收集经典等。从 50 年代起,历任青海省人民政府办公室副主任、青海省翻译委员会副主任、青海民族学院教授、青海省政协委员、甘肃省佛教协会副会长、中国佛教协会理事、第六届全国政协委员、西藏天文历算研究所名誉所长、中国语言协会理事等。1979 年受聘为西北民族学院教授。

先生是一位努力发展藏族文化和促进汉藏文化交流的大师，从 50 年代起，他一直致力于民族事务和发展藏族文化事业，曾参与国家宪法、政府文件、毛泽东著作哲学部分等的翻译审定工作，开新中国藏汉翻译事业之先河，为新中国藏译党政公文的标准化奠定了基础。为了方便汉藏民族间的交流和学习，方便翻译工作，他于 1954 年编成简明《藏汉词汇》一书，由青海人民出版社出版。他曾积极协助创办《青海藏文报》，发展藏文出版事业，曾与桑热嘉措先生等一道修改审定藏族著名史诗《格萨尔王传·霍岭大战》等整理本，为繁荣藏族文化事业贡献良多。

先生一生精进，笔耕不辍，在佛教哲学、诗作、文法、修辞、历算、历史、教史、文字、考古、寺志、人物传记、藏梵文体书法等藏族传统文化的许多领域都有作品传世，可谓著述等身。早期多木刻，后多铅印，主要著作有《藏汉词典》《藏语语法简论》《藏语语法》《汉历解释》《藏族历算》《书信格式》《密宗注疏》《夏琼寺志》《藏族历史年鉴》

◎才旦夏茸教授文集书影 （侃本 提供）

《诗学通论》《藏文文法·吞米夏隆》《宗喀巴传略》《喇勤贡巴饶赛传略》《历辈嘛呢仁波切传》《藏文字帖》《款仁波切传》《灵塔志》《普氏历算法》《丹斗寺志》等。主要论文有《藏传佛教各宗派名称辨析》《菩提道次第广论备忘录要义集论》《藏文的来历》等。1987—1994 年，青海民族出版社陆续出版其文集 5 卷。其中，第一卷为经师晋美·丹曲嘉措传和他本人的自传，前者详细介绍了他根本经师一生的主要经历，后者按时间顺序叙述了自己的求学和治学经历与体会。第二、第三卷是对宗喀巴大师《菩提道次第广论》的释论。其中，第二卷主要从名义、文义等几个方面对《菩提道次第广论》中的许多疑难问题进行诠释，内容涉及天文、地理、社会、人伦、历史、文化等及大小五明知识，论述精辟，多有独到见解。第三卷则透彻、系统地解说宗喀巴大师的这部名著的下士道和中士道部分。第四卷诠释宗喀巴大师的《密宗道次第广论》，另汇集有部分教诫、诗作。第五卷收入喇勤贡巴饶赛、夏琼寺多瓦贝斯仁波切罗桑丹巴嘉措等人的传记和《丹斗寺志》等。其中，《藏族历史年鉴》依据大量的藏、汉、梵文献资料，对释迦牟尼在世的公元前 1014 年至 19 世纪 80 年代近 3000 年间藏族历史上所发生的重大宗教、政治事件作了系统的归纳、整理，列表展示，并就藏文史书中的一些历史年代等问题，进行辨析、考证和补正，作了有益探讨。该书在社科研究中使用频率极高，是藏族史学方面不可多得的工具性著作。1991 年，甘肃民族出版社出版由久美琼鹏整理的《才旦夏茸论文集》，选录先生的论文、札记 24 篇，内容涉及藏族历史、语言、文字、文学、人物等，为 32 开本，300 页。先生是著名的藏文书法家，出版有《藏文拼音字帖》《瓦都字帖》《藏文字帖》《兰扎字帖》《梵文字帖》等，并有各种藏、梵文字体的墨宝传世，曾为不少出版物题名题字。这一切，都极大地丰富了我国藏族文化宝库。

先生的著作虽多出版，但有的在"文革"中惨遭厄运，有的散失民间。先生胞弟杨金巴之子久美琼鹏怀着对伯父的无限敬仰，经多方搜集、抢救，主编《才旦夏茸全集》13 卷出版。具体内容是：第一卷先生《自传》；第二卷经师《晋美·丹曲嘉措大师传》；第三卷至第五卷，为《菩提道次第广论要义备忘录》，是对宗喀巴大师《菩提道次第广论》

的释论；第六卷是先生的语法著作合编；第七卷是诗学理论与诗作；第八卷是天文、历算、书法类著作；第九卷和第十卷是有关《密续》的注释；第十一卷是历史类、寺志类著作和《宗喀巴传略》；第十二卷是《藏汉词典》；第十三卷是论文、训诫、书信及其他零星文章。

忏悔往事

先生是一位爱国爱教的僧侣学者。他祖籍是甘肃张掖一个叫大杨家的村子，属杨姓汉族。约在清道光年间，先祖杨光林迁居青海循化。循化是一个多民族聚居的地方，境内有撒拉族、藏族、汉族、回族等多种民族成分，大分散，小聚居。杨光林一家迁来循化，定居今积石镇。该镇当地口语称"街子"，是藏语"雅子"之译音。从杨光林起，该家族与当地藏族联姻，至才旦夏茸先生，共传5代，完全藏化，这在汉藏交错杂居地带极具典型性，是河湟地区较常见的现象，可谓中华民族大家庭的一个缩影。先生幼年被认定为才旦寺的第五世才旦夏茸活佛，即入寺为僧。才旦寺在今青海民和县杏儿藏族乡，始建于明天启三年（1623），是青海民和县西南部和化隆县东南部较有影响的中型格鲁派寺院。该寺原来下辖今民和县的赵木川寺，化隆县的丹斗、土哇、尕洞、工什加等寺，与才旦寺共为6寺，管辖6寺所属的藏族信众，称"才旦寺六族"，形成区域性政教合一统治。才旦夏茸佛位仅次于才旦堪布，同为寺主。先生被认定为转世活佛后，即受到严格的宗教训练，一生基本在藏传佛教寺院度过，受的是传统的寺院教育，并未接受过现代教育，由于寺院教育的局限性，对藏族传统文化以外的知识诸如汉文史料文献等接触有限。而自己一直接受的是现代学校教育，与先生所处的社会环境、学习经历等完全不同，尤其当时的我对宗教的认识完全处在低层次近乎无知的状态。这样，在对许多问题的认识理解上，曾出现过一些碰撞。例如，对于佛教关于劫的形成、宇宙世界的结构及诸如轮回、业果之说等，先生作为一名虔诚的佛教徒坚

◎才旦夏茸教授文集书影　（侃本　提供）

信不疑，而徘徊于佛门之外的我则常持质疑态度，正如《大悲六字真言急速加持祈请颂》中所说，六道众生常受诸苦煎熬，尤其天道众生受满堕苦，非天众生受嫉争苦，人道众生受惑贫苦，旁生道众生受痴暗苦，饿鬼道众生受贪饥苦，地狱众生受嗔恨冷热苦。所谓人道的"惑贫苦"，就是怀疑、贫穷之苦。自己虽曾饱受贫困之苦，但成为研究生时，生活早已走出困境，唯独怀疑之苦常常煎熬自己，对许多说法往往持怀疑态度，不自觉地流露于言行，甚至反映在考试答卷中，无意之中伤害到先生。随着自己的不断成熟和知识的增长，明显认识到自己以往对佛教认识的简单化，才知道人类对于宇宙世界的认识能力是何等的渺小，世界上不少知名科学家也不得不相信上帝的存在，如大物理学家牛顿说："有限的知识常使我们远离上帝，随着知识的学富研深又常使我们回到上帝的身边。"爱因斯坦到最后也承认"宇宙是神秘的，上帝是存在的"。认识的提高使我越发感到以往的无知，从而对过去对先生的不恭行为深深地多次忏悔。

学习藏族史，吐蕃史是绝不可逾越的。松赞干布统一青藏高原，建立吐蕃王朝，是吐蕃史上最重要的人物之一。他的生卒年代影响到吐蕃许多重大事件发生年代的推算。但对松赞干布的生卒年和享年在学术上存在着争议。一般认为，松赞干布生于丁丑，卒于戊戌，享年 82 岁，才旦夏茸先生力主此说。但传统说法和后来的研究者根据推算，认为松赞干布的生年丁丑是公元 617 年。按此，若享年 82 岁，则应卒于公元 698 年，是唐武则天圣历元年，与汉文史料松赞干布卒于唐高宗永徽元年（650）的说法出入太大。又，按照 841 年辛酉吐蕃赞布赤祖德赞卒、达摩即位的观点，从达摩即位灭佛到公元 1042 年（壬午年）阿底峡尊者入藏兴佛，共历 201 年。若按松赞干布卒于公元 698 年的戊戌年计算，则达摩即位的辛酉年应为公元 901 年。这样，至阿底峡尊者入藏则历 141 年，比上面的 201 年整整少了一个甲子，即 60 年。由于依据的史料和推算的方法不一，自己与先生的观点不同，发生争议。本来，学术上出现不同观点是十分正常的，师生之间也不例外。但问题是我对先生的治学经历缺乏理解，未能耐心地向先生做解释工作，只是撰写了一篇题为《关于西藏佛教前后弘期历史年代分歧》，在《西藏研究》1982 年第 2 期上发表。由于文章是汉文，发表前未能请先生斧正，发表后先生也不一定看过。学业结束前，我决意考证吐蕃王朝的有关历史年代，先生得知后鼓励我解决史学界长期争议的吐蕃佛教前后弘期历史年代分歧及相关年代问题。在此动力下，我完成了一篇长达 7 万字的考证长文，作为我的硕士毕业论文。该文连载于《西藏研究》，后在青海省哲学社会科学研究成果评奖中曾获二等奖。后来回想起来，这些文章的写作，动力来自先生，但自己当时却不知感恩，还自以为是，有些忘乎所以。为此，也深深地做过忏悔。还有，先生在世时，自己未能定时向先生汇报学习和工作。先生乘愿再来，其转世灵童第六世才旦夏茸举行坐床典礼，自己因工作缠身而未能亲往拜谒，这些亦成遗憾而常忏悔。

怀念先生

1985 年农历五月十三，先生在甘肃拉卜楞寺讲学时圆寂，享年 75 岁。对他的离世我们无限痛惜，汉族有"一日为师，终身为父"之说，藏族更有尊师传统，甚至对上师的敬重犹如对三宝的皈依。先生学识渊博、行持亦谨，虽享誉学界，却无傲气，生活简朴、待人敦厚，课堂教学之余，常教诲恩被后学。他曾不时将其诗作、文稿、书法作品等惠赐予我，鼓励我勤奋求学，并根据自己的社会阅历，常忠告我们年青一代欲成就事业，既要苦学专业知识，更要有高尚的道德情操，做学问先做人，慎勿违背做人原则，附庸跟风，说违心话，做违心事。诸如此类，先生以甘泉雨露滋润我成长的事例很多。时间已过 20 多年，先生的音容笑貌犹在，许多教诲一直铭记在心，随着自己年龄的增长，先生之恩犹不能忘怀，萦记于心。1995 年先生西归 10 周年时，笔者曾撰《当代著名藏学家才旦夏茸活佛》一文，发表于《台州佛教》，以示怀念。后来，该文由《青海统一战线》杂志以《爱国名僧才旦夏茸》为题，转载于 2010 年第 6 期。

先生作为一名佛教徒，非常关心佛教的兴衰，为佛教事业付出过大量心血。早在 20 世纪 40 年代，先生致力于所辖各寺院建设，使各寺大多得到发展，如曾出资修缮扩建丹斗寺大经堂、活佛行宫和客房，修建佛塔，绘制佛像。1934 年，他创建土哇寺印经院，刊印各类佛教读物和常诵经文流行各寺，并由他倡导主持，刊印《晋美三旦全集》15 卷等。由于他的日夜操劳、严格管理，这些寺院均得到发展，成为化隆县境内仅次于夏琼寺的格鲁派著名寺院。1946 年经师晋美·丹曲嘉措圆寂后，先生在经师的修持地洛杨塘主持操办建造灵塔、修建灵塔殿等事宜，并借助经师的影响，以经师的囊欠为基础，修建其他建筑，从而形成青海东部以学修著名的洛杨塘寺。80 年代初，青海各寺院相继恢复，百废待兴，先生更是跑前跑后，筹谋策划，席不暇暖，费尽心血，使各寺院均得以修复。化隆县的加干若寺，原本属民和龙合寺系统，20 世纪初因各种原因，由才旦夏茸系统管辖。1981 年，先生与信众相商，为了方便信教群众的宗教生活，决定移建，由先生设计重建，成为现在的石大仓寺。

先生是大乘佛教的践行者，对所有众生怀有慈悲心和菩提心。他教授的弟子中有不少汉族、土族等民族的学子。据先生《自传》，1937 年他 28 岁时，在化隆工什加寺演讲佛祖释迦牟尼创教弘法业绩，藏族、汉族、土族听众多达 2000 余人，在今甘肃永靖县境内的罗家洞寺讲经后，为 7 名汉族僧人授给比丘戒。已故青海省乐都区政协副主席侯国柱先生，也曾受教于先生，因与笔者有同门之谊，生前多有交往，常在一起切磋民族宗教问题，每每叙起师恩，感慨万千。原首都国家图书馆黄明信先生，早年学藏文于甘肃拉卜楞寺，研究藏族历算成就卓著，与先生过从甚密，多有学术交流。1982 年，我在西藏考察，在西藏寓所有幸拜会黄先生，黄先生高度评价才旦夏茸先生的学识人品，告诉我们能做才旦夏茸先生的学生，是前世修来的福分，一定要珍惜。先生被落实政策后，致力于僧俗学生培养。1984 年，他从自己的稿费收入中出资设立"才旦夏茸奖学金"，用于对西北民族学院、循化县藏文中学等院校的学业优秀学生的奖励。

先生圆寂后，在佛教界、知识界都有过各种怀念活动。据我所知，青海化隆、民和、循化、同仁等地的一些寺院，或建有他的灵塔，或有他的药泥塑像。20 世纪 90 年代，笔者到青海黄南藏族自治州作社会调查，在同仁吾屯寺就亲自叩拜顶礼先生的塑像，一时悲不自禁、感慨万千。2006 年，青海《西海都市报》开辟专栏，系列报道青海已故文化名人。活动开展多时，发现主要是汉族名人，对藏族等少数民族学人的报道不够，于是向编辑部作了建议。编辑部立即采纳，开辟相关栏目，我曾撰写纪念道帏格西喜饶嘉措和才旦夏茸先生的文章。《西海都市报》开设青海已故文化名人系列报道之"才旦夏茸卷"专栏，登载吴均、王亚森、多杰卡、侃本、谢热等人的纪念文章，高度评价先生是"爱国名僧、懿德学儒"，赞扬他"阐发幽微、泽惠后学""考辨兴废、求索新知""涉猎广博、著述恢宏"。我作为学生自然义不容辞，撰文《红烛春蚕，情系后学——回忆导师才旦夏茸教授》，以表达对先生的怀念之情。但寸草岂报春晖，我只有老实做人、保持晚节，不断学习、充实自己，以报师恩而已。

在此，我也以同样的心情深深怀念王沂暖先生、却太尔教授和健白平措教授等其他几位导师，他们虽已作古，但作为学生，我亦永记他们的培养、教诲之恩。

百业群英

宁武甲先生人生掠影

刘玉忠[*]

早慧童年　求学生涯

◎宁武甲先生　（刘玉忠 提供）

初见宁武甲先生，高大伟岸的身材使得先生有一种玉树临风的风度，他炯炯有神的目光透露出一派凛然丈夫的气概。

也许是山水钟灵毓秀的缘故，青海循化自古多才子。循化县道帏乡，这个浸润着浓郁文化和拥有悠久历史的小乡村，在 20 世纪初诞生了一位令人仰慕的学者——宁武甲。

宁武甲，又称嘉仓·宁武甲。1930 年 1 月 22 日出生于青海省循化县道帏乡古雷村，父亲名为旦增饶杰，母亲名为娘毛吉。作为长子，宁武甲一生下来就被父母寄予厚望，而他也没有辜负家人的希望，以后果然成为民族教育和藏学研究的著名大家。

---

* 刘玉忠，甘肃民族师范学院中文系副教授。

因兵革互兴，幼小的他被迫离开家乡，随姑母颠沛流离到夏河，帮助姑母编织售卖毛袜等维持基本生计。8岁进入拉卜楞藏民学校开始了读书生涯。寄人篱下的生存环境并没有遮蔽他的求知欲望，在汉藏多民族老师的循循教导下，天资聪颖的宁武甲勤奋刻苦，学习成绩一直名列前茅，后又顺利考取了夏河县简易师范学校，为以后的深造打下良好基础。

宁武甲从夏河县简易师范学校毕业后，回到循化老家没几天，因国民党四处抓兵而躲避在附近深山石洞中，在父亲的陪同下他决定再次前往夏河避难。途中借宿时，偶闻当时设在临夏的颇有声誉的国立河州西北师范学校正在招生。读书是他梦寐以求的事情，便临时决定继续深造，终被录取。国立河州西北师范学校三年的求学经历奠定了他扎实的汉文文言文及书法基础。

沐浴党恩　砥砺奋进

1949年，新中国成立前夕，宁武甲以优异成绩从国立河州西北师范学校毕业。喜饶嘉措大师的秘书带领他到临夏专员公署，得到杨和庭专员鼎力推荐，在临夏地方干部学校参加了革命工作。为消灭国民党残匪，王震将军带领的第一军驻扎在国立河州西北师范学校所在地——临夏。为做好地方工作，部队时常向当地百姓宣传新政策，以山西人居多的部队急需通晓藏语和河州方言的人员入伍。于是，部队教官在临夏地方干部学校选拔出宁武甲和一位李姓教师，光荣加入了中国人民解放军，在三团即训练干部的教导团担任翻译和培训语言等具体工作。临夏解放后，部队准备开赴新疆，考虑到宁武甲的语言优势，便将他介绍到临夏、夏河县地委组织部工作。由于工作能力强，宁武甲从1951年起先后在夏河县县政府建设科任副科长、科长等。其间，配合省交通厅技术人员修建了临夏至夏河的第一条公路。他积极组织协调群众，每天按时准确发放工钱，落实党的政策，让群众深感新中国和中国共产党的温暖，从而得到当地百姓的尊敬，让往日饱受国民党奴役的百姓时至今日依然记忆犹新。

新中国成立后，青海、甘肃相继组织民族上层人士赴北京中央民族学院（后更名为中央民族大学）学习，甘肃省委统战部选拔时任夏河县建设科科长的宁武甲和县委办公室主任的黄培德，在中央民族学院担任翻译教员，翻译毛泽东的《新民主主义论》等理论课本和新中国民族政策等，帮助学员们的学习。1953年8月，宁武甲回到甘肃省委统战部民族处担任干事。1954年，在甘肃省民族事务委员会担任主管佛教事务的二科副科长、办公室副主任、编译科科长等，同时担任甘肃省民族事务委员会委员。任职期间结识许多上层人士，与各民族同事一道，为我国各民族间的团结与和谐尽职尽责。1955年，甘肃省民族事务委员会创办藏文期刊《牧区生活》，这是新中国成立后甘肃省创办的第一个藏文刊物，宁先生担任稿件审定工作。同年，甘肃人民广播电台开设藏语广播，这是甘肃省第一个藏语广播，他又担任广播稿的审定工作，通过电波将党的政策传递到千家万户。

1958年，省委派工作组到夏河县，宁武甲被任命为拉卜楞寺院"嘉木样工作组"副组长。这一年正值全国大炼钢铁，在这样的历史洪流中，先生作为党培养的知识分子，以超人的勇气和远见卓识，对被誉为"世界藏学府"的拉卜楞文化进行了积极的保护。当时拉卜楞寺许多珍贵文献、文物散落各处，宁武甲先生积极奔走、四处呼吁，向时任省委统战部副部长的王育平递交了现状与建议的汇报材料。半个月后，中央统战部和公安部联合发来电报，责成尽快执行汇报内容。时任夏河县委书记的刘学保十分重视，立刻找宁武甲商量，组建了省民委翻译科的全部人员在内的工作组，全力保护嘉木样人身安全，并将近十万部寺院书籍及包括"龙蛋"、"珊瑚树"、前世嘉木样从拉萨托运来的尼泊尔铸造的拉卜楞寺院食堂大铁锅等寺院和民间文物进行收集、分类、编制目录、登记造册，以"忆苦思甜陈列室"为名，保护了大量的稀有文物和珍贵书籍，实施和强化了我党对民族民间文化遗产的保护。这个特殊的机缘，使得先生和时年11岁的嘉木样·洛桑久美结下深厚情谊，多年后嘉木样回忆起这些历史事实时还感慨万分。

心系教育　圆梦人生

1973 年，宁武甲恢复工作。在甘肃人民出版社工作期间，担任藏文图书的审定和领导工作。1975 年，先生被任命为甘肃省出版局藏文编辑部主任。1980 年，被任命为甘肃人民出版社副总编辑，掀开了他人生新的一页。当时正值改革开放的春风吹遍华夏大地，中央对经济、文化的恢复工作极为重视，激情的号角激励着大批有良知、有热血的知识分子。宁武甲怀抱着对知识的渴求和对人类智慧的信仰，先后出版了《安多政教史》《土观教派源流》《诗学修辞明鉴》《藏文文法》《格萨尔王传》等近 20 部藏文图书，获得了省级以上的嘉奖。

后来由于工作所需，先生服从党组织安排，1983 年起，担任西北民族学院（现西北民族大学）副院长，同时担任甘肃省民族教育工作者协会副会长、《西北民族学院学报》藏文版主编、甘肃省编辑协会理事、甘肃省藏学研究会副会长、甘肃省安多研究所名誉主任等。俯首甘为孺子牛，甘坐板凳磨砺修。先生不仅是民族文献的率先倡导者、保护者和实践者，也成为我国民族高等教育事业的先行者。

先生担任西北民族学院副院长以后，并没有因为行政事务的繁忙而影响学术的研究。西北民族学院作为新中国成立后创建的第一所民族高等院校，资源丰厚、人才济济，为我国民族地区培养出了一大批合格人才，极大地满足了我国民族地区对各类建设人才的所需。先生卓尔不群、独具慧眼，不拘一格降人才，以其渊博学术、高尚人格吸引了一批知名学者，并倾力解决后顾之忧，为西北民族高等教育事业学科建设倾注了心血。经过 70 多年的发展，西北民族大学逐渐形成了以本科教育为主体，研究生教育、预科教育、继续教育、职业教育和国际教育等协调发展的办学格局。拥有学士、硕士、博士三级学位授予权、推荐优秀应届本科毕业生免试攻读硕士研究生学位权和招收"少数民族高层次骨干人才计划"硕士、博士研究生权。人才培养、科研成绩斐然，在全国具有一定影响。1983 年，主管科研的宁武甲院长在原有内部发行油印本的《西北民

◎宁武甲先生 （刘玉忠 提供）

族学院学报》藏文版的基础上，不断提升办刊质量，上报时国家新闻出版署获得批准，《西北民族学院大学》（藏文版）成为国内外公开发行的学报。

宁武甲先生深深地意识到民族地区的所需与人才队伍建设的至关重要性。1986年，他向校党委和国家民委请示，计划在西北民族学院开设藏汉双语数学专业和藏汉双语物理学专业，为我国民族地区培养理科人才。经过上级部门的批准，于1987年开始招收藏汉双语数学专业，1990年开始招收藏汉双语物理学专业。尽管学科专业获批招生，鉴于没有一部适合实际教学的教材和供学生查阅的工具书，于是宁武甲先生组织了一批专业素质良好的教师编写出版了《常用藏文数学词典》，同时加强了两个藏汉双语理科专业的师资队伍建设，改善了办学条件。1989年，藏汉双语数学专业首届学生毕业。这些培养出的莘莘学子成为民族地区大中学教学的中坚力量，为民族教育发展做出了重大贡献。随着学科的日渐成熟、西北民族大学少数民族文学学科先后获批硕士、博士点，这对少数民族地区高端人才的培养至关重要，但许多地方由于师资缺乏不能同内地一样开设英语，这对想考取硕士、博士的学生而言无疑增加了难度。为此先生积极呼吁将梵文纳入考试当中，功夫不负有心人，上级领导经过认真的研究论证，最终将梵文纳入硕博的考试当中。西北民族大学中国少数民族语言文学学科培养了一大批青年学者和学术骨干，成为我国该学科发展的中坚力量。以上这些成果的取得与宁武甲先生默默无闻的工作有紧密的联系，这对民族地区的教育而言是件功在当代，利在千秋的不朽之事。

《左传·襄公二十四年》提道："太上有立德，其次有立功，其次有立言，虽久不废，此之谓不朽。"孔颖达疏："立德，谓创制垂法，博施济众……立功，谓拯厄除难，功济于时；立言，谓言得其要，理足可传。"就这三不朽精神中的"立德"而言，先生人格高标、宽厚仁爱、修路济民等算是名副其实；"立功"就其在藏学界的影响及其对民族高等教育事业的情怀也是厥功甚伟；"立言"更不必细说，自古以来"文章乃经国之大业，不朽之盛世"，在大多数人心目中著书立说的确是一件严肃神圣的事。它不仅是个人才心智、创造力的燃烧，是生命价值的体现，更重要的是作为一个对民族文化有着神圣使命和责任的人。

宁武甲风雨兼程的一生堪称跌宕起伏。一路风雨走来，为民族文化的传承和保护呕心沥血，以毕生的心血诠释了传统文人对民族教育的关注和对民族优秀文化的弘扬，其鞠躬尽瘁的敬业精神使我们所有人十分敬佩和感动。今天，先生尽管年逾九旬，但他仍然像蜡烛点燃自己的人生，在耄耋之年笔耕不辍，勤于书写，为我国民族高等教育事业的发展历程提供弥足珍贵的一手资料。

桑榆暮景，笃行不怠。作为我国民族文化和高等教育界知名人士的宁武甲先生，以其英勇睿智、气度恢宏和远见卓识，为后人树立了德艺双馨的标杆。后辈唯有砥砺前行，上下求索才是对先生最好的敬仰！

忆终生致力于民族出版事业的父亲

旺秀措姆[*]

　　岁月悠悠，往事如烟，父亲离开这纷繁的世界已经十年有余了，可是父亲的音容笑貌依旧时时浮现在我的眼前……

　　我的父亲智华嘉措，乳名公保端智，1929 年 12 月出生在青海省循化撒拉族自治县道帏乡吾曼道村的一户藏族农民家庭。他是家中独子，只有一个对他疼爱有加的姐姐，但是按照传统习俗，1936 年，年方 7 岁的他，就被父母送到佛教寺院剃度为僧。那座寺院是著名佛教大师喜饶嘉措大师主持的道帏古雷寺，自幼聪慧好学的他在这所特殊的学校里习文修法，禅壁苦读十余载，系统地学习了藏文正字学、语法、书法、泥塑等，成为众僧中的佼佼者。

　　新中国成立之后，怀着对新生活的向往，他克服重重困难，满怀激情地远赴甘肃兰州，应聘于西北民族学院翻译科从事藏文教材的校订工作。1957 年深秋，受党和政府的支持与鼓励，他又辗转从兰州来到青海人民出版社，正式参加了革命工作，并就此踏上了编辑生涯漫长的征程。工作伊始，为了适应出版工作的需要，他刻苦学习汉语和编辑知识，学习马列主义、毛泽东思想，学习党的路线、方针、政策，工作认真踏实，积极肯干，深得领导及同事们的喜爱和认可，并先后担任藏文编辑室校对组组长、副主任、主任等。

---

[*]　旺秀措姆，青海民族出版社副编审。

在青海人民出版社藏文编译室组建初期，由于人少力薄、经验不足，加上当时政治运动接连不断，"高指标、跃进式"的编译工作势必会直接影响图书的质量。年富力强的父亲在担任校对组组长后，知难而进，与全组同志齐心协力，互帮互学，摸索和总结藏文书稿的校对方法和经验，大胆提出了藏文译稿必须要忠实于原文的风貌，译文要通俗易懂，符合藏语特点等观点，并对许多常用的名词术语进行了必要的统一与规范。通过实践，图书质量明显提高，得到了上级部门领导的肯定，并受到广大读者的好评。与此同时，父亲还参与编辑和校对出版了大量社会科学与自然科学方面的图书。可是，在那个时期，同其他知识分子一样，父亲也受到了一定的冲击，被迫离开了他酷爱的编辑岗位，被调遣到收发室做了收发员。即使在这种情况下，他依然很乐观地面对一切不公，经常利用业余时间翻阅身边仅有的一些杂志、报纸，不放松学习，从而为他后来"专业归队"继续从事编辑工作打下了基础。

从 1973 年开始，父亲参与编写青海人民出版社建社以来的第一部藏文重点图书《新编藏文字典》的编写工作。经过与编写组其他成员的共同努力，苦干 7 年之后，这部体例全新的工具书终于在 1979 年 6 月出版。这部字典一经出版，很快成为广大藏语言文字工作者及大中专院校师生手中不可缺少的工具书，受到国内藏学界、教育界专家、学者的高度评价。2012 年开始，青海民族出版社又在各级领导和有关专家、学者的关心、支持和帮助下，对《新编藏文字典》进行了修订，2014 年底完成修订工作并再版发行，发行量前后共达几十万册，成为青海民族出版社的品牌图书。

自从来到出版社的那一天起，父亲就打算编一辈子的书。他同编辑部的叔叔们在一起讨论选题、校勘书稿的情形，是我记忆当中最深刻和无法忘却的画面。他常说："编辑出版工作直接关系到一个国家、一个民族的文化传承与文化积累，不仅影响当代，而且影响未来，必须要做好。"在他心中，编辑工作很光荣，光荣就光荣在默默无闻的牺牲精神上，编辑要有吃草挤奶的孺子牛精神，耗己照人的蜡烛精神。他立志做这样的人，做这样的编辑，并为此辛勤工作了一生，风风雨雨近四十个春秋，历经酸甜苦辣，任劳任怨、呕心沥血。

党的十一届三中全会之后，出版业焕发出新的勃勃生机，如春回高原，科学的春天来到了。父亲也犹如年轻了10岁，豪情万丈地投入新的工作中。1979年，他与当代著名学者、民族教育家桑热嘉措先生商议，修订出版了《藏文文法简编》，深受广大读者的欢迎，短时间内重印五次，仍然畅销不衰。1980年，他参与创办藏文期刊《章恰尔》（藏语意为"甘露"），并担任主编。在多年的编辑工作实践中，他认为编辑的心血和汗水不仅要倾注在编辑书稿之中，而且还要倾注在培养作者的工作上，他发现有许多青年作者有稿无处投，深感为藏族文学作品提供一块园地势在必行，就向时任青海省新闻出版局局长（后任中共青海省委副书记）的桑结加同志建言献策，经多方力量的共同努力，终于在1981年6月正式创办了《章恰尔》文学刊物。《章恰尔》是时代的产物，也是藏族当代文学创作蓬勃兴起和起飞的象征。创刊初期，父亲与其他编辑人员克服人员少、任务重、缺乏办刊经验、稿源不足等困难，采取边办刊边提高和编辑、组稿、通联与培养作者一起抓的措施，保证了《章恰尔》按期出版。该刊物始终以贯彻党的关于发展和使用少数民族语言文字政策、展示青藏高原社会主义新风貌，繁荣当代藏族文学，培养文艺新人为宗旨。他担任主编近十载，不遗余力、恪守宗旨、严格把关。自创刊至今，该刊物为广大藏族读者喜闻乐见，多次获得过全国及省级优秀作品奖，堪称藏文版的《人民文学》。

1981年，父亲担任青海人民（民族）出版社副社长，摆在他面前的是"十年动乱"造成的书荒，为解决这一现实问题，他首先提出了精选再版一批有影响的好书，为研究探索民族图书编译工作的新路子献计献策，历尽辛劳。1984年，组织上又任命他为副总编辑，肩上的担子又

◎智华嘉措在藏历新年联谊会上（旺秀措姆 提供）

重了，更多的工作有待于他去做。有朋友开玩笑对他说，"现在你当官了，可以清闲了吧……"可是父亲认为，不能把副总编辑当"官"做，重要的是要忠诚于编辑出版事业，甘为他人做嫁衣，热忱为读者服务。他酷似一峰负重前行的骆驼，一步一个脚印地向前迈进。为把青海民族出版社办出特色，在出版社党委的领导下，按照"立足本省，面向全国"的地方出版出书方针，分析藏族文化的历史和现状及将来的发展趋势，努力把翻译为主的工作逐步转向编辑为主的轨道，并主持规划出版蓝图，提出了藏文图书逐步走向系列化，动员社会力量挖掘抢救、整理出版优秀藏文古籍等重要建议。他主张，整理古籍要从本地区的实际出发，保证重点，照顾一般，尊重和保持原著风貌，吸取精华，剔除糟粕，用辩证的、科学的观点创造性地开展工作。强调重点抢救在国内外有一定影响并有较高学术价值的典籍名著。在父亲的组织指导和全体同人的积极努力工作下，青海民族出版社先后整理出版了《般若八千颂》《萨迦格言》《菩提道次第广论》《藏族历代文学作品选》《夏嘎巴道歌》《格登洛桑文集》《格萨尔王传》《才旦夏茸文集》等一批优秀藏文典籍。其中大部分图书在全国及省内外的各级各类图书评奖活动中获得过大奖。与此同时，他还从实际出发，优化选题，出版了一批政治经济、农牧科技、文化教育、文学艺术等方面的通俗读物，为人们了解历史和社会风貌，激发热爱祖国、热爱生活的道德情操，掌握现代科学知识提供了大量的精神食粮。因出版社在社会主义精神文明建设中成绩显著，1988 年被国务院授予"全国民族团结进步先进集体"荣誉称号。这其中也有父亲的一份功劳，他也常常因此而聊以自慰。

1982—1984 年，父亲为了实现心中多年的夙愿，广泛收集著名佛教大师、爱国老人喜饶嘉措大师的遗散作品，足迹遍布青海循化、甘肃甘南、西藏拉萨等地。与出版社的另外一位老编辑合作编辑完成了《喜饶嘉措文集》(1—3 卷)。该文集出版后，赢得了广大读者的交口称赞，并荣获多种出版奖和优秀研究成果奖。同时，他还负责整理出版了研究青海历史地理的丛书《宗喀巴传》《藏族历史年鉴》《佑宁寺志》《隆务寺志》，编辑出版了文化教材《正字歌诀》《扎得文法》，赞美祖国大好河山的丛书《祖国各地》及《贤劫经》《藏文典籍要目》等，图书的发行量大幅上升，多次参加国际、国内的图书博览会及书展，受到国内外读者及藏学界的广泛称誉。

1989年，父亲抱着对藏族下一代的命运、前途高度负责的态度，觉得有义务为提高涉藏地区少年儿童的科学文化知识水平，加强思想道德建设，培养"四有"新人，出一份适合少年儿童阅读的小型报纸，为广大少儿读者输送精美的精神食粮。在上级领导的大力支持下，他参与创办了中国历史上第一家藏文少年报《刚坚少年报》，并兼任总编辑。这份小小的少年报，深得广大藏族小读者的喜爱，他们曾经来信说："《刚坚少年报》是我们学习和生活的良师益友，是民族教育园地上盛开的一束五彩缤纷的鲜花，衷心感谢给我们带来知识和欢乐的编辑叔叔阿姨们……"看到小读者们发自内心的质朴话语，父亲感到很欣慰。晚年时，他在回顾往事时常说："我这一辈子，工作既没有创造出辉煌的业绩，也没有什么惊人之处，我始终都是编辑队伍中的普通一兵。但是，有一点值得我今生无悔，那就是我非常热爱自己的工作，并尽自己的绵薄之力为青海的民族文字出版工作做了一些力所能及的事情。"

在忙碌的编辑工作之余，父亲丝毫未曾放松过他的书法研习。早在青年时期，他就曾经为喜饶嘉措大师缮写过书信、文章，擅长藏文正楷字体，他的书法以工整雄厚、刚健有力称道。1975年，为青海版的《藏文字帖》书写正楷体部分，编审出版了有较大影响的《兰札字帖》《瓦德字帖》，后又编辑出版了《藏文美术字帖》等。1977年，受青海民族印刷厂的再三邀请和上级有关部门的委托，父亲赴北京民族印刷厂，为青海民族印刷厂书写近千字的藏文铜模字一套，历时一年，终于完成。该套字体端庄典雅，被藏文出版界和印

◎智华嘉措先生的著作书影　（旺秀措姆　提供）

刷界公认为国内最好的铅铸使用藏文铜模字体,广泛运用于藏文书籍、报刊的排版印刷中,并被称为"青海体",获全国印刷字体一等奖。后又首创千余字的梵文铜模字一套,填补了我国梵文铜模字的历史空白,并于1987年获全国印刷字体三等奖。他也由此被人们称为藏文书法家。

20世纪八九十年代,青海民族出版社出版的大部分图书的封面书名均为他亲笔题写。此外,中国藏学出版社、甘肃民族出版社、西藏古籍出版社等出版的部分图书的封面书名也请他题写。90年代初期,受邀于北大方正集团公司,赴北京为北大方正公司书写藏文"印刷体",新创"月牙体",均被录入方正电脑软件,运用于之后的方正电脑排版系统。这两种字体荣获全国印刷字体二、三等奖。山东潍坊、华光系统所用字体也均为他书写。由父亲书写的刊名、牌匾、碑文、书法作品遍布北京及甘、青、川、藏地区,以及日本、美国等。另外,在纪念毛主席诞辰一百周年活动时书写的书法作品被北京毛主席纪念堂永久收藏,并获收藏证书。在《人民政协报》创刊六十周年时书写的书法作品也被收藏并获收藏证书。

永远谦和的父亲以他的才华与高尚品德赢得了荣誉,先后任青海省政协第五届、第六届委员,青海省藏语协会副理事长、翻译协会理事、青海省书法家协会常务理事、副主席等。他是新中国成立后的第一代民族编辑家,无愧为民族出版事业的开拓者之一,他为民族文化的繁荣与发展、挖掘与传承、培养藏族文化新人做出了卓著的贡献。

40年的风雨过去了,昨天已成为记忆,许多往事日益淡漠,但是父亲那种默默无闻静悄悄、埋头苦干无怨言,为民族出版事业的繁荣和发展默默奉献的精神,却给我留下了不可磨灭的印象。

追忆我的爷爷吉合洛

多吉南杰[*]

道帏乡多什则村是个人杰地灵、风光旖旎的藏族聚集地。自古以来，道帏乡人才辈出，颇有名气。我爷爷吉合洛也算是其中之一。凡是老一辈乡里乡外的人，无人不晓。当接到编写组关于我爷爷身世的约稿时，几分欣慰又有几分忐忑。欣慰的是爷爷辞世 50 年后的今天，能有机会再次缅怀他的历史；忐忑的是爷爷辞世时我才 12 岁，关于爷爷的生平资料知道得甚少。因此，这里虽说是"追忆"，可大多是从老一辈乡亲的口述中得知的。

◎吉合洛 （多吉南杰 提供）

坚定一种信念　守住一颗初心

爷爷吉合洛，本名吉太先，吉合洛是太爷辈给他的昵称。1908 年出生在道帏乡多什则村一个普通农民家庭。这个村大多信奉藏传佛教宁玛派。宁玛派是藏传佛教史上，

---

* 多吉南杰，青海省纪委监委原一级巡视员。

历史最悠久的一个派别。宁玛派的传承分两类：第一类是在正规寺院出家修行的，他们有严明的戒律，完善的学习课程；另一类组织非常松散，大多不需要出家为僧，而是居家修行。1908年时值晚清。国家动摇，战争四起，人民生活在水深火热之中。对于一个食不果腹的农民家庭来说，供孩子读书算是很困难的一件事。而且当时道帏地区只有10公里外的起台堡一所私塾，上学更是难上加难。所以爷爷只能居家修行。爷爷是在他的姥爷（我的外太爷）身边长大的。听老人们说，外太爷才学出众，在村里颇受人尊重。他也算是爷爷的第一任启蒙老师。爷爷自幼聪慧好学，性格开朗，慈悲善良。外太爷常常一边放牛种地，一边给爷爷教授属于宁玛派的日常诵读、清规戒律等知识，还有一些简单的阴阳八卦学、风水学、基础医学等知识。在外太爷的引领和关爱下，爷爷相对于其他同龄孩子要出色得多。他很快就掌握了藏文的拼读和书写规则。12岁时，能独立撰写护轮咒语（密宗咒语，写在纸上折叠后挂在脖子上，起防灾避邪的作用）。正当他在如饥似渴地汲取精神养分之时，外太爷因病离世。那年是1921年，爷爷13岁。外太爷的辞世，使爷爷突然间失去了双重寄托，一时陷入孤独痛苦之中，可是他内心对知识的渴望日渐增长。爷爷在家人的陪同、支持下开始四处拜师学艺。

爷爷所拜的第一任民间大师是张沙村的阿克切本加，他系统地学习了宁玛派的教义及仪轨等常识；继之到都拉村阿格部落的宁玛派民间大师（名称不详）处研修阴阳八卦、天文历算。还经常参加道帏地区宁玛派法会，结识了很多老前辈，从他们的言传身教中又得到很大提升。

随着知识和阅历的不断增长，爷爷崭露头角，代表道帏地区宁玛派参加化隆县金源乡支哈加地区宁玛派大法会。在这个法会上他拜了尖扎县直岗拉卡地区的宁玛派大师阿克洛桑根登。从此，他拜阿克洛桑根登大师精修藏族十明文化中的小五明，又通过阿克洛桑根登大师拜了热贡地区的佛学大师西萨洛哲嘉措，更加深入细致地学习了宁玛派更广泛的教义。通过西萨洛哲嘉措大师又认识了托加格西等高僧大德，更深入地钻研佛学核心知识和古藏文经典理论。后来在尕楞杨塘寺的旦曲嘉措大师处修灌顶法，入修三密。此后他又拜喜饶嘉措大师为师，学到了很多深奥的佛学知识。经不断地拜师求学，他在藏传佛教宁玛派教义及仪轨等方面有了很深的造诣。加上爷爷做人低调，忠厚善良，广交名师，他的名字很快在循化藏族地区家喻户晓，甚至还有一些同仁地区的同教信众慕名而来。

民国期间，爷爷被任命为道帏乡乡长。当时，邻村之间常常因为草山、田地等纠纷不断。爷爷任职后在化解矛盾、调解关系方面做了大量的工作，甚至一些陈年旧事也得到了顺利解决。如木洪村与旦麻村的水利纠纷，张沙村两个部落之间的邻里纠纷，岗察和夕昌之间的草山纠纷等，都在他的努力下成功化解。他亲自带领组织村民在村里兴修水渠，破解了村落田地多年干旱而收成不好的难题。在为民谋利的同时，他时刻不忘提升自身素养，自修汉文，在当时来说颇有建树。在跟喜饶嘉措大师修佛法时，还分担一些大师身边的琐事，深得大师喜爱。既分担了大师工作，又扩大了自己视野，也汲取到不少精神食粮。不久，他被推举为循化县国民参议员。当地百姓称他为"参议吉合洛"。

对于爷爷来说，每多一种身份就是多一份担当和责任。成为参议员后，他就更加忙碌：当时马步芳统治下的苛捐杂税使百姓苦不堪言，为减轻百姓负担，他带领村民开垦荒地、植树造林、修渠引水等，还出面协调各种关系。如当时县政府与尕楞比塘村之间因为木材问题发生纠葛，中间多人调解都未果。我爷爷自告奋勇出面协调，一面做村民的思想工作，一面带了几个村里长者到县政府当面反映村民心声。经过他的努力，问题终于得到圆满解决，双方皆大欢喜。后来比塘村村民邀请爷爷到村中做客，并要送几车木料，但爷爷婉言谢绝。

当时除困扰百姓的苛捐杂税外，还有服兵役强迫性义务。按当时规定，每家每户只留一个男人养家糊口，传宗接代，其余的青壮年都要服兵役。为了逃避苦役，村里很多男人选择出家为僧人。也有一些条件较好的人家从临夏等地花钱雇人替兵役，有的男人逃到外地不敢回乡。面对这样的现状，我爷爷开始四处打听，得知尖扎的古嘉赛作为宁玛派僧人，与马步芳的私交甚深，尖扎地区的宁玛派僧人便免去了兵役。尖扎的这件事情对道帏地区触动很大，于是爷爷私下拜见古嘉赛，让他出面说服马步芳将道帏地区也免去兵役。最终没有取得理想的结果。

当时宁玛派的活动都在民间。每年阴历三月和九月各集中在道帏天然佛塔旁边十多天，一起诵经、一起做法事。我爷爷作为道帏地区宁玛派的知名学者，除了给僧人们授课、讲经外，还常常和一些老僧人教年轻人怎么做供品、怎么吹法号、怎么演示大圆满手印等。

随着佛事规模不断扩大和僧人的增多，后来邀请热贡宁玛派学者西萨洛哲嘉措大师来道帏给学僧们授课。三年来，道帏地区的宁玛派僧人相对于其他地区发展较快，尤其是知识型僧人很突出。

汗水滴落的地方总会有鲜花开放

1946 年，爷爷 38 岁，正是壮志凌云、如日中天之时。经他的恩师西萨洛哲嘉措大师推荐，到同仁地区任热贡加吾部落头人多杰的秘书。据说，爷爷临行时道帏地区的百姓、僧人都含泪送别，场面极度感人。

在同仁当秘书期间，爷爷又饱览到很多经典文书。这对于力求上进、完善自我的爷爷来说，是一个极好的发展平台。早晨到办公室除处理公务外，都是埋头读书。在这里他开始用文字表达自己的思想，撰写了一些涉及政治、宗教、社会关系等方面的资料。

新中国成立后，加吾部落头人多杰任同仁县第一任县长，爷爷随之在同仁县人民政府当秘书。主要起草县政府各类公文，协助领导收集和分析各种信息、制定决策，处理群众来信来访和接待工作，还协助领导做好各种会议的组织工作等以及县政府系统主要会议的翻译工作及文件传达。有些政策性文件翻译成藏文，亲自刻写后印发给各地。由此而深受当地干部群众及宗教界人士的欢迎和好评。组织授权他编写了当地第一本《藏汉对照识字读本》，为当时工作在民族地区的汉族、回族、土族等民族干部提供了便利。有时在翻译、排版中遇到棘手问题也向他求教。同时，还兼任多杰县长儿子的家庭教师，辅导藏文和汉文。

1952 年底，土地改革基本完成。为了进一步推动农村经济发展，我国实行农业合作化。爷爷第一个站出来把自己老家的土地和牛、羊全部无偿捐献给了政府。此时，甘肃夏河县甘加地区与青海同仁县加吾地区的草山纠纷愈演愈烈，是年发生冲突，双方死伤惨重。上级部门责令西北军区王司令牵头协调，并做好善后事宜。西北军区立即在兰州进行双方协商。甘肃夏河方面的谈判代表是黄正清和社会名流关切加德，青海同仁方面的谈判理应由多杰县长参加，但县长正好是加吾部落的头人，要回避介入，所以派我爷爷代表县长到兰州参加谈判。这场长达 36 年的恩怨纠纷，对于双方来说都是一场严峻的考验。我爷爷临危受命，不负众望。从双方各自的利益方面、从为百姓长久谋利方面，借古论今，设喻说理，最终爷爷载誉而归，同仁县委、县政府盛情相迎。

为了在基层老百姓中培养更多的文化人，爷爷千方百计走访百姓，倾听百姓心声，主动给村民们讲课，普及文化知识，义务培养了一大批有文化、有理想、有追求的藏族学子，大都成了新中国优秀的民族干部。同仁地区很多年轻人在他的引领指导下得到了深造，成为有用之才。我的父亲先巴加就是在爷爷的培养下成为中央民族学院优等生的，而且毕业后一直是《青海藏文报》的工作骨干。

由于爷爷工作表现突出，口碑极好，1955 年被调到青海省人民政府办公厅，从事公文翻译工作。这期间为振兴民族民间文化，他与我省著名学者桑热嘉措、才旦夏茸、古嘉赛、阿旺曲培等学者一起，进行了大量的典籍搜集、整理工作。由我爷爷主笔完成了我国第一部《格萨尔》史诗《霍岭之战》（上、下册），当时受到了国内外专家、学者的高度评价。2006 年，《格萨尔》被列入首批国家级非物质文化遗产名录；2009 年，"格萨尔史诗传统"入选联合国教科文组织《人类非物质文化遗产代表作名录》。2017 年，藏戏《霍岭之战》在青海省黄南藏族自治州举办的首届全省民间藏戏会演暨第二届中国青海热贡"雅顿"艺术节上首次演出，获得群众好评点赞。同时，他还参与藏文教材的编写审定、藏文报纸的编辑出版等重要工作。后来还与才旦夏茸、洛桑合著手抄本《安多政教史基础》等著作，为新中国藏族文化的传播和发展做出了主要贡献。

无论风雨变迁　愿守心中净土

正当我爷爷在工作中大展宏图之时，他唯一的儿子（笔者父亲）于1965年大年初二不幸去世，年仅35岁，丧子之痛使他无法自拔。同年，又惊悉远在北京的喜饶嘉措大师被免职的消息。凡是与"班喜集团"有瓜葛的人都要接受调查。爷爷和喜饶嘉措大师既是同乡，又有师生关系。此时，他深知自己即将面临的是什么。在彷徨、忧郁之时，组织告诉他在西宁大厦参加紧急会议，让爷爷重点发言。爷爷知道这个所谓的会，就是要批斗喜饶嘉措大师，只有"批斗"方显他与"班喜集团"划清界限。经过再三权衡后，他办理了辞职手续，毅然返乡，这年正是1966年。"文革"开始后，原以为归居田园尽可安心度日的爷爷依然逃脱不了干系，天天挨批，还要给生产队捡牛粪、守田间、干木工、当裁缝等，但也练就出了爷爷的无所不能，如修补瓷碗，给破旧的收音机做套子，给房门安装自动反锁，还利用玻璃镜反光的原理给远在山上放牛的孙子暗示回家。

一次村里通知他到乡上开会，一接到通知，他就想方设法回避，他将一瓶红墨水悄悄装到兜里，走到半路假装突然犯病，口吐鲜血。押解人员见状，只好派人把他送回家里。后来听说，那一天乡上果然在开批斗喜饶嘉措大师大会，聪慧通达的爷爷躲开了面批恩师的尴尬。

中国佛教协会会长喜饶嘉措大师曾称赞说："青海道帏地区能出一个像吉合洛这样没有出家而胜似高僧的知识分子真是难得啊！"大师在其文集中写有这样的话："吉合

洛是个有用之才，他们父子二人都是道帼乃至青海藏族的骄傲。"

1968 年喜饶嘉措大师的辞世，对爷爷又是一个致命打击。他整天沉默寡言，闲居穷庐，除了读书念佛，心无所求。1973 年，爷爷含冤而去。

1978 年，一大批冤假错案得到平反昭雪，爷爷名在其列。中央民族事务委员会补颁了"民族事务特别贡献奖"。这个奖虽然来得晚了一些，但也可以说是对他在天之灵的一种告慰！更有幸的是多年以后的今天，人们依然记得他在艰苦岁月里的无私付出。我作为晚辈深感自豪和骄傲。

追忆夏吾才让先生

侃　本　多杰仁青[*]

夏吾才让先生于 1919 年阴历八月初九诞生在循化县尕楞乡曲卜藏村一个普通农户家里。曲卜藏村是世代信奉藏传佛教宁玛派的一个村落，村落中有一个传统，男人们在父辈一代的言传身教下，自觉地学习宁玛派的仪轨等基础知识。这样做的目的，一是传承文化的需要，二是自身能力提高的需要。夏吾才让先生出生在这样的村落里，自幼受到父辈们的熏陶，学习文化，接触文人学者。等有了一定的基础后，家里人把他送到离家不远的隆杨塘（也有写成龙羊塘、洛样唐的）寺，开始进入正规的学习。在这里拜见了影响他一生的隆杨塘寺寺主活佛晋美·丹曲嘉措大师。历经五年的时间，系统、完整地学习了藏语基础知识。为了进一步巩固藏文化基础知识，他又在这里拜才旦夏茸活佛为师，三年之内完成了藏文语法《三十颂》《诗学修辞明鉴》《佛学理论》等的系统学习。还从众多民间学者处学习了天文历算、阴阳八卦、宁玛派仪轨等知识。

夏吾才让先生不是出家僧人，但在寺院和佛学大师那里接受了很多学术知识。特别是晋美·丹曲嘉措大师和才旦夏茸活佛，是甘、青、川一带远近闻名的大学者，很多有识之士慕名而来拜他们为师，其中就有化隆夏琼寺夏日东活佛。夏吾才让先生和夏日东活佛是同龄人，他们先后进入隆杨塘寺学习，夏日东是活佛，而夏吾才让是一个俗家弟子，但他们互帮互学，结下了深厚的情谊。后来，夏吾才让先生学到的很多

---

*　多杰仁青，甘南藏族自治州合作藏族中学教师。

佛教高深知识，基本上是在夏日东活佛的点拨下学成的。从这个层面而言，夏日东活佛也是夏吾才让人生当中最主要的一位老师。更有幸的是，夏吾才让先生和夏日东活佛、才旦夏茸活佛先后进入青海民族学院当藏文老师，他们在一起共事，这也许是命运的安排。

1950 年 8 月，青海民族公学正式开学，首先设置三种类型的教学班，即知识班、工农班、儿童班。其中，知识班（也称政治班）学员大部分来自农业区和西宁城区，年龄在 20~30 岁，文化程度初中以上。为了便于教学，又根据学员的实际文化程度，划为三个教学班。开设的课程有社会发展史、新民主主义论、民族问题和民族政策、汉语文、藏语文、蒙语文等，学期为两年。当时的情形是，为寻找藏文和蒙文老师花费了一番周折，从东部农业区到西部牧业区，适合来西宁任教的少之又少。这时候首先进入人们视线的是在循化尕楞乡隆杨塘寺学习的才旦夏茸活佛、夏日东活佛和夏吾才让先生，但学校当时的顾虑是活佛或僧人进入学校，生活起居怎么办？管理上怎么办？不通汉语又怎么办？经过再三权衡后，略通汉语的夏吾才让先生被列入重要候选人。

1951 年初，青海民族学院民族语文部正式聘任夏吾才让先生为藏语文教师，有些老干部在回忆录里几次提到，青海民族学院的第一位藏语文老师夏吾才让先生，这听起来无可厚非，但笔者认为应写成第一代藏文老师是比较客观的。在以后的 8 年多时间，他在这所学校的课堂上既给来自四方的各民族学生上课，也为想学藏语文的个别领导和老师们进行辅导。在他的精心教授下，一批批新一代少数民族干部走出校园，走向广阔的田野里，为青海各项事业的发展奠定了一定的基础。

他在教学期间大胆尝试，将藏族传统的文化教育与现代化有机结合，为藏族现代化教育揭开了新的篇章，赢得了众多师生的普遍赞誉。在这期间他还有一个意外的收获，随夏日东活佛一起到省政府拜见了自己心中的偶像喜饶嘉措大师，从此一有机会便去听喜饶嘉措大师的讲座，向大师请教一些疑难问题。但天有不测风云，1958—1961 年初，青海民族学院的各项工作在"左"的错误思想指导下，步步艰难，出现了不少的错误和偏差。据一些老人回忆，在这场史无前例的运动中，夏吾才让先生也曾一度被身不由己地推举为青海民族学院副院长，当组织部门进一步政审时，夏吾才让先生进寺院学习、拜活佛为师，还有宁玛派俗家弟子的身份，被一一抖搂出来，成了他的黑历史。组织上让他深刻反省，认真剖析，及时撰写检查材料，但是倔强的夏吾才让先生自始至终认为自己没有错，自然也没有写什么检查材料。因此在被推举为青海民族学院副院长七天后，被组织上定性为政治立场不稳定，而被开除公职。随后，他被严加批斗，甚至被押进监狱。

从 1959 年到 1969 年，夏吾才让经历了近十年的监禁生活。在监狱里他碰到了自己的良师益友夏日东活佛及其他众多不同民族的文人学者，他们共同劳动改造，共同学习文化知识，建立了深厚的友谊。特别是能与自己的恩师待在一起，学习"菩提道"等以前没有接触过的知识，他非常满足，大有因祸得福的感觉。

1969 年，出狱后，他被安排到同德县尕巴松多镇，担任了一年的生产队会计，同时为当地群众教授藏语文基础课。

1971 年，他的表弟德拉加向尕楞公社和曲卜藏村反映夏吾才让的情况，得到允准后全家户口得以从同德县返迁他的出生地。

1980 年，政府为夏吾才让平反，按正常退休并享受工资待遇，并且被循化县文教局聘请为藏文老师讲授藏文基础知识多年。

20 世纪 50 年代，夏吾才让老家的生活条件很差，村里人基本上都是半文盲，为了脱贫，从长远着手，他亲自培养了几十位农民学子，如曲卜藏村勒毛措（后在文都乡政府上班）、比塘村夏吾加（现定居于道帏乡宁巴村）、格日塔（后在循化县宗教局上班）、道帏乡的索南才让等。

夏吾才让的恩师有高僧大德晋美·丹曲嘉措大师、才旦夏茸活佛、夏日东活佛等，师生间经常用书信的形式互相问候，探讨学问。这些书信原件在他 70 多岁时，让儿子格日才让封存在佛堂的白度母佛像内。

喜饶嘉措大师乐意让夏吾才让做自己的学生，大师在给他的书信中称其为"我心中的宝贝"，对他非常关心，就像疼爱自己的孩子一样。

夏吾才让先生在几十年的教学生涯中，一贯忠于党，忠于人民，对共产主义崇高理想和伟大事业坚定不移，始终牢记为人民服务的宗旨，为社会稳定、民族团结做出了重要贡献，是一位德高望重的老同志。他把毕生的精力奉献给了青海的社会主义建设事业，深受青海各族干部群众的尊敬和爱戴，青海省委原副书记扎西旺徐对他非常敬佩，是他的终身之友，有深厚的友谊，与他有密切书信来往。原青海省副省长班玛丹增既是他在青海民族学院公学班期间的学生，又是工作期间的同事，退休后两人书信往来频繁。

青海民族学院建校后很长一段时间，所有的专业都开设藏文课，不管是什么民族，不管你是来自哪里，都要学藏文。凡此时上过青海民族学院的学生，基本上都听过夏吾才让老师的课，这些学生大部分在各自岗位上都是骨干人才，有的当过行政领导，有的成为学术带头人。

20 世纪 80 年代末至 90 年代初，70 多岁的夏吾才让先生仍孜孜不倦，为来自四面八方的学生、知识分子、僧人传授藏文《三十颂》《利行》《菩萨行》《安多政教史》等知识。

改革开放后，夏日东活佛再次来到青海民族学院任教，夏吾才让先生的冤假错案得以顺利解决，先生的经济条件也有所好转。每到秋末，夏吾才让先生背着新磨成的二十几斤豆面、五六个青稞焜锅馍馍、新鲜酥油糌粑来西宁看望曾经的同学、师友、狱友更是自己一生的精神导师夏日东活佛。每次都是小住几日，交流心得，向夏日东活佛请教疑难问题。夏日东活佛一旦有好吃的好穿的，立即吩咐身边的人，让夏吾才让先生来西宁小住几日。这样的情谊一直持续到夏吾才让先生腿脚不便为止，后来夏吾才让先生病重期间，夏日东活佛经常过问病情，还寄钱安慰。2000 年 1 月 28 日，夏吾才让先生去世，夏日东活佛用佛教最高的礼仪给他进行了超度祈祷。2001 年 8 月 2 日夏日东活佛圆寂。青海民族大学藏学院历史上的两位老师就这样谢幕了。

夏吾才让先生坚定于民族教育事业和崇高的精神风范，值得我们学习，并将永远激励我们，干好本职工作。

记德却教授

才让东智* 仁青多杰**

　　德却教授是国内藏学界著名的藏语语法专家，曾任青海民族大学藏学院教授，青海省古籍研究中心副主任。从事教育事业 40 余载，默默耕耘，静待花开。为培养少数民族人才做出了突出的贡献，是一名德高望重且久负盛名的教育工作者，是一位在藏族文化史、藏族古典文学、藏语语法研究、藏传佛教理论、藏族历史文化、因明逻辑等领域具有很高造诣的一代名师。

人生经历

　　德却教授祖籍循化县文都藏族乡，1941 年初冬时节在甘肃夏河县诞生。3 岁时被家里人

◎德却教授 （才让东智 提供）

* 才让东智，青海民族大学教授。
** 仁青多杰，青海民族大学教授。

送入文都大寺，10 岁正式在该寺出家为僧，继而拜拉代格西尊哲诺布和秀仓图丹东珠等诸高僧大德为师，系统学习藏语语法、因明摄类学、四宗概论、藏文书法等。至 18 岁，即 1958 年正值寺院关闭，遂进入青海民族师范学校学习。1961 年生活困难时期，学校迁至海南州共和县东巴乡，后改名为海南州民族师范学校，师从桑果、万果、杭本加、拉茂才旦等人学习文史哲方面的知识。1965 年 7 月，毕业后被安排到海南州兴海县河卡地区实习。1966 年进入青海民族学院预科部，任藏文教师。1969 年，调整到青海民族学院少语系任教。因其好学不倦，勤学好问，手不释卷，于 1972—1974 年在该校中文系专科班就读。在 40 余载的教书育人生涯中，不忘继续深造，先后师从夏日东大师、曲藏活佛、多加格洛教授等学习藏传因明学和以佛学为主的藏族传统文化。有才华的人总是低调做人，高调做事，总是务实进取，高雅脱俗。1994 年担任硕士研究生导师，主要承担藏语语法、佛学概论、藏传因明学、宗派源流、藏族古典文学、藏族历代文学作品选等课程。2002 年被评为"全校最受欢迎教师"，于 2004 年光荣退休。凭借着对教育事业的热爱和执着，应邀在青海安多卫视名家讲坛专门讲授藏语语法；2016 年，正式出版发行藏语语法讲授光盘，并由其学生整理出版语法专著，深受广大读者的一致好评，社会反响强烈。

德却教授退休后，仍然未放弃通读藏族传统文化典籍并认真整理的这一爱好，先后应邀在青海省藏医学院、青海师范大学、青海大学、青海民族大学、青海藏语系佛学院及海南州贵德县、共和县、贵南县、同德县、兴海县，黄南州同仁县、尖扎县、泽库县，果洛州，循化县藏文中学，四川阿坝州马尔康市、若尔盖县，甘肃省民族师范学院等地开展师德师风、教育教学、藏语语法释难、藏族传统文化、中小学藏语文教材疑难解答等讲座，很受广大师生的欢迎。

德却教授博览群籍，孜孜以求，通晓藏族传统历史文化知识，曾四次研读藏文《大藏经》，其中《甘珠尔》108 函，《丹珠尔》213 函。

"选择一项对人类文明有益的事业，也许不会发财，不会升官，但也要一头钻进去，永不回头。"这是德却老师的肺腑之言。

从严执教

德却教授长期潜心于印藏文化比较研究、因明学、古典名著赏析、佛学概论等专业课和本科生藏文文法、藏族历代文学作品选等研究生课程的教学与研究。博大精深的治学方法和从严执教的教学理念及终身学习的信念是他一生的遵循和追求的教育原则。自走上讲台以来，他心无旁骛，一心向学，经常性地查阅大量资料，收集梳理，同一门课虽然已经很熟悉，教案也很完善，但为了上好每一堂课，每学期、每节课都要重新认真备课，一丝不苟，其教案内容翔实，资料丰富，信息量大，每一门课程的教案都是一部论著。根据学生请求，他利用午休及课余时间讲授《司都文法》《扎得文法》《诗镜论》《阿嘉雍增宗派论》《入行论》《胜道启门论注疏》《政教论》《因明学辩论》《才旦夏茸藏文文法》等内容，寒来暑往，从没有休过假。他总是关心关注学生的学业，提醒学生，做藏学研究的高层次人才，要心知自己的学识与国际水平有多大差距，时刻关注藏学研究前沿。他总是欣赏学生的优点，善待学生的缺点，尊重学生个性差异，鼓励学生多读书，勤读经典，善思考，讲求实效。

德却教授对自己的课堂教学更是严格要求，对学生极为负责。他的《文法释难》《印藏文化比较研究》等著述，为研究生和藏学科研机构提供了很好的教材。即便学生手里有教材，他也要每堂课发给学生融入国内外藏文文法最新动态和他的最新研究成果的新讲义。因此，他讲授的课程总能深入浅出，把复杂问题简单化，言简意赅，讲授不仅有很强的思想性、逻辑性，且不失幽默风趣，深受学生的青睐和好评，每次上课，他自始至终都是站着讲课。青年教师劝他坐着讲，他笑着答道："已经习惯了。"朴素的一句话却道出了德却老师为学为师严谨负责的态度。

德却教授在"备、讲、导、疏、改"等教学的各个环节中从不懈怠，讲授每门课程都要翻阅大量经典，进行比较排查。对不同的注疏、诠释等作纵向对比，横向比较，不同的学术观点进行综合梳理研究，互相参证，辨明正误；对重点问题广采众家之长，不断深化开拓，作穷究式的研究，然后进行分析梳理、归纳总结，所讲内容谙熟于胸，这样讲课条理清晰，层次分明，讲述透彻，见解精辟，使学生便于消化所学知识。在课堂教学以外，设计专题，先让大家讨论和辩论，再由自己归纳总结，提出结论性意见。此外，定期布置论文和读书报告，对所交论文和读书报告，从基本格式到字体、方法，都遵循严格的原则，以培养严谨踏实、勤奋钻研的良好学风。在指导毕业论文时，根据藏学界研究现状，尽可能让学生选择有一定学术研究价值和实用意义的课题。正缘于此，许多学生的论文在《中国藏学》等核心刊物上连载，在学术界引起一定反响。40多年来，德却教授正是凭着对教育事业的无悔选择，执着热爱，甘于寂寞，勤于耕耘，善于言传身教，从一名不图名利、不求财富、生活简朴、默默耕耘的普通教师，成为深受学生尊敬爱戴和同行认可敬重的好教师。执教40余载，他不仅以其教学上的突出成就为人称道，而且以其高尚的品德修养和精神风范影响着同事和学生，成为公认的教坛良师。

人生导师

德却教授一生淡泊名利，谦虚谨慎。他每年都会收到许多国内外相关机构要免费收入各种名人录的信函，但他从来不愿提供资料。他是校内公认最有资格评定职称的，可他连申报表都不愿填写，总是把机会让给中青年教师，且经常为青年教师解答教学中的疑难问题，发挥传帮带作用。为出版搜集、整理、编辑古籍，他不仅不收稿酬，还拿出自己仅有的40万元积蓄用于藏文古籍整理。他说："世界上出版的古典学术专著，都是不计报酬的。"在他的激励鼓舞下，学生们和他一道整理古籍，至今仍埋头于古典丛书的搜集和校勘，乐此不疲。德却教授对教育事业的全身心投入和执着追求，归根到底，都来自他对学生的爱、对教育的爱，把自己的精力、能力全身心投入教育教学全过程。他常说："国家把重担交给我们，家长把子女托付给我们，学校把任务分给我们，我们就要切实负起责任来,把学生培养成对民族有用,对社会有用,对国家有用的德、智、体、美、劳全面发展的人才。"当学生有所进步时, 他总是由衷地高兴, 当学生成绩下降时, 他就忧心忡忡, 夜不能寐。他曾经谈道:"一个学生成绩掉下去, 对学校来说只是百分之一的损失, 但对于家长, 就会造成百分之百的伤害。"因此, 他用心辅导每一位学生, 把自己所学所知毫无保留地传授给同行和学生, 为了培养研究生的科学研究能力, 他常把拟订好的课题计划, 甚至正在做的课题交给学生去做, 不厌其烦地反复修改, 直至满意为止。本科生毕业分配, 他利用一切条件四处联络, 积极推荐。他认为, 学生毕业后能找到理想的工作, 当老师的自然高兴;用人单位能选上所需的人才, 我们这个"产品"的生产者理所当然地要对"产品"进行推荐。朴素的话语, 却道出了他对学生真诚的爱和对社会强烈的责任感。繁重的教学工作使他无暇顾及科研工作, 除教学、编著个别教材讲义和撰写特约论文外, 没有更多的科研成果, 而且从不参与竞赛、评奖等活动。为培养人才, 他几乎倾注了所有的精力和心血, 心甘情愿地在培养学生这块沃土上辛勤耕耘, 播撒希望和爱的种子, 期待满载而归的明天。他认真研究撰写教学大纲, 总是以敏锐的思路、循循善诱的教学方法启迪学生, 形成了独特的教学风格。在教学中以各种教学方式营造轻松活泼、积极上进的学习氛围, 用学生乐于接受的方法来教学。在向学生传授科学知识的同时更能通过教育教学活动及自己的言教身传, 对学生进行思想品德教育, 受到广大学生的一致拥戴。

有人曾劝他多写几部专著, 他却说:"我们不仅需要学术专著, 更需要专门人才, 有了专门人才就会有更多的学术专著。"从这些感人的话语中, 足见他一片坦荡的胸怀和热情真挚的心, 使我们看到一位忠于教育事业和真诚献身于教育事业学者的可敬身影。

在长期的教育事业实践中, 德却教授体会到:一个称职的教师, 必须要和学生心连心, 以学生为中心, 落实立德树人, 把育人放在第一位。为此, 他深入学生, 了解学生, 有的放矢地进行思想品德教育。利用贤哲们的感人故事引导学生、感化学生, 他熟悉学生的禀性、心态, 掌握学生的思想动态, 将德育教育贯穿于日常教学之中。课堂中,以贴近社会现实，联系学生实际为指导，结合历史与文化，进行爱国主义和民族团结进步教育，用自己的亲身经历感染学生，极大地激发了学生的爱国热情和崇尚科学的信念。学生们普遍认为他的课有历史感，充满人文主义精神，对形成正确的世界观、价值观和人生观很有裨益，也对稳定学生思想、加强民族团结起到了重要作用。

◎德却教授为学生授课 （才让东智 提供）

德却老师培养的学生相当一部分成为中央民族大学、青海民族大学、青海师范大学、青海民族出版社、青海电视台、青海广播电台、青海影视译制中心、青海社会科学院、中央民族翻译局、中国藏学研究中心等教学和科研机构、新闻媒体、中的中坚力量，以及政府部门的高级领导，学生们走出校门多年后还念念不忘这位恩师，许多学生都以能师从德却老师为人生之幸事。

光阴荏苒，德却老师虽然已经退休，已是"智者寿"的耄耋老人，但仍然畅游于书籍经典当中，始终钟情于党的教育事业，心系民族教育，潜心教书育人，热诚为本校师生答疑解惑。同时，经常到基层民族中学给师生开展讲座和辅导，心甘情愿地奉献着自己的光和热，分享着睿智老人的人生智慧。

我的父亲赵超先生的坎坷人生

赵大千[*]

7月的循化，酷暑难耐。幸好一场久违的大雨稍稍消解了高温的炙烤。伴着夜半时分淅淅沥沥的雨声，我又翻开了父亲一字一句敲击而成的回忆录《人生路漫漫》。再一次随着父亲的笔触从他的童年走到他的少年，他的青年、壮年、老年……虽然从初稿至校对一直到最后的成书，我看了不止五遍，但每一次的阅读都让我对父亲有了更深一层的认识。

想必经历过旧社会和新中国成立到改革开放之前这段历史的父辈们，都有着基本相同的故事，或者是物质生活极其艰难困苦，或者是波澜起伏的人生经历。而父亲不仅承受了在今天的我们看来无法想象的生活压力，而且还要忍受命运一次次的捉弄。

1938年的寒冬腊月，父亲出生在加入村他

◎赵超先生（赵大千 提供）

---

* 赵大千，循化县藏文中学教师。

的外婆家，之后随着奶奶和伯父一起辗转流离，居无定所，后定居于石头坡村。特殊的居住环境可以说对他今后的人生产生了巨大的影响。勤劳持家的奶奶教会他藏语，周围的玩伴又使他耳濡目染地接受撒拉语，但谁又能想到这种自然成长所具备的语言能力竟成为他命运转折的一个因素，也许正应了那句话——塞翁失马，焉知非福。

1959 年 7 月，父亲从西宁师范学校毕业，被分配到循化县文卫局（教育局前身）视导组工作。一个从小经历了太多生活之苦的农家子弟，终于凭着一己之力完成了学业，成为一名正式的国家干部。怀着一份对事业的执着和生活的憧憬，他拿出了满腔的热情投入教育工作中。在文卫局组织举办的暑期培训班上，为藏族教师教授汉语拼音，和他们打成一片。在短暂的暑假之后，秋季新学期开学伊始，受局领导委派，只身一人前后 3 次深入全县几乎所有乡镇近 50 所学校，走访、考察校容校貌、学校领导班子和教师队伍状况，深入课堂听课，查阅教师教案、学生作业和学校日志，征求学校领导和教师意见建议，并对学校工作建言献策。在父亲的回忆录中，他对这次下乡考察的经历并没有详细描述，只是写道："哪有什么交通工具，都是一路步行。路程近的学校一天走一个，路程远的就需要一天半到两天。走到哪住到哪……"对于刚刚走出校门、步入工作岗位的年轻父亲来说，路程的远近和险阻并没有阻挡住他前进的步伐，在用双腿奔波于循化县各学校的过程中，他获得了一种力量，一种能体现出个人价值而激发出来的力量。更令人欣慰的是，他并没有因为是一个没什么阅历的新手而受到冷落或偏见。奋战在教育一线的学校领导和老师们给予他的是热情的接待和积极的配合，使得他顺利地完成了每一次的走访和考察任务。

也许正是父亲的这种诚恳和勤奋打动或感染了一些人，在经过一个学期的下乡走访后，应时任古雷小学校长韦卓的请求，父亲被调到了古雷小学任教。但是，这只有短暂的一个多月，他还没来得及铺开在古雷小学的一摊子计划，一个紧急的电话又把他召回了县上。"县委调赵超同志去县委党校工作，务于 4 月 1 日上午报到。"容不得校长的再三请求，在匆匆交接了相关手续之后，父亲又向县城奔去。在刚刚组建的培养党的后备干部的县委党校里，父亲和其他被抽调过来的同志一样，忙前忙后，担任青年积极分子训练班班主任。在后来的谈话中，父亲才知道自己被抽调过来的原因是他懂汉、藏、撒拉三种语言，而青年积极分子培训班学员主要是从撒拉族和藏族中选拔的，正需要一名通晓这三种语言的在职教师担任此项工作，再加上他当时是中师毕业，文化程度还算比较高，所以就选中他了。听到领导对自己如此器重，父亲内心里感到一种无比的欢欣和鼓舞，迸发出更高的工作激情。

但是，还没等父亲把工作激情投入对青年积极分子的培训中，三年自然灾害所导致的粮食短缺不得不使工作计划暂时中断。按照县委的决定，组建了垦荒办及两支垦荒大队，其中一支就是父亲所在的党校青年积极分子训练班。作为班主任的父亲带着和他岁数一般大小的学生奔赴尕楞乡开垦荒地。对于从小帮助母亲干农活的父亲来说，这些对他来说算不得是什么难事，后来又带领学员去文都采蕨菜，他都顺利地完成了领导交付的政治任务。

原本以为父亲将在这里度过他教书育人的工作生涯，然而，命运却发生了转折。1960年12月，在父亲参加工作不到一年半的时候，全国范围内的饥荒使得政府不得不实行精兵简政，下放一批干部充实到农业战线上。党校停办，父亲被下放回家务农。父亲作为一名热血青年、共青团员，毫无怨言地办理了相关手续，拿着结算的82元2角2分的工资回到了孤身一人的奶奶身边。由此开始了他长达18年的务农和代课生活。

此后的生活是平常而又琐碎的，更是令人窒息的。每当我读到父亲回忆录中关于他童年时代生活的篇章时，常常在大脑里浮现出一个顽皮、天真的孩童形象来，还不时从他的叙述中感受着他童年的快乐和无忧，嘴角还有一丝的笑意。但是，这种感受在他回家务农后的生活中再无法体会到了。沉重的生活负担和精神压力早已泯灭了那颗曾经激情澎湃的心灵……打庄廓、娶妻生子及缺衣少食的境遇，迫使父亲一次次地顶起他羸弱的脊梁，为生活而奔波。这不由得使我想起鲁迅先生笔下的闰土来。有所区别的是父亲并不像闰土那样麻木和怯懦，他始终没有放弃对生活的期待和追求。

1963 年，在得知党校复办后，父亲去找了被下放时找他谈话的党群办公室主任，因其承诺过党校再办时还可以回来继续工作。可是现实却是复杂的，党校虽已复办，但物是人非，父亲只得原路返回。他又去找文卫局领导，要求也只是给他安排一个代课教师的岗位。也许是父亲的要求并不高，一个月后被安排到科哇公社夕昌小学代课。从此，父亲又重返教育岗位，先后在加入小学、循化中学、教育局从事教育工作 28 年。从一名国家正式职工到代课教师，再到党的十一届三中全会后落实政策，父亲被重新吸收为正式职工。在这 20 年的时间跨度里，父亲因为种种原因六易工作岗位，中间又为了家里的生计远赴果洛打工修路，几上高山以菜换粮，经历了种种人生的艰辛和磨难，承受了心理上巨大的坎坷和起伏，遭受了不少人为的阻挠和羁绊，同时也在逆境中得到了不少人的关心和爱护，感受到人情的温暖和厚爱。作为生活在当今时代的我们，也许无权对他所遭受的这些磨难或打击评头论足，但是完全可以从中去感悟生活的不易和人生最宝贵的精神。孟子说："贫贱不能移，富贵不能淫，威武不能屈。"每当父亲回忆起当年的这些经历时，他的话语并没有过多地停留在那些不堪的往事中，即使提到也只是发自肺腑的一种感慨，并没有一丝的怨恨和不满，而是更多地说一些生活中给予过他帮助的人和事。他总是教育我们几个子女，为人要本分，做事要认真，要耐得住劳动的苦，为人善良，对得住良心。

退休后的父亲，在老领导、老朋友们的邀请下到积石宫参加了社会公益活动，协助积石宫社会工作服务中心举办多届老年节、元宵节、暑假少儿夏令营等活动，看望慰问全县各族高龄老人，评选表彰孝亲敬老的好儿媳、好婆婆，联系爱心人士资助贫困家庭学生。在积石宫工作期间，父亲被推举为老干一支部支委、书记、积石宫管委会常务副主任等，与志同道合的一些离退休干部、社队干部群众忙前跑后，不亦乐乎，表现出一种超人的精力。在他们的努力和广大群众的支持下，陆续扩建和翻修了积石宫钟鼓楼、积石文化中心等设施。闲暇之余，父亲早晚间拿出笔墨，勤练书法，楷书、小篆、隶书、行草等无不涉及，及至练有所成便装裱起来，凡有求索者无不赠之。每

◎赵超先生著作《人生路漫漫》书影
（赵大千　提供）

当年关之际，还和书法爱好者一起在积石宫或广场挥毫为群众撰写春联，并多次参加县、市书法展，也获得过不少奖品和荣誉证书。

从积石宫退下来后，父亲又一头扎进了回忆录的撰写中。令人不可思议的是，近80岁的父亲竟然用电脑写回忆录。为此他专门准备了一台笔记本电脑，在我和几个孙子的指导下，基本掌握了电脑的使用方法，凭着他汉语拼音的基础，一字一句地在电脑上奋笔著书。历经数年努力，起早贪黑，完成了著述，又经过几次校对后交付出版社印刷成书，书名《人生路漫漫》。2016年4月，在县委宣传部、县作协等官方单位和县作协主席韩庆功、好友彭占清等人士的关心、帮助下于县党政大楼六楼会议室举办了县作协会员、亲朋好友及社会各界人士等近百人出席的作品发行仪式。

漫漫84载，父亲经历了种种的悲欢离合，尝遍了生活的酸甜苦辣，再回首，所有的得和失只成为他曾经的一部分，酸涩也好，甜蜜也罢，都成为组成他丰富人生不可或缺的元素。父亲出生于贫穷落后的旧社会，经历了新中国成立后几次大的政治运动，又赶上了改革开放后国家日益富强，人民安居乐业，生活水平日高一日的和平幸福年代。而他自己也可以说是苦尽甘来，老有所乐。正如他所坚信的一样，一个人只要坚定自己的理想和信念，锲而不舍，勇往直前，必将会得到丰厚的回报。

循化县藏汉双语教育发展纪实

堪 本[*]

青海解放后，党和政府根据少数民族地区社会经济发展的需要，非常注重少数民族教育事业的发展。除了创办民族语报纸杂志、新闻出版机构外，还在少数民族地区创办各级各类民族语文双语教学的学校，运用民族语文教学来推进少数民族教育事业发展，是中国共产党坚持"各民族都有使用和发展本民族语言文字的自由和权利"的集中体现，只有全心全意为人民服务的中国共产党人才能有如此的雄心和担当。

循化是青海解放较早的县之一，这里的主体民族是撒拉族。同时也居住着近3万人口的藏族，他们分别生活在4个藏族乡和其他乡镇。藏族历史文化悠久，历史上曾涌现很多仁人志士，如十世班禅大师、喜饶嘉措

◎本文作者堪本先生在讲课（堪本 提供）

---

* 堪 本，青海师范大学原教授。

大师等。新中国成立后，党和政府十分关心循化县藏族乡的文化教育事业发展，创办了多所藏文学校。至 1966 年，全县 4 个藏族乡共有公办、民办学校 30 余所，全部采用纯藏文教学模式。

受"文化大革命"影响，1966—1979 年，循化县藏族语文教学经历了从单一藏文教学到取消藏语文教学，再到恢复藏汉双语教学，民族教育事业蓬勃发展的曲折历程由此可见一斑。党的十一届三中全会以后，进一步推进了党和国家的教育方针、民族政策在民族地区的贯彻落实，藏汉双语教学得到具体实施。

作为亲历者的我，回顾这段历史，深感当时藏汉双语教学发展的艰难，民族教育取得的成绩来之不易。今天的成绩得益于我们党的民族教育政策，得益于循化县委、县政府重视和发展民族教育，同时与为民族语文教育教学付出毕生心血的无数教育工作者和有识之士的努力和支持是分不开的。因此，我们有必要对这一时期的民族教育政策方面所取得的历史经验进行认真总结，通过不断探索和研究民族教育教学政策规律，为新时期持续稳步发展少数民族教育事业提供参考和借鉴。

循化县取消藏语文教学

1966 年上半年，笔者在尕楞藏族乡中心完小任教，某天学区突然把全乡教师集中到本乡比塘小学开会，学区领导宣布县上的指示："下学期开始，藏文教学模式改为纯汉语教学模式。"当时的会议气氛比较紧张，所有老师都不敢发表意见，但大家心里明白，鉴于民族地区历史文化和民族语文教学的特殊性，教学用语的改革不是一朝一夕就能完成的。即使要改为纯汉语教学也应从小学一年级开始做试点，循序渐进改革才是最符合教学规律和科学的。当时尕楞藏族乡普遍存在高年级学生年龄偏大、用汉语授课完全听不懂的状况。9 月开学报到时，这些高年级学生大部分主动退学；再者全学区除三四名公办教师外，其余民办藏文教师也因不懂汉语文而自动离职，县上也派不出那么多汉文老师，导致很多民办小学停办，乡上两所公办完小教学也处于瘫痪状态。1969 年，全县组织了一场教育教学大检查，全县藏族学生入学率仅为 28%，如孕楞比塘小学，全校只有 6 名老师和 4 名学生。

1969 年 9 月，乡政府把我派到曲卜藏小学（初小）任教，一个学期后，又把我派到孕楞乡最偏僻的宗务占群村小学任教，当时两所学校均停学已久，都是重新招生开学，而且只有我一名老师。在宗务占群村小学，通过一年的奔波努力，学生入学率达到了100%，时任教育局局长杨永祥随同县政府有关领导下乡期间，对我做出的成绩进行了肯定和表扬，两个村的干部和群众也对我的教学工作给予了大力的支持。

1971 年 2 月，我被调往本县刚察牧业乡，担任乡政府教育干事、乡寄宿制小学校长。当时寄校学生最多时仅有十余名，公办汉文教师严重紧缺，我便从文都、道帏两乡招了 6 名能胜任低年级汉语文教学的民办老师，分配到全乡 6 个生产队帐房小学的一、二年级任教。全县藏族学区这种汉语文教师紧缺，藏族学生入学率低的状况一直持续到 1979 年。这期间，循化县藏族乡学区汉语文教学是停滞的，导致整个教育教学工作原地踏步，甚至有些倒退。群众中曾流传着这样一句顺口溜"一年藏、一年汉，学生年年一年级"。

"你是最合适的人选"

党的十一届三中全会以后，党和国家针对少数民族教育事业的实际情况，制定、采取了诸多卓有成效的政策和措施，使整个少数民族教育事业呈现出一派繁荣兴旺的局面。循化县藏汉双语教育也迎来了自己的春天。

1978 年 2 月，我已在刚察乡任教七年，以自己的汉语知识较为欠缺，无法胜任纯汉语模式教学的学校校长为由，向教育局申请将自己调往县文工队。在准备办理调岗手续时，时任县教育局局长李发杰未同意，因省上对我们县藏族学区迟迟未恢复藏语文教学提出了批评。因此，我们要在县藏族乡学区恢复双语教学模式，将派我去道帏藏族乡负责藏文教学试点班工作，并称"你是最合适的人选"，如试点成功，将在全县推广，不成功则取消。

我是学藏语文的，深知民族语文教学对民族地区发展的重要性，立即赶赴道帏中学任教。到道帏中学任职那一天，李发杰局长亲自到道帏中学宣布任命我为副校长，经自己再三要求最终取消任命。此后我担任试点班两个年级（一年级平行班）的藏语文课老师，将所有精力全部放在了教学工作中。通过两个学期的努力，藏语文教学取得了较大的成功，学生藏语文课成绩优异。但因教育局人事变动等原因，恢复藏语文课的工作又停滞，双语教学改革工作再次搁浅。

迎着改革的春风，我和从事民族教学工作的几位同人深知此时是争取双语教学改革的最好时机，为此我们不懈努力，做了很多工作。1978 年 5 月前后，我写了一份恢复循化藏汉双语教学的申请报告，先后两次递交到省教育厅，第二次递交的报告上道帏学区 8 名老师联名签字。韩应选同志调任循化县委书记后，我又将这份报告递交给他，之后再次单独找到他并详细汇报了此事，韩应选书记说："你反映的事情非常及时，过去藏文学校里培养了那么多人才，怎么一下子就没有了呢？我们县委一定考虑这个问题，恢复正常的教育教学秩序。"过了一段时间，此事仍未得到回复，我便和交巴、李加东智老师再次去找他反映这个问题，韩应选书记回答："我们正在考虑这个问题，一定会解决。"

1979 年 3 月，循化县委常委会议上通过了恢复双语教学的决定。县委决定把我调到县教育局教研室，负责制订恢复双语教学的计划，不久又将我提拔为县教育局副局长并分管此事。某天，韩应选书记找到我，称"现在恢复双语教学的事情已经办妥了，你首先要考虑和准备藏文老师从哪里来，怎么解决的问题"。

截至 1979 年，4 个藏族乡共有 46 所公办、民办小学和两所戴帽初中。于是，县教育局决定：46 所小学中二年级以上仍然采用纯汉语模式的教学直到小学毕业，从 1979

年新招收的一年级起开设藏语文课。然而，全县能胜任藏语文课教学的老师仅有24名，也只能在这24名老师所在的小学一年级开设了藏语文课。为了进一步巩固师资力量，县教育局起草了一份《建议从全县4个藏族乡招收50名民办老师的报告》呈给县委、县政府，该报告很快获得批准。50名老师招收后，集中到文都乡，分为两个班进行了为期一学期的培训，培训班藏语文课由我和南拉老师担任，数学课由李加东智和尕桑南杰二人担任。培训结束后，这50名老师中的7名被保送到黄南州民族师范学校深造，其余43名老师分配到46所小学任教。从1980年开始，经过海东、黄南有关部门同意，省教育厅正式批准，县教育局决定循化县师范学校每年招收50名汉语文学生，其中15名派往黄南州民族师范学校学习。1980年，从黄南州民师毕业学生中遴选15名毕业生派往循化藏文小学任教，循化藏语文教师的师资问题进一步得到了解决。

当时，按照省教育厅的教学计划规定，藏文班从三年级开始加设汉语文课，一周为7课时，使用省教材编译处编写的教材。县教育局根据本县的实际情况，考虑到将来高考汉语文题肯定在统编教材里，所以，就对省上指定的教材和课时安排计划进行了必要的调整：没有使用省教育厅指定的教材，藏语文班从小学三年级开始加设汉语文统编教材；省上指定藏文每周9课时，汉文每周7课时。我们根据以往的教学经验，即藏族学生学习藏文容易、汉文难的实际情况，将藏语文9课时中的1课时和图画1课时加到汉语文课时中，汉语文增至9课时后，高中毕业时能够学完汉语统编教材高一教材内容，这就为以后考学和就业奠定了良好的语文基础和竞争力。至此，全县藏族乡双语教学走向了正轨，师资力量得到了加强，学生入学率也逐年递增。如前所提到的1969年全县组织教育大检查期间，全校只有6名老师和4名学生的尕楞比塘小学，一下子报到了80多名学龄儿童。1979年首批接受双语教学的学生到1985年小学毕业后升至初中、高中毕业，后参加了1990年高考并成绩显著，持续5年取得了全省民考第一名的成绩。

进入新时期，循化县藏汉双语教育进入了黄金时期，循化县藏族学生考入全国各民族大学和其他各类院校的人数特别多。如，一段时间人们把海南师专戏称为"循化师专"，仅本县道帏一个乡就出了近 30 名博士生。相比过去纯汉语教学模式下的大中专考生，据 1977 年恢复高考制度直至 1982 年 6 年的统计，参加大中专考生 300 余人中（一人考 3 次，算为 3 人），考取大学的仅有 2 人，中专 1 人。

循化县创办藏文中学

1979 年开始学习藏语文的小学生，于 1985 年就要毕业上中学，但当时循化县还没有藏语文中学。为解决创办藏文中学问题，1982 年，我给时任主管教育的韩志业副县长进行了口头建议。据当时教育局统计，第一批藏语文小学毕业生只有 30 余人，如果各乡或者东西两边都招收初中生，一没有学生来源，更困难的是缺乏能胜任初中藏语文、藏文数学课的老师。所以，我们把全县藏文小学毕业生集中到县城也只不过一个初一班，暂借循化中学一间教室，并调配藏文、数学老师各一名就足够了。其余体、音、美等课程由循化中学的教师代课，上至校长、下至门卫都不用我们教育局安排，这样一来节约人力，人力的节约就意味着财力的节约。然后，我们要求县委把已经废弃的（波浪滩）县党校校址改建为循化藏文中学校址，如果县委批准，在原党校的房屋基础上再修建数个教室及宿舍就可以了。韩志业副县长听了我的建议后说："你的建议非常好，其实创办循化藏文中学的事情我也考虑了很久，但没想到你的这个方案，就按你的建议办。"

县教育局按照韩志业副县长的指示，立即给青海省计划委员会申请修建循化藏文中学教室等所需 20 万元的经费报告。记得当时省上正在开全省计划会，为了赶上省计划会，我和韩兆吉副局长借了县委的一辆小车赶到西宁，把这份报告交给参加省上会议的本县计划办同志手中，委托他们把申请经费加到我县提交省上的经费计划中。

县教育局正在忙碌筹建循化藏文中学之时，尕楞和文都乡的几位藏族乡长未通过教育局，突然向县委、县政府递交了一份把循化县藏文中学设在文都乡的报告，而此时，我已准备调往省会西宁工作，就未再过问此事。后来，县委同意了将循化藏文中学设在文都乡的提议，向青海省申请的 20 万元经费拨付之后，也就直接用于文都乡创办循化藏文中学的建设。

综上所述，如果没有党和国家正确民族教育政策的恩惠，如果没有循化县委韩应选书记、交巴杰副书记等领导的大力支持，就很难顺利恢复藏汉双语教学模式的体制，就很难取得今天这些优异的成绩。通过双语教育教学，循化县为国家和地方建设发展输送了大量的各类人才。从循化县新时期发展少数民族教育的经验来看，在少数民族地区实行双语教学是正确的。

追忆我的伯父桑吉加教授

龙珠扎西[*]

我伯父的一生可以用伯父在多个场合不断重复并且实践了一辈子的一句话总结：明亮自己，照亮他人。

伯父生前致力于藏汉双语教育与教学研究工作，是数学藏汉双语教育的开拓者，在藏族传统文化的现代化研究及藏族传统文化可持续发展领域，取得了卓越的成就。他曾担任青海师范大学教授、青海师范大学民族师范学院副院长等。

◎桑吉加教授 （龙珠扎西 提供）

我家是一个普通的农民家庭，位于青海省循化县道帏藏族乡循哇村。1957 年 6 月 15 日，爷爷才让多吉和奶奶旦罗的第一个孩子诞生，取名为桑吉加，也就是我爸爸的大哥，我的伯父。听爷爷奶奶说，伯父从小就特别渴望上学，但因家境贫穷且家庭成员众多，他未能如愿入学而担起帮助父母进行家务劳动及照顾弟弟妹妹的重任。伯父的童年是在田野和牧场度过的，常常天微亮就拿着干粮赶着牛前往牧场放牧，看着牛津津有味地咀嚼着嫩草可能是他唯一的娱乐

* 龙珠扎西，西藏卫视记者。

活动，直至太阳下山赶牛回家。有时候跟在爷爷奶奶身后下地除草、灌溉、收割，大人们干的活，伯父统统都要干。当二姑长大至能帮爷爷奶奶分担家务时，在伯父反复的请求下爷爷奶奶将他送入邻村小学受教育，此时伯父已经比正常入学年龄晚了好几年。在小学只读了三年后的 1973 年，正值全国兴办教育，道帏地区第一所初级中学正处在建校招生时期，伯父以道帏第一批初中生的身份接受了中学教育。

1974 年 8 月初中未毕业，伯父在循化县岗察乡一个牧民村庄担任了为时一年的民办教员。但因渴望继续深造，1975 年 8 月，19 岁时伯父放弃了民办教师的工作岗位，第一次毅然离开家乡踏入青海民族学院数学系学习，从此便与数学结下了不解之缘，也播下了以数学教育为毕生事业的种子。在校期间，未接受过高中教育的伯父深感自己跟其他同学水平相差甚远，便发愤学习。首先利用业余时间将中学所有的数学从头到尾重新补习，不懂的地方请教老师，经常与班里的同学交流经验。他夜以继日地坐在教室里做数学题，每天他第一个进教室，也是最后一个离开教室。他的学习精神不仅在数学系，而且在当时的整个学院里传开了，从此学院大部分的人都知道有这样一位勤奋好学的同学。功夫不负有心人，经过努力拼搏，他从一开始的差等生开始在班里名列前茅，最后一学期他是数学系公认的学霸。记得伯父说过，"因基础差，大一的时候赶不上同学，常常整夜坐在板凳上学习，有几次都磨破了裤子"，之后的很多年来这句话也多次被家中的前辈拿出来教育晚辈。如此刻苦的学习也为他日后从事的教育事业奠定了坚实的文化基础。

大学实习期间，伯父被安排到黄南民族师范学校担任数学实习老师，在为期一年纯汉语授课后，伯父意识到由于当地藏族班学生的汉语水平太低，用汉语讲授学生理解不了数学概念，无法掌握数学知识，考试平均成绩也相比汉语班差很多。"这一惨痛教训，促使我拜名师开始学习了藏文和藏族文化。"伯父在论文《论藏汉双语教育教学的理论与实践》中这样写道。为了弥补藏族学生的语言障碍，此前没有系统学过藏文的伯父对藏文和藏族文化表现出了极强的求知欲，主动找到时任黄南民族师范学校副校长兼同乡的多吉老师登门求学，而后则在藏文文法尤其是在《三十颂》方面对他进行了细致入微的讲解，伯父从此踏上了对藏文化的钻研之路。此后通过引荐拜隆务寺格西更登达吉、道帏古雷寺大学者俄仁巴土登宁结等高僧大德学习藏文知识，利用身边可利用的一切资源和课余时间，再加上天资聪颖，勤奋刻苦，很快在同伴中崭露头角。"他是我们学校那届实习老师中品行和学业两方面的佼佼者，实习期满离校时，他跟我说毕业之后想回到民师当老师的愿望"，多吉校长在采访中说道。1978 年 7 月，从青海民族学院毕业后，心系民族教育的伯父如愿被分配到青海黄南民族师范学校担任数学教师及教研室主任。

◎桑吉加教授著作书影 （龙珠扎西 提供）

从 1979 年 9 月开始，伯父尝试着在藏族班中直接运用藏语讲授数学。同时，编写讲义、翻译数学词汇、翻译数学教材，这引发了藏族学生极大的数学兴趣，学习成绩直线上升，这个现象很快引起了青海省教育厅有关领导的高度重视并给予高度评价。在当时的学生中，许多如今已成为黄南等地基层中小学的双语数学教育教学的骨干力量。这一成功经验，使伯父明确了一生从事藏汉双语教育教学的奋斗目标，也奠定了他在涉藏地区数学双语教学开创者的地位。

伯父在青海黄南民族师范学校成功的教学模式被青海教育学院所关注，为了将他的经验进行大范围推广，伯父于 1981 年 8 月被借调至青海教师进修学院工作。响应省委、省政府在青海高校招收民族班的决定，招收第一个藏汉双语数学教师进修班，伯父担任首位藏汉双语数学教师，开始从事高校藏汉双语教育教学活动。如今伯父早已是桃李满天下，当时的学生已成为涉藏地区双语教育的中坚师资力量，为五省区涉藏地区培养了一批又一批的双语人才。

1983年9月，伯父被正式调入青海教育学院民族师资培训部，担任民族师资培训部副主任，负责藏汉双语教育教学工作，继续推广和研究藏汉双语教育教学模式。同时就现代数学的基本词汇的正确翻译，结合藏族传统数学，进行了创造性的劳动和数学词汇的翻译，汇编一本现代数学基本词汇，以此为基础经青海省教材编译处有关人员参与补充，后经全国藏文教材审查委员会审定，推广到全国涉藏地区使用。

自1986年成立全国藏文教材审查委员会以来，伯父便担任审查委员至辞世，同时担任青海省普通高等学校藏文教材审查委员会第一、第二届委员。在此基础上，伯父在物理、化学等理科藏文教材的审定、编撰、专业术语规范等的具体工作，为全省乃至全国藏文教材的体系建设做出了积极的贡献，双语理科也渐渐进入双语教学范畴。同年编译出版第一部高等学校藏文版数学教材《解析几何》（上、下册），被省政府授予"青海省教书育人先进个人""青海省高校办民族班先进个人"等荣誉称号。

1987年10月至1989年6月，在十世班禅大师的旨意下，伯父被借调到中国藏语系高级佛学院教务处工作，并被聘为该院藏传佛教研究室研究员，为中国藏语系高级佛学院的教学管理做出了卓越的贡献。其间，伯父还到果洛州教育局挂职，担任副局长一职，为科学研究藏汉双语教学模式，对基层的民族教育工作有更深的了解，常常到果洛州各大学校考察和到牧民家中家访。

青海教育学院在1997年与青海师范大学合并，2000年又与青海民族高等师范专科学校合并到青海师范大学，成立青海师范大学民族师范学院后，伯父担任了民族部副主任职务至2004年，继续从事藏汉双语教育教学与研究工作。伯父为建设双语教材的完整体系，前后到中国香港、新加坡、瑞典、美国等地参加相关学习培训和研讨，先后多次到我国内地各省区参观交流，学习兄弟民族的办学经验，到西藏、四川、甘肃、云南和青海各地深入调查研究涉藏地区藏汉双语教育教学，同时学习研究藏族文化及藏族传统教育教学理念与方法。编译和参与审定出版《解析几何》《数学分析》《中学数学教材教法》等双语教材和工具书数十种，其中编译出版的《藏汉英数学词汇》属国内首创，为规范双语教学专业术语奠定了良好的基础。

2001 年 12 月，伯父晋升为教授职务。同年，伯父以第一完成人的身份主持的"培养藏汉双语理科师资教学实践和教材建设"获得国家级教学成果二等奖、省级教学成果一等奖及校级教学成果一等奖，该成果在 2019 年的本科教学评估中得到了评估专家的高度评价，并称为青海师范大学办学的一大特色。这为涉藏地区用母语教授现代科技文化知识打下了良好基础，极大地推动了农牧区教育水平，对涉藏地区的教育发展产生了深远的影响。这些累累成果中都有他呕心沥血的奉献和智慧。2004 年 9 月，伯父担任青海师范大学民族师范学院副院长。

2005 年 3 月，在常抓双语教学的同时，为推动涉藏地区基础教育和藏族传统文化的可持续发展研究事业，在伯父的倡议下，青海师范大学可持续发展教育中心正式成立，伯父任副主任兼办公室主任。通过各种渠道，不断与世界自然基金会和香港大学等组织开展各类项目合作与研发，不遗余力地为基础教育开发校本课程，统筹审定《藏族传统做人理念》《藏族传统可持续发展教育理念》等 5 套 10 册地方、校本教材，完成了《藏传佛教可持续发展教育问答》等多项科研项目，整理出版了《菩提道次第广论疑难研究》，先后主持近 10 项重要项目。创建了中国藏族教育网，主持举办了"全国基础教育课程改革研讨会"等重要学术活动，提出了许多宝贵的意见和建议，为基层项目学校的发展倾注了辛勤的汗水。

伯父在教育实践中办学的指导思想和理念是教育过程的指导方针，在其一生的教育教学工作实践中，结合藏区的实际，他在涉藏地区的双语教学理念上产生过几次飞跃。20 世纪 70 年代末，在黄南民族师范学校担任数学教师时，由于当地学生的汉语水平很差，接受现代数学教学能力较低，针对这种困难，他开始尝试用藏语母语实施教学，取得了可喜的成绩。从此他深刻地认识到了在基础教育中使用母语教学的重要性，随后的几年里他实施藏汉双语教学工作，认识到了实施藏汉双语教学是提高藏区教育教学质量的有效途径，这是他第一次从教学实践中总结和体会到的教育理念。80年代末，他来到了大学从事藏汉双语理科师资的培养工作，随着藏汉双语理科教育的深入推进，他从文化交流的角度提出"现代文化民族化，民族文化现代化"的教育理念，他不但深入推进藏汉双语教育教学，还认识到现代科技重要的载体语言——英语的学习，他带领在职教师们既学习专业知识，又鼓励教师们学习外语，为今后的现代文化民族化、民族文化现代化打下了坚实的基础。目前，从国外留学归来的藏族学子达100多位硕博研究生，为涉藏地区的建设和社会发展注入了生机。进入21世纪，随着国际、国内思潮的变化，他结合藏族传统文化提出可持续发展的教育理念，深入阐释宗喀巴大师的菩提道次理论中含有的人类可持续发展的智慧精髓，在这种教育理念影响下，香格里拉社区学院也开发了一些校本课程，开展了一些学术讲座。以上是他一生中产生三次重大的思想飞跃，也是他重要教育思想的组成部分。

在伯父生命最后与病魔抗争阶段，仍心系涉藏地区经济发展，对建立具有中国藏区人文、地理、生物、生活、生产、民俗等因素的文化旅游产业园区，包括"宗喀大学""藏族历史博物馆""金刚瑜伽母坦诚文化游""密宗文化园游"等大型项目的"吉祥妙莲华园"有着细致的规划，且已将项目建议书上交至政府及投资人北京大慧业、青海金诃藏药等企业处。

伯父为涉藏地区的教育、经济和环境奔波了一辈子后，于2011年7月26日下午2点46分在西宁的家中永远地离我们而去，真是天妒英才，享年只有55岁。

我在循化三十年的心路历程

仁青加[*]

我于 1959 年 9 月出生在循化县道帏乡宁巴村，那时正值三年自然灾害，后来又经历了"四清""文化大革命"等运动，在"文化大革命"快要结束时，我初中毕业了，就选择了上高中。当时，整个中国的形势发生了巨大的变化。

寒门求学

我刚上学就在宁巴村小学读书，校址是被没收的地主家房子改造的。当时没有课本，也无所谓年级，村中年龄大的、年龄小的都在捧着毛主席的"老三篇"在读，这样稀里糊涂地混日子，我能将《为人民服务》《纪念白求恩》《愚公移山》三篇著作倒背如流。在宁巴小学我度过了美好的童年，也失去了宝贵的时光。

我成为一名名正言顺的学生是在小学二年级。那一年全校编了年级，学校设一至三年级，那些个头高、年龄大的编为三年级，而年龄、个头差不多的编为二年级，年龄、个头较小的编为一年级，估计当时全校有二三十名学生。和我同龄的编为二年级。统一配发了青海省编的课本，只有语文、算术两门课，安排了专任老师。在那里念书虽然没有学到多少知识，但我们是幸运的，愉快地完成了学业，为步入高一级小学打下

---

* 仁青加，循化县教育局原干部。

了基础。

开春时老师带领同学们去种了学校的责任田，夏天去除草，秋天收割打碾，有时表演儿童节目，生活丰富多彩。

12岁时，到道帏古雷学校小学上三年级。古雷学校在道帏地区来说，是规模最大的学校，设有小学一至五年级，初中一个班级。我在那里先后读了6年，小学三至五年级，一直到初三毕业。1977年初中毕业后，到县中学上高中，1979年参加高考，被西北民族学院录取。

来到陌生的环境，有段时间不适应都市生活，但渐渐地融入了高等学府的育人环境。我们班37名同学来自甘肃、青海两省的农村牧区。除5名同学外，其余都是应届毕业生，之前没有接触过藏文，都是从藏文拼音开始学习，藏文起点都是相同的。虽然没有藏文基础，但在任课老师耐心细致的教导下，认真听讲，扎实做笔记，刻苦练习藏文拼读，我不到半个学期就基本掌握了拼读要领，渐次能阅读通俗易懂的民间文学报纸及新闻，心底萌生了学藏文的信心和决心。

专业方面先后系统学习了学校安排的课程，如藏文文法、藏族历代文学、藏族历史、藏文修辞学、名著鉴赏等，利用节假日及晚自习时间拜访了著名藏学大师才旦夏茸教授和关确才旦教授。两位恩师不辞辛劳、倾心传授，两年多时间系统聆听了名著鉴赏、修辞学、语法知识等，使我的藏文基础有了明显长进，知识结构趋于完善，为听讲、辩论、教学、写作打下了良好的基础。

教研耕耘

毕业后我被分配到青海日报社，从事新闻编译工作。在报社我结识了富有渊博学识的老前辈，他们严谨的工作作风、扎实的汉藏翻译功底、漂亮的藏文书写功力，给我留下了难以忘怀的印象，使我收益颇丰。

1985年6月，我自愿调往循化县教育局教研室工作。9月，循化县藏文中学创办并招收学生。以前没有接触过课堂教学的我一切都从头学起，幸亏没有离开藏文专业。我一边虚心向一线老师和老前辈请教，一边阅读大量教育教学方面的法律法规文件及报纸杂志，掌握教育动态，积极参与各类教育教研活动，深入学校，与老师、学生互动交流，与师生融为一体。

双语教研员担负着研究全县双语教学情况、宏观指导教学、加强教学管理、提高教学质量的重任。从双语教学和普通学校比较，凡是领导重视教研，教研人员兢兢业业，并抓住教研工作的重点——"研""导""管""提"，就能对全县双语中小学产生积极影响，进而推动教学质量的提高。

"研"指双语教研员对全县双语中小学的教学现状进行调查、研究、分析，进而得出客观的评价。其目的：一是不时地向局领导决策当好参谋，以作出对全县双语教学工作的宏观指导。二是依自身实际情况开展教研工作。循化县近几年针对黄河沿岸学校师资力量、教研能力较强的优势带动道帏、岗察、尕楞、文都等学区双语学校教师进行教研教改。选拔学科带头人、教学能手到双语学校送教下乡，起传帮带作用；双语学校骨干教师选派到黄河沿岸取经学习，取长补短，达到了互动交流、共同提高的实效。三是教研网络的建成，调动了学校领导、教师的积极性，并有针对性、专题性开展实效性的教研活动，尤其在教师基本功达标、积极探索教学模式等方面发挥了优势，收到了良好效果。

"导"指双语教研员对全县双语教研活动及教学进行指导。双语教研员具有某一学科教学的经验和专长，又了解全县双语各科教学的现状，在多次的听课或活动中，熟悉基层教师的教学特点和教学中的不足。因此，加强"导"的力度，对于以点带面，再点面结合，滚动提高上能起到很重要的作用。

"管"指双语教研员对基层学校进行教学常规管理。双语教研员下乡进校，具有双重身份：既是教育局的行政人员，又是教研人员，又有对教学各环节直接进行检查、监督、指导、控制的权限。近几年双语教研员借各项工作安排布置、检查指导之际，对教学常规常抓严管，既管又理，产生了积极影响。一是对教师的备课分课逐项抽查，不仅查按时备课情况，更查备的方法、教法设计、学法指导；二是对教师的上课随机抽查，不仅深入课堂查课堂常规，更查教学效果；三是对学生的作业进行检查，不仅查作业设置的难易，更查批改的详细程度、批语的合理与否；四是查教师对学生的辅导，不仅查差下生的补漏，更查教师分层教学、因材施教的效果；五是查学校的教学常规管理，从计划的制订到工作的总结，从一日常规到学生学习习惯，每个环节渗透"教学管理"因素，突出"管"得到位，"理"得到家，使全县双语教学常规趋于规范。

"提"指教研员组织教师提高自身素质、教学质量。提高质量应该是教研为先导，管理为保证，教师为关键。循化县近几年教学质量是稳中逐步提高，归功于这一指导思想。因此，双语教研员在提高教师自身素质方面下了不少功夫：一是培养骨干教师，提高"带头人"的素质，发挥带头引领作用，5 年间共举办中小学各学科的骨干教师培训班 15 期，以较高水平的理论讲座指导和课堂教学观摩充实和提高了骨干教师的教学技能，辐射了先进的和切合实际的教法，提高了双语学校中小学教学质量；二是进行基本功达标活动，采用考试办法，督促指导教师学习教育教学理论，中学教师考一门主科、公共课（教育学、心理学），小学教师每人选一门主科和一门副科，进行水平测试，重点是专业基本功，教学技能；采用借班上课的办法，进行课堂教学达标。各学区（校）以先上"能手"示范课，再由基础较好的教师先行达标，年轻教师、素质相对不高的教师多次观摩学习，再上达标课。这项活动历时 5 年，并与评先评优、评职称挂钩，有效地激发了教师提高教学技能的热情，全县所有教师积极参与，呈现出互帮互学、你追我赶的良好教学氛围。

经过多年磨炼和持之以恒，本县的双语教学稳中求进，取得了较好成绩，赢得了社会的赞誉和认可。县藏文中学自 1988 年以来累计向各类大中专院校输送了近 5000名合格学生，其中已在北京、成都、兰州、西宁等地教育文化、劳动就业服务社会的人数达 4000 人左右，其中近 300 名已取得或正在攻读硕士学位，40 名已获得博士学位，部分学生出国到哈佛、牛津、剑桥等著名大学留学深造。

抢救非遗文化

也许是机缘吧，在西北民族学院读书期间从同学手中借到一篇手抄本民间歌谣，没有标题，我就小心翼翼地把它抄写保存起来，有空随时翻阅诵读一遍。某年寒假在老家休假，我去拜访了已故的早巴先生，他家境贫寒，双目失明，记性却特别的好，谁给他讲述一个故事，他就能把故事情节一字不漏地记在心中，从此绝对不会忘记。我在小时候经常听他讲故事。那天和往常一样，他将卡加杰洛的民间歌谣给我口述起来，我就把他讲的内容原原本本记录在本子上。同时，《青海藏文报》《甘南报》以赠阅形式给少语系藏文班赠送多份，我们几个喜欢阅读藏文的同学经常恭候赠送报现身，浏览通俗易懂的民间故事、歌谣、诗词等。后来在编译新闻工作中，时不时浏览"雪莲花"栏目，已成为习惯了。

1988 年我到文化局文物所上班三个月后，适逢三套集成编纂旺季。韩福德局长是个工作狂，他那废寝忘食的执着精神鼓励我不断求索进取，老局长时不时叫我去誊写稿子。我的字既不漂亮，也算不上得体匀称，可老局长从来不嫌弃。我从誊写稿子当中对循化县的民间故事、歌谣等文学作品耳濡目染，从而拓展了视野，认识到了民间文学对一个地方文化建设具有举足轻重的作用。同时，跟随文物所所长马永平到县境诸多清真寺、佛教寺院，对文物建筑、保护修复文化遗产触动颇大，萌发了在这方面做点工作的念头，写了题为《道帏乔日丹的传说》的文章。

1989 年下半年从道帏中学返回教研室。这时候我精力旺盛，家庭拖累少，过着快乐的单身汉生活，媳妇、孩子还没有搬到县城居住，时间充足。夜深人静，挑灯夜战在办公室，默默搜集整理了多篇民间故事，分别发表在《青海群众艺术》《青海藏文报》。

由此激起了我的写作热情，诗歌、散文不时刊登在报纸上。

1990 年盛夏，青海省民宗委古籍办在海东地区循化县进行少数民族古籍文物普查工作。当时从化隆、循化两县抽调当地民族干部搞调研，我也被抽去帮忙，全县分几个组分赴各乡镇，我和化隆的一男一女两个藏族干部组成一个工作组到道帏乡开展工作。为期两周深入基层搜集挖掘古籍，走访慰问了老僧人、老教师、老藏医等多人，收获颇丰，我们对存放在寺院、民间的许多濒临灭绝珍本、善本古籍、文物等，一一做了登记造册，为下一步抢救整理出版奠定了良好的基础；同时搜集到了流传在民间鲜为人知的掌故逸事，受到了民宗委领导的肯定和赞誉。

1997 年参与循化县第一轮县志编纂工作。深入实地调查，为写好民族、宗教章节，不仅参阅搜集大量的成文资料和口碑资料，而且亲临实地进行观察和调查。近两年来曾到岗察乡、文都寺十世班禅纪念塔、文都乡麻日村十世班禅故居、孕楞仁务村、道帏古塔、夕昌村、古什群村等地，掌握第一手资料，进而进一步加深了对县情的认识。此次调查，我们走访了 40 余人次。

2004 年，国家民委在全国范围内启动了少数民族古籍编目工作。为迎接这一光荣而艰巨的重任，县民宗局抽调韩占祥、韩文良和我们三个人，他们两个分工收集整理撒拉族古籍编目，而藏族古籍编目任务落在我的头上。按照古籍编目体例要求，广泛收集整理文献资料，从不同的条目填写书籍类、铭刻类、文书类、讲唱类等，按预定目标提前完成了工作任务。其后海东地区民宗局又将海东其他五县的藏族部分与循化的糅成一块，统一编排体例，统一合成一本《中国少数民族古籍总目提要·藏族卷·海东分卷》，其编辑工作由我承担，我按高标准的要求完成了任务。

2006 年，循化县为了全面推介循化旅游文化，组织有关人员编写《中国撒拉族绿色家园》一书，省文联副主席马有义担任主编。这本书参与人员多、规格高，社会关注度和影响力可想而知，本人承担第三部分循化藏族风情章节，占全书的 1/3。

2007 年，国家层面全面启动非物质文化遗产项目名录申报工作。县文化局高度重视此项工作，第一时间组织人员统一思想认识，提高文化自觉，深入民间调查、搜集资料，积极撰写申报材料。经过全体文化工作者的不懈努力，循化县顺利申报了15项，经筛选省上通过了9项，其中4项申报到国家级层面，不久也被顺利批下来了，循化县是除互助县外本次申报通过最多的县份之一，不能不说是文化工作者的一大功劳。2008年，个人被聘为藏族螭鼓舞省级传承人。

积极参与县政协、县统战等部门的工作。省政协组织编写《筑梦之路》，本人承担教育栏目的组稿、撰写、通稿工作，2020年出版发行；县创建办把我聘为文化顾问，组织有关人士撰写了《许乎文化》。这本书样稿出来后，组织有关人士先后召开四次修改讨论审定会。我以负责任的态度精心通读了文稿，对一些不切合实际、不切合民情的内容提出了修改意见，最后达到了符合民情民意的效果；县委统战部委托我撰写一部反映喜饶嘉措大师爱国爱教方面的传记，任务重大，我自感能力不足，学识浅薄，无力写出大师传记。经过三年多广泛搜集整理资料，反复修改推敲后，终于在2020年以循化县创建民族团结进步先进县工作领导小组办公室名义编印了《爱国老人——喜饶嘉措大师》，我任执行主编。另外，统战部组织人员挖掘整理本县藏乡山水文化，给我的分工是积石镇，积石镇是撒拉族、藏族、回族、汉族汇聚的地方，境内四个民族都交错杂居，我多次实地走访，搜集调查资料，将保存藏语地名知识的口碑资料较好地呈送给主管关却多杰手中，等候其问世。

有心栽花花不开，无心插柳柳成荫。经过长年累月，不知不觉中汇聚了很多资料，后来有空将此资料分门别类，足足有一本书的体量，此时更添百倍之信心，注意这方面的查漏补缺，足迹踏遍了藏乡的山山水水。2009年，书终于成型了，书名为《循化县藏族民间文化集锦》（藏文版），在甘肃民族出版社出版发行，赢得了社会的广泛赞誉和肯定；2018年，编著《青海循化藏族文化荟萃》（汉文版），由青海人民出版社出版发行。

循化藏族乡村都在跳龙鼓舞，现在又称螭鼓舞，螭鼓舞由来已久，据说有300多年的历史，大致时间可追溯到明末清初，确切的历史至少有 200 年。曾在 1966 年前后被迫终止。1980 年开始在宁巴村老人们的建议之下，这个将近中断 20 年的舞蹈重新出现在民间这个广阔舞台上。2013 年，我将螭鼓舞的流程、传承等作了较详尽的调研，在此基础上，补充完善相关图片资料，形成一本小册子，以青海省循化县国家级非物质文化遗产代表作名录丛书形式在青海民族出版社出版发行，书名《藏族螭鼓舞》。

2012—2016 年，我被抽调编纂《循化县志》第二轮修志工作，具体编写了第十四编"民族宗教""民俗民生"及第十五编"人物"章节，付出了艰辛的劳动，取得了丰硕成果，2017 年由三秦出版社出版发行；同期编纂《2016 年循化撒拉族自治县年鉴》，2017 年由青海民族出版社出版发行。

循化县历史悠久，民族众多，文化底蕴深厚，各民族在千百年的历史长河中，创造了灿烂的文化。在这片文化的沃土上，只要精心挖掘，定能获取取之不尽、用之不竭的源泉。

◎仁青加先生著作书影（仁青加 提供）

以人为本育桃李

——记东噶仓·才让加教授

东噶仓·央金卓嘎[*]

　　"做学问要深入实际，要有见识，敢讲真话，唯有真话才能解决实际问题；讲学问要言传身教，传道解惑，教人求真，唯有求真才能面对现实问题。"这是西北民族大学教授、博士生导师，经济与管理学科部主任、经济学院院长东噶仓·才让加同志从事教学、科研和管理工作35年来的治学感言。东噶仓·才让加，男，1962年4月8日出生于道帏乡多哇村。1970年9月至1972年7月在多哇小学读小学一至二年级，1972年9月至1978年7月，在古雷学校读小学三至五年级及初中，1978年9月至1981年7月在循化中学读高中。

◎东噶仓·才让加教授（央金卓嘎 提供）

　　1979年底，当改革开放的春风吹绿中华大地之时，也是中华民族踏上民族复兴伟大征程的开始之时，更是民族地区百废待兴、需要智慧创新之时。

---

*　东噶仓·央金卓嘎，中央民族大学管理学院硕士研究生。

为此，1981 年，原商业部和国家民委在西北民族学院（2003 年更名为西北民族大学）共建民族贸易系，开创了国家民委委属院校开设经济学类专业的先河，在当时使民族贸易专业成为全国唯一的本科专业，也使西北民族大学成为全国最早创办经济学类普通本科专业的民族院校。而东噶仓·才让加教授就是在 1981 年经高考选拔，就读于西北民族大学民族贸易系，是该校民族贸易系的首届学生。1985 年毕业后留校，并一直至今在民族贸易系及其以后更名的经济贸易系、经济管理学院、经济学院从事教学、科研与管理工作(其间,1986—1987 年在成都西南财经大学贸易经济系进修学习)。37 年来，东噶仓·才让加教授以其以德育人的教育理念、执着无悔的敬业精神和出色的业绩，得到了广大师生、各级领导的赞誉和有关部门的多项奖励。

育人为本　以德为先

经济学专业、课程及其内容是根据党和政府的经济制度、经济政策及民族地区经济社会发展的实际情况不断需要调整、改革甚至需要开拓和创新的。在民族院校，经济学的教学工作既是经济工作的一部分，也是民族工作的一部分，既要体现党和政府的经济政策，又要体现党和政府的民族政策，既是一项重要的经济工作，也是一项重要的政治工作。基于此，东噶仓·才让加教授不负国家民委和校党、政领导的期望，以民族地区经济社会发展对经济管理人才的实际需要为目标，根据学科建设和专业发展的需要虚心向老教师求教，不断学习经济学理论和研究方法，努力钻研教学业务，肩负起为民族地区培养高素质、应用型经济管理人才的重任，先后承担起在当时适应民族地区社会发展并具有指导性和前瞻性的课程。如在改革开放和社会主义市场经济建设时期，给民族地区经济社会发展带来了机遇与挑战并存、活力与勇气并存的局面，为适应这种局面对人才的需求，他积极学习新课程、新方法，把计划经济时期所学到的知识转化为市场经济发展所需要的知识，为经济学、管理学本、专科专业开设了市场营销学、市场学、国际市场营销学、市场调查与预测等课程。与此同时，1992 年 5 月，积极参与学校"根据民族地区实际需要改革和设置专业"的工作部署，与时任校党委副书记高瑞教授、校办公室主任王扎西研究员及民族研究所杨士宏教授组成调研组，分赴临夏、甘南调研，撰写了《关于设置藏汉双语"工商管理"专业的建议》的调研报告，并协助藏语言文化学院拟定该专业的培养方案，向某基金会推荐翻译 10 门该专业的核心教材，于 2000 年面向甘、青、藏、川、滇五省（区）涉藏地区招收了第一批"工商管理"（藏汉双语方向）的学员。新时期，伴随经济社会的繁荣发展，经济管理已经成为民族地区经济活动健康、有序、有效发展的主要问题，为此，他为经济学、管理学、民族学、社会学本、硕专业开设了市场管理、企业管理学、民族经济学、西部民族地区经济发展研究等课程；随着民族地区经济社会的发展壮大，融资贵、融资难成为激发市场活力、促进创新创业、推动高质量发展的主要问题，为此他先后开设了财政学、财政与金融、货币银行学（金融学）等课程；随着物质文明的进步与发展，民族地区也出现了严重的诸如环境污染、生态破坏、物种消失、灾害频繁的社会问题，直接威胁到人类社会的可持续发展。基于此，他又为硕士研究生开设了可持续发展理论、人口与社会可持续发展、资源与环境经济研究等课程；随着"一带一路"倡议的不断推进，我国与周边国家关系的发展已进入新阶段，为加快边疆地区经济社会健康稳定发展，提高各族群众生活水平，铸牢中华民族共同体意识，巩固边防，维护国家统一，增进中外睦邻友好关系，他又服务于国家兴边富民战略和边疆经济发展，为博士研究生开设了边境贸易与兴边富民、振兴乡村与兴边富民等专题。与此同时，他始终未能忘记"育人为本、以德为先"的育人职责，把经济学教学融于国情教育、德育教育和民族团结教育之中，倡导中华民族优秀传统经济文化的继承和发扬，要求学生遵纪守法、尊老爱幼，集体利益高于个人利益的理念等。由于业绩出色，1994 年被推选为西北民族学院中青年学科带头人，1997 年被再次推选为西北民族学院中青年学科带头人；2003 年被评为"青年教师成才"奖；2015 年被聘为西北民族大学学位委员会委员和教学委员会委员；2021 年被甘肃省教育厅聘请为甘肃省高等院校经济、金融、贸易类专业教学指导、认证与教材建设委员会委员。

积极投身科研事业

东噶仓·才让加教授作为一名博士生导师，奉行教学、科研齐头并进，以科研促教学、以教学促科研的工作理念，在做好教学工作的同时，积极投身科研事业，取得丰硕科研成果。著有《中国少数民族地区人口经济研究》（获甘肃省高校社科成果二等奖）、《社会保险学》、《甘青特有民族农村劳动力转移问题研究》、《西北民族地区构建和谐社会的特殊性及其对策研究》、《汉藏经济词典》5部著作；参与完成《藏族大辞典》《拉卜楞寺与黄氏家族》的编写工作。主持完成国家社科基金项目《西北少数民族地区构建和谐社会的特殊性及其对策体系研究》（良好等级结项）、国家民委教改项目《民族院校国际经济与贸易专业教学内容和方法改革的研究与实践——以西北民族大学为例》（优秀等级结项）、国家民委项目《"十二五"期间支持青藏高原牧区加快发展调查》、完成团中央科研项目《甘肃省非公有制企业青年人力资源的流动态势及对策研究》（获团中央调研成果三等奖）、甘肃省教育厅项目《西北少数民族地区草原牧业现代化与可持续发展研究》（获国家民委调研成果优秀奖、甘肃省高校社科成果二等奖）、省委统战部项目《临夏州民族关系、宗教关系及经济关系的和谐发展》等科研项目。参与制定国家《"十二五"少数民族事业发展的重点及实现载体》；主持完成横向科研项目《文县藏族乡村五至十年经济社会发展规划》等。在CSSCI及国内其他刊物上发表有关民族经济方面的学术论文50余篇，其中《藏族寺院经济的发展模式及其对策研究》获甘肃省"五个一"工程奖；《青藏高原草原牧区生态经济研究》获省高校社科成果一等奖；《甘青藏区城郊失地农民的现状与再就业之路探析》获国家民委调研成果三等奖；《回藏民间贸易的特殊性与回藏民族关系的和谐发展》获国家民委调研成果二等奖等。由于其严谨的科研态度和出色的科研能力，他获得西北民族大学"优秀科研工作者"荣誉称号;兼任中央统战部甘肃理论研究基地研究员、国家哲学与社会科学基金网上评审专家，教育部人文社会科学基金网上评审专家，中国少数民族经济研究会理事；曾任兰州市哲学社会科学规划项目评审专家、兰州市社会科学特约研究员。

乐于奉献　甘为人梯

　　东噶仓·才让加教授在 2004 年 6 月至 2008 年 11 月担任西北民族大学经济管理学院副院长，主管科研和研究生工作。2015 年 4 月至今担任经济学院院长，2019 年至今担任经济与管理学科部主任。在从事教学及担任行政工作期间，首先，加强校内外的学术交流工作。除鼓励教师参加各类学术组织与学术活动外，主办第三届全国民族（地区）院校经济学院（系）联席会议暨"科学发展观与民族地区经济发展"学术研讨会；联合兰州大学经济学院、西北师范大学经济学院、兰州财经大学金融学院召开了全国金融专业学位研究生教育工作会议暨第四届中国金融教育发展论坛。主办兰州市内高校经济学院第三届"兰山经济论坛""新金融人才培养模式研讨会暨教育部产教融合项目——新金融智慧学习工场落成典礼"等国内外学术交流研讨会，建立了良好的校际、校地交流合作关系，为学院教师进行校内外的教学与学术交流提供了展示其才能的机会。其次，积极建立科研与教学研究平台，使学院拥有多个国家及省部级重点学科（基地）。在学校的大力支持和学院的共同努力下，在他担任领导岗位期间，组织申报并批准在西北民族大学建立国家金融发展实验室——西部研究基地、教育部学校规划建设发展中心——新金融智慧学习工场·产教融合基地、国家民委重点学科——中国少数民族经济和应用经济学、甘肃省高等学校民族信息电子商务重点实验室、甘肃省省级实验教学示范中心——经济学综合实验教学中心。学院形成了科研为学科服务、学科为教学服务、教学为就业服务的良性人才培养模式。同时，他不断努力做好学位点和一流学科的申报工作。按照学校安排，参与申报"民族学"一级学科博士学位授权点，组织"应用经济学"一级学科硕士学位授权点及"国际商务"专业硕士学位授权点的申报工作；组织申报目录外二级学科"兴边富民学"博士学位授权点及"数字经济与管理"目录外二级学科学术性硕士学位授权点；组织申报金融学、经济学省级一流学科、"公司理财"一流课程等。目前，"兴边富民学"博士点、"数字经济与管理"

◎东噶仓·才让加教授在演讲（央金卓嘎 提供）

硕士点、"国际商务"专业硕士学位授权点和"公司理财"一流课程已被相关部门审批。经过学位点的建设，教学与科研成果的整合，改建或创建教学、科研团队，使学院为国家和民族地区培养多层次人才的实力有了进一步的提高。学术视野的拓宽，学术平台的搭建，使学院教学、科研水平显著提高，科研成果喜报频传。近5年来，申请的各类科研项目达70余项，其中3项由国家社科基金立项、7项由省社科办立项、5项由国家民委立项、3项由省科技厅立项、2项由省教育厅立项，有4项校地、校企合作项目；出版的著作共计8部，并有12个科研项目获得各种奖励。由于其出色的组织和管理能力，学院获得了西北民族大学"科研工作创新单位"称号。

为母校赢得荣誉

东噶仓·才让加教授在做好本职工作的同时，积极参与社会事务，以丰富的知识武装头脑，以良好的道德模范行事，事事展示学者风采。他目前兼任中央统战部甘肃理论研究基地研究员、中国少数民族经济研究会理事、国家哲学与社会科学基金网上评审专家、教育部人文社会科学基金网上评审专家等，为服务国家战略需要、区域经济发展需要的事项及项目立项、结项提出建议和意见；兼任甘肃省高等院校经济、金融、贸易类专业教学指导、认证与教材建设委员会委员、甘肃省市场营销学会常务理事并任学术委员会委员、甘肃省陇台经贸文化交流协会理事，为甘肃步入市场经济步伐，促进陇台经济文化发展做出积极努力。曾任兰州市哲学社会科学规划项目评审专家、兰州市社会科学特约研究员；政协兰州市城关区委第六、七、八届常委，连续三次被区政协评为优秀政协委员。在任政协兰州市委第十二届委员期间，其撰写的《关于进一步强化兰州市社区服务职能》的提案，获优秀提案。不仅为个人赢得了掌声，还为母校争得了荣誉。

总之，东噶仓·才让加教授做事一贯心怀坦荡，性格直率，表里如一，待人诚恳，因此"诚实笃信，正直不迁"是管理与经济学部老师对他的一致赞誉。渊博的知识，严谨的作风，谦虚的品格，使他得到了社会各界的爱戴和尊敬。积极探索的勇气，坚持不懈的奋斗，敢于拼搏的精神，是值得我们认真学习的榜样。

我们真诚地祝愿东噶仓·才让加教授的工作走向更加辉煌的明天，生活更加幸福美满！

迎霜傲雪格桑花

朱广贤[*]　遗稿

宁梅（伦珠旺姆），女，藏族，青海循化人。1986 年毕业于西北民族学院（现西北民族大学）汉语言文学系。1986—1991 年，任教于合作师专（现甘肃民族师范学院）汉语系，1989 年在复旦大学中文系进修现当代文学。1991 年调入西北民族学院任教，1994—1997 年在西北民族学院民俗学（含民间文学）硕士点修完硕士课程。2001 年以后先后担任西北民族大学语言文化传播学院副院长、院长，2008 年担任西北民族大学格萨尔研究院院长。现任西北民族大学中国语言文学学科博士生导师，汉语言文学学院教授、院长，甘肃省省级重点学科"格萨尔学"学科带头人，国家民委领军人才。兼任中国少数民族文学学会常务理事，中国文学人类学学会常务理事，全国青年社会科学工作者联谊会理事，全国"格萨尔"工作领导

◎宁梅教授 （宁梅 提供）

---

* 朱广贤，已故，西北民族大学文学院原教授。

小组成员，文化部非遗项目评审专家，中国民间文学大系出版工程（史诗卷）专家组成员。宁梅教授致力于中国民间文学、史诗学、文学人类学的教学和研究工作，取得了不少成果，在国内同行中享有一定声誉。

悠悠民大情　拳拳学子心

1982年9月，宁梅考入西北民族学院汉语言文学系。此后，她与民大便紧紧地联系在一起。1991年，踌躇满志的宁梅一手握着扎实的理论基础知识和工作经验，一手掭着青春的激情和坚定信念，从合作师专（现甘肃民族师范学院）来到了西北民族学院，开始了新阶段的耕耘生涯。1994—1997年，怀着对学术的执着追求，抱着对人生理想的无限憧憬，宁梅在西北民族学院民俗学（含民间文学）硕士点修完全部硕士专业课程。三载岁月，寒暑往来，辛勤的汗水浇灌出了繁茂的学术之花，芬芳的学术之花滋养了朝气蓬勃的追梦青年。

在接受与回报这人生不可缺少的"两极"中，宁梅显然更乐于选择回报，而且她也的确用行动做出了回报。

从1986年至今，宁梅作为一名奋战在少数民族教育战线上的教师，已有36个春秋了。从一位年轻的教师到一位学有所成、教有所得的"老"教师，宁梅老师，这路走得艰辛，走得踏实，走得意气风发！ 2001年，宁梅教授出任语言文化传播学院副院长，2004年升任为语言文化传播学院院长，2008年任格萨尔研究院院长，2018年任汉语言文学学院院长，2017年被聘为中国语言文学博士生导师。

踏踏实实行政　兢兢业业治学

宁梅是一位院长，但同时也是一名学者。在管理工作与教研活动之间，宁梅教授深知：讲台是她情有独钟永远的位置。行政教学双肩挑的她，常常迫于时间和精力所限，不能专攻一处。即使这样，在行政和治学两方面，她依然取得了不菲的成果。

在行政方面，宁梅教授自 2001 年担任语言文化传播学院副院长以来，积极协助院长进行学院教学工作，努力营造良好的教学氛围，优化教师工作考核制度，加大学生管理力度，同学院教职工一道为学院行政、科研、教学等各方面工作的开展做出了积极贡献。2004 年，她担任院长之后，更是脚踏实地地为学院的进一步发展倾注了更多心血。

2001 年，在学科建设上，恢复了停办十多年的中国少数民族语言文学（突厥语族）硕士方向招生，这是学院第一个硕士点。2003 年，成功申报文艺学硕士点；2005 年，又增设了中国少数民族语言文学（民族文学）硕士方向；2007 年，世界文学与比较文学硕士点和语言学与应用语言学方向开始招生，以后又积极申报了古代文学、新闻学硕士学位点及中国语言文学博士点。同时，参与申报了"铸牢中华民族共同体意识"目录外自设博士专业。在专业建设、课程建设、教材建设、师资队伍建设、学风建设等方面，她与全院师生共同努力，使学院发展迈上了一个新台阶。

从学院的师资力量，教学工作的评估考核，从学生的学习、生活管理，学院文化和谐氛围的积极营造，宁梅院长都是历来做到最好，力求为每一位老师搭建一个可供发展的舞台，做到人尽其才；力求为每一个学生留下一片天地，做到学有所得。每次招聘教职工，宁梅院长总要亲自听课，以挑选最合适、最有干劲的教师来壮大师资队伍；每次教职工大会，宁梅院长总要认真准备，精心安排，总结经验，改进不足，来提高学院日常工作的效率；每次学生开展各类活动，学生话剧团的排练演出、学生报刊的汇稿审编，各类晚会、实习汇报、座谈会、早操、晚自习等，宁梅院长总要亲临现场，提出中肯的意见，表达她对学生的关怀之情。

为了拓展学生的知识面，激发学生学习专业知识的兴趣，宁梅院长同全院领导班子一起，力邀全国著名学者来学院开展各种学术讲座。2003 年，学院主办了中国少数民族双语教学研究会第十届年会及学术研讨会，在我校成立了中国少数民族双语教学研究会西北基地。2005—2006 年，是语言文化传播学院学术文化活动开展得最为火热的两年。先是"新闻学"和"中国少数民族语言文学"两个学术活动周的开展，为硕士生和本科生请来近十位全国知名教授、学者进行讲座、座谈。经过一年多的紧张筹备，仅 2006 年 9 月，学院承办了甘肃省古代文学理事扩大会。10 月，学院主办了全国"大众传播与少数民族地区社会发展"学术论坛。10 月，又承办了中国文学·人类学第三届年会，展示了学院的办学实力和师资专业水平，同时也提升了学校的声誉。在格萨尔研究院期间，两次中华多民族史诗艺人进校园活动，提高了大学生对非遗的认识，加强了教学实践活动。宁梅作为一名学者，全程参与这些全国性学术会议，并在大会上发言，提交学术论文。所取得的圆满结果，不能不说是她超强行政能力的一个有力体现。

荣誉与汗水同在，痛苦伴快乐同行。在治学方面，宁梅院长是一位严谨、认真、富有创造力的学者，是一位谦恭、随和、敬业的老师，是一位干劲十足、精力充沛的学术带头人。作为一名博士研究生导师，除了要完成硕博研究生的教学工作，宁梅教授还坚持为本科生授课。同时，宁梅教授并没有放弃自己的专业研究，而且在学术研究领域取得了令人艳羡的研究成果。

她的著作《神性与诗意——拉卜楞藏族民俗审美文化研究》，重视田野调查，在运用大量第一手资料的基础上，结合作者自身独特的学术视角，对甘肃拉卜楞藏族民俗审美文化展开了多角度、多层面的分析研究，如从社会文化制度、宗教信仰、人文伦理等角度出发，深刻剖析了拉卜楞藏族民俗审美文化的具体特征，具有较强的前瞻性和创新性，受到了学界的普遍好评。她甘坐十年冷板凳，在 2018 年出版大型书籍《格萨尔文库》（3 卷 30 册，担任汉文主编），社会反响极大，荣获国家民委人文社科优秀成果一等奖。此外，在多年教学的基础上，宁梅教授还撰写出版了《西北民族民间文学概论》《甘肃〈格萨尔〉文化研究》等。她的论文《水：精神家园的神话喻体——保安族神话传说话语分析》《前秦氐族散文家苻朗佚文研究》《神灵世界的生存法则——解读藏族禁忌》《〈格萨尔〉

对层累说的补充价值》等先后在《民族文学研究》《中央民族大学学报》《西藏研究》《西北民族研究》等国家核心期刊上发表,《以我为主 有容乃大——也谈少数民族文学与民族性》《在原型中实现民族性——读〈甘肃少数民族文学丛书〉述论》《理性精神的显现——论藏族丧葬文化及其审美精神》《藏族"鲁母化生型"神话的大传统传承》《〈格萨尔〉圆光艺人的图像文本》等70多篇论文先后发表问世。在著作之余,她还参编了《西北民族大学语言文化传播学院学术论文集》等书籍多部。在科研项目方面,主持完成国家社科基金项目"藏族《格萨尔》女性文学研究"、教育部社科基金项目"21世纪《格萨尔》史诗传承能力与发展活力调查与研究"、国家民委社科项目"甘肃特有民族文学原型研究"及中央高校建设世界一流大学(学科)和特色发展引导专项资金项目等多项。目前,担任国家社科重大项目"中国史诗研究百年学术史"子课题项目负责人,国家社科重大项目"俄藏《格萨尔》文献辑录及电子资料库建设"首席专家。

在学术科研上所取得的优异成果也为宁梅教授赢得了一系列荣誉。2000年,荣获西北民族大学"优秀教育工作者"称号,西北民族大学第二届、第三届"中青年学科带头人",甘肃省省级重点学科"格萨尔学"学科带头人,国家民委领军人才等。

有容乃大方为师　素而不随自有神

"师者,所以传道授业解惑也。"认识宁梅教授,听过宁梅教授的课的学生都会有一个共同的感受,即宁梅老师的循循善诱、和蔼可亲和宽容敬业。

她在担任1990级、1997级汉语言文学班和2000级自考班班主任之后,2005年又接任了2003级汉语言文学班的班主任,管理100多人的班集体,不仅只是开几次班会那么简单的事情。班上每一个同学的生活情况、学习进度、思想行为变化,都无不揪着她的心,凭着一颗热爱教育事业,关心着学生的心。她对待学生随和宽容,但又并非一味放纵,在仁和亲近之中带有一份师者的威严,故此学生们都喜欢与她打交道,有什么问题都请教于她，而她也乐于指导帮助，乐于为学生排忧解难。为此，她深受学生的爱戴。在校园里，不论何时何人何地，只要学生们遇上她，总会尊敬地问候她，而她总是面带微笑点头应答。

"上善若水，水善利万物而不争……"宁梅教授虽然身为院长，但并非冷峻、刻板类型的学者，她给人们的印象是亲和、质朴、简约、清淡。有人说：淡泊，不经心在意，却是一种坚守；淡然，无影无形，却是一种大智慧。淡者质朴、清淡、简约，一如既往，艰苦奋斗；淡者宽容、谨慎、执着，从不忘乎所以。淡是底色，成就华章。心灵淡然若水，人生便如行云流水，轻盈飘逸。大家大成莫不如此！

从事高教工作近40年，宁梅从一名优秀的少数民族大学生成长为一名兢兢业业的院长，一名治学严谨、收获颇丰的知名学者、博士生导师。在教育工作岗位上，她勤勤恳恳、任劳任怨，在行政和治学方面，成果丰硕、成绩斐然。

记《本草纲目》藏译者南加太教授

扎西东主[*]

　　伟人的奋斗固然可以传为佳话，但平凡人的创举更能使人动容。青海大学藏医学院教授、硕士研究生导师南加太老师，是一位在青海省中藏医药高等教育战线上奋斗了 35 载，对中藏医药教学、临床、科研做出突出贡献的藏医学资深学者。他利用工作之余，宵分废寝，殚精竭虑，历时十余年完成了明代著名本草学家、医学家、博物学家李时珍所著《本草纲目》的翻译工作，是迄今为止国内首部《本草纲目》藏译本，是藏医药领域中从未有过的一个突破性工程，具有重要的历史意义和学科研究价值。

◎南加太教授 （扎西东主 提供）

　　南加太教授，于 1967 年出生于青海省循化县文都乡中库村的一个农民家庭。8 岁时进入中库小学读书，于 1980 年以优异的成绩考入文都中学，并出色地完成了初中三年所有课程的修

◎南加太译著《本草纲目》书影
（扎西东主 提供）

* 扎西东主，青海大学藏医学院副教授。

学任务。其间,尤其受詹乐年老师、赵仁老师、龚保吉老师等当时在循化县古汉语文言文、化学讲授方面颇有名气的教师的影响,为今后的经典古文阅读与理解能力、化学知识等方面打下了坚实的基础。于1983年考入黄南州卫生学校藏医班,在三年的学习过程中,先后拜隆务寺授格西学位的佑宁先生,精通藏西医全科的孕黄先生,学验丰硕、通晓藏医药古典文籍的旦正加先生,酷爱仁术,熟通脉络、针灸学的邓登扎西先生及对古藏语言文学颇有研究的夏吾拉龙先生等诸多品德高尚、学识渊博的老师,系统学习了藏医经典著作《四部医典》全部内容及其相关文学课程。其间,南加太老师学习刻苦、成绩优异,出色地完成了学习任务,赢得了学校和老师的一致好评。

1986年7月从卫校毕业后分配到循化县道帏乡卫生院工作,因当时循化县还没有开设藏医门诊,一些在民间颇有名望的传统藏医,譬如道帏著名藏医喇姜活佛、著名藏医曼巴嘉央、文都著名藏医夏茸之徒弟曼巴诺净等,均在寺院附近或在私人诊所看病诊疗。鉴于此况,南加太老师向当地县委、县政府和卫生局主管领导反映需要开设中藏医门诊的重要性和迫切性,但由于各种因素未能得到解决。1988年赴黄南州藏医院进修深造,同年5月有幸参加了由西藏藏医学院措如·才郎大师亲授的藏药"水银加工洗练法"的藏医骨干培训班,从而对"水银洗练""佐太"法的传统加工技术有了深刻的认识。于1989年学成返回原单位,南加太老师又一次向有关领导反映需要开设中藏医的必要性。最终在县委、县政府的大力支持下,经县卫生局研究批准,同意在道帏乡卫生院开设循化县藏医门诊,配备医疗场所3间,占地面积70多平方米,并购置了常用设备及用具。开设藏医门诊以来,南加太老师运用中藏医独特的疗法,优良的服务态度,共诊治患者5万余人次。对重病患者不管路途有多远,他总是步行前往病人家中进行治疗。上至夕冲、吾曼、都拉,下至宁巴、拉木龙哇、多什则、木洪,几乎走遍了每一个村庄,走门串户给病人治病,解除患者痛苦。为广大群众的健康做出了积极的贡献,赢得了当地群众和患者的赞扬与好评。

南加太老师于1992年考入青海大学医学院首届藏医大专班学习,其间,拜访著名藏医卡洛先生、尼玛先生、青海民族大学老教授德确先生、名医尕玛措尼先生等诸多德高望重、治学严谨，特别在医学教育上颇有名气的教师。更深层地学习了藏医经典医著《四部医典》及古藏语言文学等藏医教学内容，并系统学习了内、外、诊断、解剖、生理等学科，出色完成了三年大专的学习任务。因成绩优秀，1995 年毕业后调至青海大学医学院藏医系留校任教。承担藏医学专业本科生藏医病机学、藏医三大基因学、藏医热病疫病学、藏医内科学等重要课程的教学。曾多次荣获青海大学"教学竞赛优秀奖""先进工作者"等称号。1998 年 1 月赴四川成都，参加著名藏医专家措如·才郎大师在都江堰举办的"西藏藏医学院第二批藏医骨干培训班"，对《四部医典》的难点、疑点方面，与来自各地的藏医药骨干人才、专家进行一个多月的探讨、交流，相互切磋，破解疑难，在藏医药学术思想上达到了更高的认知水平。

2003 年考取青海大学藏医学硕士研究生，2006 年毕业。在此前后，先后担任《全国藏医本科教学大纲》《21 世纪藏医本科教育规划教材》《藏药学专业本科系列教材》

◎南加太教授著作书影 （扎西东主 提供）

的编写工作和《"面向 21 世纪课程教材"系列教材编译》等教材建设工作。发表《文都康毛寺及其藏医教学略述》《浅论藏医病因、病机学》等 30 余篇学术论文。完成藏药学专业本科系列教材《藏药动物学》主编工作及 21 世纪藏医本科教育规划教材《藏医三大基因学》副主编工作，撰写并出版《藏医病机学注解》《藏医学肝病诊治》《康毛寺藏传医学概史》等著作，主持编写《藏医内科学专论》等研究生教材。总之，在极短的时间内，南加太对中藏医药教学、科研、教材建设中做出了突出贡献。

2006 年，南加太老师意外失声，这在学校教育教学上是一个很大的损失。他素有大志，深爱中华悠久的传统文化，尤其对中藏医古典文献的热爱超出对任何事物的兴趣。像我国现存最早的中医药学著作《神农本草经》、传统医学经典《黄帝内经》、唐代医药学家孙思邈的《千金方》、著名本草学家李时珍的《本草纲目》皆是南加太老师爱不释手的书籍。其中《本草纲目》是我国明代伟大的药学家李时珍"岁历三十稔，书考八百余家，稿凡三易"编辑而成的一部中医药学巨著，是我国古代医籍中论述中药最全面、最丰富、最系统的典籍，被誉为"东方药学巨典"。但《本草纲目》的藏文译本至今仍是个空白，这对中医药和藏医药的交流和发展带来了一定的阻碍。南加太老师遂退居幕后，立志将其译成藏文，填补这一历史空白。在担任青海大学教学督导的同时，于 2009 年开始着手酝酿、策划《本草纲目》这一巨著的翻译工作。

翻译这样一部巨著，其难度和挑战不言而喻。翻译者首先要明晰汉文版《本草纲目》所载各种药物及其附方等基本内容和相关信息。在此基础上，还须熟悉掌握青藏高原植物、动物和矿物珍宝类等各种药物及藏医药学家所积累并完成的藏医药学著作。为了高质量完成翻译工作，南加太老师首先选择善本，查阅和学习了《易经》《四书五经》《诗经》《山海经》《尔雅》《抱朴子·内外篇》等《本草纲目》中多方引用的文献资料。同时参考了《神农本草经》《黄帝内经》《难经》《金匮要略》《名医别录》《伤寒杂病论》《千金方》《唐本草》《证类本草》等自秦汉以来的中医药经典名著，以及印度著名药学家贤登噶日巴的《医药宝典本草》、宇妥·云丹贡布的《宇妥本草》、著名藏药学家帝玛丹增彭措的经典巨著《晶珠本草》等古今著名医药学家所著的各类本草和经典医著。

在翻译过程中，为突出《本草纲目》的原貌特点，确保内容准确，南加太老师参照、学习《旁塘目录》《声明要领二卷》《月王药诊》《佳阳牟本》《卓玛牟本》等藏文古典译本的译法和特点，多次拜访西藏、青海、四川等地的国医大师、中藏医药专家和汉藏文翻译名家。反复比照中藏药物在形态、颜色、性味、功效主治等诸方面的异同及古今语言文字表述差异，选用以意译和直译为主，音译为辅的方法，既体现原文特色，又符合藏医药文献的标准要求。力争做到"信、达、雅"。但如此洋洋巨著，药名、方名和专业名词术语难以计数。其中收集了许多"子史经传，声韵农圃，医卜星相、乐府诸家"的内容，要以藏医药典籍的标准正确译出，其工作之难度、强度不言而喻。且某些药物在汉藏文记载或表述方面存在诸多异议。对此，南加太老师又利用假期时间，曾先后到湖北蕲州、四川峨眉、山西、浙江等地多方考证，实地考察、咨询、辨认药物。弄清了许多疑难问题，并综合分析而加以厘正。其一丝不苟的严谨治学精神为学界所称道。

翻译《本草纲目》是一项艰巨而宏大的工程，南加太老师自投入这项工程以来，几乎是闭门谢

◎南加太教授著作书影（扎西东主 提供）

客翻译这部巨著。在他的房间里，堆满了医著、史书、本草、药学、天文、地理、农圃种植、乐府诸家、儒道经传等大量的书籍和资料，长期以来从无休息日。为忠于原著，遵循《本草纲目》之旨，他废寝忘食、殚精竭虑，经常熬到深夜。对每一个药名、方名和专业名词术语，依据药物的"形""色""性""味""出处"以及学名、俗名等综合因素，翻译成几种藏文名词后，筛选其中最准确的术语。年复一年，他翻译的纸稿已堆积如山。南加太老师苦修春秋十载，熬过了3000多个日夜，十年磨一剑，终于在2020年8月完成了这部医学巨著的藏文翻译工作，向医学界献上了一份厚礼，堪称是一项艰巨而光荣的创举。

《本草纲目》（藏译本）出版后，轰动了整个医学界。将明代汉文医药书籍译成藏文，无论采用意译、直译、音译什么方法，不仅需要译者深厚的藏文功底，扎实的古汉语基础，还需要汉藏医药兼修的成就，常人实难做到，但南加太老师做到了。他的睿智、勤奋、刻苦、钻研精神令人敬仰。《本草纲目》（藏译本）的出版，填补了古汉医医著藏译的重大空白，对中华民族医药的弘扬与发展，对藏医药学者应用、学习和研究均具有重要意义。因此，《本草纲目》的翻译，既是历史贡献，更是医学史上的一个创举，无疑是一件惠及众生、功德无量之大事。南加太老师对医学事业的奋斗不息精神，值得一代人学习，故乐为之言。

立志行坚三十载　传承藏医硕果丰

多杰仁青 *

积淀知识　奠定基础

我诞生于循化县道帏乡循哇村一普通农户家里。9 岁起，耳濡目染地从父辈处习学藏文读写和处世之道。1985 年进入家乡古雷中学，开始接触藏文基础知识的学习。1987—1990 年，在黄南藏族自治州卫校学习（青海省卫校藏医班），首次与中华文明瑰宝之一的藏医药学结缘，开始了畅游浩瀚藏医药学之旅。其间，得到恩师优宁、邓都扎西、旦正加等人的谆谆教诲，为今后学好藏医药学，树立正确的人生观和价值观打牢了基础。1990 年中专毕业，分配至果洛藏族自治州藏医院从事藏医临床工作。

为进一步提升自己的学业水平，经多方协调联系，1992 年 3 月进入全国唯一的藏医药高等学

◎本文作者生活照

---

* 多杰仁青，西藏藏医学院教授。

府——西藏藏医学院进修学习，成为西藏藏医学院首届专科学生。其间，有幸得到当代著名藏学家和一代藏医大师措如·次朗、强巴赤列（国医大师）、桑旦、贡觉·旺堆、尼玛次仁（岐黄学者）等的关心教导，系统学习藏医学理论并积极实践，在自己后来二十几年的行医和从教生涯里，一直受惠于各位恩师的辛勤栽培和亲切关怀，以至于自己在学业、事业等方面有了一定的建树。

2001 年，考入西藏藏医学院研究生班，攻读藏医药硕士研究生学位，在指导老师格桑巴珠研究员的亲切关心下，2004 年以《论藏医药的现代化研究》为标题的学位论文顺利毕业，并获得答辩第一和优秀论文荣誉。2005 年，因工作原因调动到西藏藏医学院工作。2005—2007 年，组织安排担任著名藏医药专家贡觉·旺堆教授工作助手，有机会与贡觉·旺堆教授一同开展藏医药博物馆的建设工作。其间，先后两次到邻国尼泊尔进行为期半年的藏医药历史实物和文献收集工作。同时，跟随贡觉·旺堆教授多次前往区内外相关机构开展文物收集和学术交流活动。近距离地与贡觉·旺堆教授一同工作近两年，其间得到贡觉·旺堆教授对藏医经典《四部医典》、藏医历史、疾病诊疗等方面毫无保留的传授指导。

2012—2015 年，攻读博士学位，学术成果得到导师尼玛次仁教授的直接指导和肯定。

传承精华　守正创新

参加工作 30 多年来，我一直致力于藏医药教学、医疗、科研、管理等工作，先后组织、参加和完成了藏医药学专业学科建设、人才培养模式改革试点建设、教材建设、博物馆建设、实验室建设、古籍文献整理等重要工作。先后承担和参与完成了国家"十一五"科技支撑项目《区域性民族特色药物研究与二次开发——藏药滋补酥油丸剂型改造》《973——高原红细胞增多症藏医预防方法和发病机制研究》《21 世纪藏药本科教育规划教材课程教学大纲》编写、德格版《四部医典》校勘出版等多个国家和自治区级项目。

由我负责申报的《藏药清血康胶囊基础研究》《藏药仓巴无塞基础研究》等课题获自治区重点项目立项，担任副主编和主编（修订版）分别完成了 21 世纪藏药本科教育规划教材《藏药矿物学》《藏医妇科学》（修订版）的编写工作。

◎多杰仁青在医治患者（多杰仁青 提供）

2010 年起，为了保护、传承及发展藏医药学，作为课题组主要成员，我参加了涉及全区乃至全国藏族地区的抢救、搜集、整理、出版包括藏医药学和天文历算在内的濒临灭绝的西藏优秀文化经典古籍工作。经过近四年的努力，先后从布达拉宫、西藏图书馆、拉萨直贡地区、西藏阿里地区及民间学者等处收集到珍贵藏医药学古籍文本 600 多卷，其中不乏稀世罕见的孤本、绝本。2014 年，经国家出版基金立项资助，西藏人民出版社从中筛选字迹较为清晰、文本完整、内容全面的百余种手抄珍本，采取统一体例、统一设计，形成《中国藏医药影印古籍珍本》30 卷，予以出版。该丛书的编纂出版，是新中国成立以来在藏医药古籍文献保护中开展的最大规模的挖掘整理工作，在藏医药学乃至我国传统医药发展史上具有里程碑意义，对繁荣发展民族文化、增进民族团结和谐具有重要的作用。

2017 年，着眼保护藏民族优秀传统文化、维护国家文化安全、争取西藏在国内外藏医、藏药等藏学领域话语权的工作大局，根据自治区党委、政府统一安排，本人作为"藏医药申遗"工作专班成员，在近三个月的驻京蹲点工作时间里，加班加点，不分昼夜，不顾身心压力，全身心地投入工作，尽职尽责地完成了各项工作任务，最终将作为民族文化和创造力的代表形态之一的藏药浴成功入选联合国教科文组织人类非物质文化遗产代表作名录，赢得了上级部门、领导和同事的赞赏。

服务社会　硕果累累

目前，我承担了 2017 年科技部重点专项——民族医药防治重大疾病诊疗方案及经典方剂安全性和有效性评价研究之《藏医药防治原发性高血压和老年痴呆诊疗规范研究》《藏药棱子芹的人工栽培研究》《著名藏医药学家措如·次朗的临床思想研究》等省部级科研课题。

多年来，我先后在《中国民族医药杂志》《西藏研究》《时珍国医国药》《西藏大学

◎　多杰仁青在学术研讨会上　（多杰仁青　提供）

学报》等刊物上发表了《藏医药现代研究刍议》《面对世纪之交藏医药发展的思考》《藏药经方滋补酥油颗粒毒理学研究》《〈秘诀宝库〉作者生平解疑》等数十篇学术论文；优秀博士论文《藏药"哲布松觉"的组方和药理作用研究》已由西藏人民出版社正式出版；先后培养研究生 8 名。为藏医药学的传承和发展工作贡献了自己的智慧和力量。

先后担任全国医学临床教育学会理事、世界中医药联合会藏医药专业委员会副会长、西藏自治区藏医药标准化技术委员会委员、《藏医药教育与研究》编委会委员、中

国民族医药学会科研分会常务理事等。

2012 年被国家中医药管理局聘任为全国第二批"中医药文化科普巡讲团专家"，2014 年获全国"中医药科技推广先进个人"。作为主要参与人完成的《中国藏医药影印古籍珍本》荣获 2014 年民族医药传承贡献一等奖，2015 年西藏自治区科学技术奖一等奖和 2018 年中国藏学珠峰奖二等奖。2021 年成为国家级非物质文化遗产代表性传承人（藏医药），2019 年入选全国第四批中医药（藏医药）临床优秀人才项目；同年，荣获西藏自治区人民政府特殊津贴及荣誉证书等。

我的求学与从教经历

才让东智[*]

　　秋高气爽，村边的小河闪耀着水银的色彩，麦田里金灿灿的麦浪一波接一波，景色迷人之际，1971年8月13日，我出生在循化一个偏远的小山村——尕楞乡曲卜藏村的一个农民家庭。

　　自从我记事开始，母亲给我讲有教育意义的励志故事。自上小学开始让我背诵唐诗、宋词等，开始接受中国传统文化的熏陶。在母亲的严厉管教下，我顺利读完小学一、二年级的课程，全部课程用国家通用语汉语言文字授课。后转到尕楞乡曲卜藏村读双语二年级，开始了

◎才让东智教授（才让东智 提供）

藏汉双语的学习，等到小学五年级毕业时，因全县没有双语民族中学或藏文中学，转到文都中心小学读四年级。

　　1985年，在十世班禅大师的亲切关怀下，循化县藏文中学正式创立，恰逢本人也于1985年6月小学毕业，经过全县统一考试，成为循化县藏文中学第一批学生。这一时期，因师资紧缺，经循化县教育局与黄南州教育局协调，先后分批次解决了全县藏

---

* 　才让东智，青海民族大学教授。

语文师资紧缺问题，有力地推动了全县藏语文的教育教学水平，激发了4个藏族乡学生家长对孩子上学的积极性。当时，循化县的民族双语教育刚刚起步，虽然条件简陋，但老师们的工作积极性和对民族教育的热爱，深深打动了我们这些学子，学生们学习非常刻苦，取得了不错的成绩。

1988年7月循化藏文中学首届100名学生要毕业，经过全省中考和海南州民族师范学校的统考，黄南州民族师范学校委托培养藏文中学10名学生；黄南州卫生学校委托培养藏文中学8名学生；海南州民族师范学校招收10名藏文中学学生；由于十世班禅大师亲自关怀，西藏日喀则地区高级中学委托培养10名藏文中学学生，并承担全部费用，剩余学生在藏文中学高中就读。本人以第二名的成绩考入海南州民族师范学校学习，入学初期，由于在初中阶段我们采用的是汉语文教材，与在小学和初中采用统编语文教材的学生相比，我们的基础较差。我至今还难以忘怀的一件事是在一次语文摸底考试中我仅考了34分，才发现教材的选用和师资力量的重要性。在学习文选与写作、语法基础知识课程的同时，语文老师兼班主任的李峰军老师利用自习和课外活动时间，重新讲授辅导初中课本，督促我们加强汉语的学习，经过一个学期的努力，在期末考试时才考了70多分。语文学好了，学习其他课程也就没有那么难了，经过一年的努力，我成绩提高较快，还获得了学校年级二等奖学金，当时我们这一年级有7个班。

海南民族师范学校有一支纪律严明、师德高尚，专业强、业务精，教学经验丰富、潜心教学研究，热爱教育事业的师资队伍。大部分都是高等学校毕业的专业教师，师生关系融洽，校园学习气氛浓厚，课外活动丰富多彩。老师们的每一堂课都是精彩绝伦的，深深地吸引着我们每一位学生，甚是一种享受。滔滔不绝授课的班主任语文老师李峰军；严肃认真、逻辑缜密的数学老师雅占福、刘汉双；神采飞扬、口若悬河、写得一手好字的政治老师景芳；博学多才、口才一流的藏语老师吉太加；幽默风趣的藏语老师华青；满怀激情的化学老师赵全梅；善于引导的物理老师李毛加；娓娓道来的生物老师孟军；游刃有余的美术老师崔全正；技法娴熟、功底扎实的音乐老师夏午才让等，都为我们的成长、成才付出了艰辛的努力。

回顾当时的学习经历，至今历历在目。有一批爱岗敬业、热爱教育、无私奉献的老师们的辛勤付出，使得我们这些莘莘学子能够顺利考入大学继续深造。同时，海南州民族师范学校也为海南的民族教育事业发展做出了巨大贡献。

时间飞逝，不知不觉已过了两年。海南民族师范学校有个规定，每个班级到二年级凡是成绩在前五名的学生，经班主任审核学校同意，可以参加高考。于是参加高考的想法油然而生，同时还要认真参加12门课程的学习和升级考试，我起早贪黑，利用课余时间积极准备高考。我记得报名那一天需交27元钱的报名费，因囊中羞涩向班主任李老师借钱报名。1990年7月初参加完高考，学校精心组织，暑期在学校安排食宿，关心之至。我们怀着忐忑不安的心情等待高考成绩，7月底高考成绩出炉，考上了！那种激动的心情不言而喻。填写完志愿表，做完体检后我带着喜悦的心情回老家了。等开学回到学校，收到青海民族大学少语系录取通知书，兴高采烈地办理离校手续，9月6日赴青海民族大学少语系报到。一个月紧张有序的军训结束之际，认真听讲射击理论并参加射击比赛，我还打出了5发子弹41环全校第一名的好成绩。就这样开始了我的紧张而快乐的大学生活。

在5年的大学学习生活期间，有幸师从知名学者、国家级专家祁顺来教授学习藏传因明学概论、因理论、慧理论等课程。祁老师和蔼可亲，性格温和，谦虚谨慎，孜孜不倦，热爱学生。在当时教材奇缺的状况下，祁老不辞辛劳，搜集大量资料主编的《藏族历代文学作品选》（全三册）成为全国民族高等学校藏语言文学专业的教材。师从学富五车、淡泊名利、幽默风趣、治学严谨的德却教授学习藏族历代文学作品选、因明学、入行论、扎得文法、司都文法、藏文文法但诗镜注——妙音欢歌、佛学概论、佛教心理学、土观宗派源流、胜道启门等课程。聆听国家级专家、国家级名师旦正教授学习藏族历史、藏族文学史。同时，聆听学习了擅长民间文学及文学批评的吴钰教授讲授文学理论，有创作经验、擅长写小说的南色教授讲授藏文写作；周毛吉教授讲授诗歌修辞学、外

◎才让东智教授生活照（才让东智 提供）

国文学、藏文文法；华卡加老师讲授藏族古典文学入门；马有义教授讲授大学写作；谢健老师讲授汉藏翻译理论；王青山教授讲授语言学概论；戈明多杰教授讲授民间文学概论；李加才旦教授讲授中国革命史，牛晔教授讲授马克思主义哲学、科学社会主义理论，马成库老师讲授政治经济学等课程。通过以上课程的学习，极大地拓展了知识面和视野，也深感读书的重要性，利用课余时间通读国内外经典名著。

经过 5 年的专业学习，于 1995 年 6 月完成所有课程的学习，通过毕业论文答辩，获得优秀毕业论文，顺利毕业并留校任教。

在青海民族大学预科部任教期间，前几年讲授藏族当代文学，后讲授"因明学入门"。虽然受到学生欢迎，但自己深感知识储备不够，专业知识不精，讲课过程中遇到难点无法及时解答等因素，本人向教研室主任申请，除了上课时间外，继续到藏学院德却老师处跟班学习"因明学""佛学概论""藏族古典文学""四宗概论""藏文文法难点释义"等课程，这对于本人的教学能力和教学研究起到了很大的促进作用。

由于自己在日常教学和同事的交流中深感知识储备不足，便产生了报考青海民族大学藏学院攻读硕士研究生的想法。经过两年的考试准备，于 1999 年 9 月考入青海民族大学藏学院藏族古典文学方向攻读硕士学位。其间，有幸师从夏日东大师系统地学习了藏传佛教经典名著宗喀巴大师《菩提道次第广论》《缘起赞》《三主要道》《道次第摄义》《胜道启门》等。这对自己从事藏族文化研究奠定了基础，开阔了视野。师从知名学者、教授嘉扬智华学习《入行论》《四宗概论》《才旦夏茸藏文文法》等经典。

　　2002 年 6 月修完所有课程，便选择《罗摩衍那与青年达美的比较研究》为硕士学位论文选题，顺利通过论文答辩，获得硕士研究生毕业证书及文学硕士学位证书。读研期间还承担预科部藏文课教学任务。2002 年 8 月至 2004 年 2 月担任预科部办公室秘书一职。2004 年 3 月调入青海民族大学藏学院任教，承担 3 个教学班藏语语法课的教学任务。2006 年 12 月被聘为副教授，从事藏语语法教学科研工作。其间，师从丹增切盼教授系统学习《雍增因明学概论》，杰尊学派《现观庄严论注疏》《雍增因理论》《雍增慧理论》《杰尊中观概论》《根顿珠俱舍论注疏》《现观庄严论七十义概要》《佛学地道论》《四宗要义》等佛学经典，专业知识水平有了一定的提高。但在实际教学科研工作中仍然感觉知识贫乏，读书不够，尤其感觉读书不能只停留在文学历史层面，须进一步潜心研读哲学和宗教历史文化。2010 年赴西南民族大学单科进修，其间师从四川省学科带头人、国家级专家、教授、博士生导师万果老师学习佛教理论框架、佛学名著导读、藏传因明学发展史及张建世教授讲学习文化人类学概论等课程。通过经典理论的学习，拓展了自己学术视域，学到了更加有效的研究方法和思路，为继续从事教学科研工作奠定了较为扎实的理论功底和研究能力。

　　2011 年 9 月，在西南民族大学民族研究院民族学专业藏传佛教与藏族文化方向开始了我的博士学习生涯。3 年的学习生活中，在万果老师的严格要求和细心指导下，通过自己的积极努力，修完所有课程，最终选定把《宗喀巴大师〈菩提道次第广论〉与五部大论关系研究》作为我的选题完成了毕业论文，于 2015 年 1 月通过论文答辩，顺利毕业。深感考博不易，毕业更难，读博是一个备受煎熬的过程，其中的种种酸甜苦辣，只有亲身经历过的人才能体会到。同时，也体悟到了读书的五种层次：第一层次为阅读小说；第二层次为阅读传统经典小说；第三层次为精读史哲经典；第四层次为通读思想领域经典；第五层次为力求形成自己的思想观点。我认为只有经过这五个阶段，才能登高望远，才能看明白人生的价值和意义，才能悟出"书中自有黄金屋"的内蕴，才能明白智慧、方便二者的功能和价值，人生才会不迷茫，才能对人类文明有更深入的了解和把握。

读博期间，我的导师被评选为国务院学位委员会委员，他有着前后为民族学专业培养出 60 余名博士的喜人业绩。本人曾以"吾师"为题赋诗一首："鹤发银丝映乾坤，丹心热血泽吾魂。桃李芬芳享清誉，蓓蕾枝头苗艳润。"以表对导师的祝贺和感恩戴德。

回校后继续从事教学科研工作。先后发表论文十余篇，出版专著 1 部，2016 年被聘为教授。主持国家社科基金项目 1 项，参与国家社科基金项目 3 项。因个人爱好对藏传佛教文物有所涉猎，在学校筹建博物馆工作中负责藏族历史文化方面的文物征集，先后到西藏、云南、青海等省区征集文物，也算对学校博物馆建设出了一点力。

不久，应青海省文物局之邀，参加全国可移动文物普查工作，负责藏传佛教文物的鉴定建档工作。受省博物馆之邀在青海省博物馆为全省文物系统工作人员作"藏传佛教文化"专题讲座。2018 年 10 月，受省博物馆之邀在省博物馆进行库存文物藏传佛教文物的鉴定及建档工作，这也算是一种业余兴趣爱好吧。

2017 年 5 月至 2019 年 7 月，经组织派遣到黄南州同仁县政府任挂职副县长，分管水利、林业环保、农牧等工作。在各位领导和同事们的关心、帮助下，学到了很多实际工作经验和解决问题的能力，得到了密切联系基层群众的机会。同时，也深感政府部门工作的复杂性和艰巨性。在基层得到了很好的锻炼和实践，为以后更好地服务群众积累了经验，提高了工作能力。转眼间，两年多挂职实践匆匆而过，顺利完成分管口的各项工作任务，并连续两年被评为"优秀挂职干部"，也算是对我两年基层工作的一种肯定吧！

2020 年 1 月开始担任青海民族大学藏学院副院长一职，从事本科教学管理与教学科研工作。两年来，在教学科研工作中也取得了一些可以分享的小成就，归结起来有以下几点：一是共同参与完成师范专业二级认证工作并通过教育部验收；二是积极申报国家级本科双一流学科中国少数民族语言文学专业（藏语）获批；三是藏学院教工支部为全国样板党支部；四是我院硕士研究生哲学一级学科专业申报获批。在教学工作中长期承担本科生藏语语法的授课任务和硕士研究生藏传佛教与藏族文化关系研究、藏族文化史等教学科研任务。

弹指间，已年过半百，回首过去，感慨万千！回顾22年的求学和26年的从教经历，在党的光辉照耀下，我有幸遇到了知识渊博、德高望重、热爱教育、传道授业解惑的好老师、好导师！他们是照亮我前程的明灯，他们用智慧启迪人生，用知识和挚爱塑造了我的人格，他们在平凡的岗位上，在希望的田野里，挥洒甘露，播种知识的种子，滋润着我的心灵，是我一路高歌的人生导师，情深似海，恩重如山！

老师们的恩德永远难以忘怀，在他们的培养教导下，使我有幸成为一名教育工作者，自己深感肩负着传承和发扬优秀民族传统文化的使命，一直以老师们为榜样，本着对学生负责、对学校负责，奋发进取，一心扑在教育教学工作上；作为一名教师，积极承担了应承担的责任，总结26年的教育教学工作也算勤勤恳恳，兢兢业业。遵章守纪、团结同事、实事求是、乐观上进，始终保持严谨认真的工作态度和一丝不苟的工作作风。乐于助人，始终做到老老实实做人，勤勤恳恳工作。坚持立德树人，教书育人，潜心学术，孜孜不倦，我认为只有这样才能称得上是一名合格的人民教师；作为领导干部，勤政廉洁，克己奉公，时刻牢记责任和义务，积极要求进步，为党的民族教育事业贡献自己的力量。

汉藏文化的搭桥人

辛元戎[*]

　　因为在同一层办公楼上班，我与《青海藏文报》的老师们当了很多年的"邻居"。大家平时见面的机会比较多，但也只是上下班相见打个招呼而已。后来，相处的时间长了，才知道《青海藏文报》是个藏龙卧虎的地方——某个笑容可掬、谦和有礼的老师，很可能就是享誉藏语文坛的作家，也可能是学富五车的藏族学者，于是不禁对他们肃然起敬。这些人当中，就有一位名叫蔡江的老师。

　　蔡江是循化撒拉族自治县人。熟悉青海的人都知道，循化是一个文化土壤丰沃、人才辈出的地方，曾经涌现了十世班禅大师、喜饶嘉措大师等在全国甚至在世界上都有影响力的人士。生长在这样的地方，蔡江从小耳濡目染，对藏族文化既自豪，又满是探寻的好奇心。蔡江听大人们讲，藏族历史上曾经涌现出很多像吞米桑布扎这样的伟大译师，为青藏高原与外界的文化交流做出过很大的贡献。年幼的蔡江对译师群体充满了敬意，向往着自己以后也能成为一名"译师"，在汉藏两个伟大的文化之间架起沟通的桥梁。

　　1991 年，还在上大学的蔡江接受老师指派的任务，先后参与了《公文写作的理论与实践》《现代行政管理学》和《公共关系学》3 本藏文教材的翻译。这让他初步尝到了成功的喜悦，增加了在翻译之路上走下去的信心和勇气。

---

[*]　辛元戎，青海日报社记者。

1992 年 7 月，蔡江从西北民族学院毕业，被分配到海南藏族自治州人民政府民族语文工作委员会工作。从此，无论是在政府部门任职，还是担任《海南报》（藏文版）主编，抑或是到《青海藏文报》从事编审事业，蔡江一直都没有离开过藏汉翻译这项工作。他就像一个水手，驾一叶扁舟，航行在浩瀚的文化海洋之上；又像是一位工匠，为搭建汉藏之间的文化桥梁而勤勉地砌着一砖一石。

一

作为《青海藏文报》的正高级译审，蔡江对党报新闻翻译的甘苦体会颇深。

从事党报的汉藏语翻译工作，除了需要具备较高的汉语文和藏语文的文字功底外，还要具备较高的政治理论水平、纯熟的新闻编辑业务水平，这样才能把党中央和省委、省政府的声音，及时准确地传达给广大农村牧区的藏族读者，使他们及时了解党和国家的路线、方针和政策。

新闻翻译与文学翻译、科技翻译很不相同，是一种高时效、高强度的工作。

《青海藏文报》创刊于 1951 年，是全国创刊最早的藏文党报。既然是党报，传达党和政府的声音就是义不容辞的责任。随着党中央和政府重大会议的召开，往往会伴随着新名词、新提法的出现。能不能精准地翻译它们，已不单纯是技术问题，因为这些新名词、新提法的背后，是一项项崭新的国家政策，关乎亿万群众的切身利益，必须作出准确的翻译。而党报新闻翻译人员面对的现实是，在没有任何可供参考蓝本的前提下，既要保证新闻的时效性，又要保证翻译的准确性，还要考虑翻译的通俗易懂，便于传播性。因为，党的政策必须及时、有效地传达到广大农村牧区的藏族群众中去。在新华社或者《人民日报》刊发国家领导人讲话、重大会议稿件后，当新的政策出台之后的几天之内，相应翻译精准的藏文稿件就必须见报。

于是可以想见，这对新闻翻译人员的要求有多高——要有较强的汉语功底和对国家政策的精准把握，才能保证准确地理解汉语文稿的内容；要有较强的藏语功底，才能保证准确而又通俗地向藏族读者呈现你所理解的内容。对于翻译人员来说，你必须不断地给自己充电，不断地通过媒体等各种渠道，及时了解、领会党和国家的各项政策；不断通过学习和工作实践，提高自己的汉文、藏文水平，这样才能精准地理解，流畅地表达。

就像蔡江说的那样："一名优秀的新闻翻译人员，永远在充实自己，永远奔跑在路上。"

关于重大政策性文件的翻译，是藏文党报翻译的一项重要内容，实际上，这一类的翻译，蔡江早在海南州工作期间就已经从事。那是 1992 年，他刚刚从大学毕业，就被抽调到贵南县塔秀乡，从事邓小平南方谈话精神和十四大精神的宣讲。此后，十五大、十六大精神的宣讲也没有落下。蔡江和所在宣讲团的同志们，下到贵南、同德、兴海的牧区现场，把报纸上的会议文件翻译成通俗易懂的藏语，讲给牧民群众听。宣讲期间，有时在牧民家里一住就是三个月。听着宣讲，牧民们厘清了一些重要的观念，感谢他们把党中央的新政策传达到基层。此后，从事党报翻译后，蔡江又和同事们把十七大、十八大、十九大的相关会议文件和相关稿件翻译成藏文，传达给更为广泛的藏族群众。

2021 年 6 月，因为翻译工作表现出色，蔡江等四位来自省垣不同单位、享有正高级职称的专家，受青海省教育厅教材编译处的邀请，对该处出版的《政治词汇（藏汉对照）》进行审阅校订。受藏语不同方言及翻译人员的水平影响，一些政治词汇的翻译存在很大差别。比如，"使命"一词，就有可能被翻译为任务、义务、责任、职责、负责等，有时翻译得尚且接近原意，有时就会失之毫厘，谬以千里。四位专家以安多方言为主，按照"信、达、雅"的原则，对常见的政治词汇一一进行审阅校订。这一著作出版后，将成为翻译政治词汇的重要工具书。

自 2005 年担任《青海藏文报》编辑以来，蔡江翻译过《中国共产党纪律处分条例》和《中国共产党廉洁自律准则》、《第十三个五年规划的建议》、《习近平在新闻舆论工作座谈会上的讲话》、2017 年中央一号文件等重要稿件。共翻译文稿约 68 万字，审阅校订《青海省宗教事务条例》（2021 年版）等 88 万字的文稿。

二

在做好党报翻译工作的同时，蔡江一直坚持在做另一件事，那就是对藏族古籍、传统文化的挖掘和整理。

文化是一个民族的灵魂。宗教文化是藏族文化的重要组成部分，很多高僧大德本身就是学富五车的学者，他们的著述不仅是研究藏传佛教各个教派教义的重要依据，也为研究藏族历史留下了宝贵的资料。然而，随着时间的流逝和现代化进程的推进，一些藏文古籍面临佚失的危险。有鉴于此，国家有关部门对抢救少数民族古籍和民间文化高度重视。作为一名藏族学者，蔡江更是感到为搜集、整理、翻译藏文古籍尽一分力是责无旁贷的。

从他在海南州藏语委办公室工作期间就开始了这项工作，他先后整理出版了《欧萨格西文集》《第三世阿饶活佛文集》两种古籍善本，还利用业余时间撰写了地方部落史《尕楞部落五百户简史》，协助海南州佛教协会编写出版了《海南州各寺院简史》。

2001 年，受中国藏学研究中心和北京市民委邀请，蔡江到北京参加编写中国少数民族古籍总目提要的藏文卷，因工作出色，受到了有关领导的表扬和肯定。

"除了主要传承于寺院的藏传佛教文化，民间文化也是藏族文化的一个重要组成部分。"蔡江说。藏族民间文化丰富多彩，从节日文化到民间故事，从饮食习俗到藏族谚语，它们像露珠与山泉一样莹澈，像青草和牛粪一样散发着草原的气息，渗透到藏族生活的方方面面，同样是藏族人民智慧的结晶。

在这方面，蔡江也着力甚多。他独立编写了 2.8 万字的《循化尕楞地区新年宴说》，选入侃本主编的《藏族民间文学丛书——民间宴说卷》一书，后又选入中国藏学出版社出版的《藏族口传文学卷》；撰写的《藏族传统节日风俗细说》一书由青海民族出版社出版；他还与人合编出版了《藏族常用饮食辞典》和《藏族警句大全》两部著作。

蔡江善于思考，他在从事编译工作和藏族文化挖掘、整理工作的同时，也没有忘记把这个过程中闪现的灵光进行归纳整理，上升到理论的高度。

他撰写的学术论文《邓小平的民族理论与民族工作》《尕楞地名由来新考》《藏文书写艺术漫谈》《论汉藏翻译中藏文稿件的审核问题》《试探藏文古籍目录编写方法》《试探音译法及其范畴》《历代皇帝封藏区高僧职衔翻译法》等分别刊载于《中国藏学》《中国西藏》《西藏佛教》《译学探索》《藏语文工作》《攀登》《青海师大民族师范学院学报》等学术期刊和论文专辑中，其中多篇论文分别在全国民族语文翻译学术研讨会、全国藏文报工作会议、全省民族语文翻译学术研讨会上获得二等奖。

30 年来，蔡江在做好党报编译工作的同时，还利用业余时间翻译了《阿妈的信》《高原之舟》《绿房子》《一个人的车站》《作家的品质》《康巴笔记》《我们的家园》《四色冈底斯》《佛瓜》《神泉》等 280 多篇汉语诗歌、散文、小说、游记、杂文。通过他的翻译，一些优秀的文学作品，第一次被介绍到使用藏文的读者当中，以汉文写作的优秀藏族作家龙仁青、三才、江永才让、仓生荣等人的作品也传播到了更多的藏族读者之中。

蔡江是一名学者，但他绝不是钻进书房，两耳不闻窗外事的书呆子。他翻译的《坚持科学发展观，走发展现代畜牧业之路》《种公牛蹄病病因与预防措施》《小尾寒羊巴氏杆菌病的诊治》《奶牛乳房炎的防治》等 9 篇论文，先后发表在《青海畜牧业》杂志上。这些接地气，又能为牧区生产实践提供切实指导的译文，让我们看到了蔡江学术特色的另一面。

30 年来，蔡江在做好党报编译工作的同时，利用业余时间翻译了 180 多篇文章，发表在《中国藏学》《攀登》《青海教育》等刊物上。这个数字，令同样从事文字工作的我们感到惊叹。

跨上了骏马一心向前，再遥远的雪山也能抵达。蔡江，这位致力于沟通汉藏文化的学者，在前行的路上一定能够看到更加美丽的景致。

赤诚献给民族文艺研究事业

——记审读专家李加东知

杨旭明[*]

近日，甘南州民族民间文化艺术研究中心主任、副译审、"甘肃省民族宗教类"重大选题出版物审读专家李加东知的事迹和业绩，被青海省循化县政协拟载入《福天宝地》一书，深感崇敬与欣慰。李加东知给人的印象是木讷呆板、不善言谈、敬业爱岗。记之，以自勉，同时激励默默耕耘的文化人坚守阵地、甘于寂寞、乐于奉献，忠诚党的文艺事业，践行党的文艺思想，为人民群众提供丰富而精细的精神食粮。

◎李加东知先生 （李加东知 提供）

---

* 杨旭明，甘南广电台特约记者。

品学兼优、博览群书的好学生

李加东知是青海省循化县道帏乡人，性格温和，为人谦逊，勤奋好学，喜交友，重实干，不汲汲于富贵，也不戚戚于贫贱。他 1985 年从道帏乡古雷学校小学毕业后，顺利地考上了十世班禅大师创建的循化文都藏文中学，是该校的首批学生。在中学的几年里，由于家境贫寒，凑不齐学费而有过几次辍学的念头，但坚强的母亲依然拼凑学费，延续了他上学的光明道路。他深知上学的不易，起早贪黑，刻苦学习，终于功夫不负有心人，1990 年以优异的成绩考上了西北民族学院数学专业。

在西北民院，李加东知既是老师们眼里品学兼优的好学生，又是同学们崇拜的体育健将，被称为"校园里最靓的风景"。他是个理科生，但从没放弃对文学的酷爱，在学校的学余时间里，广拜名师，博览群书，兼收并蓄，文学理论和写作能力得到了突飞猛进的提高，开启了他的创作之门，《达赛尔》《青海藏文报》等报刊先后刊载了他的诗歌和小小说。1993 年从西北民院毕业后，他放弃留校的机会，很想回到家乡循化去创业，但最终选择了美丽的甘南草原，被统配到甘南州藏剧团，从事剧本创作兼翻译工作。

学无止境、淡泊名利的人生定位

参加工作后，他干一行爱一行，很快进入角色。当时藏剧团演员青黄不接，几年创排演出不了一台剧目，他的才华得不到发挥。于是他下定决心将全部精力投入藏汉创作中去，一边创作诗歌、小说，一边进行汉藏互译。工作之余，他经常用藏汉两文写作，结识了甘南文学界的不少文友，尤其是他经常用藏汉两文给《甘南日报》投稿，得到《甘南日报》总编辑苗志礼的关注，1997 年 6 月苗志礼要求他到汉文编辑部工作，不幸正逢甘南人事冻结，没能直接调入，只能选择借调。在甘南日报社期间，年轻的他怀着一颗火热的心，对工作孜孜以求，坚持新闻和文学创作。正当成绩、能力稳步提升时，藏剧团领导要求他回原单位工作。几经周折，他的职务没有提升，职称也没有评定，他对"两头落空"没有半点怨言和灰心，因为他有着坚定目标和人生理想，"学无止境，淡泊名利"是他的人生定位。

为了提升自己的文化素养，他继续寻找求学的机会，便产生了考研的念头。2003年，他以优异成绩考上了西南民族大学中国少数民族语言文学专业藏汉翻译方向硕士研究生（公费）。读研期间，除学习本专业之外，听取了著名哲学家彭措汪杰讲授的辩证法新探及万果教授讲授的因明学、胡书津教授讲授的语言学等名师课程。他就像一块被阳光灼干的土地，恰逢雨露浇灌，便拼命地吸收。三年如一日，他废寝忘食地研读国内外经典著作，拓展了知识面，通过不断学习提高自己的文化水准和综合能力。在校期间，他与导师贡保扎西编写了《藏族文学简史》，由四川民族出版社出版发行。同时翻译了德吉草教授所著的《诗意的栖息——藏族当代作家心路历程》一书中80多页内容。

文理兼通、藏汉双译的审读专家

2006年，李加东知从西南民族大学研究生毕业，虽然有机会留校，但他毅然回到了甘南草原，此时原州藏剧团和州歌舞团已合并为甘南州歌舞剧院。时任甘南州文化局局长的云丹龙珠同志借调他到局里上班，给他安排了国家民族文字出版专项资金资助项目——搜集、整理甘南地区"南木特藏戏"的工作任务。李加东知面对那些未作任何勘校和修改、来自村民手里的十几本手抄藏戏剧本，没有畏缩，而是接受了挑战，以传承和弘扬民族文化为己任，将自己的全部精力都投入这项工作中。他带领民研室的几名同志，仅用三年多的时间，完成了《松赞干布》《智美更登》《朗萨纹奔》等15个藏戏剧本的搜集、整理，并一字一句地进行修改、润色、补充和完善。2010年《安多南木特藏戏精粹》（上、中、下）三本专著由甘肃文化出版社出版发行。其间，李加东知还参加了《甘南大辞典》的编写工作，他承担的文化、民族宗教、人物等部分受到上级领导的好评。李加东知正是以谦虚谨慎、兢兢业业的态度和顽强不屈的意志，完成了这些沉重的工作任务，受到了社会各界的高度关注和一致好评。因专业成绩突出，思想觉悟高，平时表现好，2009年9月他光荣地加入了中国共产党。

2010年底，他被调入甘南州民族民间文化艺术研究室。2011年，通过参加竞争上岗选拔考试，李加东知顺利地考上了州民研室副主任。面对已取得的成绩，他依然那样的从容淡定，既不欣喜若狂，也不骄傲自大。他认为自己只是走到民族民间文化艺术大殿的门前，要想真正进入，需要走的路还很长。于是他继续保持不骄不躁、砥砺前行，笔耕不止、勤奋创作的作风。同年，他的作品《安多民间艺术奇葩——南木特藏戏》及藏文楹联，荣获第二十八次全国藏语广播电视节目交换会暨第十三届全国藏语广播电视评析会二等奖、"藏乡江南"全国楹联大赛二等奖。从2011年开始，李加东知先后把著名学者苏晋仁老师所编的《通鉴吐蕃史料》从古汉文版翻译成藏文，又

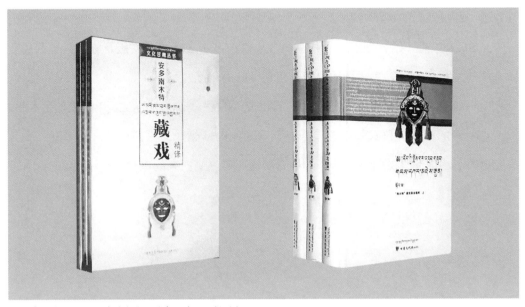

◎　李加东知教授的著作书影　（李加东知　提供）

从藏文版翻译成白话文，两本书于 2015 年由甘肃文化出版社出版发行。

2016 年底，甘南州民族民间文化艺术研究室更名为甘南州民族民间文化艺术研究中心，李加东知被提任为该中心负责人。

他以临危受命、迎难而上、顾全大局的作风投入工作，把这份本职工作当成崇高事业来干。他涉及的研究范围逐渐拓宽、历史跨度回溯、研究深度增加，2017 年，他的诗歌《人》荣获《达赛尔》杂志年度诗歌奖。同时，承担了《文化甘南系列丛书》项目，并在短短的一年里完成了《新编藏族民歌》《安多南木特藏戏精译》《才让东智书法集》《安多藏语会话手册》4 本书的编辑、校对、审稿等工作，于 2019 年 8 月由甘肃民族出版社出版发行。2019 年 1 月，他被中共甘南州文广新局党委、州文广新局评为 2018 年度"先进工作者"。2020 年 4 月，他被中共甘肃省委宣传部和甘肃省新闻出版局聘为"甘肃省民族宗教类"重大选题出版物审读专家，这是专业荣誉，也是责任和信任。"我要把牢宣传思想文化的第一道关口"，李加东知俨然把普通的工作当成了神圣的事业，才有这样高深的见解和敬业的精神。由于专业工作硕果累累，他被业内的专家教授誉为"文理兼通、藏汉双译的审读专家"。

从 2021 年初开始，他承担了甘南州合作市地名历史藏汉双文版及临潭县地名历史藏文版的编写任务，以实际行动向庆祝建党 100 周年献礼！

"不积跬步，无以至千里；不积小流，无以成江海。"李加东知在 28 年的工作生涯里，以一点一滴的积累，孜孜不倦的追求，默默无闻的奉献，为甘南民族文化事业、文艺研究谱写了一曲动人的赞歌，这是他最真切的期望、最恒久的幸福。

我翻译《罗摩衍那》和《沙恭达罗》的经历

敖　见 *

我的专职工作是为党和国家的重要文献进行藏文翻译，与此同时，因为长期受藏族传统文化的熏陶，加之藏族传统文化与古印度文化有着一定的渊源关系，我对古印度文化情有独钟。

古印度是个教派林立，文化多元，百家争鸣，互相包容的国度，出现过对人类文明的发展具有举足轻重作用的杰出人物和优秀文化遗产。在这里将翻译成藏文并公开出版发行两部作品的经历作如下回忆。

翻译《沙恭达罗》

《沙恭达罗》1956 年被世界和平理事会列为世界十大文化名著之一，是被称为"印度莎士比亚"的迦利陀娑的成名之作，是他获得世界名声的印度古典诗剧作品。《沙恭达罗》意译为《凭表记认出沙恭达罗》，是印度古代伟大诗人迦利陀娑（Kalidasa）最杰出的作品。主要描写净修林女郎沙恭达罗和国王豆扇陀的恋爱婚姻故事。国王豆扇陀外出行猎，在一处净修林遇见沙恭达罗。两人相爱，自主结婚。后来，沙恭达罗怀着身孕，上京城去找国王，但由于她曾经得罪一位仙人，遭到诅咒，结果在途中失落

---

* 　敖　见，中国民族语文翻译局译审。

了国王赠给她作为信物的戒指，国王也因此完全忘却往事，拒绝接纳沙恭达罗。最后，国王重新获得沙恭达罗遗失的戒指，诅咒的魔力随之消除，他记起旧日的爱人，破镜终于重圆。

◎拜访国学大师季羡林先生（敖见 提供）

一般认为，作者迦利陀娑是古印度笈多王朝时期的宫廷诗人（4—5世纪）。这部戏剧作品本质上是诗剧，诗歌和戏剧达到了完美的统一，代表古典梵语戏剧的最高成就。全剧共7幕。有一首流行的梵语诗歌称颂道："一切语言艺术中，戏剧最美；一切戏剧中，《沙恭达罗》最美。"18世纪末，《沙恭达罗》被译成英、法、德等文，在欧洲文学界引起了巨大的反响。歌德在诗中写道："倘若要用一言说尽——春华秋实，大地天国，心醉神迷，情意满足，那我就说：沙恭达罗！"在创作《浮士德》的时候，歌德有意模仿《沙恭达罗》的结构，于正文之前加了一个《舞台序曲》，它相当于《沙恭达罗》的《序幕》。德国戏剧家席勒也说："在古代希腊，竟没有一部书能够在美妙的女性温柔方面，或者在美妙的爱情方面与《沙恭达罗》相比于万一。"

在中国近代，苏曼殊第一个注意到《沙恭达罗》，他是一位情僧、诗僧，也是一位画僧。苏曼殊曾有意翻译《沙恭达罗》，最终是否翻译众说不一，但是相传他把梵文版《沙恭达罗》作为礼物赠送给自己心爱的一位日本女子。

自20世纪20年代起，我国出现过多种从英译本或法译本转译过来的《沙恭达罗》中文本。据金克木先生统计当时已经至少有10个汉语译本。

居里夫人的学生王维克曾根据法译本翻译《沙恭达罗》，译本还被周恩来总理作为访问印度时的国礼。直到1959年，第一次出版了国学大师季羡林先生根据梵文原版翻译的《沙恭达罗》中文本。北京青年艺术剧院还曾把这个剧本搬上舞台。

在西藏文化发展史上迦利陀娑享有很高的地位，约在 13 世纪时，迦利陀娑的著名诗作《云使》就被译成藏文，收入大藏经《丹珠尔》中。被称为"20 世纪西藏奇僧"的更敦群培大师曾在 20 世纪 40 年代将梵文版《沙恭达罗》的序幕和第一幕翻译成藏文。据更敦群培的弟子说，更敦群培曾向他们讲解《沙恭达罗》，并且还对这部作品作了适当的评论。更敦群培的译文优美传神，堪称上乘译作，但由于各种原因，未能全文译出。继更敦群培之后，著名藏族学者端智嘉也只翻译了前言至第三幕的 1/3 为止，仍未能译完。

我认为翻译《沙恭达罗》有利于藏族文学的发展，并将对发展和充实藏族文化，推动藏族文化与世界文化接轨起到积极作用；有利于促进同为东方文明古国的中印两国文化交流，促进相互了解。因此，我决定以国学大师季羡林根据梵文原版翻译的《沙恭达罗》中文本为蓝本进行藏文翻译。

从 2000 年起，我开始着手翻译，断断续续用时 5 年之久，终于 2005 年将其全文翻译成藏文。我在翻译过程中，主要采取了以下的翻译方法：

1. 不拘泥于以往逐字逐句翻译的俗套，大胆实践"文学作品翻译是第二次创作"的理论。

2. 尊重原文的前提下，按照藏族诗歌的形式，诗体和散文体两部分分别按其规律进行翻译，译文达到通俗易懂、朗朗上口。

3. 由于从汉文转译成藏文，原作的神韵与诗味在译文中不可避免地会打一些折扣，但是，由于译文采用藏族"年阿"体诗歌，而藏族"年阿"体诗歌的理论和实践，与古印度梵文诗歌有很深的渊源关系，因此，在翻译过程中经过艰苦细致的推敲和改进，使这一问题得到较圆满的解决。

4. 关于人名、地名、植物名等汉文音译部分，在中国社会科学院外文所教授、著名梵文学者、古印度史诗《摩诃婆罗多》梵译汉项目带头人和主要翻译者黄宝生教授的帮助下，与梵文原文核对，从原文上用藏文转写，得到了完美解决。

译文由民族出版社于 2009 年出版，出版后社会反响强烈，被藏区多所大专院校列为相关专业学习辅导读本，得到有关专业人士和业界名家的好评，多名研究生在自己的学位论文中对此书进行专门研究和评论。

《罗摩衍那》及其藏译本

《罗摩衍那》（意为"罗摩的历险经历"）在印度文学史上被称作"最初的诗"，与《摩诃婆罗多》并列为印度两大史诗。全书为诗体，用梵文写成，诗律几乎都是输洛迦（意译为颂），即每节2行，每行16个音节。全文共分为7卷，24000对对句。主要讲述阿逾陀国王子罗摩（Rama）和他妻子悉多（Sita）的故事。《罗摩衍那》和另一部更长的史诗《摩诃婆罗多》是印度文化的基础，2000多年来，它不仅对印度古代文学和宗教的发展产生了重大影响，还被翻译成为多种文字，在亚洲各国甚至欧洲一些国家都广为流传。它对文学、音乐、舞蹈、雕塑、绘画等艺术产生的重大影响直到今天，仍然随处可见。

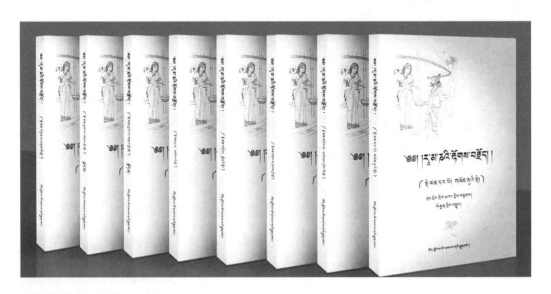

◎敖见藏译版《罗摩衍那》书影　（敖见 提供）

印度巴罗达东方研究所耗时 15 年对约有 2.4 万颂的《罗摩衍那》旧版本进行校勘，删减了部分重复情节或诗句，出版了精校本（1960—1975）。国学大师季羡林先生依据《罗摩衍那》梵文精校本翻译成中文，全书的翻译工作始于 1973 年，先生经过 10 年坚韧不拔的努力，于 1983 年终于翻译完毕，共有七卷八册 18755 颂，300 多万字。其中第一卷《童年篇》有 72 章 1941 颂；第二卷《阿逾陀篇》有 111 章 3170 颂；第三卷《森林篇》有 71 章 2060 颂；第四卷《猴国篇》有 66 章 1984 颂；第五卷《美妙篇》有 66 章 2487 颂；第六卷《战斗篇》有 116 章 4435 颂；第七卷《后篇》有

◎敖见藏译版《沙恭达罗》书影（敖见 提供）

100 章 2668 颂。可谓卷帙浩繁，规模宏大，是我国翻译史上的空前盛事。译成中文后的《罗摩衍那》最初由人民文学出版社出版，并多次再版。之后《罗摩衍那》七卷八册被江西教育出版社收录为《季羡林文集》的第 17 卷至第 24 卷，于 1995 年出版发行。

公元 7 世纪以来，随着佛教传入西藏，印度文化不可避免地对藏族文化产生了重要影响。敦煌石窟中发现有《罗摩衍那》古藏文残卷本 5 种，这说明至少在公元 7 世纪左右时，《罗摩衍那》这部英雄史诗就已传入藏区。从藏族古代文学的研究成果看，许多古代藏族文学作品的故事情节、表达方式都受到《罗摩衍那》的影响，如宗喀巴大师的大弟子之一、藏族著名诗人象雄·曲旺扎巴根据《罗摩衍那》的故事情节，选取其中心故事，撰写了《罗摩传》，成为他的成名作。后来岭·格桑勒协加措撰写了《罗摩衍那》的剧本，并搬上舞台在甘肃和青海地区的寺院和村落中演出。可以肯定《罗摩衍那》对藏族文学的发展同样起到了重要的作用。但令人遗憾的是，迄今为止没有发现《罗摩衍那》的完整藏文译本，

这在我们研究藏族古代文学的发展演变是个很大的遗憾。长久以来，藏学界强烈希望能够有完整的《罗摩衍那》译注本面世，以使人们对这个历史名著有完整的认识。

翻译《罗摩衍那》的初衷及经过我认真的思考过《罗摩衍那》的译介，将在以下几个方面会产生积极的影响。

第一，促进中印文化交流。中印文化交流已经有2000多年的历史，在这漫长的时期内，中印两个伟大的民族互相学习、互相促进。藏族文化是中华传统文化的有机组成部分，藏族文化与印度文化的交流也是中印文化交流的重要内容。需要指出的是，古代藏族的翻译家们翻译了大量的佛经，但一直未有《罗摩衍那》的藏文全译本。因此，翻译出版《罗摩衍那》藏文全译本，将成为两国文化交流的重大成就，对于发展两国关系必定会起到一定的积极作用。

第二，促进藏族文学研究发展。《格萨尔王传》是藏族的伟大史诗，从篇幅上看，比印度两大史诗和古希腊荷马史诗的总和还要大，如此浩大的史诗与《罗摩衍那》有很多相似之处，因此，《罗摩衍那》的翻译对《格萨尔王传》及相关文学类型的深入研究，解释这两大史诗之间的关系，并揭示两种文化在交流中相互影响的程度和文化渊源关系等大有裨益。

第三，《罗摩衍那》一直受到藏族文学界关注，翻译出版《罗摩衍那》，必将对推动藏族文学创作和研究的繁荣发展起到一定的作用。

第四，《罗摩衍那》有"印度大百科全书"之称，内容涉及文学、音乐、舞蹈、雕塑、绘画等领域，翻译出版《罗摩衍那》，将对藏族古代文化研究的各个领域如历史、风俗、节庆、服装、饮食等，都起到重要的推动作用。

鉴于以上考虑，从2007年3月开始，我就开始着手翻译《罗摩衍那》。以江西教育出版社1995年10月第一版《罗摩衍那》为蓝本进行翻译，最初效仿古代的翻译方式，组建一批翻译组分工翻译，有些人负责将中文字面的意思翻译出来，有些人负责润色加工，有些人进行审稿，后来发现此办法还是行不通，最后决定放弃这种组团翻译方式，自己单独翻译。经过 8 年的努力，终于于 2014 年翻译完毕。其中，第一卷翻译完毕后，于 2009 年由民族出版社出版。当时季羡林先生在北京某医院住院，本人前去探望季老，并把我翻译的《罗摩衍那》藏译本第一卷呈献给他，得到了季羡林本人及他的儿子季承的赞赏，并鼓励我继续努力，把这部东方史诗全部翻译完成。

第一卷问世后得到藏学界的普遍肯定，藏区各地学者、作家、教师甚至相关各大院校的很多学生都鼓励本人将《罗摩衍那》全集译完。

为此，笔者又耗费 6 年时间，以韵体诗格式翻译完成了全集。在翻译过程中遇到了很多困难，也探索出了一些解决的办法，总结归纳如下：

第一，意译、直译和音译是翻译中所应用的主要方法；信、达、雅是翻译中力求达到的标准。具体翻译中，根据《罗摩衍那》史诗本身的文学艺术特色和源自古印度的藏族诗学理论，参考前人所翻译的优秀文学作品，译文文体采用藏族传统文学最流行的、适用面最广的诗体——输洛迦。

第二，名词或术语尽可能与原有词语统一，新出现的词语根据它的构词特点和藏语表达方式进行翻译。

第三，根据《罗摩衍那》的修辞手法即"庄严"的特点，按照文学作品的翻译是第二次审美创造的原则，在译文中适当采用著名诗歌理论《诗镜》中所提到的庄严，尽可能地把《罗摩衍那》这种质朴淡雅、流利畅达、生动活泼的风格在译文中表现出来。

第四，走访有关梵文专家，通过向他们请教，找出音译部分在梵文原典中的写法，将其用藏文转写方式写出，并加以注解。

第五，以诗学理论来分析《罗摩衍那》的艺术特色，掌握简明朴素的艺术风格和栩栩如生、有血有肉的艺术形象，把握好译文文体及文风的"基调"。

第六，文学作品翻译有别于非文学作品的翻译，实质上是依据于原作的一种审美再创作，所以在翻译《罗摩衍那》的过程中试图找出一条切实可行的翻译原则和方法。

第七，参考前人所翻译的优秀文学作品，吸取前人的优秀翻译方法，结合《罗摩衍那》

翻译实践，力求译文达到信、达、雅的翻译标准。

第八，作为"最初的诗"，《罗摩衍那》有着丰富的庄严即修辞格，汉译本在这方面体现得不尽如人意，藏译过程中，这些庄严很难还原。

第九，人名、地名、植物名等特殊名称查找其原典梵文本用藏文转写，不懂其含义，无法意译，只能采取音译的手法翻译。

传播知识　感知生命

格藏才让[*]

20世纪80年代，对我国来说是经历一段动荡年代后的万物复兴时期，自己的家乡循化道帏地方也悄然发生着一些变化：在"文革"中身陷囹圄长达9年多的第十世班禅大师回乡视察；为纪念在"文革"中被打成反动派遭到批斗、最后含冤逝世的喜饶嘉措大师修建了宏伟的纪念大殿；我的老家多什则村里新建了一所小学，全村的小孩都兴高采烈地去上学；遭到毁坏的村寺院开始重建，一批出家人穿上绛红色的袈裟；在"文革"时期遭送到道帏进行劳动改造时私下与父亲建立知遇之交的知名学者才旦夏茸莅临我家，全村男女老少都过来拜谒，等等，新鲜事层出不穷。记忆中差不多从这个时候起经常听到母亲讲述过去在我家发生的一些事情：我的叔祖父喜饶，为了保护村民花3000大洋从拉萨买来供奉在村寺院的《甘珠尔》，"文革"时期被藏在寺后山崖的一个洞里面，由此带来了各种磨难；在"文革"结束

◎格藏才让先生（格藏才让 提供）

＊　格藏才让，原西藏人民出版社编辑，现调入西藏社科院工作。

◎本文作者格藏才让在田野调查途中
（格藏才让 提供）

◎格藏才让著作书影 （格藏才让 提供）

后的一天，平时毫无动静的炕头木板缝里突然冒起烟，家人扒开木板竟然发现下面藏着一部经书，原来在"文革"时期村寺院遭到毁坏，寺内的文物失散流落到各处时，叔祖父把一部珍贵的典籍藏在床头木板下保护，等等。当时听母亲讲这些曾经发生过的实事时，感觉好像在听遥远的故事，除了离奇动人并没有任何想法。多少年后自己从事出版工作，才明白了叔祖父们克服种种困难，冒着各种危险，千方百计地保护这些书籍，是因为这些书籍承载着前人用生命凝结起来的智慧！

尽管村里的学校条件非常简陋，老师也是从乡村临时聘请过来的稍识点字者，但我每天最兴奋的事是把皱巴巴的书装在乌油油的包里去上学。村里的小学创建之前，全乡只有用汉语教学的乡中学一所学校，因此像我大哥他们那一代人是没有机会学习藏文的。因此，这个时候国家颁布学习民族语言文字的政策，大哥等一帮年轻人，每天结束一天的劳作后，晚上自发到村里一位叫合周的博学的长者处，学习藏文文法等知识。记得当时大哥经常让我在他与同伴之间传递字条。回想起来这是当时通信落后的情况下互相交流的便捷方法，也是非常有效的学习语言的手段。多什则村近代出现过像《青海日报》的吉合老，我的叔祖父喜饶等富有知识与个性的人物，他们为本村的文化发展做出过很大的贡献。应该说大哥等的学习精神是前辈们精神的延续，也是家乡人民至今守持着对知识的热爱和各个领域涌现许多专业人才的原因所在。每当自己拿着稿子，审视书稿时，就会想起当年大哥他们如何渴望有一本好书可以用来学习、有一位老师可以传道授业的情景。因此，自己在编辑书稿时始终坚持一条信念：尽可能不让出错，尽可能让出版的书物有所值。

1989 年，我进入第十世班禅大师提议创办的循化藏文中学读高中。学校建立时间不长，条件简陋至极。但学生们的学习热情很高，不管是春夏秋冬，天不亮摸黑起床到路灯下背诵课文，晚上教室熄灯后点着蜡烛看书的现象非常普遍，学校里弥漫着浓浓的学习气氛。我作为循化藏文中学第二届高中毕业生，是当时我国民族教育有了一定的发展，也是十世班禅大师这样有远见卓识者为民族地区教育发展开道铺路的结果。因为有了好政策和好机缘，像我这样在农村成长起来的人，也可以通过学校的阶梯跨出家乡，走向远方。因为当时的条件，学校除了课本外没有其他的读物，所以我喜欢经常到老师宿舍附近去找一些扔在外面的报纸和杂志来阅读。我觉得如果学校除了有课本，还有其他各种课外书，那该是多么幸福的事情。至今我对那些能启迪心智、升华思想的书渴望不及，是因为一本好书可以改变一个人的命运，更是因为自己有过渴望有各种书读而没有选择的经历。

俗话说"有志者事竟成"，如今不少从循化藏文中学毕业的学生负笈海外大学学习或学成回来，在我国的各个领域都能看到从循化藏文中学就读毕业的学生的身影，这充分表明循化藏文中学是我国民族教育政策的成功实践和双语教育的典范。十世班禅大师在考察刚成立的学校不久时曾说过："现在学校的条件非常的简陋，但再过十几年，从这里应该走出很多领导、学者、科学家等。"循化藏文中学正前行在大师期望的道路上。

1991 年，我进入西北民族学院少语系学习。西北民族学院是我国第一个培养民族干部的院校，也是我国最早成立专门培养藏语人才的院校之一。之前从未走出过家乡的我曾一直认为自己的家乡在各方面都微不足道、不值一提。但到该校后才发现,可以为自己的家乡高声地喝彩:才旦夏茸教授是我国第一批4名藏学硕士生的导师,这4名学生中有一位从循化道帏乡旦麻村来的学生叫公确;西北民族大学副校长宁武甲先生,在"文化大革命"时期以一己之力把准备葬入火海的拉卜楞寺千万经函拯救出来,使这座被誉为"世界藏学府"的寺院如今典籍浩瀚、名不虚传;藏族第一个经济学教授才让加,桃李满天下,在民族经济学界声名远扬。这些前辈从我的家乡出来,却书写了无与伦比的精彩人生篇章,使我震撼不已。每次经过教师公寓时,总要仰望一眼才旦夏茸大师曾经住过的那扇窗户,觉得如果大师还在世,他肯定会记得父亲曾经带我去拜见他的情景:我10岁左右的时候,有一次我跟随父亲到县城去拜访才旦夏茸大师。进入大师的卧室时,看见大师在炕上盘腿而坐,正在书写着什么。父亲和我落座后,大师说他正在写一本书,希望这本书能对想学文化知识的人有所帮助。这时候,他的侄子拿着一本书进来说,这是大师刚出版的著作,是一本专门教授藏文字帖的书。看着封面上写着"藏文字帖"字样,我心里想着自己读过的这些书原来是像大师这样的人写出来的,由此,我对大师产生深深的敬仰。书法是大师众多成果中的一项,大师的书法影响广泛而深远,民族出版业的前辈及青海民族出版社原编审智华先生的书法,传承于大师的手法,融会自己的风格,青海民族出版社出版的书名大多使用他的书法。

大学四年是我真正认识世界的开始,前辈榜样和智者的指引、开放与自由的环境、平等与尊重的氛围,为我的人生观与价值观的塑造打下了基础。如今从事出版工作,我始终坚持一个原则:尊重作者的观点,平等对待每一位作者。这样的观念也可以溯源到大学时期的学习与生活。

1995年我从西北民族学院毕业,进入西藏人民出版社工作。每次踏足拉萨的名胜古迹、寺刹古建时,情不自禁地想象起老乡喜饶嘉措大师和格西格桑嘉措等当年在西藏负笈游学的情景。1904年,年轻的喜饶嘉措离别故土家人,历经千难万险到达拉萨,进入哲蚌寺郭芒扎仓,经过11年废寝忘食的学习,在拉萨默朗钦莫大法会上获得了拉仁巴格西学位。1920 年，应十三世达赖喇嘛土登加措的指示，喜饶嘉措大师在罗布林卡前后花 15 年对著名学者布顿仁钦珠的著作和《甘珠尔》进行了校勘。历史上藏文出版物以雕版印刷为主，大规模地使用雕版印刷，是在帕竹地方政府时期（明永乐年间），在南京雕刻付梓了藏文大藏经，分别赠送给色拉寺、萨迦寺和楚布寺各一套。此后雕版印刷技术在藏区逐渐流行起来，为藏族文化的传承和发展发挥了不可替代的作用。校勘是为了修正勘误因不同版本出现的讹误，因此需要对原文及各版本都有透彻的了解。如今自己坐在电脑前阅读稿件时，对当年喜饶嘉措大师仅凭自身积累的知识完成这样艰巨的任务，不由深感敬佩！

13 世纪的智者萨迦班智达的箴言说："即使早上死去，也要学到临头。" 2000—2002 年，我先后在北京外国语大学和对外经贸大学深造。徜徉于故都的学府之间，聆听名家的传道授业，对现代经济、社会、管理等与人类现实和命运息息相关的知识体系，有一种豁然开朗的认识。

从事出版行业的这些年中，策划和编辑过上百本图书，这些图书题材各异、形式多样，内容包括历史、教育、军事、医学、语言、文艺、农林、科技等，编辑过程既是审读作品的过程，也是学习知识的过程。在 26 年的编辑工作中，学到了很多知识，认识了很多大家，体悟到群众的期望，是自己人生中最有意义的一段历程。我策划的《二十一世纪藏族风云人物》丛书，是为了弥补缺少西藏近代历史人物的传记，通过个体人物的心路历程展现近代西藏的历史轮廓，起到见微知著的目的。《青藏人文与地理》丛书，是从人类学、文化学、民俗学等角度，阐释青藏高原上环境与人文互相依从、互相映衬、互相形塑的关系。翻译家道帏古雷才让当智，从西北民族学院毕业，从部队退役后到拉卜楞寺医药扎仓学习藏医，勤学钻研，其翻译的《四部医典八十幅唐卡解脱》《藏医石喻注·树喻注解释》《四部医典药物唐卡图解》，把藏医的医药理论知识用通俗语言介绍，对藏民族文化瑰宝的藏医学普及到不同民族中间、利益广大众生有很大的作用。当自己作为第一读者拜读西北民族大学二级教授尕藏才旦的《藏族婚姻与家庭观》《藏族文艺中蕴含的价值观》，我国第一个藏族长江学者、西藏大学教授次旦扎西的《西藏古代军事史》，长江学者、西藏大学教授罗布的《藏史论隅》，西藏档案馆研究员道帏·才让加主编的《铁虎清册》《西藏地震史料》等专著与珍贵档案资料时，或当自己编辑的一本本透着墨汁墨香的书摆在面前时，不由得对撰写和编纂这些书的学者产生一份敬意、一份感激之情。因为自己了解一本书中渗透着作者和编纂者多少汗水与泪水。他们经过长期的知识积累，阅过无数的经典，经历跌宕的人生经历后，才把自己的感悟和认知书写在纸上，把这些珍贵无比的文献编纂呈现给读者。只因为书籍具备珍贵的价值，历史上出现过当书籍遭到天灾人祸时，不乏像我叔祖父这样的人，千方百计甚至不惜生命来加以保护，使这些精神财富得以留世存续，可谓悲壮，也为后人之幸。

针对现代知识体系在藏语读物中的普遍缺失和不足，我编著了《新企业的起源与演进》《经济思想简史》两本，前一本对企业的概念、要素、组织等作了简明易懂的介绍，通过本书可以对现代企业制度有个基本的了解。《经济思想简史》，对从希腊以来至现代的西方经济学思想进行了轮廓性的介绍，对经济学基本理论的引介是一次抛砖引玉的尝试。

我在图书编辑之余，一直未放弃学术研究的追求，在《中国藏学》《西藏研究》《西藏大学学报》等期刊，发表了《论西藏庄园产生的历史背景》《论吐蕃时期的赋税制度》《从经济形态考察藏族史前历史》等十多篇论文，这些文章是自己孜孜以求构建藏族经济史研究框架而努力的一部分成果，也是在学校系统接受大学至博士教育的点滴认识。

近年来，我国民族出版业取得了飞速的发展，出版行业为民族优秀文化的传承发扬、社会经济的发展进步做出应有的贡献；一代代民族出版人承前继后，为出版事业发挥着自己的聪明才智，其中不少循化出来的老乡，如前辈智华先生及目前奋斗在出版岗位上的西藏人民出版社的才让多杰、甘肃民族出版社的交巴李加、青海民族出版社的黄秀措姆和切蒋、四川民族出版社的公保杰等，书写着出版人的精彩故事，为自己的故乡——循化，增添着更多的光环与荣耀！

我敬重的完么仁增老师

马成龙[*]

这是一个宁静的山村，看不到也听不到任何尘世的嘈杂，这是我已经离开了很多年的村庄。曾经我离开是为了给梦想插上翅膀，如今我回来，是为了看看这生我养我的地方，看看我亲爱的老师。

站在村头，就能听到稚嫩的朗诵声飘荡在村庄上方，循着声音找去，便来到一个砖墙围着的院子边上，朗诵声愈加的明

◎完么仁增老师在授课 （马成龙 提供）

显了，沿着院子旁边的路走过去，一扇大铁门半开着，看到两间小屋，断断续续的朗诵声正是从这里传出来的。走到跟前从窗户向里面望进去，几个小孩正捧着书忘情地朗诵，一位戴着礼帽的个子高高的男子一遍遍纠正着孩子们读错的句子，他教完靠窗户边的几个孩子，又走到另一边给几个更小的孩子把阿拉伯数字从 1 教到 5，如此反反复复。扶着窗户看着眼前的场景我深深地陷入了年少的记忆里……

这位高大的男子叫完么仁增，也就是我当初的老师。他从 1990 年开始在来塘学校任教，到今天为止已经在这里当了 27 年的老师。在这些年里，他从未离开过这里，每

---

* 马成龙，青海省监狱局干部。

天按时吹响哨声呼唤孩子们来上课，这个哨声他已经在这里吹了整整27年。

仁增老师刚开始来这里教学时，这里的孩子们都不会说也听不懂普通话，于是他苦练撒拉语，用撒拉语给孩子们讲课，他始终把学生们当作自己的孩子来看待，所以学生们也特别喜欢他，这从课间孩子们跟他一块玩耍的场景中能看出来。

仁增老师说，他对这个村庄有着特殊的感情，几天不见孩子们心里就会特别难受。所以即便现在家里妻子常年卧病在床，也要每天坚持来给孩子们上课。

这些年来，仁增老师一直是代课老师的待遇，每个月只拿着1000元左右的工资，但他毫无怨言地坚守在这个山村里。他说他最为自豪的是他的学生里已经有3个人大学毕业，他最大的希望就是村里人能够重视教育，培养出更多的知识分子，为家乡做贡献。

近几年，村里的人家一个个追随时代的步伐，丢下村庄在城市边缘安家落户，但仁增老师却从未离去，纵然学生的数量越来越少，但他依然坚守着这个学校，一个人担任着各科老师，处理着学校的大小事情，日复一日，年复一年。

仁增老师自己的村庄就在学校对面的一座山上。他走出学校要领我们看看山那边他的家，但他走路时一瘸一拐的，我们问他怎么回事，他才慢慢地撩起裤腿，我看到他的脚踝处一大块紫青色，而且用纱布绑着。他说是前一段时间骑摩托车来上课时摔倒受的伤，我又问他为什么不去医治，他说他去过医院，医院让他住院，但是住院的话，家里没人照料，最重要的是孩子们的学习不能耽误，所以即便是疼痛难忍也要坚持每天来给孩子们上课。

是啊，一个藏族汉子，从27岁风华正茂时就当老师，一转眼已是27年，现在的他已经54岁了，最可贵的就是这么多年守着山里的学校，即便是村里的人越来越少，但他从未离去，他说即便是只剩下一个学生，他也会坚持教下去……

今天正值教师节，就用这段文字来感谢他：谢谢您，亲爱的老师！

完么仁增，男，54岁，青海省循化县道帏乡牙木村人，一个既平凡又不平凡的山村老师，在循化县白庄镇来塘村来塘小学任教，工资微薄，但他一个人二十几年来一直坚守在来塘小学的讲台上，给仅有的十几个学生传授知识。

在鲜为人知的来塘村有一个不为人知的老师，他把年轻的生命和半生的精力都花在教育来塘人后代的身上，把村里的两三代人送上了时代的大道，他是大山之中翱翔的雄鹰，是当代教育战线上的一座丰碑，他也是我人生中的第一位老师。然而，奉献如此之久而毫无怨言的他却是一位民办老师，拿着不到1000元的工资，住着简陋的办公与住宿合二为一的一间房子，在来塘小学，他既是各科老师，是校长，也是学校大小事的承办者，他没有当代老师们一样先进的办公用品，他有的只是一支破旧的英雄牌钢笔及为教育事业而奋斗毕生的精神，他就是已步入老年而依旧实践着"春蚕到死丝方尽，蜡炬成灰泪始干"的藏族老师——仁增。

我作为来塘山的孩子，对它有特别重的感情，虽然如今的我在大学的校园里接受着高等教育，享受着大都市的繁华，但我依然很想念养育我的来塘山及把我引进文化道路上的仁增老师，甚至可以说我想马上回到从前，坐在破旧却温暖的教室里听他用撒拉语讲课。说实话，我和仁增老师相处的时间并不长，我在来塘小学只上过学前班，当初我连老师的名字都不知道，但我和他为何会有那么深的感情呢？这其中便有让我无法忘却的往事。

仁增老师的家就在我们村对面一座山上的牙木村里，虽然可以与其遥遥相望，但两村相隔10公里之多。我刚上学那时，由于现代交通工具还没有普及，仁增老师每天都徒步从家走到来塘村，我记得他从不会空手来给我们上课，有时他背着满满一桶亲手挤的牛奶给我们喝，有时他提着点糌粑（炒面）和酥油给我们吃，这使得不喜欢上学的我渐渐爱上学校，于是常常第一个到学校等老师，傍晚又送完老师最后一个回家。有时我们家做了什么好吃的我就马上想到仁增老师，偶尔给他端碗面片，或者拿块油饼让他吃，于此，我和老师的关系越来越好。有一次，我还以我们穆斯林特有的问候（色俩目）来问好，这便惹来村里人很长一段时间跟我开玩笑。

我们来塘村和牙木村是邻村，历代和睦相处，我们村撒拉族老人大多会说藏语，而他们村的藏族老一辈都会说撒拉话，于是就有了在外村人搞不清楚仁增老师用撒拉语给我们授课的现象。其实，我们撒拉族村落中的小孩子从小被撒拉语熏陶，进学校之后很难立刻开口说普通话，因此为了方便授课，便有了藏族老师用撒拉语讲课这一稀奇现象，村民也被老师如此举动而深受震撼，把他当成自家人，更加尊重他。而且每逢过节我们村一些有名望的人去他家做客，偶尔也会带上几个小学生，然而我由于在来塘小学只上了学前班，所以没去过老师家做客，有时听着其他学生炫耀在老师家吃到的美味（当然是清真的）时羡慕不已。很多次我想坐下来和老师好好聊聊，但这岁月变得如此奔忙，从不给我们停息的瞬间，而每次我趁假期回老家时，来塘小学也已经放假了，即便如此，我也会忍不住去学校周围转转，去看看那时自己亲手栽下的树，那熟悉的一切毫无忌惮地闯入瞳孔……仿佛我又回到了无忧无虑的童年，坐在并不明亮的教室里，听老师用生涩的撒拉语给我们讲课，而我们在课堂上会时不时地偷喝老师从家带过来的牛奶。是啊，如今的牛奶掺了很多水，怎叫人不留恋儿时喝过的老师亲手挤的牛奶……

高考过后，我终于迫不及待地回到老家去寻找儿时的记忆，去放牧囚禁了很久的心灵。当然，更重要的一件事就是去看望我的仁增老师，我提着几斤冰糖和一包桂圆作为送给老师的礼品走进来塘小学，我到达时刚好是上课时间，我把礼品放到办公室的窗台上，轻轻走到教室前，从开着的门缝向里面望去，几个可爱的学生正跟着仁增老师读课文，我不禁被眼前熟悉的一切所感动，静静地看了很久。我不知道自己是怎样跟着老师走进了他的办公室，我只记得他见到我很激动，只是紧紧握着我的手不说话。很长时间后他才说，他本来准备在高考之前去我县城的家给我鼓鼓劲，可由于学校事情太多而分不开身。他如此一说，让我很是感动，我已经离开他12年了，他还是没有忘记他的学生。那天，我和老师聊了很久，他一再嘱咐我继续努力，他说我是他教过的学生当中的第一个大学生，道别时他把一张崭新的百元人民币塞到我的手里，并说这是他的一点心意，让我务必收下。这一刻，我在心中暗自下定决心，一定要努力学习，就算不是报答老师的教育之恩，但只要我学业有成，能给来塘村带来一点收益，也算是对老师最好的回报了。

看望仁增老师之后的第二天我接到了高中写作方面指导者韩老师的电话，他说他要和我的班主任马老师来我的老家转转，我便答应下来，并欢迎他们光临。他问我来塘小学的学生们缺什么，我看到学生们放学后都提着一个塑料袋当书包，就告诉老师这里的学生没有书包，老师听后便挂了电话。当天下午两点韩老师给我打电话说他们已驾车到村口，让我过去接一下。我把我的两位老师带到学校，他们带来了20个书包和两包白纸。我把仁增老师介绍给韩老师和马老师，三位老师交谈了很久，交谈时我的两个高中老师一再感叹仁增老师艰苦的生活，并为没有电脑设备的仁增老师送白色打印纸而感到惭愧。看到天空渐渐下起细雨，老师们才结束了交谈，走到教室把书包发放给可爱的学生们。而后韩老师在黑板上写下"我是来塘人，我爱我的故乡"几个字，并教给孩子们，孩子们稚嫩的声音不禁让我又一次流泪……一切活动都结束后，我的三位老师和我及来塘小学的小学生们在细雨中合影。由于县城家中有事，我也只好跟着我的两个高中老师一起回县城，离别时，仁增老师又紧紧握着我的手，两眼闪着泪花……我们坐车走了一会儿后我回头一看，却看到仁增老师和十几个学生还在雨中挥手，韩老师把相机递给我，让我记录下这感人肺腑的画面……

后来在一次村民的谈话中我得知仁增老师只有三个女儿，没有儿子，在养儿防老思想根深蒂固的乡下，没有儿子是一件令人伤心的事。并且听别人说仁增老师的爱妻一直卧病在床，但仁增老师却从没有放下一名教师的责任，无论生活多么艰难，他都会来给学生们授课，他不求回报，只希望他的学生能学到更多的知识来回报来塘村，回报社会。

仁增老师一直信奉着"星星之火，可以燎原"，拿着极少的工资，守护着来塘小学，守护着来塘人的未来，他喝着山里的水，吃着山里的饭，有着山里的性格，在大山之中勤恳地播种着知识的种子，希望的种子，无须证明，只要记得。他为来塘的教育事业做出的贡献在来塘山上散发着光芒，最后，我代表来塘全体村民及所有在来塘小学上过学的学生向老师致以感谢：

老师，您辛苦了，谢谢您！

二

雪域之星

XUE YU ZHI XING

十世班禅的经师拉科活佛记事

侃 本

民国期间，在甘青地区有一位高才博学、满腹经纶、德高望重的高僧大德。他曾任九世和十世班禅大师、五世嘉木样及甘青地区藏传佛教寺院中很多活佛和高僧的传法经师，他的全名为拉科·晋美成列嘉措，被广大僧俗群众尊称为拉科仓活佛或拉科活佛。

拉科活佛于1866年阴历二月十一诞生在循化县尕楞乡麻什尕村一萨迦派昆氏后裔家族，父亲名叫阿吾旦正，母亲名叫拉毛先，母亲正好是上一辈拉科活佛侄女的女儿。拉科活佛四五岁时患了一场大病，几经医治不见效果，此时拉卜楞寺豆合给活佛阿旺嘉措正好来到他的诞生地尕楞地区的隆杨塘寺（尕楞乡最大的寺院），于是父母亲带着他去

◎拉科活佛（左）（侃本 提供）

拜见豆合给活佛，豆合给活佛问明缘由后提议将年幼的拉科送至就近的隆杨塘寺。

在隆杨塘寺期间，豆合给活佛细心地观察了拉科仓的一举一动，他的很多举动与同龄的小孩大相径庭，加上眉清目秀、聪明伶俐，深得豆合给活佛的喜爱。于是，豆合给活佛经常带他在身边，有意识地培养他的兴趣，传授一些基础知识，这些都难不倒年幼的拉科仓。不久，豆合给活佛借机向拉卜楞寺寺主四世嘉木样活佛重点推荐了拉科仓，嘉木样活佛根据佛教仪轨进行一系列测试后，在1871年拉科仓7岁时，正式认定其为第一世拉科喇赛·加央尖措的转世活佛，并拜豆合给活佛·阿旺嘉措为师，开始识字习文。豆合给活佛不仅是拉科仓的同村邻居，又沾亲带故，既是伯乐，又是师徒关系。在拉科仓成长的过程中，豆合给活佛一直关注他成长，是他一生的恩人。

拉科仓活佛8岁时与豆合给活佛在循化县北庄镇夕昌寺待过一段时间。次年，豆合给活佛被委任为拉卜楞寺密宗学院法台，于藏历十一月十四日拉科仓活佛跟随豆合给活佛到达拉卜楞寺。藏历新年第一次拜见四世嘉木样活佛，四月十四日，师从高僧谢热加措，落发为僧，受沙弥戒，取法名晋美成列嘉措，正式进入闻思学院开始接触佛学基础。11岁时，拜多仁巴成列嘉措为师修因明逻辑学，并拜郭莽洛桑次成嘉措和贡唐活佛等面授佛学知识。15岁时，拜香东·旦巴加措等高僧深入学习，认真聆听。而后又拜四世嘉木样、三世阿旺格勒、三世郭莽活佛等高僧大德聆受以藏传佛教《五部大论》为主的几百种教法传乘。

1885年，拉科仓活佛21岁时学完般若部所有课程，然后拜郭芒活佛受了比丘戒，之后得到嘉木样活佛允准，转往扎西格培静修禅院潜居修证，8年的静修生活使其不断地聚心钻研教理，提升学识涵养，加强品德修养。在甘肃永靖县罗家洞闭关修行两个月，获得证悟大境界。此后，他开始传讲宗喀巴大师代表作《菩提道次第广论》，并参照历代学者的研究成果，结合自己的修持心得，讲授深入浅出，通俗易懂，逻辑思维清晰，受到广大聆听者的交口称赞。

1893年28岁时，拜德唐活佛学习声明学之《集分论》和《旃陀罗波声明论》；拜加样土旦嘉措修《三十颂》和《音势颂》；拜加样却代研习《妙音声明论》及其注释，还有声律学；从恩师豆合给活佛处温习了藏文语法和天文历算等；从志华嘉措处习得《诗镜论》；又拜加样土旦嘉措精修《四部医典》及各种论著等。至此，修完了藏族十明文化。在学者云集、大师辈出、学术氛围很浓的环境下，经过持续的拜师求学和勤奋努力，拉科仓活佛学文日有长进，不但在授受程度上取得传经资格，而且做了数量甚大的闻习笔录，磨炼思辨技能，丰富修持心得，达到融会贯通、通今博古的地步。他在追求学业进步的过程中，恪守戒律的同时，探究学术真谛，形成自己的价值观、人生观，在藏传佛教界逐渐确立了自己的地位。

他从 30 岁起，遵循嘉木样活佛的意旨，每年春秋两季在拉卜楞寺定期宣讲《菩提道次第广论》各一次，直至圆寂为止。除了母寺拉卜楞寺外，他还应邀前往甘、青、川、藏等地区百余座寺院讲经说法，广授显密经典要义，其中时轮金刚灌顶大法会举行过 8 次。一生当中主要活动点集中在拉卜楞寺和色隆扎喜齐寺，除冬季稍做闭门禅修外，几乎每天都在讲经说法，在各地累计为数百僧众剃度受戒，赢得广大僧众的认可，从此他的学术名气响彻青藏高原，成为人人敬重的一代高僧。

拉科仓活佛成名后，受到拉卜楞寺寺主活佛在内众多高僧的支持和提携，如德唐活佛主动将自己的独门秘籍传授给他，还有众多高僧将自己领悟的或曾经聆听过的灌顶方面的秘法传授给他。由此可见大家对他寄予的厚望。

1920 年 55 岁时，拉科仓参与了四世嘉木样活佛的灵童转世工作。次年，为年轻的五世嘉木样活佛受沙弥戒，并担任其传法师父。这期间拉卜楞寺相关的所有政教事务都在咨询他，分散在甘青川地区的拉卜楞寺 108 座属寺也在积极邀请他去讲经说法，只要有时间他尽量满足人们的要求。

1932 年正月初八，拉科仓为拉卜楞寺六世贡唐活佛受了沙弥戒，取了法名，还时时关注着贡唐活佛的学习情况。

1935 年 5 月底，他应邀前往塔尔寺为即将回藏的九世班禅传法，九世班禅当时事务繁忙，编写了几十种经典名目，请求拉科仓活佛在自己空闲时予以全部传授。次年4月，他接到班禅的电请，举行专项法事为班禅禳解病魔。同年夏，在拉卜楞寺参见九世班禅，彼此结下法缘，但遗憾的是还未及传授所求经法，九世班禅却意外在回藏途中圆寂了。

1941年起，他被推举为九世班禅转世灵童认定机构的主要成员，他与设在塔尔寺嘉木样宫邸的班禅行辕堪布会议厅官员几经考察，筛选出三名灵童候选人。

1944年农历四月十五，班禅堪布会议厅将拉科仓活佛迎请到塔尔寺的大金瓦殿，由拉科仓活佛为首的认定小组，在同一天中为班禅转世灵童举行出家仪式，同时传授了居士戒和沙弥戒，并起法名为洛桑赤列伦珠确吉坚赞。在此后的十几天中，拉科仓活佛为班禅转世灵童传授了密法三部修习的随许法。由班禅堪布会议厅决定，班禅转世灵童拜拉科·晋美成列嘉措为经师，并为其传授了时轮金刚、金刚蔓、宝生百门等教法。

拉科仓活佛和十世班禅同为青海循化人，并且是同一个家族的亲戚关系。十世班禅能在循化转世，完全是一个巧合，但推动尽快寻访十世班禅，我们不得不提及同为循化籍的另一位大学者喜饶嘉措大师，他当时在重庆国民政府蒙藏委员会任职，他一方面给国民政府呈报尽快启动寻访十世班禅，另一方面又敦促西藏噶厦政府尽快寻访十世班禅转世灵童，在这样的前因后果下寻访十世班禅活动得以顺利完成。

1945年2月11日，拉科仓活佛80寿辰，众多高僧和社会名流前来道喜，并呈献寿礼。

1947年春，年仅32岁的五世嘉木样活佛患风寒，继而发痘疹，医治无效，于4月14日在拉卜楞寺圆寂。国民政府委派蒙藏委员会副委员长喜饶嘉措大师前来吊唁，拉科仓活佛代表拉卜楞寺全程参与了五世嘉木样活佛圆寂的宗教仪式。第二天，拉科活佛邀请喜饶嘉措大师到其官邸，两位同为老乡，又是拉卜楞寺的高僧大德，非常重视此次见面，互相嘘寒问暖，聊了整整一天。

1948 年阴历三月初七，一代高僧拉科仓活佛圆寂，享年 83 岁。拉科仓活佛圆寂后，广大信众自愿捐资为其建筑一座菩提灵塔，用金银珠宝镶嵌，供放于拉卜楞寺医学院佛堂后殿正中央，供人们瞻仰。1981 年，在大师的家乡由第十世班禅大师倡议并捐资修建了一座纪念塔。

拉科仓活佛是 20 世纪藏传佛教格鲁派的大学者，众多教法的持有者，也是合法的传承人。他毕生研修教理，讲经传法，通达显密，学识渊博，品德高尚，讲经、辩经、著述，皆通达无碍，是 20 世纪藏传佛教界最伟大的佛学家之一。

大师遗著共有 7 部，共 98 个篇目，编为全集，雕版印行，长达 2519 页，其中主要篇目有《入菩萨行词解》《宗喀巴佛像志》《四世嘉木样格桑土旦嘉措传》《五世贡唐加样旦贝尼玛传》《三世果芒罗桑次成嘉措传》《七世夏茸尕布根登旦增诺吾传》《德唐堪布活佛加样土旦嘉措传略》《集密本尊续经导释闻习笔录》《时轮金刚坛城明示》《时轮金刚灌顶仪轨简释》等。

他的弟子遍及青藏地区，其中包括九世班禅和十世班禅，拉卜楞寺寺主五世嘉木样和各位赛赤活佛及堪布活佛，还有青海尖扎德钦寺寺主夏荣噶布活佛、塔尔寺阿嘉活佛的经师隆道丹贝坚赞、却西活佛罗桑华丹朗柔嘉措、兴海县赛宗寺阿绕活佛罗桑浪多丹贝坚赞等。另外，青海、蒙古河南亲王九世根噶华觉与王妃勒曼措、亲王十世扎西才让、嘉木样五世的父亲"拉卜楞各番总办"供布东珠（汉名黄位中）与格日拉措夫妇等甘青川各地藏蒙世俗首领都是膝下信徒。在民国时期，他是整个藏传佛教界最具影响的人物之一。

从青藏高原掷向德黑兰的一杆金标枪
——记藏族标枪运动员周毛加女士

扎西才让[*]

一爻卦象，注定了未来发展的方向

一枚金牌，可以浓缩运动员的所有汗水；一种荣誉，可以激励中国人的所有情怀。从贫瘠的高原之地，紧随红旗的指向，手提 2 米银枪，一路过关斩将，雄登德黑兰魁首就是传奇故事。

新中国成立之后，党和国家领导人向国人提出"发展体育运动，增强人民体质"的伟大口号，中国体育事业便从极度落后走向全面辉煌，中华儿女彻底甩掉"东亚病夫"的帽子，以"更快、更高、更强、更团结"的体育精神，让中国体育站在世界体育之巅。

20 世纪 40 年代末期，周毛加出生在循化县道帏乡古雷村一普通农民家庭，自幼在家人的呵护下健康快乐地成长着。某一天，家中来了个瑜伽行头的行脚僧人，恳求落脚借宿，晚间瑜伽师替全家人算卦，卦象显示"周毛加如一粟米粒，安置家中则财富无穷，走出家门则扬名中外"。受此启发，老阿妈毅然将周毛加送往附近的学校上学。那时候，新中国刚刚成立，形势越来越好转。周毛加小学毕业后，家里人又把她送往县城的循化县中学就读，上完初中后，进入青海民族学院附属中学藏语班，再后来考

---

[*] 扎西才让，同仁市委统战部干部。

入当时的青海民族学院，系统接受党的教育。周毛加生在苦中，长在福中。

1974年的金秋9月，一位满脸沧桑的老阿妈，朝着循化县道帏乡达力加神山的方向，双手合掌举过头顶，小心谨慎地祈祷，并默念最后的祷词"保佑我的女儿平安顺利"。除了周毛加那慈祥的老阿妈以外，忙碌秋收的家乡人民无暇顾及远在天边的、带着祖国和人民的期望参加1974年伊朗首都德黑兰第七届亚洲运动会努力拼搏的女儿。

老阿妈回想过去，一家几代人都是普通的农民，祖祖辈辈生活在这片区域里，过着面朝黄土背朝天，辛勤耕耘不歇肩的普通生活。生活虽然贫苦，但一家人在一起总是有说不尽的欢乐。后来周毛加的父亲亡故，母亲无奈地将年幼的周毛加寄养在姊妹家里，自己一人在外面忙碌着。

功夫不负有心人！随着周毛加在竞技体育中崭露头角，捷报频传，老阿妈想起当初自己的决定，甜在心里，笑容常常挂在嘴边。

一份坚持，刷新了竞技体育的荣誉

周毛加自幼体格强健，有过人的运动天赋。自中学开始，善于奔跑和投掷的体育技能逐渐被专业人士所重视，尤其在投掷标枪的田径运动中，表现异常优秀。1959年6月召开了一次全院运动会，预科部作为参赛单位，选拔组建了预科代表队，周毛加在竞赛中囊括了女子标枪和手榴弹两枚金牌。

1962年，西宁市举办了中学生运动会，预科部参加了田径比赛。在女子标枪、手榴弹比赛中周毛加均以遥遥领先的成绩获得了金牌。运动会期间，她被省田径队的教练相中，经与本人和学校协商，以参加全国运动会的名义，转到省体育运动学校学习。以后，在全国专业运动员集训中，她又被国家队投掷教练组看中，被调到国家队训练。

1963年11月，她作为中华人民共和国体育代表团的一名运动员，参加了在印度尼西亚首都雅加达举办的有51个国家和地区运动员参加的运动会。1964年参加了全国少年田径运动会，以 35.19 的成绩刷新了少年女子标枪的全国纪录，荣获第一名，她被选入国家队。

1965 年，中华人民共和国第二届运动会标枪及格赛中，年方 18 岁的周毛加把标枪投掷到了 44.41 米，重新刷新了自己保持的全国纪录，获得第一名。1966 年，获唐山全国田径分区赛乙组第一名。1971 年 5 月，获北京全国田径对抗标枪比赛第一名。

1974 年，参加伊朗首都德黑兰第七届亚洲运动会以 53.06 米的成绩打破亚运会纪录，获得第一名。袁复辉发表在《青海民族研究》社会科学版 1997 年第二期的论文《解放以来我省蒙古族、藏族田径运动员成绩分析》一文中，以"1965—1975 年，藏族女子标枪运动员周毛加 3 次打破全国纪录，6 次获全国冠军"为例，用数据分析和科学总结了冠军与遗传基因的关联。

一种信仰，铸就了冠军人生的辉煌

万木有根，万水有源。在循化贫困农民家庭生长的周毛加，虽然具备异于常人的体能素质和拼搏精神，但没有党的发现、没有国家的精心培养、没有教练团队的锻造，周毛加将无异于一般的百姓，她的人生也不会拥有如此绚丽的篇章。正如陈思慎先生所写的《藏族标枪能手》专文一样："当人们热烈地向她祝贺时，她却谦虚地说道，没有党的培养和同志们的帮助，我哪能有今天。"周毛加深刻懂得了为革命事业投掷标枪的道理。每一次取得更高、更新、更好的成绩时，她都谦虚地说一句："和全国纪录相比，我的成绩还很差。"其实，她把视野投向更远、把标枪当成服务社会的"初心和使命"，把运动员创造的价值同投掷标枪的射程联系起来，用标枪做武器，用汗水做盾牌，以在竞技场上奏响国歌为奋斗目标，用运动员的方式，争取荣耀回报党和国家。这就是体育健儿对伟大祖国的最美礼赞，更是国家培养体育人才理应得到的最好礼物。

每当体育圣火徐徐熄灭，竞技运动回归本位时，她不顾一切，又一次出现在训练场，不论刮风下雨、严寒酷暑。她不怕苦，不气馁，善于把自己的投掷水平和世界先进水平进行对比，并励志自己，我国的标枪纪录还不高，我还不能怕累，就是腰酸腿痛还是挺着练。在投掷中发现单靠手臂力量投枪，成绩不够理想，积极向其他著名的标枪运动员请教，改正错误，加以完善，最终在德黑兰投掷出一块“金牌”。

一面国旗，激荡了热爱国家的雄心

当高亢、嘹亮的《义勇军进行曲》回响在伊朗高原，鲜艳的五星红旗飘扬在德黑兰上空时，同热爱和平、追求正义的各国健儿一道，把标枪当作武器，把荣誉当作目标，用汗水和坚韧捍卫了中国在亚洲体育的“强国地位”和攻坚世界体育的“雄心壮志”。借用国际友人的热烈祝贺与欢声笑语，再一次把自己同全国人民站在一起、想在一起、连在一起，用实际行动践行了“发展体育运动，增强人民体质”大众体育的理念，为中国体育走向世界增添了勃勃生机。

荣誉是长期的精神食粮，也是短暂的喜悦光环。她在为国家争取荣誉的同时，积极响应党中央和国家的号召，通过劳动生产和融入劳动队伍，为经济建设和创造劳动价值。她志愿参加劳动生产组织，并积极动员身边的人到国家最需要的地方去拿起铁锨，背起篼筐，参与集体大生产运动，由此影响和带动更多人参加“光荣的劳动事业”。

当祖国再次召唤她参加体育事业时，鉴于后起之秀比自己更有广阔的天地，更有发展的潜能，更会为党和国家争取许多荣誉，她便将更优秀的人才推荐给国家，不因自己能否取得更大的荣誉从而享受更优质的资源，不因自己曾经的荣誉和亚运会冠军的头衔在不确定自己有更大的能力来保证更多荣誉的前提下，不愿浪费国家锻造冠军的机会和资源，她选择了军队，选择了从事为国家培养更多体育人才的教练团队，加入了“八一”体工大队。这便是体育界更快更高更强更团结的奥林匹克精神，自此以后，周毛加以教练员的身份，通过握枪、肩上持枪助跑、合理使用“自然臂”、交叉步、脚掌落地等细节性的指导和演示，为国家田径运动输送了大量人才。她也真正成为身披绿装的人民军队的一员，做好时刻为党和国家牺牲一切的准备，并为中国的田径事业注入了毕生精力。

祖国人民没有忘记你，家乡人民更没有忘记你！

回顾我的篮球人生

李加才让*

1955 年 11 月 1 日，我出生在循化县道帏乡克麻村一个普通农民家庭。在我即将出生时，父亲李本先与道帏乡五人一同加入中国人民解放军，担任护送第十世班禅大师警卫的工作，步行将大师顺利护送到西藏日喀则扎什伦布寺。

我遗传了父亲身材高大的基因，在娘胎里就是一个巨型胎儿。母亲卡毛才让身

◎李加才让教授（李加才让 提供）

高只有一米五六，生我时难产，幸运的是巧遇北京医疗队在我的家乡巡回医疗，在他们的帮助下，几经周折，母亲平安生下了我。母亲非常高兴，感谢北京医疗队的医生，感谢他们精湛的医疗技术和热情的服务态度。

小时候母亲经常讲喜饶嘉措大师的故事，说他是我们当地的大学者。说他当初在古雷寺学习的时候，有时候学习之余到我们村附近拾牛粪、背草，也时不时地去我奶奶家歇息片刻。他勤劳、智慧，尊敬老人，我的奶奶非常喜欢他。在我 4 岁多时，喜饶嘉措大师邀请我的家族人去古雷寺做客，我和我的母亲及家族人都非常自豪，终于

---

* 李加才让，青海民族大学原教授。

见到了喜饶嘉措大师，他和蔼可亲，给我留下了深刻的印象。喜饶嘉措大师的精神一直鼓励着我的一生。

我7岁时去古雷学校上学，古雷学校的前身是喜饶嘉措大师1942年创办的青海喇嘛教义国文讲习所，为当地培养了很多人才。当我进入这所学校看到高年级的学长们在打篮球，他们的服装及场上英俊潇洒、生龙活虎的样子深深吸引着我。这是我平生第一次见有人打篮球，眼前一亮，惊奇、喜悦、兴奋不已。不久，我们村里喜欢篮球运动的几位年轻人用一根木头、一块板子和旧马车上的圆铁环，组装出了一个篮球架，用羊毛线缠成一个圆球充当篮球（俗称毛蛋），篮球场地是凹凸不平的土场地，打篮球时尘土飞扬，但这在当时是多么的珍贵。

我白天去上学，业余时间拾牛粪、背草。只有早晚，甚至是伸手不见五指时才有时间去打球。眼睛看不见，只能听声音判断是否进球了。那时家里经济状况不太好，打篮球费鞋，我索性赤脚打球。我14岁左右，村里的木匠用木头做了两个篮球架，半场变成了全场。也就在这时候，村里迁来了一位叫王平的大哥，他此前接触过篮球，他的到来提升了我们村的篮球水平、篮球意识，篮球技术得到了规范化的训练。

记不清是哪一年，我们村第一次参加了道帏乡组织的村级篮球比赛。我作为年龄最小的队员，虽然上场机会不多，但我们村代表队拿到了奖项，我也随大人们高兴了一阵子。就这样，简易的篮球架子练就了我的投篮技术，在正规的篮筐下，取得了喜悦的成绩。在克麻村起伏不平的山地里放牛、放羊、拾牛粪、割草，练就了我身体的灵活性和稳定性，在比赛时起到了很好的作用。当一面篮球比赛取得的锦旗挂在了村委会办公室时，我第一次体会到了集体的荣耀。

1971年冬季征兵，我正好16岁。当兵是我从小的梦想，想起当兵热血沸腾。当时，全公社的报名青年在一起进行集体学习、体检，然后择优录取。我在热切的期盼中接到了入伍通知书，激动、兴奋的我，当天晚上居然一夜都没有合上眼。第二天，我骑着枣红马，佩戴彩带，由全村的乡亲们护送到了公社。公社又举行了大型的欢送仪式，鲜花簇拥着我,激动之情,溢于言表。然后到县武装部换了装,身穿中国人民解放军军装,我感觉无比神圣、光荣、威武。次日,武装部的领导带领我们全体新兵,到县烈士陵园瞻仰了在解放循化战役中牺牲的原中国人民解放军一军一连的烈士们,我深受激励,决心向革命先烈学习,在部队好好锻炼,努力提高自己。

我所在的部队是84638部队,原兰州军区属下的独立师,韩先楚是我们军的司令。刚到部队我们就参加了三个月的正规军事化训练。部队生活丰富,经常举办篮球比赛,我被选为团级篮球队队员。团级篮球队的训练严格正规,在进行了一系列的系统训练后,我的篮球技术得到了飞速提高。接着又参加了师、军一级的篮球比赛,成绩一步步上升。我们军的篮球队队员、我的战友第一中锋马占福,被选入解放军"八一"男子篮球队,和穆铁柱成为当时中国最著名的男篮中锋。通过部队的系统训练,我的篮球功底比以往扎实了许多,篮球理念也比往日提升了不少,这时候我的身高也长到了1.93米。1975年10月10日,我光荣地加入了中国共产党,进一步坚定了为人民服务的决心。

1976年4月,我光荣退役回到家乡。有一次,在参加全县排以上退役军人的军事训练时,正巧赶上了循化县一年一度的篮球比赛。循化县武装部组织县退役军人篮球代表队也参加了此次比赛,这次比赛我遇到了循化当地的篮球明星,外号黑5号、大哑巴、红旗8号、饭店等人,能和这些人同场竞技,我心情激昂、精神振奋。比赛结果我们退役军人篮球代表队大获全胜,精彩的篮球比赛场景,震撼了热爱篮球运动的家乡人民。

这一年的夏季,北京体育大学在全国范围内招收学员,在专家推荐及考察考核通过后,我被顺利录取了。县体委主任王彬德再三嘱咐,毕业后一定要回到家乡循化。9月1日我手捧入学通知书,怀着激动的心情搭乘去北京的火车,走上了更远更高的求学之路。

北京体育大学是新中国成立后国务院确立的首批全国重点院校,国家首批"世界一流学科建设高校"、国家"211工程"重点建设院校,多少体育健儿、体育爱好者的梦想之地,我有幸成了这所学校的学员。

进校不久,我被校篮球队选中,是青海籍唯一进入校级篮球队的队员,在比赛中成了校篮球队的主力队员。当时我的教练是留俄 8 年的著名篮球教练王石安老师，他每年接受国家安排的陪练任务，我是篮球队的中锋位置，也经常到国家女子篮球队进行陪练。姚明的母亲方凤娣当时是中国女子篮球队队长，主力中锋，在比赛中我直接和她对位。在我们的陪练下，中国女子篮球队无论是体能，还是技战术都有大幅度提高。不久，她们参加了亚洲女子篮球锦标赛并获得了冠军，作为曾经的陪练，我非常兴奋，也受到极大的鼓舞。

在学习专业理论课的过程中，因为我的文化基础课比较薄弱，学习上困难重重，只有多学、多问，仔细琢磨，是我唯一的学习方法。在北京体育大学的磨炼，不仅全面提升了我的篮球技战术水平，更重要的是培养了我的事业心和责任意识。在校期间，我的篮球特长被很多球探所关注，国内的很多高校和单位还直接联系我，其中包括青海省体育工作大队。经过四年的勤奋努力，1979 年 6 月我顺利毕业。

我毕业返程刚到西宁火车站，就被青海省体育工作大队男子篮球队队长王学义和孙奇直接接到了西宁市南门外体育场青海男子篮球队。我在那里进行了短暂的训练和磨合后直接参加了全国比赛。当时，青海民族学院院长多杰坚赞先生十分重视学校职工篮球队的建设及学生体育教学工作的发展，他几次前来看我打球，并私下里多次接触我。不久，他又亲自出面与省体委、省教育厅联系，几经协商做通所有工作后，我被吸纳为青海民族学院的体育教师，专职负责篮球教学。

在青海民族大学执教的 40 年里，我爱岗敬业，积极进取，把自己全部的精力投入到了体育教学之中。在教学过程中因材施教，积累了一定的教学经验，培养了数以万计的篮球人才和篮球爱好者。与此同时，积极参加校内外的篮球比赛，多次代表西宁市参加西北五省区职工篮球比赛；担任青海省大学生男女篮球队教练，参加全国篮球比赛；在青海民族大学教职工篮球队里，与老教练张文奎、队长韩德荣、年青一代教练索南，还有北京体育大学校友嘉炬等经常共同协作，在青海篮球界所向披靡，为人熟知；还多次代表青海省，参加了全国职工篮球比赛。

在 40 余年的时间里，我代表青海省教育系统参加了每四年一届的青海省体育运动会，均取得优异的成绩，为省、市、学校争得了荣誉，多次被学校评为优秀教师。2000 年 4 月评定为国家一级篮球裁判员；2006 年 4 月，我被评聘为青海民族大学体育学院教授。青海卫视、安多藏语卫视等多家媒体多次宣传报道了我的个人事迹。媒体这样写道："其篮球技术精湛，中锋技术更属炉火纯青，在青海地区享有'雪域乔丹'之称。"

在日常生活中，我也鼓励自己的孩子积极投身体育事业，从事体育工作。姑娘德吉措在北京 CBO 中国篮球公开赛组委会工作时，就读了北京体育大学在职研究生体育经营管理专业，现专职从事体育教师工作。儿子尼玛多杰昂增从北京体育大学运动训练专业毕业，现就职青海师范大学体育学院体育教师。

我退休后继续发挥余热，被青海民族大学返聘为特聘教师，继续在教育第一线从事教学、比赛等工作。同时，担任奕瑞训练基地青少年篮球教练，青海奔跑体育文化公司少儿篮球培训教练。

2021 年 7 月，我担任青海省民康民乐代表队教练兼队员，代表青海省参加在内蒙古包头市举办的北京世界华人篮球赛，获得中年组第二名，受到青海省篮球协会及广大篮球爱好者一致好评。在这次北京世界华人篮球赛的盛会上见到了前国家女篮队长宋晓波，她是 20 世纪七八十年代中国篮坛风云人物，也是当年世界女篮的标志性人物，也是我曾经陪练过的篮球名将，虽已步入老年人的行列，但仍然驰骋在篮球界，培训篮球、编纂教材，她是我一生学习的榜样。

自大学毕业参加工作后，我一直心系家乡循化道帏乡克麻村的篮球发展，经常积极参加村里的篮球训练指导工作，使青年队员们的篮球技术、篮球意识得到了全面的提升，经过一年一年的艰苦训练，多次的实战比赛，2000 年，克麻村男子篮球代表队终于获得了道帏乡篮球比赛的冠军。克麻村的乡亲们为之欢呼、喜悦；他们不愧为篮球之乡的父老乡亲，他们视篮球运动是最为神圣的运动。

生命不息，运动不止。我在指导篮球的同时，还积极参加篮球比赛，在我 61 岁那年，还与十八九岁的小伙一同上场参加了乡里的篮球比赛。

篮球是我一生的梦想，她是我一生不可或缺的伙伴；她成就了我的人生价值。父母养育了我，国家培养了我，感谢道帏乡克麻村这个神奇的地方滋养了我。我真诚感谢一路帮助过我的亲朋好友、同学、同事，也谢谢我的爱人马育青，在她的无私扶持下，使我事业有成，家庭幸福。

藏语播音主持的奠基者格勒先生

久美琼鹏[*]

1986 年 3 月 6 日，一位平凡的老播音员怀着对广播事业的无限眷恋，因病匆匆离开了我们。

他，不是太虚幻境中的宝玉，而是青藏高原上一抔不被人们注意的泥土。他，不是头顶光圈、叱咤风云的英雄人物，而是一个任劳任怨、几十年如一日奋战在藏语广播战线的第一代播音员格勒。

他，没有什么气吞山河的豪言壮语，也没有惊天动地的业绩，只是默默无闻地为藏语广播贡献了毕生精力。

◎格勒先生（久美琼鹏 提供）

格勒生前是青海人民广播电台一级藏语播音员。1932 年农历正月初二，在循化县积石镇一个藏族书香家庭一个男婴呱呱落地，他的第一声啼哭响亮有力，似乎预示着自己今后将从事和声音有关的工作。而这个藏家男孩就是日后成为藏语广播第一代播音员的格勒。他出生不满两岁时父母双亡，成了孤儿的他与年迈的祖母相依为命。

格勒 7 岁时，在他叔叔、著名藏族学者才旦夏茸活佛座前削发为僧，曾在化隆县

---

* 久美琼鹏，青海人民广播电台藏语部记者。

土哇寺、丹斗寺，循化县尕楞寺，甘肃省甘南州夏河县拉卜楞寺学习经文和藏语文知识。从小失去双亲的小格勒十分懂事，每天天不亮就在酥油灯下识字断文，诵读经文。日复一日，年复一年，伴随着诵经声和闪烁的酥油灯，小格勒逐渐长大，他也在叔叔才旦夏茸悉心教导下，经过 14 年的苦学后，逐渐成为一位满腹经纶，藏文水平较高的年轻知识分子。

1953 年，风华正茂的格勒从寺院还俗。同年 7 月，一次偶然的机会，谈吐不俗的格勒和他浑厚的男中音被慧眼识珠的青海人民广播电台领导发现，吸收他到青海人民广播电台，从事藏语播音工作，从此和藏语广播结下了不解之缘。

格勒天生有一副当播音员的好嗓子，他声音洪亮、发音准确、吐字清晰，播新闻字正腔圆，得到了领导和同事们的认可。而格勒也喜欢上了藏语播音员这个工作，一有时间就把自己念过的新闻稿反复朗读、琢磨，有不懂的地方就请教老师和同事，钻研播音技巧。经过自己不断的学习和钻研，格勒很快成为一名出色的藏语播音员，广大藏族听众赞誉他为"草原上的金嗓子"。

一分耕耘一分收获。勤学的格勒进步很快，干起播音工作游刃有余。20 世纪 50 年代中期，他除了认真做好藏语播音工作外，还先后为《智取华山》《渡江侦察记》《神秘的伴侣》《山间铃响马帮来》等故事片中的几个主要角色配音，还用藏语解说了"斯大林机械化"等多部纪录片。后又借调到中国科学院少数民族语言调查队，赴青海省的黄南、海南、海北、果洛四个藏族自治州，海西州天峻县和甘肃省的甘南藏族自治州实地进行调查。格勒同志不管身处何地，干什么工作都认真对待，勤劳朴实，大家都十分喜欢这个年轻的藏族小伙儿。

格勒通过配音、语言调查，增长了知识，锻炼了自己的语言发音技巧，积累了丰富的播音经验，提高了播音质量，他也有了更多发挥其语言天赋和播音才能的机会。1956 年后，播音技巧日渐成熟的格勒播了大量不同内容、不同风格的文章，多次参加相声、曲谱等文艺节目的演播工作，还在藏语广播剧《塔尔洛的欢歌》《盗马贼》中，配音演播了剧中主要角色塔尔洛和赤干活佛，获得专家和藏语听众的高度赞扬。

格勒小时候在寺院跟随他叔叔、著名藏族学者才旦夏茸学习时，不断汲取了藏族文化中的精华，特别是在系统学习了藏族史诗《格萨尔王传》这一文化瑰宝，又经过藏语播音的磨炼后，格勒不仅是一位深受藏族听众喜爱的播音员，而且成了一位在广大藏族听众中很有影响力的藏族史诗"格萨尔王传"的说唱家，他曾演播过《格萨尔王传》中的"霍岭大战""降魔之部""征服大食之部"等章节。而这些经典的演播章节因为烙印了特色鲜明的"格勒"风格，为广大藏族听众喜爱和赞誉。

在30多年的播音生涯中，格勒同志积累了丰富的播音经验，以优美的声音，饱满的激情播出各类题材的稿件，热情洋溢地宣传了党的路线和各项方针、政策，爱憎分明地批驳和反击了一些谬误说法，因而得到了广大藏族听众的爱戴，是藏族广大听众中的名人，按现在的话来说就是明星和"网红"。

格勒从小生活在农村，家乡的亲人和邻居打小对失去双亲的格勒格外疼爱，谁家有好吃的东西见着格勒就往他手里塞。这一切都在格勒的心田里种下了感恩的种子。格勒在省城工作后，乡亲们到西宁办事、看病，都要找他帮忙。而性格随和、平易近人的格勒也念着乡亲们的好，任何上门看望或找他帮忙的客人他都热情接待，尽心帮助，而且毫无怨言。因为当时格勒的住房只能称为蜗居，有时他家里晚上留宿的客人睡满了床和地板，下脚都难。客人多了几乎无地可睡，他只好拿出酒和客人整宿陪伴对饮，长此以往给格勒身体造成了很大伤害。家人都劝他少饮酒，格勒都会乐呵呵地答应。可客人一来，他又会拿出酒陪他们度过一个又一个长夜。许多不明白真正原因的人还以为格勒是个爱喝酒的人，其实喝酒只是感恩的格勒对家乡亲人们的另一种爱和回报。

因此，家乡的亲人和乡亲们始终是格勒心中的牵挂。每隔几年格勒都要回到家乡看望二伯和小叔叔，还和亲朋好友团聚。而当时已经是藏族广大听众心中明星的格勒一回到在循化县文都乡的家里时，整个庄子就如过年一样热闹、喜庆。许多不明白格勒爱喝酒真正原因的人，给回到家乡的格勒送来了一瓶瓶美酒，他在家乡的几天里，乡亲们给她送的酒都从他家的桌子上一直摆到了地上。这时的格勒是最高兴的时刻，他时而和乡亲们猜拳行令豪饮，时而用他"草原上的金嗓子"高歌一曲，给当时还比较贫困和缺少文化娱乐的乡亲们送去了欢乐和幸福。

现在，那令人怀念的岁月已经过去了，但是，在格勒培养和帮助下成长起来的又一代藏语播音员多杰仁青、普日哇、扎西黄秀、央金、仁青吉、周拉加、夏吾加卜等，发扬他"老黄牛"的精神，在广播电视战线上更加精力充沛地工作着，他帮助过的乡亲们依然念着那个"爱喝酒"、助人为乐的格勒……

别样的艺术人生
——记我的父亲宗者拉杰先生

多吉卓玛[*]

◎宗者拉杰先生 （多吉卓玛 提供）

我的父亲宗者拉杰先生，1951 年 12 月出生于循化县文都乡牙训村一个普通农民家庭。他自幼酷爱绘画，从能认识简单的事物起，对其形状的识别和模仿有着特殊的悟性，看见什么东西就能描画出来，看见物品就能用泥捏造出来，泥塑是他孩童时代最大的兴趣爱好，十分着迷。当时因家境贫寒，没有条件上学，3 岁时被送到文都大寺，7 岁出家当僧人。作为一名学僧，学经文是他的主课，但他仍然忘不了绘画，没有纸墨，便以指代笔，以地代纸，随时练习，甚至拌糌粑时也捏造型，将糌粑捏成各种人物、动物、花卉，捏得满意了，然后才吃下去。这种热爱和执着

---

[*] 多吉卓玛，青海省文化馆干部。

从未被岁月消退，在追梦路上，年幼的父亲表现出了超出他那个年龄的坚韧。

1958年，父亲从文都大寺还俗回家上学，虽然环境发生了变化，但勤奋学画的习惯从未改变，空闲时给人作画是他最大的乐趣。

1972年，循化县文化馆聘请父亲到馆作画，其间多次参加省、县举办的美术学习班，有幸接触了藏族传统艺术以外的各种绘画技能，还创作了几幅美术作品先后参加省内外美术展览，获得奖项，得到省内画家们的赞誉。那一年，对父亲来说是人生的一次转折，那年他师从著名民间艺人索巴（西藏勉唐派藏画技师，由索丹巴仁青大师首次传入安多后，被高僧华旦嘉措传承并培养出的高徒之一）拜师学画，开始系统学习藏族传统绘画，学习手工技艺，这为今后的艺术发展道路奠定了坚实的基础。

经过一段时间的学习，父亲的绘画技艺突飞猛进，在当地有了一定的知名度，随之调入黄南州热贡艺术馆工作。黄南州同仁县是藏画热贡艺术之乡，在这样的环境中工作，一直是父亲梦寐以求的，他很珍惜来之不易的机会，如饥似渴地拜师学艺，有幸师从热贡画师更藏（勉唐派藏画著名艺人之一，是著名的热贡艺术大师项曲热色的弟子）学画，专门从事唐卡绘画。在更藏大师的悉心栽培下，父亲系统研修了藏画流派中的曼唐、钦孜、噶玛噶赤等绘画技艺，还学习了国画、油画、水彩画等技法，绘画水平和艺术鉴赏能力得到了很大的提高。由于勤学苦练，绘画技艺日臻娴熟，其藏画作品不断问世，题材不仅新颖，技法也有一派新风，成为热贡艺术界的后起之秀。

父亲自走上藏族传统绘画这条路子，坚韧不拔，辛勤耕耘，挥洒汗水，终于换来了丰硕的成果。初入艺坛时创作的泥塑作品《弥勒佛》《艺海龙吟》等受到行家们的高度评价。1984年，美术作品《意乐仙女在人间》在国庆35周年全省画展中获奖；《吉祥宝瓶》在第八届亚洲运动会展出，这两幅作品奠定了父亲在民族艺术界的地位。1993年，作品《奠基》获中国西部民族民俗画大展特别奖。此画风格奔放，构图新颖，热情再现了当年文成公主与松赞干布共同设计建造藏族经典建筑大昭寺的感人场面，歌颂藏汉人民并肩建设美好家园，"目尽尺幅而神驰千里"，被媒体赞誉为"汉藏民族团结的赞歌"。1995年9月，在全国艺术界名人作品展会上，荣获由赵朴初、巴金、曹禺、冰心等30人评定签字的"中国艺术界名人"证书，同时唐卡作品《白度母》获特别奖。1996年5月，绘画作品《意乐仙女》被全国政协收藏，悬挂在政协礼堂，这可以说是对他绘画水平的最高肯定。2006年12月，绘画作品《因竭陀尊者》（十六罗汉之一）获国家发展和改革委员会颁发的"全国工艺美术优秀创作"奖。他所主编的《中国藏族文化艺术彩绘大观图说明镜》（藏汉版）于2001年12月荣获第五届中国民族图书二等奖；2001年，《中国藏族文化艺术彩绘大观》（以下简称"彩绘大观"）纪录片荣获"骏马杯"专题纪录片二等奖；2006年，《中国藏族文化艺术彩绘大观》纪录片荣获中国藏学研究中心颁发的"珠峰杯"三等奖；与多杰仁青合作编著的《藏画艺术概论》（藏汉版），由民族出版社出版发行，并被选作青海民族大学艺术系教材。2007年6月，被中国文联与中国民间文艺家协会联合评为"中国民间文化杰出传承人"；2009年9月，被载入《艺术人生——中华艺术家博览》丛书，并列入《艺术人生——中华艺术家》邮册；2016年1月，应中共中央办公厅、国务院办公厅之邀，父亲参加了"国家科学技术奖励大会"；2016年12月，被中国工艺美术协会授予"第一届中国工美行业艺术大师"称号；2018年5月，被授予"中国工艺美术大师"。

父亲在唐卡绘画艺术创作中取得了丰硕的成果，但他并不满足，更未就此止步，总想在继承和发展藏族唐卡绘画艺术上有新的突破。经过一段时间的思考，产生了一个大胆的设想，想创作一幅规模宏大、内容丰富，艺术上更臻完美，与太平盛世相匹配的唐卡作品。这幅唐卡，既要总揽藏族历史，反映藏文化的全貌，又要展示青藏高原神奇的自然景观和独特的人文景观，以提高藏画在世界绘画史上的地位。同时，想通过这一创作过程，扩大藏画影响，培养一批高水平的藏画艺术人才，使唐卡艺术得以传承和发展。在当时提出这种创新是需要胆识的，能否实现是个未知数，许多人认为是白日做梦。具有一股牛劲的父亲就是不信邪，年轻气盛的他以坚定的信念、坚定的步伐朝着自己的梦想一步步走了下去。

《彩绘大观》是一项巨大的艺术工程。早在策划初期，父亲就充分认识到了它的作用和意义，对面临的困难和问题也有清醒的认识，他具有一般人不敢想，更不敢为的睿智和力量，坚韧和执着，排除万难，终于获得了巨大的成功。

◎宗者拉杰在绘制唐卡 （多吉卓玛 提供）

父亲设计和组织创作的唐卡长卷《彩绘大观》,将藏民族的历史渊源、宗教传承、文化艺术、医药卫生、天文地理、神话传说、生活习俗等，系统地、形象地展现在一幅画卷上，形成巨幅画卷。这是一个伟大的文化工程，工程自 20 世纪 80 年代初期开始，至 2018 年底，走过了 39 个年头，历经艰难曲折，终于完成了巍巍壮观的千米唐卡，入选上海"大世界吉尼斯之最"。

《彩绘大观》巨幅唐卡工程艰巨，绘制时间跨度较大，分上、下篇展示。诞生于 2004 年的彩绘大观（上篇）有几个显著的特点：一是画幅长。常见的唐卡，长宽都在 1 米左右，较大的也就在 3 平方米，画布绷在小型画架上就能绘制。而《彩绘大观》画面净宽 1 米，总长 618 米，绘制时在一间 500 平方米的宽敞大厅中进行，用钢管做成长 15 米、宽 1.2 米的绷画架框，上面绷上画布。这样的绷架在大厅里有 8 档之多，正反两面组成 16 个画面，也是 16 个工作画区。二是装饰繁杂。唐卡绘制完后，用彩色锦缎镶边，上下加轴，才算是一幅完整的唐卡。《彩绘大观》的镶边尤为讲究。因是长卷，主要在上下加边装饰，上部边宽 50 厘米，下部边宽 70 厘米，加上 30 厘米的长穗，宽之 1 米。上下边上用 3000 多幅藏式装饰图案连接，这些图案都用剪贴绣的手法制成，又是一项很大的装饰工程，突破了一般唐卡只镶锦缎花边的老传承，使唐卡长卷锦上添花。三是面积大、体积重。《彩绘大观》（上篇）的画卷加两边的装饰形成 2.5 米的宽度，618 米的长度，总面积达 1500 多平方米。由于画卷是布料和矿物颜料构成，重达

1000多公斤，用一辆卡车才能运输。画卷展示后，气势恢宏，一眼望不到头，走马观花也得半天，如果仔细欣赏，就得两三天。四是参与人员多。《彩绘大观》（上、下篇）前后参与人员多达几百人，主要人员是青海本地的画师，也有来自甘肃、四川等地的画师。

《彩绘大观》的下篇诞生于2018年。内容主要包括藏传佛教后弘期的发展，藏族的神话故事，早期藏族文明的诞生，茶马古道和丝绸之路上的文化繁荣，藏传佛教与藏族文化的关系，宗喀巴大师的故事，康巴地区和安多地区的民俗文化，藏族文化的交流等。绘制《彩绘大观》（下篇）的目的是，为了响应习近平总书记提出的"一带一路"战略思想，以唐卡的形式热情宣传藏族在历史上为"一带一路""丝绸之路"所做的贡献，传承与发展中华优秀传统文化，涵养文化生态，丰富文化资源，增强文化自信，弘扬和发展民族文化。

《彩绘大观》（上、下篇）的总长度定为884.8米，这只是个象征性的数字，实际长度要远远超过这个数字，达到1000米以上。为什么要用这样一个数字，因为雄伟的珠穆朗玛峰高度为8848米，用这个吉祥的数字纪念她的神圣。作品的总面积为2500平方米，重达1500多公斤，只能用卡车装载运输。作为一件平面艺术品，也许是世界上面积最大、重量最重的作品了。《彩绘大观》的上下装饰花边十分讲究，共用8000多幅藏式装饰图案连接而成，这些图案都用堆绣的手法制成，有中国传统图案双鹤戏莲、双龙戏莲、舞龙凤、孔雀戏莲、龙腾祥云等，集中展现了藏族传统绘画中几乎所有图案及汉族部分传统图案，用堆绣独特手法，布局紧凑合理，色彩绚丽多彩，制作华美精良，内容丰富多彩，是依附在唐卡长卷上的艺术瑰宝。

《彩绘大观》一路走来，经过了许多风风雨雨和曲折磨难，最终成为民族艺术精品、中华文化瑰宝，在此体现了父亲为之执着追求、奋斗到底的精神。《彩绘大观》能取得成功，还与朋友们的鼎力相助，一些领导同志的保驾护航分不开，父亲一直心怀感恩。

除此之外，为缅怀玉树"4·14"地震罹难者，父亲先后组织90多名工匠，费时近 1 年绘制纪念玉树地震罹难者巨幅唐卡，唐卡主体绘有 30 尊庄严肃穆的大佛，其下工整地誊写着玉树"4·14"地震罹难者名单。2013 年 4 月 12 日，唐卡运抵玉树县结古镇当卡寺，受到当地群众的热烈欢迎。这幅纪念唐卡，在每年玉树"4·14"地震纪念日时，将在当卡寺举行佛事活动纪念地震遇难者，供罹难者亲属、各族群众悼念，起到了缅怀逝者，安慰生者，传承、弘扬优秀的民族文化传统和团结友爱的民族精神的作用。

父亲在他的艺术之路中创造了一个个奇迹，他的每一项创举，不仅体现着他对民族绘画艺术的深切热爱，而且还彰显着他内心深处涌动着的大爱和担当。现如今，父亲已是耄耋老人，但他对藏族唐卡绘画艺术的热爱未曾减退，他对艺术的追求一直在路上，流年笑掷，未来可期。

最后用父亲常说的一句话作为结束语：

尽管我为弘扬博大精深的藏文化，传承热贡艺术做了一点理所应当的贡献，但国家却给了我许许多多的荣誉：青海省政协委员、青海省文史馆馆员、青海藏医药文化博物馆名誉馆长、中国美术家协会理事、青海省美术家协会副主席、青海藏研会理事、高级工艺美术师、省级工艺美术大师、中国工美艺术大师、省级非物质文化遗产传承人、西北民院客座教授等。2003 年，由世界艺术联合会授予'世界书画艺术名人'；2007 年 6 月，被中国文联与中国民协联合评为'中国民间文化杰出传承人'；2009 年 9 月，被载入《艺术人生——中华艺术家博览》丛书。按照一般人的想法，我已经是功成名就了，可以坐吃老本了，但我一直在想，唐卡作为藏族文化中一种独具特色的绘画艺术形式，博大精深，我要把一生奉献给唐卡艺术事业。

记藏族第一代京剧演员鲁毛女士

扎西才让

鲁毛，作为迄今为止全国独一无二的藏族京剧演员，以流利动听的京韵京腔，将国粹从首都北京唱到了高原古城。

缘起歌舞，开辟了新生代曲艺人生

鲁毛出生在青海省循化县道帏乡古雷村的一户农民家庭，是一位由性格坚毅的老阿妈养育出来的四姐妹之一，大姐周毛加曾在1974年德黑兰亚运会上破亚运会纪录，获女子标枪冠军，曾担任过解放军八一运动队教练。

小鲁毛生性活泼，自幼喜好歌舞，善于利用肢体和歌声来表达情感。正如家乡的老人们谈论的那样："从她清脆的啼哭声中，我们不难发现，她用声腔与肺震似乎在寻找一种保护自己的声乐和博得亲人的关注；在她俊俏柔弱的身段里，流淌着利用丰富的肢体参与符合自己生存的场景一样。"恰巧，每逢正月十五，道帏附近的寺院有宗教法会，夏天家乡草场上有赛马和《格萨尔王传》说唱。黄河岸边传唱着悲壮苍凉的《卡杰加罗》和缠绵凄恻的《达努多》爱情叙事诗。鲁毛就在这样的环境中渐渐长大了，也学会了模仿和说唱。

鲁毛9岁那年，在国家体委集训的大姐把她接到北京，让她在首都体育馆附小就读。

除去文化课，大姐有意安排鲁毛去北京市少年儿童活动中心学体操，练习下腰、踢腿。一晃四年过去了。有一天，大姐带鲁毛去中国戏曲学院投考，不巧招生工作已经收尾。酷暑下，大姐拖着疲惫的步态带鲁毛回去了，看来戏曲艺术与藏族姑娘无缘。谁知几天后，有人突然上门，请鲁毛去戏曲学院参加考试。

鲁毛至今还认为这是一个谜：是谁知道这里有一个鲁毛？有一个藏族姑娘要投考中国戏曲学院呢？鲁毛回忆说："到了戏曲学院，有一群老师坐在那里，问我会什么呀？我就给他们下腰、踢腿……再问，我就唱了《北京的金山上》。"当时中国戏曲学院的史若虚院长说："这个丫头我们收了，她就是我们戏曲学院的第一位藏族学生了。"史院长特意向老师们嘱咐，要保证这个丫头唱念做打、水袖戏、扇子戏样样精通。

生活向鲁毛开启了一扇大门。一个藏族姑娘，一个没有丝毫京剧家底的雪山妞，就这样步入了中国戏曲学院的大门。这一年，她才 12 岁。

京剧艺术凝聚了中华民族集体的智慧。在中国戏曲学院学习的七年里，鲁毛不但要严格要求自己的口、眼、手、步、身，熟悉上百个传统剧目，而且更重要的是领会艺术内涵——每个动静中潜在的精神内质、角色的状态、角色的意向。

此时的鲁毛只有一个心愿，为大姐争气，学好京剧艺术。她睡觉，蒙上被子也琢磨，脑子里流转着一招一式、一颦一蹙、一板一腔。戏曲学院汇集了京剧界最优秀的师资，鲁毛师承张正芳教授。四大名旦之一荀慧生的高徒张正芳老师的言传身教，给鲁毛留下了深刻的印象。张正芳 1961 年拜荀慧生为师，师淑荀派。鲁毛说张老师艺品人德都高，富有艺术家气质。另外，还有李金鸿教授、艾美君教授等都为培养这位藏族学生倾注过热情和心智。

付出了辛勤的汗水，凭借艺术的翅膀鲁毛在京剧艺苑中茁壮成长。学校时常组织学生到社会上演出，《樊江关》《拾玉镯》《天女散花》《花田错》《杀惜》《断桥》《穆桂英》《宇宙风》……这些都是鲁毛的开蒙戏。当时，《中国戏曲报》《民族画报》《戏剧电影报》《市场报》等新闻媒体都纷纷采访、报道这位新中国第一代藏族京剧艺术的高才生，京剧界也开始注意到她的演艺。从此，藏族姑娘当京剧演员的奇闻便在北京传开，引起社会的广泛关注。鲁毛对荀派戏心慕手追，情有独钟。毕业考试时，鲁毛演出张正芳教授的《挂画》，这出戏要求演员在一张凳子上做戏，需要相当深厚的功底。当她亭亭玉立在凳子上灵巧做戏时，赢得一阵阵热烈掌声，人们为这位藏族姑娘勇攀京剧表演艺术高峰而由衷喝彩。

与张老师的合影成了鲁毛对往昔的追忆，一段永生难忘的师生情怀。

重回故里，拉开了国粹剧青唐序幕

自幼生长在青海高原的藏族姑娘鲁毛，尽管在首都京剧舞台备受青睐，发展空间更为宽广，但是质朴单纯的她，念念不忘自己的故乡，一心想将学到的京剧表演艺术奉献给高原古城、雪山草原，尤其是让藏族父老乡亲能够欣赏到这一代表中国文化的国粹。她对曲艺热爱擘画成一匹汗血马，她对家乡的眷恋临摹成金马嚼子，用热情抚养长鞭，用坚毅驰骋心路，把国粹京剧的种子播撒在青唐城。

当1985年从中国戏曲学院毕业时，她不顾学校老师和大姐希望留在北京演出的意愿，舍弃以"中国第一位藏族京剧演员"亮相首都舞台的良机，毅然回到青海高原，成为省京剧团的演员。进剧场、下农村、奔牧区，风风雨雨30余载，无论大戏小戏、无论是主角配角，一直在为广大的各族观众奉献才华和爱心。

鲁毛能学习京剧、能保留剧目《天女散花》，果然有"风吹仙袂飘飘举，犹似霓裳羽衣舞"的女神风韵。先在1989年全省中青年戏曲演员比赛中获表演三等奖，又在1992年青海电视台藏历年晚会《春潮》中亮相，将天女祝福的格桑花撒向雪域草原、西部各省。同年，鲁毛仍以《天女散花》，在"汾曲香"杯全国戏曲节目展播中荣获三等奖。此外，她参加1998年青海电视台录制的春节晚会《羯鼓谣》，一曲"仓央嘉措"诗歌演唱，给广大观众留下深刻印象，此节目荣获全国电视联播星光奖一等奖，其中也有她的功劳。1997年，青海省电台录制的人物专辑《鲁毛圆了京剧梦》，先后荣获中央外宣办对外宣传二等奖、青海省好新闻一等奖。

鲁毛在《樊江关》《昭君出塞》《拾玉镯》《天女散花》《断桥》《盘丝洞》等传统戏及李振老师编剧的《盼雁归》等现代戏中都有不俗表演，这不能不说是个奇迹。无数个未知似乎命中注定，无数个因缘起于党的光辉政策，当史若虚院长当场拍板："她就是我们戏曲学院的第一代藏族学生！"当幸运地师从四大名旦之一荀慧生高徒张正芳，从此，鲁毛抱着"为藏家和大姐争气，学好京剧艺术"的决心，无论三九三伏，苦练唱做念打。在张正芳等京剧表演艺术家的言传身教下，鲁毛悟性高、进步快，成为同班学员中的佼佼者，常随学校组织学生到社会演出，当观众知道藏族小姑娘也能唱京剧时，无不称奇叫好。

美哉！会唱京剧的藏家儿女，依然像《天女散花》那样，将祝福撒向青海高原，以散花验证国粹艺术服务人民大众的向道之心，验证戏剧人尊师重道弘承中华国粹的艺术之心。

穿梭在电影与文学的世界里

道帏多吉*

故乡是滋养文学的沃土

道帏是一个山川秀美、人杰地灵的地方，这里是著名学者喜饶嘉措大师的故乡。而这块历史悠久、文化底蕴深厚的地方，就是我出生的地方。我的少年、青年时代就在这块钟灵毓秀之地度过。

由于特殊的地理环境，我们村子群山环绕，风光秀丽。上小学的时候，每到寒暑假，不由自主地爬上一座又一座高山，足迹几乎踏遍故乡的山川河流、田间村落。作为土生土长的农村小孩，一到农忙季节力所能及地协助家里人参加施

◎本文作者道帏多吉先生

肥、播种、拾柴粪、驮麦捆、放牛羊等简易劳动。我从小对家乡的地理环境、生产劳动、民俗风情、山川河流、动植物常识有基本的了解，有些地理概念一直到现在还在脑海中回荡。

小学毕业后到乡政府所在地古雷中学上初中，在紧张学习的同时，我对乡文化站

---

* 道帏多吉，海南州文联原专业作家。

的移动胶片电影放映队在各村巡回放电影非常着迷，放学之后不失时机地跟着放映队挨个进村，几乎一个不落地看完了那个时代所有进村的电影。除此之外，由于经常爱看从老师和同学间借来的小人书及其他简易读物，文字表达能力也慢慢地培养了起来。那时老师布置的作文，我比其他同学较快地写完上交，老师也经常在课堂上表扬，好的作文段落，课堂上当面诵读，这恰好点燃了我的阅读兴趣和写作文的欲望。

记得上初二时，有一次班主任带领全班同学到道帏地区安岗山谷下的瀑布前，安排大家爬山、钻瀑布、拾柴烧茶、山谷中捉迷藏等野外活动，直到夜幕降临时才返校。在路上老师就以《漫游安岗瀑布》为题，给大家安排了一篇作文，在后面的作文大赛中，我的作文获得了全班一等奖。父亲见我获奖了非常高兴，把奖状用糨糊牢牢贴在土皮墙上，每次家里来客了都指一指土墙上的奖状，兴奋之情溢于言表。那时，我特喜欢吃凉面，我获奖了父亲特意拌了凉面给我吃，这对我也是一个不小的激励。自那以后心中暗暗发誓，要好好读书，多写几篇好的作文。现在回想起来，可能这些是我以后走上写作之路的动因之一吧。

苦读中练就文学功底

在循化县城上高中期间，由于喜欢看课外读物，经常在课堂上读小说入迷，多次被老师发现后没收书籍，或被罚扫地、擦玻璃、写检讨等。在高中阶段除繁重的高考备战外，忙里偷闲地看完了《聊斋志异》《静静的顿河》等古今文学名著。

我大学上的是西北第二民族学院中文系，在素有"塞上江南、鱼米之乡"美誉的银川，我前后待了四年时间。在这里我既有充足的时间，也有旺盛的精力，涉猎古今中外的历史、哲学、文学、美学、电影理论、摄影、美术绘画等方面的知识，广泛阅读，吸取营养是我的爱好。大学的图书馆、阅览室是我经常光顾的地方。各学科的知名作家、导演、艺术家等频繁地来校讲座，我几乎一期不落地聆听，受益匪浅。大学期间，和

◎道帏多吉著作书影
（道帏多吉 提供）

爱好文学的同学一起策划创办了文学周报《绿洲》（油印本），我任执行主编。此刊在兄弟高校之间交流时，得到了文学爱好者的青睐，部分作品曾入选刊登在正规报刊上，同时在校期间上讲台激情演讲，得到师生们的认可。

1986年在《民族文学》第三期发表第一篇组诗《西藏》，自此正式开启了业余文学创作之路。1988年7月，大学刚毕业就到云南迪庆段的金沙江沿岸，西藏雅鲁藏布大峡谷流域部分地段进行田野调查，将地理地貌、气候、建筑、民俗、宗教等所见所闻进行了记录，后在《民族团结》杂志上陆续刊载。

毕业分配的时候，自愿到黄河源头的玛多县工作。玛多县位于黄河源头，扎陵湖、鄂陵湖等上千个湖泊散落其间，是世界上高海拔生物多样性最集中的地区之一，也是世界上水资源最为丰富的地区之一，因此被誉为"中华水塔""千湖之县"。在玛多工作期间，利用工作之便经常去黄河源头，扎陵湖、鄂陵湖等地了解人文地理，独自创办《江源》（油印本），将黄河源头的耳闻目睹、亲身经历、感触体会逐个写出来，同时向文学爱好者约稿，用诗歌、散文、随笔等形式，将黄河源头介绍给大家，其中部分作品被《青海日报》《青海湖》《西藏日报》《青海青年报》等报刊选用。

多角度、跨边界纵深推进文学创作

1991 年，我刚调任海南州民族歌舞团创研室做编剧工作就接到上级任务，要创作一部反映青海湖的歌舞剧。同年入夏以后环青海湖一圈进行采风体验生活，搜集大量青海湖传说，编写了大型歌舞剧《佛土神族》舞台脚本，此剧在青海省义艺汇演获最佳剧目奖，并入选"五个一工程"。与此同时，创作了多部小品、话剧、舞蹈脚本，有几篇舞蹈评论在《中国舞蹈》杂志发表，出版了《艺术之光》（与人合作）一书。

为积累大量的创作素材，先后到西藏拉萨、甘肃甘南、四川阿坝和甘孜、云南香格里拉等地区田野调查，或体验生活，每到一地坚持写一首诗，共写 180 余首。1992 年，出版了第一部诗集《圣地：诞生》，由著名诗人伊丹才让、格萨尔学专家降边嘉措作序，他们高度评价"道帏多吉是藏族第三代诗人中的优秀代表"，该诗集先后再版三次。

1994 年 7 月，又一次进藏体验生活，每一次的感觉都是不同的。回来不久由青海人民出版社出版了第二部诗集《天上青藏》，诗人班果、才旺瑙乳、杨亚杰、列美平措，作家白玛娜珍都从不同的角度给予了极高的评价。

年底，到北大作家班进修半年，聆听了许多文化名流、知名作家、影视达人的讲座，并系统学习和阅读了古今中外名著，使自己的文学功底进一步加深，文学视野进一步开阔。同时，先后参加了鲁迅文学院举办的少数民族作家培训班、宁夏作家培训班、贵德作家读书班等活动。

在参加鲁迅文学院作家培训班期间，有幸聆听了《光明日报》副刊编辑、著名散文作家韩小惠，《花城》杂志社主编、著名作家朱燕玲，茅盾文学奖及鲁迅文学奖获得者、著名作家阿来，《人民文学》主编、著名作家施战军，中国作协副主席、著名作家李敬泽，中国作协书记处书记、著名作家邱华栋等文学巨匠的演讲，受益匪浅。在这同时自己也创作并发表了大量小说、评论、散文、报告文学、诗歌、剧本等文学作品。

1995—1998 年，创作完成青藏文化系列丛书《带你游贵德》《鸟的王国刚察之旅》

《浪漫青海湖》《激情海北之旅》《青藏之魂海南藏地之行》《穿越川西藏地》等 7 套丛书，均由青海人民出版社出版发行，文字创作、图片摄影、装帧设计由本人独立完成。

1999 年主编《海南文学作品精选》（藏汉文合璧），导演万玛才旦，诗人瑞珠才让为副主编，历时一年编辑完成，是海南藏族自治州建州以来首次整体亮相的海南作家群，又是建州 40 多年自治州文学创作实力的整体呈现，引起文坛瞩目。

2001—2004 年，经海南州委批准创办《青藏文化报》，任总编，招聘 5 名采编人员，深入各州县采访，行程 2 万公里，共编辑出版发行 60 余期，深度挖掘各地民俗风情、人文地理等，发往宁夏、陕西、甘肃等文化旅游部门，西部旅游景点景区及各地旅行社，对外宣传文化旅游资源起到广泛的社会和经济效应。

2010—2014 年，出版《寻梦诗意秘境藏地》《笔尖上的青藏》《山神的牧场》《青康藏之眼》等散文随笔集均由青海人民出版社出版，并列入藏羌彝走廊重点图书工程，青海省委宣传部重点文艺作品，其中《山神的牧场》入选中国作家重点作品。

2005 年，执导拍摄系列专题片《青海藏传佛教寺院》三集。2006—2010 年，执导纪录片《夏琼寺》《赛宗寺》《黄河》《青海湖》《云端上的牧场》。2015—2019 年，执导电影《格曲》《韶华》。

2018 年开始筹措电影《阿尼玛卿》，经过一年多准备，2019 年 12 月开机。在严寒季节带着机组前往果洛，我们要克服缺氧、寒冷，还有吃、住、行方面带来的挑战和考验。冬至后的三九天，雪山脚下寒风凛冽，但我们依然毫不犹豫地上路了，为了那座云端上冰清玉洁黄河源头的大山。

2020 年，执导完成电影《阿尼玛卿》拍摄工作，此影片脱颖而出，一举成名，在国内外产生广泛影响。

2020—2021 年，主编《悦读共和》，50 万字，为建党 100 周年献上一份文化厚礼。

我的文学编辑生涯

李本加 *

我出生在循化县道帏藏族乡古雷村一普通农户家里。我的父亲在当地是一位有一定声望的藏医，母亲是一位精通各种农活的普通妇女，家中共有五个子女，我排行老大。在童年记忆里，我四五岁起就经常跟随父亲到村卫生院去玩耍。当时的卫生院还只是个土木结构的二层小楼，而楼下就是我们村的小学教室，每天都能听到楼下传来的琅琅读书声。后来我也加入读书行列之中，就这样在无忧无虑和快乐的读书声中度过了小学阶段。

◎李本加先生生活照 （李本加 提供）

1985年9月，从小学毕业之后，有幸到十世班禅大师倡建的循化县藏文中学，成了这所学校创建后的第一批学生。这所学校位于距离道帏乡70公里外的文都乡，

* 李本加，海西州民族语文工作中心主任。

我也因此第一次背起行囊，远离家人，独自求学。在这所学校，我度过了整个中学阶段共 6 年的时间。对我来说那是一段难以忘却的时光，那里也是我人生的转折点。在那里，我曾欢笑，我曾流泪，我曾抛洒热情与汗水，那里还有我青春的印记，也是在那里，我实现了梦寐以求的大学梦。

1996 年 7 月大学毕业后，我自愿来到海西蒙古族藏族自治州工作。来到这里之前我只是在老人们的口述中听过，柴达木是个非常荒凉、人烟稀少的艰苦地方，而且离家乡很遥远。即便如此，我始终觉得自己前进的道路指向这里，于是便怀揣着梦想和希望来到这个神秘的地方。经过一天一夜的路途劳顿，我终于在一个雨过天晴的早晨到达了目的地——金色的德令哈。

这里给我的第一感觉，正如我想象的那般安静本分，这里也有它自己独一无二的个性和风格。每当夜幕降临，城外是戈壁沙滩，城内灯火辉煌，好像沙漠中的一颗明珠。直到现在，对于当初的选择我也没有一丝后悔，我一直觉得这片广袤的大地好像一位慈祥的母亲，张开双臂将我揽入怀中，让我感到格外的熟悉和亲近，也因此这里成了我的第二故乡。

最初我的梦想是当一名人民教师，但到德令哈的第二天，我被分配到海西州文联，成为藏文文学期刊《岗尖梅朵》的一名文字编辑，从此我便与编辑工作结下了不解之缘，同时也开启了我 20 余载的文字编辑工作生涯。起初，由于刚刚参加工作没有什么经验，领导安排我从事校对工作。

在最初从事刊物校对的一段时间里，我始终静不下心来校对，当时的我觉得校对工作是如此单一和枯燥，和我大展宏图的梦想有很大出入。因为没能做到细致、认真地校对，我也受到了领导的批评和开导，领导也看出了我浮躁的性格无法立刻适应编辑工作，于是便特意安排我和一位老同事到省内外去征订刊物。

从德令哈到省会西宁有 500 多公里，当时交通不便利，有七八个小时的车程。但一路上，老同事一直耐心地和我交流，小到编辑工作经常遇到的问题，大到这份工作对于我人生道路成长的重要性，如此深入的交流让我感触颇深。经过那次交流后，我便暗下决心，从零做起，培养毅力，坚定自信，成为一名合格的编辑。

征订刊物是指主动去各地联系征订、联系作者，这些琐碎的事虽不属于编辑工作的范围，但为了扩大读者范围，提高稿件质量，编辑部经过研究之后决定靠这样的方式来加大发行量，提升刊物的知名度。但征订的路途非常遥远，从省内到省外，各州、市、县、乡、镇，甚至还有民族大学和各地区的中小学都要去。

每到一个地方，都要跟当地的作者广泛交流，征求他们的意见和建议。受限于当时的条件，到了每一个地方只能先找朋友或其他文学爱好者来帮忙，如果能联系上，工作自然就比较顺利；但如果联系不到，那就只能靠自己。有时候为了征订一本书要走几公里路，即使这样还未必能成功。走了一天一无所获是家常便饭的事，我还常常受到无视和质疑。但当投稿作者和文学爱好者非常真诚地向我敬上洁白的哈达表示欢迎的时候，我觉得一切付出都是值得的。我能亲切感受到他们对文学及刊物的尊重，这对我来说也是莫大的鼓舞和欣慰。作为一名期刊编辑去亲身体会征订过程中的这些点点滴滴让我获益匪浅。

一位编辑最高的理想无非是所编的刊物得到广大读者和作者认可。当我将编辑道路上的所有经历都当成是一种财富，我的信念便更加坚定，也能够更加从容应对编辑生涯中遇到的各种挑战。

后来，随着时间的推移，我的性格也发生了明显的变化，原来粗心大意、急于求成，现在更多的是一份谨慎和细致。仔细一想，在省内外的出版行业，有几位响当当的我们循化道帏籍的知名编辑，如青海民族出版社德高望重的智华老师、青海省文旅厅《群文天地》和《藏族民俗文化》主编侃本老师，还有青海民族出版社《章恰尔》编辑部切将老师，我始终对他们充满尊重和崇拜之情，他们是家乡的骄傲，更是我学习的榜样。

在文学编辑的道路上，我不仅磨炼出了坚强的意志，同时也变得踏实肯干、任劳任怨，最终得到了大家的认可。2008年11月，我从普通编辑升任《岗尖梅朵》副主编，这对我来讲是个极大的鼓舞。但我也深刻明白这是机遇和挑战并存的时刻，于是更加努力工作，严格把关每一篇稿子的质量，认真履行"三审三校"制度，在平常的业务工作中积极主动地配合好主编的同时，我更加用心地从老编辑们身上汲取好的经验，也更加努力学习相关科学理论知识。自始至终我都珍惜和热爱着这份编辑工作，紧紧围绕"以科学的理论武装人，以正确的舆论引导人，以高尚的精神塑造人，以优秀的作品鼓舞人"这一文艺理念，严把稿件质量关，力求提高《岗尖梅朵》的知识性、可读性、趣味性和艺术性。

2014年3月，我被任命为海西州民族文学杂志社社长兼《岗尖梅朵》藏文诗刊主编。成为社长和主编的我更加认识到肩负的责任重大，因为《岗尖梅朵》为全国唯——家藏文诗刊，刊物除发行到全国各涉藏省区之外，还发行到海外的一些高等学府和藏学研究机构。目前在国内具有较大的读者群体，已在国内藏族文学界享有一定的声誉，刊物发行量也在目前全国涉藏省区各大报刊中名列前茅。

在新的形势下，我曾静下心来认真地思考过怎样当好一名期刊的主编，虽然积累了一定的工作经验，但面对各种挑战，还是觉得压力山大。因此，我以高度的责任感和使命感，从编稿到最后发行等一系列的编辑工作重新梳理后，全面进行合理调整。同时，为了能够让刊物拥有更多活力，与时代并进，大胆创新。我对所编辑出版的书籍封面和开设栏目、版式策划等进行不断地改进和创新。在我们的努力下，刊物在原有栏目基础上又新增了几个具有特色的栏目，获得了大家广泛的认可。这些栏目中，有的是专门推荐当前藏族诗歌创作领域中具有一定影响力的诗人和他们的诗歌作品，以点评的形式解读和剖析作品的语言风格及艺术特点，同时也深刻地探讨和指出作品的不足，每篇作品都具有很强的针对性、理论性、创新性和欣赏性，很大程度上解答了当前藏族现代诗歌创作中所遇到的各种难题；有的是从真正意义上弥补了藏族现代诗歌领域中长篇诗歌的空白，满足了广大读者的阅读需求，广大读者通过"长诗欣赏"栏目，能够欣赏到具有深刻文化内涵和独特艺术品位的藏族现代长篇诗歌作品，这对藏族现代长篇诗歌创作和发展都将起到巨大推动作用；还有的是以问答的形式探讨各自的创作感想和创作经历，每篇作品中诗人们都热情洋溢地从不同角度表达了对诗歌欣赏、创作技巧的独到见解，通过这样的形式，使读者对于当前藏族诗坛的发展动态及诸多诗人和其诗歌创作的各种情况能够有所了解，成了编者和作者、读者间的桥梁。这些栏目的开设，对藏族现代诗歌的发展起到了巨大的推动作用，更是对初步形成和奠定藏族现代诗歌创作理论基础具有重大意义，因此刊物也获得了"中国北方优秀期刊的荣誉"。

2017年，我成功入选"海西州名师名医名家工作室"，主要是为本地区藏文图书从事编辑工作，这对我来说又是展示自我的平台。为了充分发挥优势，我负责编辑出版72期《岗尖梅朵》刊物的同时，还编撰了《园丁论文集》《心潮》《瀚海藏文文集》《岗尖梅朵创刊25周年文学丛书》（全8册）、《海西藏文文学丛书》（全8册）、《藏族现代诗歌点评集》（上、下册）、《现代藏文长诗集》、

◎李本加先生编辑的著作书影（李本加 提供）

《当代藏族女性诗选》、《海西地名历史文化释义》（藏文版）、《青藏高原山水文化》（海西卷）近30部各类藏文文学书籍，校对了共2000多万字，同时还参与了海西州"两会"文件及各类条例文件的翻译工作。2018年，为了更好地服务读者，我们将原来32开本的刊物全面改版，在符合新时代、新要求的前提下，《岗尖梅朵》刊物以崭新的姿态重新站在广大读者面前。刊物全面改版的成功问世，不但填补了国内藏文期刊界的许多空白，而且为传承、发展和交流藏族文化、推动民族地区的出版事业做出了积极的贡献。2018年，改版升级后的《岗尖梅朵》刊物荣获了"青海最美期刊"和"全省期刊编校质量检查评比优秀"两个省级奖项，获得广大读者的认可和赞扬。除了编辑工作之外，

我还牵头举办了"全国岗尖梅朵文学奖暨岗尖梅朵杯全国藏族大学生原创诗歌朗诵大赛"。2018 年 9 月，刊物与共青团青海省委、青海省作家协会和青海广播电视台等多家单位联合在青海省西宁市举办了第三届"岗尖梅朵杯"全国藏族大学生新创诗歌朗诵大赛暨第五届"岗尖梅朵文学奖"颁奖典礼，来自全国的 100 余位著名藏族作家、诗人、学者、专家及全国 10 多所民族院校的 30 多名优秀藏族大学生参赛选手参加了颁奖典礼。"岗尖梅朵文学奖"和"全国藏族大学生新创诗歌朗诵大赛"，这项活动旨在奖励在藏语诗歌创作上取得突出成就的优秀诗人，已经成了具有一定影响力和知名度的全国性藏族诗歌活动。目前，已成为藏族母语诗歌创作领域权威奖项和著名藏族文学品牌，藏族母语诗歌创作者们也以获得这个文学奖项为荣耀。举办以来，每届活动都产生了巨大的影响，同时也为藏族诗歌创作的发展和培养下一代藏族诗人起到了促进作用。2019 年 3 月，我被任命为海西州民族语文工作中心党组副书记、副主任。按照上级指示，担任了《海西州人民政府公报》（藏文版）主编，我全面改版《海西州人民政府公报》（藏文版），把原来的半年刊改为双月刊，每期各印刷增加至 2700 册，发放到海西州民族地区各级党政机关、人大、政协、法院、检察院等机关，社区、村（居、牧）委员会、学校、寺院等，切实扩大了赠阅覆盖面。

在 20 余载的编辑生涯中，我始终心系民族文化事业发展，时刻保持清醒的头脑，准确把握政治方向，总结经验，为弘扬和挖掘藏族优秀文化、促进和发展藏族诗歌事业发展贡献了自己的一分力量。在编辑工作中不但得到了广大读者的赞扬和认可，同时也得到上级部门和领导的认可，2004 年被评为"全省优秀编辑""全州优秀共产党员""海西州对外宣传优秀工作者"；2015 年被评为"青海省作家协会优秀编辑"，被授予"全省期刊审读工作优秀审读员"称号和青海省"四个一批"优秀人才；2016 年被授予海西州高端人才百人计划"优秀人才"和"海西州优秀党务工作者"称号；2017年被授予"海西州名师名医名家工作室"领衔人物，同年被聘为"海西蒙古族、藏族自治州非物质文化遗产专家委员会专家"；2018 年荣获第五届岗尖梅朵文学奖"优秀编辑"和"海西州优秀党务工作者";2019 年被聘为"第二届藏族民歌大赛评委";2020年被评为海西州优秀公务员。编辑工作之外，我也在努力钻研文学创作知识，坚持理论联系实际，不断提高自身的文学创作水平。自 20 世纪 90 年代末开始，我便用藏文进行创作。迄今，在全国各大藏文报刊上发表各类文学作品 70 余篇（首）。虽然在编辑工作上取得了一定的成绩，但与优秀的编辑前辈、同人相比，还是存在很大差距和不足。在以后的工作中，我会再接再厉，取长补短，再创佳绩，让自己的编辑道路更加充实、更加长远，为本地区的民族文化事业繁荣发展发挥积极的作用，也为培养更多的本土文学新人和海西州藏文图书编辑出版事业夯实基础。

路漫漫而修远

——我的文学与学术之路

阿顿·华多太 [*]

◎ 本文作者阿顿·华多太

1971 年 3 月 21 日，我出生于青藏高原东部与甘肃临夏毗邻的一个被称为道帏的地方，属于贺隆堡村阿顿部落人。我的家乡传统以种植农作物，兼牧少许牛、羊为生，土地较为贫瘠，水地较少，基本上属于靠天吃饭的地方。父母养育有六男二女 8 个孩子，我排行老三。从父母偶尔提起的往事中得知，我出生不久就得了一场怪病，父母虽然请医多次，总是不见痊愈。后来轮到爷爷专程到比仑寺请高僧探究病因。爷爷回家之后带领母亲和还在襁褓中的我到东日山上一个叫作鲜花东边的山陵的地方，根据高僧的建议换掉了我原来的名字。此后华多太就成了我的名字。而阿顿·华多太作为我的笔名，那是步入写作之路以后的事。

1979 年，8 岁的我开始在贺隆堡村小学上一年级，9 岁进入毗邻的贺隆堡塘小学上二年级。小学三年级时，时逢包产到户，我的同龄人几乎无一例外地辍学回家放牛、

* 阿顿·华多太，青海省互联网新闻中心副主任、译审。

放羊去了。这些小伙伴当中除自己不愿上学的个别同学之外，大多数是因为家庭生活而被父母责令留家充当劳力。

上四年级时，我以与小伙伴们合伙收养狗仔的故事为原型写了一篇名为《我的小狗》的作文。语文老师看到我的作文之后，对我大加赞赏，并叫我在全班面前朗读。这对当时的我而言是一种莫大的荣耀，也对我后来的学习和生活产生了深远的影响，最直接的意义在于自此我对语文课产生了浓厚的兴趣。记得我当时每晚都怀抱一本发黄卷曲的《斯巴达克》连环画睡觉。可以这样说，假如每个写作者的心中都曾有过一粒文学的种子，那么我的这粒种子自此就开始在心中萌发。

1985年，我进入古雷中学。在初中学习阶段，我的语文成绩一直优于其他功课，同时我有幸在扎西老师门下兼学藏文正字，第一次接触到了母语专科知识，与母语文字建立了最初的感情。1988年6月，考入循化县高级中学。1990年3月，转学至循化藏文中学，同年6月参加高考，因藏语文成绩未达录取分数线而落榜。在1991年6月，第二次参加高考，结果以全县第二名的成绩被西北民族学院少数民族语言文学系本科班录取，攻读藏语言文学专业。

在大学期间，我师从多识、高瑞、才让草、孙守京和斗拉加等十几位教授，系统学习了藏族历代文学、敦煌藏文历史文献和中外经典文学等课程。在课外时间潜心写作，已成为当时的一种生活方式。当时只是凭借自己对文学的感觉，一边盲目地写作，一边不停地投稿。为了给远方的编辑老师留个好印象，投稿都是由同桌代为抄写进行的，担心自己糟糕的笔迹影响了编辑老师的读稿心情。终于在大一下学期的某一天，我的处女作《爱》（组诗）发表在《西藏文学》1992年第5期。欣喜若狂的我一时不知道怎么去处置25元人民币稿费通知单，现在回想起来觉得当时的自己可爱又幼稚。第一次公开发表对于每个写作者而言都有一种里程碑式的意义，那种感觉是无法用语言来表达的。同年，诗作《纯绿色的目光》发表于《西北民族学院校报》（1992年5月）。1993年，诗作《毫不留情的风》荣获第三届"新青年杯"校园诗文大奖赛二等奖，诗作《一个人留下的脚步》荣获跨世纪青年作家诗文大奖赛二等奖。同年，两篇诗作分别被《湖南诗歌散文》和《跨世纪青年作家文萃》收录。1994 年，诗作《归途》发表于《瀚海潮》第 2 期。1995 年，诗作《我可以走得杳无音讯》发表于《草地》第 3 期。总之，一些作品的发表和获奖，给自己大学四年留下了难以忘怀的喜悦瞬间。

1995 年 6 月，我大学毕业，获得文学学士学位。在毕业之际，自费油印个人诗集《明明是我的错觉》，收录大学期间创作的 30 余首诗歌作品，与诗友交流存念。大学毕业论文《趋向派别化的藏族现代诗歌》被院系学位委员会评为优秀毕业论文，并推荐发表在《西北民族大学学报》（1995 年 2 月）。

1995 年 7 月，赴青海省海西蒙古族藏族自治州民族语文工作办公室参加工作。在业余时间，常常阅读文学作品和历史书籍。1996 年，与诗友洛嘉才让合办诗歌油印民刊《边缘人》，与《牛皮船》等其他自办民刊交流学习。同年，诗歌《拉萨，来看看我》发表于《贡嘎山》（1996 年 4 月）。1997 年，《藏族当代诗人诗选》收录了组诗《人类的宇宙》。1998 年，诗作《感谢天葬》发表于《青海日报》7 月 26 日版文艺副刊。同年，自费油印个人诗集《德令哈之夜》，收录了大学期间和参加工作初期创作的 50 余首代表作品。

1998 年开始，由于个人的知识领域和价值取向的变化，逐渐放弃了诗歌写作。这期间除短篇小说《犹豫不决的命运之神》（《西藏文学》2002 年 3 月）和短篇小说译作《杀人者》（《群文天地》2005 年 2 月）之外，把精力放在自己一向热衷的地方历史文化研究方面。在此后数十年当中，相继发表了《藏语文的发展变化与历史使命》（《柴达木开发研究》2000 年 4 月）、《循化藏区的抢婚习俗》（《西藏民俗》2001 年 2 月）、《汉藏翻译中的趋同式译风》（《攀登》2001 年 4 月）、《论羌、吐谷浑和羌之我见》（《青海民族研究》2003 年 1 月）、《循化藏区的石砌艺术》（《西藏艺术研究》2003 年 2 月）、《柴达木地区的古代石刻岩画》（《西藏艺术研究》2005 年 1 月）、《道帏周遍地区的古代地名》（《攀登》2005 年 3 月）、《海西地区藏族史略》（《柴达木开发研究》2006 年 4 月）、

《循化藏区的夏尔群鼓舞和石帐节》(《中国西藏》2007年5月)、《外星游客雪域寻访记》(《飞蝶探索》2007增刊号)、《青海道帏地区的石砌艺术》(《攀登》2007年4月)《道帏历史中上部三村的形成过程》(《中国藏学》2007年4月)、《也谈汉藏民族关系渊源》(《柴达木开发研究》2007年4月)、《积石山下的砌石人》(《中国西藏》2008年1月)、《道帏地区的插箭节》(《布达拉》2008年1月)、《青海湖西部地区的地名考释》(《西藏研究》2008年1月)、《汉藏公文翻译中藏译文的汉语化问题》(《民族翻译》2008年2月)、《柴达木藏族源流考述》(《中国藏学》2009年2月)、《道帏地区的丧葬仪式》(《中国西藏》2009年9月)、《从雅则红城地名分析黄白黑霍尔民族归属》(《青海师范大学学报》2009年5月)、《试论加入居民与唃厮啰的关系》(《中国藏学》2010年3月)、《汉藏语言的渊源演绎与汉藏民族历史关系》(《西南民族大学学报》2011年8月)、《略述汉藏公文翻译中藏译文的汉语化问题》(《攀登》2012年1月)和《柯鲁可戈壁车那扎仓寺寺规戒律初探》(《攀登》2021年3月)等文章发表在省内外主要刊物。2009年开始，

◎阿顿·华多太的部分著作书影　(华多太 提供)

我将业余时间的研究重点放在了有关都兰古墓的归属方面，相继发表论文《都兰古墓的民族属性》(《中国藏学》2012 年 4 月)《试读都兰热水 23 号墓出土的古藏文胛骨 (藏文)》(《西北民族大学学报》2019 年 1 月)、《都兰热水 23 号墓出土的古藏文胛骨试读》(《青海师范大学学报》2020 年 5 月)、《都兰热水 2018 血渭 1 号墓出土银质印章考辨》(《西藏大学学报》2021 年 3 月) 和《略论阿夏（A sha）族源》(《中国藏学》2021 年 4 月)。

在时隔 10 年之后，文学氛围的再造和个人情感的积压，我也像很多 70 后诗人一样，于 2008 年复而回归到文学的大院。我发现学术研究和文学创作是两条互不相悖的路，只要保持喜好和精力，就可以并驾齐驱，用不着顾此失彼。我复出后所作的第一首作品《我是藏人》因为借助了互联网传播，在网络诗歌界受到了始料未及的关注和好评。这个现象更加激励了我继续文学之路的自信和决心。同年，诗集《忧郁的雪》，由内蒙古人民出版社出版发行。该诗集收录了 80 首诗歌作品，由才让瑙乳和姚新勇二位先生作序评介。相继有孔占芳、祈发慧、蔡煌道杰等 5 位批评家对其中的诗歌作品做了评论文章。我的创作手法日臻成熟，逐渐形成了风格，有 200 余首诗歌作品陆续在《诗刊》《诗选刊》《诗林》《诗潮》《诗江南》《诗歌月刊》《西部》《扬子江》《民族文学》《青海湖》《西藏文学》《广西文学》等国内主要刊物公开发表。部分作品入选《中国诗歌年选》《中国诗歌精选》《中国诗歌排行榜》《华文新诗百年选》《天天诗历》和《新时期中国少数民族文学作品选集·藏族卷》等十几种文学集锦。合译作诗集《火焰与词语》，2013 年由青海民族出版社出版；译作散文集《山那边》，2014 年由作家出版社出版；译作《白玛措诗歌集》，2015 年由作家出版社出版；诗歌集《雪落空声》，2016 年由青海人民出版社出版。

素心若水，淡然前行。无论是文学创作，还是学术研究，我始终以一份热情和一种担当鞭策自己不断前行，去实现更多的自我价值，因此也获得了一些荣誉：先后荣获《中国少数民族古籍总目提要·青海卷》编目工作先进个人（2007 年）、青海省民族语文翻译理论研讨会二等奖（2008年）、青海省第六次哲学社会科学奖"优秀成果鼓励奖"（2009年）、第十次全国民族语文翻译学术研讨会三等奖（2009年）、首届青海省格萨尔研究成果三等奖（2013年）、青海省政府评为"青海省优秀专业技术人才"称号（2015年）和第二届深圳读书月"十大好诗奖"（2017年）等荣誉或奖项。

斗转星移，日月如梭。在近30年履职经历当中，先后参与了3个不同部门的公职工作。1995—2010年在海西州民族语文工作委员会办公室工作期间，从事公文翻译、审核工作。主持完成《中国少数民族古籍整理青海卷·海西分卷》的搜集、整理和编纂工作。2010—2012年在青海省政府信息技术办公室工作期间，从事青海省政府藏文政务网的内容维护和省政府内网的信息采编工作。2012年至今在青海省互联网新闻中心工作，从事新闻采编和翻译、审核工作，主持完成青海省政府藏文网和青海藏文手机报的开通运行工作。2012年11月，获批少数民族翻译系列职称译审（正高级）资格。

往事如烟，浅笑而安。我已岁达知命之年，此时此刻，作为个人，最让我有所感悟的是一生中爱好和兴趣的可贵，没有这两点，谈什么理想都是泛泛而论。今天，当我想起自己当初发表第一篇作品时莫名的欣喜若狂和天真的趾高气扬，到后来自己谙知写作和学术研究的终极意义之后的淡定、从容和理性，再到如今不争名夺利、不好高骛远地看待这一切的时候，深感这些经历都是作为一个写作者不断反省、不断成熟、不断内化于心的生命体验。当我回望曾经走过的路，最能够充实和宽慰自己的事物，莫过于用文字的方式在自己的生命现场留下一串深深浅浅、歪歪正正的脚印。

我是怎样走上影视创作之路的

斗拉加*

　　我们生活在青藏高原这片高天厚土之上，这里的乡土人情自然成为我们的关注对象，特别是我，作为一名普通的藏族媒体人，常年工作和生活在"三江源头""格萨尔文化之乡"的青海省果洛藏族自治州，到今年已整整 30 年了。我对这里的大江大河、雪山草原、森林峡谷等自然环境有着敏锐和细腻的情感体

◎斗拉加先生在纪录片拍摄中 （斗拉加 提供）

会。我们经常迈开双脚，下帐、进入大山、草原深处，和这里的牧民群众一起吃住、采风、调研、访谈、拍摄，有时一住就是几十天。我们的足迹几乎踏遍了果洛的山山水水，这些日子成为我生命中不可或缺的珍贵记忆，也磨炼了我成为一名媒体工作者、纪录片拍摄者的意志和专业素养。所到之处，用心灵感怀、用镜头捕捉，创作了《冬虫夏草》《雪山的孩子》《神山的召唤》《藏医门诊》等几部较有影响力的专题片和纪录片。借此机会，我想谈谈其中几部作品的创作感受。

　　一部纪录片的创作过程，首先是选题的敏感度和问题意识的产生。阿尼玛卿作为

* 斗拉加，果洛州电视台记者。

黄河源头最大的雪山，被称为"雪域九大神山"之一、"十地菩萨"、"格萨尔大王寄魂山"，因此，在藏文化的语境中阿尼玛卿有着深远的符号象征意义。从地理方位来讲，阿尼玛卿雪山是昆仑山脉中支的最东段，整条山脉呈西北—东南走向，18 座海拔 5000 米以上的雪山拔地而起，在阿尼玛卿冰雕玉琢的山体上密布着 40 多条粗壮的冰川，其中 4 条分别发育了西柯河、东柯河、格曲、切木曲、曲什安河 5 条河流，这 5 条河流实际上是黄河上游最主要的水源，玛卿的冰川约为黄河源区冰川的 90%，而黄河源区水量占黄河的 40% 以上。玛卿雪山在夏日的融水不仅是对黄河上游有力的补给，也催绿了草场，成为当地百姓的生命源泉。除了水资源，其动植物资源也是相当丰富，这里的草地和水源正是玛卿雪山周边放牧人家赖以生存的生活资源和精神家园。

以阿尼玛卿为主题的片子我拍了 3 部，我说说其中的电视纪录片《即将消逝的雪山》的感受。近年来，随着全球气候变暖，特别是极端气候层出不穷，对人类社会的各个方面产生极大的负面影响，伴随而来的是现代人的精神焦虑感、生存压力感，使得"低碳""环保""原生态""有机生活"等概念成为这个时代的关键词。正是处于这个层面的选题意识，使我感到以阿尼玛卿雪山为突出代表的青藏高原自然生态环境正在发生着深刻变化，应该引起人们足够的注意。2004 年 2 月和 2007 年 8 月，阿尼玛卿雪山发生两次特大雪崩，作为新闻记者的我们当时给予了及时报道。几年过去了，玛卿雪山正在发生什么样的变化？它向人类发出怎样的警告？这个问题一直困惑着我。于是在 2008-2010 年三年时间里，我从不同角度关注着阿尼玛卿的变化，它的朝圣者、朝圣路线及自然环境的变异，雪线上升的速度非常惊人，气候异常引起当地草场植被的变异，牧民的担心和焦虑，玛卿周围的湖泊几近干涸，珍贵的动植物资源濒临灭绝，这座正在消逝的雪山向人类发出了最后的警示。一部纪录片的选题意义应该是该纪录片的灵魂所在，接下来要选择与之适宜的拍摄、剪辑方式和纪录风格。我在拍摄上尽量采用长镜头、全景等较为自然的取景方式，与当地人交谈、拍摄也是相当自然的氛围下产生的，没有摆拍或刻意准备的过程，让人物和镜头以其本来面目出现，让老百姓像他平时说话那样，捕捉其最自然的状态，有感而发。这使得这部纪录片在结构上顺理成章，过渡自然、流畅。在剪辑上追求叙事大于表现，首先有一个时间上的衔接，慢慢走近雪山，再进入本片的主题，有连续性和联系性，但在情绪的剪辑上，注重一种厚积薄发、水到渠成的效果。我锁定了一个关键人物，就是当地的一位地方知识专家，跟随他的转山路线及视野切入，所到之处，尽量与当地牧民聊天，获取真实的信息。本片还有一个特点就是我自己解说，当时的考虑是，我不是专业的播音员，声音没有修饰和训练，加上是母语的解说，更能凸显本片追求自然、朴实的纪录风格和效果。《即将消逝的雪山》这部纪录片耗时 3 年之久，但是真正操作的时间不是很长，利用点滴琐碎的时间拍摄，经过长期的思考和关注，使得本片在深度方面还是略胜一筹。当然，这部纪录片也有很多缺点，如只有主题，没有准备脚本，一些拍摄难免随意化；整个拍摄画面也不考究，难免粗糙化；没有充分准备，如在细节方面考虑不周，该用反光板的地方没有用，整个纪录片在画面的质感和统一性方面非常欠缺。因此，电视理论和实践需要一种联合运作，才能实现思想与镜头的飞越。2013 年，本片荣获中国广播电视协会第七届"纪录·中国"人文（自然）类二等奖。

第二个我想说说《冬虫夏草》这部纪录片。前些年藏区冬虫夏草的采挖、交易活动越来越呈现规模化趋势，掀起了一段"虫草浪潮"，挖虫大军是我们周边地方低收入人群的真实写照，虫草收入成为当地百姓主要的经济来源，虫草贸易在区域经济中发挥的作用也越来越明显，从各个方面极大地改善了广大农牧民的生活，但是在追求经济效益的同时，也看到虫草"流动"带来的负面影响。随着有关虫草采挖政策的变化、虫草价格的上升、虫草交易各方经验积累，虫草贸易流程开始改变，中间环节增多，特别是中间人的角色变得更加多元、繁杂，交易模式由此也变得复杂起来。这部片子采用"真实电影"的创作手法，2009—2014 年，以青海省循化县文都乡的还俗僧人宗智前往果洛州玛沁县采挖虫草为线索，使用自下而上的日常视角，揭示了虫草经济对当地社会各个群体的影响。2017 年 11 月 12 日，《冬虫夏草》荣获第二届中国民族志纪

◎斗拉加拍摄纪录片 （斗拉加 提供）

录片学术展金奖。当时，四川大学研究员朱晶进老师撰写的影评《冬虫夏草——民族志纪录片的社会责任与日常视角》一文发表于《中国民族报》："该片导演斗拉加来自青海省果洛藏族自治州电视台，他通过为期五年的扎实拍摄，向影视圈和学术界贡献了一部民族地区现实主义题材的优秀作品。它不仅是一部有学术档案价值的民族志，更是一部体现了高度社会责任感的'作者电影'，足以引发观众在民族地区生态环境保护、农牧经济发展、基层社会治理等方面的深思和讨论。"

纪录片《雪山的孩子》，也是用三年时间真实记录果洛道扎福利学校的点点滴滴，记录"校长爸爸"的坚韧和顽强，反映了孤残儿童们的辛酸故事和他们对未来生活的憧憬与美好向往。近期，我又拍摄了一部8集系列纪录片《镜头下的果洛文化印记》，以果洛地区的藏族牧业文化为主题而展开，通过历史见证、人文场景回顾与展示，从多角度阐述牧业文明和草原文化的精髓。用叙事与访谈方式，描述果洛地区的格萨尔文化、山水文化、民俗风情、民间文学、传统音乐、舞蹈、戏剧、美术、技艺、民间体育，以及精神信仰、自然风物、文物遗迹等诸多内容。用纪录故事化的手法，讲述果洛藏族的衣食住行，并采取情景再现和现实场景相切换的手法，表现藏地文化的魅力。果洛作为安多藏区游牧文化的突出代表，被喻为"格萨尔的故乡"，这里流传着有关格萨尔史诗的多种艺术形式，包括诗歌、说唱、歌曲、绘画、舞蹈及马背藏戏等，有关藏族格萨尔史诗的歌舞剧，作为现代艺术的一个种类，在果洛得到长足发展，并获得新的内涵。

除了电视事业，我在电影理论方面也进行了一些探索。影视作为视听艺术，在很多层面上，电视可以向电影学习更多、更好的光影艺术手段。以我的论文《关于藏族题材电影创作的几点思考》为例：这篇论文以藏族电影群像为分析依据，针对目前藏族题材电影普遍存在的艺术创作瓶颈，探讨如何强化影片叙事结构、矛盾冲突、视听语言、人物塑造等艺术创作环节，提出在全球化语境下，运用"和而不同"的应对策略打造藏族题材电影的精品，旨在为中国少数民族电影的创作提供借鉴。以藏族电影群像为分析依据，具体以国内青年导演陆川的《可可西里》、法国导演埃利克·瓦利执导的《喜马拉雅》、不丹藏裔导演宗萨仁波切执导的《旅行者与魔术师》《高山上的世界杯》（也译为《小僧侣看世界杯》）及万玛才旦的《静静的嘛呢石》为例，针对目前藏族电影普遍存在的艺术创作瓶颈，探讨如何打造藏族题材电影的精品。

就这样，我以一个寻梦人的心境，走进青藏高原的腹地，触摸一段新鲜而久远的藏文化记忆；走进藏传佛教的家园，寻找一片慰藉心灵的圣地；就这样，以一个朝圣者的姿态，点燃白色雪原那洁净的柏枝，飘扬褐色山冈那吉祥的经幡，期盼心灵与自然悄然缝合，这众神的家园，灵魂宁静的归宿，心灵沉睡的憩园，相信，一切终可抵达……

深山里的耕耘者
——我的文学梦

龙本才让[*]

四面环山、土地肥沃的道帏紫金川，五谷丰登，六畜兴旺，而且是民间文化的富矿区。这里独特而灿烂的民间文化，像日夜不停流淌的道帏河，滋润着这里的男女老少。

我时常想，自己识文断字并能写书的这一福分，是故乡赐予的，自己的成长离不开故乡的无私哺育。能够在人生之路上健康奔走，无碍又少走弯路，也与从小熏陶并根深蒂固的传统美德大有关系。所以我从内心深处由衷地感到生于斯长于斯，乃此生的幸运，能与这条沟结缘，是前世修来的福。因为根在这里，源在这里，因为魂牵梦绕是

◎龙本才让先生
（龙本才让 提供）

故乡的山川河流，自己笔端流淌的应该也是故乡的盛衰及乡亲们的甘和苦，但我觉得自己做得还远远不够（自己虽然有近 30 年的文字生涯）。

赶上好时代，受恩喜饶嘉措大师等先贤们的不灭足迹的指引，现如今道帏这条沟里，知识的翅膀已然丰满的学子飞翔四方。这里不仅有名声远扬的藏式石匠队伍，也有文采斐然的笔耕者，他们像一丛丛吸收阳光和雨露的绿树一样茁壮成长。

---

[*] 龙本才让，原果洛州久治县政协干部。

　　我刚上学那年，没有正规出版的教材，只有乡学区打印制作的教材，且这线装教材也不是每人一册，而是一本教材大家共用。但这白纸蓝色的教材上30个藏文字母个个工整又优雅，在第一次踏上求学之路的山沟深处的孩童眼里是那么的亮丽。闻着沁人心脾的油墨芳香，幼稚孩童不禁沉浸在无限的遐想中。那时不但教材匮乏，纸和笔同样匮乏，农村孩子只能以大地为纸，手指为笔。严厉的老师抓紧我们的手按在地上，我们因嫩小的指头疼痛而眼眶里泪水打转，但这疼痛更加激励了我们识字能文的梦想和热情。放学欢奔跳跃回家时，村巷中孩童欢快的歌声与尘土一起飞扬。晚上一边听父母讲故事，一边展开自己的想象，与故事中人物同悲同乐。尤其在秋高气爽的夜晚，在房顶上枕着父亲的臂弯，数着天上的星星，在榆树飒飒作响中进入甜美的梦乡。童话和民间传说，以及神秘又浩渺的宇宙像个无尽的课外读物，极大地丰富了农村孩子的内心世界，让幼小的心灵开始接受美和善的沐浴。

　　随着教育的发展，教材的逐步完善，每人一本书的梦想也终于实现。从此手捧图文并茂的书本，稚嫩清脆的琅琅读书声与树上鸟儿啁啾声一起给古老的村庄带来了苏醒的活力。村里的孩子纯真又朴实，那时老师的一句鼓励话能带给我们极大的上进心。我还记得，藏文老师布置我们造句，每当我的造句受到老师的肯定而在同学中点名夸奖时，我心里不仅甜美，而且兴奋得合不拢嘴。下午放学后，我把老师的赞美词一字不漏地带回家里，再次讨到父母的鼓励和赞美。遇到一个教导有方的老师真可谓是学生的福气。小学二年级开始，我在楞本加老师（道帏加仓村人）手中教鞭和发音清晰的教学中，开始尝到了学习语文的趣味，点点滴滴的基础知识也从此得以积累。我想，自己如今能把30个藏文字母得心应手地串联起来，很大程度上有赖于上小学时的造句练习。

　　在整个小学期间，课外读物对我们而言简直是梦寐以求的奢侈品。我不记得上小学时读过一本课外书。我只记得，一次我莫名地闷闷不乐，为躲避父母的寻找，我在顶房里的草堆中藏了起来。发呆的我四处张望，倏然，糊墙的《青海藏文报》映入眼帘，上面登载的《格萨尔王》一段说唱那么醒目，我立即被吸引了进去，一字一句、津津有味地阅读，竟没有注意到家人悄然进来。这可能是我第一次接触课外读物，就这么偶然相遇，也让我幼小的心里萌生了无限的想象力。

1986年我小学毕业，上道帏中学首届藏文初中班。幸运的是我们的藏文老师还是小学的老师楞本加，他刚从黄南民师毕业分配到此校任教。楞本加老师一改老套的教学，为了把枯燥的内容活跃起来，他想方设法让课本上的词语活动起来。他经常从语法名著《语灯论》中选择几个词语，让我们用这些词语写作文，题目由我们自由拟定。这样我们不但能牢记词语，而且为今后写作储备了不少词汇宝藏。他不但让我们背诵《鸟猴的故事》，还让我们背诵藏族文学先驱端智嘉先生写的列入高中语文里的《借七政宝漫谈》全文，使我们提前领略了藏族文学的美和藏文化的博大，培养了我们对古老文化的热爱和追求，并促使我们形成学习文学的浓厚兴趣。这时《章恰尔》《青海群众艺术》《青海藏文报》等陆续进入教室。见到这些课外读物，同学们个个像见到了稀世珍宝似的眼里放光，争相传阅，爱不释手。到了初三下学期，一次语文老师拿着几份油彩浓重又亮丽的报纸来到教室，说这是《刚坚少年报》，你们也可以投稿发表。听了老师的话，加之看到上面同龄人的习作，使我心里有了跃跃欲试的冲动。但是，当时心思都在迎战中考中，哪有闲暇尝试投稿呢？考试的压力无情地冲淡了我脑海中澎湃的发表作品的欲望。

直到上司法学校，我才尝到发表文章的甜头。因我们是该校首届藏文法律班，班主任说："《藏文法制报》总编想在我们班里组稿，为我们藏文法律班设个专栏，请同学们踊跃参与。"班主任的这番鼓励，摇醒了我心里沉睡的写作欲望，立马提起笔写了一首类似韵文的习作交给老师。当这习作形成铅字，见到下面有自己的名字时，我惊奇的目光久久盯在上面无法收回，一股难于言表的甜美流遍了心田。从此我一发不可收拾，不停地写各种短文，发疯般投稿给省内各类报刊。虽然好多稿子石沉大海，年轻的心里不免失落过，但固执的我一如既往地坚持不放。当然，这样一味地耽于课外读物和埋头写作，虽与学习专业有点矛盾，甚至有主次颠倒之嫌，但不影响考试成绩，我何乐而不为呢？

1992 年，我毕业被分配到果洛工作，我把向往雪山草地的生活和写作的热情一同带到了雪山脚下。巍峨的雪山和辽阔的草原，牧民悠然而朴实的生活，让我的心灵沐浴美的甘露。工作中与各色人物交往，接触世间各类杂事，使我的懵懂心理成熟了一些，但手中的笔仍旧未脱稚气。工作间隙发表的好多文章未能超越原有的水平，字里行间不断暴露出模仿和重蹈覆辙的毛病。现在回想，那时一味追求发表量，而不求改进和上升，仅凭一股蛮劲和冲动热情，仍在原地踏步而不前。

1997 年秋末，经过自己努力争取，我如愿以偿到省城深造。课余时间我有幸相遇并结识了《章恰尔》《青海群众艺术》（现更名为《藏族民俗文化》）等刊物的编辑，在与他们的闲谈和交流中，我受到了不少启发，开阔了我原先狭小的思维模式，解决了母语作者普遍存在的通病。与编辑的交谈给予了我今后涉足文学领域更多的启发。2000 年，我在《章恰尔》上发表了散文《我的同学》，除使我兴奋得飘飘然之外，让我更加痴情于文学，也给了我孜孜不倦追求文学梦的信心。

2006 年，辛勤劳作终有收获，我结集出版了藏语小说集《银耳环》；2010 年，出版了散文集《山那边》；2014 年散文集《山那边》列入《野牦牛藏族文学丛书》，由作家出版社出版；2014 年，母语小说集《月圆时分》入选藏文文学期刊《章恰尔》编辑

◎龙本才让部分文学作品 （龙本才让 提供）

部策划、编辑的《21 世纪藏族作家书系》(第六辑)。还有藏译汉作品和原创作品入选《中国当代少数民族文学翻译作品选粹(藏族卷)》和《中国藏族当代文学精品丛书》及《青海文学十年精选(散文卷)》中；2018 年,散文集《山那边》在第二十七届"东丽杯"散文评选中获散文集类三等奖；2021 年,我的第二本散文集《故乡深处的风景》由青海民族出版社出版。以上列出的这些,远不能称为成绩,只能说我近 30 年孜孜不倦的追求至少结了果,虽是歉收,但内心溢满笔耕的幸福。

到鲁迅文学院和省上读书班等学习,我深刻体会到听一听文学大家的讲课,对业余作者文学修养的提升大有帮助。在作者与作者的交流中,发现自己的不足和短板,醒悟到自己安于一亩田地的收成而得意扬扬,见不到他人田地里的丰硕,是多么的可笑和可悲。

我想既然选择了,那就要像不合群的深山修行者一样,牺牲世俗的利益,还要面对世人的偏见和排挤。每当有些熟人嬉笑我是"不出名的作家"或"没有得过奖的作家",或者拿我和另外小有名气的作家对比进行冷嘲时,我也只是笑笑,对此置之不理。有时候我认为,自己能坚持到现在,除了感谢那些鼓舞和指点的贵人、好友之外,更要感谢自己有些固执的热情和不死心的追求。如果没有这种固执加不死心,手中的笔无疑早已淹没在那些口水中,或者在好心好意的劝导下搁置。需要承认的是,创作上有所收获时虚荣心膨胀过,遇到挫折或陷入困境时,我也灰心又气馁过,甚至产生过放弃追求的念头,好在自己这么多年遇到困难不退缩,迎难而上,并耐得住寂寞,抵得住喧哗的诱惑和腐蚀而没有在浮躁的泡影中沉没,像身在深山中的农耕人一样默默耕耘,默默收获,坚持有始有终。但愿今后自己手中的笔越来越成熟和自如灵动起来,把触动心灵的题材不仅在心中沉淀孕育,还能在笔端流成文字的音符响起来。

回忆我的电影之路

李加雅德[*]

　　我叫李加雅德，年幼时在藏文化的熏陶下，打下藏文基础，感恩恩师、感恩慈父。我先后毕业于青海师范大学藏语言文学系、北京电影学院导演系。

　　身为电影导演兼编剧、藏汉双语作家，在青海师大期间，被《等待戈多》和《圣女贞德》深深打动，决定将这两部荒诞戏剧翻译成藏文，多年后出版发行。完成人生第一部长篇小说《香巴拉王国》并出版发行。此后，离开故乡，抵达北京，踏入了电影艺术之路。

　　当初以编剧身份进入电影行业，经历漫长的刻苦勤学，考入了北京电影学院导演系，从此全身心投入编剧和导演职业生涯。第一部剧本名为《藏地鼓声》，以佛教文化传承为核心，展现僧俗生活和心灵，用生活流风格，记录和再现传统与现代文明碰撞下的故乡，获得了专家们的高度评价，入围第74届威尼斯国际电影节剧本华语单元、第三届全国剧本大赛创意奖、国家新闻出版广电总局剧本大赛三等奖、第二届青海广电局剧本大赛一等奖，这些奖项和荣誉，见证了我对故乡的一片赤心，更有信心继续创作相关剧本。陆续完成以"西藏十戒"中偷窃之罪为核心内容，创作儿童教育剧本《偷心》；以人与大自然、动物情感为核心之《白牦牛》；文化流逝之《一个导演的葬礼》；暇满人身之佛教电影剧本《生命之轮》《米拉日巴尊者》《藏在风景中的恋人》《坛城》《唐卡神韵》；表现医德医风之《藏地誓言》、世界三大史诗之一《格萨尔王之霍岭大战》等。

---

[*]　李加雅德，电影导演。

另外，考虑到藏文化中电影理论空白，编写藏文版《电影艺术入门》，并出版发行。目前，正在编写《电影剧作理论》《电影理论基础》《电影导演艺术》等25本电影理论。

我的每一部作品的灵感，都来自故乡的人与自然、人与动物的互动中。目前，已完成并待出版的书籍为《被死神定格的世界》《恋爱中的玛旁雍错》《誓言》《藏族价值论》《藏地生死书》《地狱之恋》《命运》《一滴慈悲的眼泪》，其中《藏地生死书》基于《西藏度亡经》《命运》浓缩远古至今西藏坎坷命运，《地狱之恋》基于佛教观想次第。

已搬上银幕的影视作品《白牦牛》，荣获第25届金鸡百花奖国产新片奖、第七届北京国际电影节最佳儿童片奖、入围上海国际电影节影展、圣地亚哥国际儿童电影节、入围华盛顿华语电影节、入围第24届北京大学生电影节主竞赛单元。

《藏地鼓声》（剧情短片）荣获首届北京樱花电影节银奖、第七届北京电影学院金字奖优秀奖、第十届中国平遥国际摄影展优秀摄影奖，入围北京大学生电影节短片单元。

《原罪》（剧情短片）荣获第二届北京樱花电影节评委会特别奖、首届国际大学生新媒体文化节优秀奖、第二届国际大学生微电影大赛中优秀奖。

《藏地鼓声》（剧本长片）入围第74届威尼斯电影节聚焦华语剧本单元，在第三届安徽剧本大赛中荣获创意剧本奖、第二届青海省影视剧本大赛中荣获一等奖、入选首届国家新闻出版广电总局剧本孵化项目。作品《生命之轮》（西藏首部无对白剧情片）提名2019年加拿大温哥华国际华语电影节、第16届世界民族电影节、2019年英国伦敦北欧国际电影节、2019年中国国际青年电影展，剧本入围第74届威尼斯电影节聚焦华语剧本单元。

从山村走出来的竞走健将

周加才让[*]

李毛措于 1992 年 10 月 20 日出生于道帏乡比隆村，父亲公保杰，母亲王周太，家中有四姐妹，她排行老四。与众多乡村小孩一样，李毛措小学就读于距出生地一公里左右的贺塘小学。从小学四年级开始，她就到离家有五六公里的道帏中心小学就读，而且当时学校没有住校的条件，只能早出晚归，着实很辛苦。

她自幼聪明伶俐，勤奋好学，能吃苦，且有一股永不服输的精神，学习成绩在班中一直名列前茅。李毛措在体育运动方面的天赋，在她小时候并没有显现出来，她的成长环境没有为她的体育运动提供良好的基础，她几乎没怎么参加过体育比赛项目。

父亲公保杰为了让李毛措能接受到更好的教育，在她小学毕业后就送她到位于县城的循

◎李毛措勇夺亚军 （周加才让 提供）

* 周加才让，西藏民族大学民族研究院助教。

化中学上学。上初二时，省体校高庆旭教练到中学招收运动员，经过一系列的体能测试，高教练发现了李毛措有当运动员的天赋，想招她入专业队练长跑。当时李毛措的家人对专业体育了解甚少，婉拒了高教练的邀请。第二年，省体校的高教练又一次给李毛措的父亲打电话，再次邀请李毛措前往省体校训练。在高教练的多次鼓励下，李毛措的父母亲终于答应，并决定送她去省体校。

2007年9月，李毛措正式进入青海省体校，在高教练的指导下接受系统的专业学习和训练，并选择主攻竞走项目。从此，开启了李毛措艰苦而辉煌的竞走生涯。本人在采访李毛措时，她说："高庆旭教练是我职业生涯中遇到的最重要的教练，是我的启蒙恩师，是我的伯乐。"高教练慧眼识珠，发现并发掘李毛措的运动天赋，让她从小山村走向了世界，打开了一扇窗，将李毛措培养成了优秀的运动员。

在高教练的精心指导下，李毛措经过几个月的艰苦训练后，于2008年5月进入省体工一大队竞走二组，成为一名正式的运动员。进入省体工大队后，在袁德久教练的指导下开始专业训练，训练量从之前的每天十几公里突然增加到几十公里，这让年轻的李毛措很不适应。从小没有接触过竞走项目，加之初入体工队的李毛措年龄尚小，几个月的训练下来，出现了严重的贫血，影响了她的正常训练。当谈起当时的情景时，她说道："我从来没有因为训练的艰苦而生起想要放弃的念头。从前只是给家里人诉过苦，主要是因为贫血而不能参加正常训练，看着队友们每天都在进步，这让我觉得压力很大，也很受伤。只要身体能够允许，受再大的苦，我也能接受，这可能跟我从小在农村长大的环境有关吧。"由于身体先天的瘦弱，加之贫血，她的训练成绩并不理想，成长之路显得曲折而艰难。但是，李毛措从来没有放弃过，日复一日，年复一年地进行训练。终于皇天不负有心人，在袁教练从生活上的关心、专业上的细心指导和她自身的努力下，身体慢慢恢复，贫血状况慢慢改善，李毛措又回到了那熟悉的场地进行训练。李毛措能够一直坚持下去，她的家人给予了足够的支持，从来没有给她额外的精神压力和负担。在生活方面也尽最大的努力让营养跟得上。李毛措说道："这么多年以来，不管走到哪里，我的家人就像一座巍峨的大山，永远站在我的后面为我遮风挡雨。"正因为有了家人的鼓励和支持，让她能够得以专心地训练。随着身体状况的好转，每天的训练量也逐步加大，加之特别能吃苦，她的成绩也突飞猛进，之后参加过很多国内的大型比赛项目，都取得了佳绩。

女子50公里竞走项目，实际上从2015年开始才有的，之前李毛措练的一直都是20公里竞走项目。综合这几年的大赛经验，李毛措发现，自己的优势是耐力而非速度，她认为自己更适应50公里竞走项目。此后，她果断转成50公里竞走项目。就因为这次转型，让她能够更进一步发挥潜能，其进步之快令人叹为观止。由此，李毛措不断创造佳绩。

2015年5月4日，在江苏太仓举行的全国竞走冠军赛，李毛措获得团体女子成年组20公里团体第五名；2016年6月5日，全国竞走冠军赛在吉林长白山举行，她荣获女子成年组50公里第三名；2016年9月8日，全国竞走锦标赛在内蒙古呼和浩特举行，她获得女子成年组50公里第二名，成绩为4小时47分28秒；2017年6月16日，全国竞走锦标赛在陕西大荔举行，获得女子成年组20公里第三名，成绩为1小时36分20秒；2017年9月4日，第十三届全运会在天津举行，她以1小时31分19秒的成绩获得女子成年组团体20公里第四名。

因为出色的比赛成绩，李毛措在2017年11月成功入选国家队。这对她来说，无疑是个莫大的鼓励。在谈及入选国家队后的感受时，李毛措说："以前参加比赛是为了实现自己的梦想，竞走也是我的爱好，我喜欢竞走这项运动，也很享受比赛的过程。但入选国家队以后，感觉压力很大，觉得肩上的责任变重了，想着自己代表的已经不是个人，而是国家，尤其作为一个少数民族运动员被选中，让我倍感光荣。"

入选国家队后，不管是饮食还是每天的训练都有专人安排，也变得更科学、更能激发人的潜能；而且有机会登上更高的舞台，参加更大的赛事，能跟世界上最好的运动员同台竞技，共同进步，有了与以往不一样的收获。

光荣与汗水并存，辛苦与压力并存，李毛措进入了新的成长阶段。没入选国家队之前，一天训练量为 20~30 公里，一周最多 130 多公里。入选国家队以后，每天的训练量急剧增加。"比起在青海的日常训练，国家队的集训更加辛苦，我们在云南一天的训练量最多要达到 50 公里，一周要达到 200 多公里的训练量。"李毛措说。

"把压力转变成动力"成了李毛措在国家队集训时的座右铭。随着入选国家队，李毛措各方面的能力得到了提升。2018 年以来，李毛措在国内外的很多大赛上都取得了优异的成绩，随着各种奖项的收获，她的名气也响彻祖国的大江南北。

2018 年 3 月 3 日，全国竞走大奖赛暨国际田联世界竞走团体锦标赛在安徽黄山举行，李毛措获得女子成年组 35 公里第五名，成绩为 2 小时 52 分 17 秒；2018 年 5 月 5 日，国际田联世界竞走团体锦标赛在江苏太仓举行，她获得女子成年组 50 公里团体冠军，国际第七，国内第四，个人成绩为 4 小时 13 分 28 秒；2018 年 7 月 3 日，全国竞走冠军赛在内蒙古赤峰举行，李毛措获得女子成年组 50 公里冠军，成绩为 4 小时 13 分 04 秒；2018 年 9 月 8 日，全国竞走锦标赛在陕西渭南举行，她获得女子成年组 50 公里亚军，成绩为 4 小时 15 分 51 秒；2018 年 9 月 24 日，江苏吴中"环太湖"国际竞走多日赛，她又获得女子成年组 20 公里亚军，成绩为 1 小时 30 分 15 秒。

2018 年 11 月开始冬训，训练比较系统科学，她自己也格外努力。2019 年 3 月 9 日至 3 月 10 日，全国竞走大奖赛暨世锦赛 50 公里选拔在安徽黄山举行，也是 2019 年的第一场比赛，李毛措获得女子成年组 50 公里第二名，以 4 小时 03 分 51 秒破世界纪录，也是她最好的成绩，同时获得了世锦赛参赛资格。2019 年 3 月的 50 公里比赛结束之后改练 20 公里。虽然有伤，但短短几个星期的恢复训练结果比较满意，不到两个月的时间就参加了 5 月的 20 公里世锦赛选拔赛，获得第八名，比赛成绩为 1 小时 30 分 53 秒；2019 年 7 月开始在昆明备战多哈世锦赛，比赛项目为 50 公里，训练都是以量为主，每周最大量为 200 公里左右，最大负荷量为 50 公里。

要说李毛措体育生涯最重要的一次比赛，要数 2019 年 9 月 27 日至 10 月 6 日，在

◎英姿飒爽的李毛措 （周加才让 提供）

卡塔尔多哈举行的国际田联世界田径锦标赛，此次大赛她代表中华人民共和国田径队参加了女子成年组 50 公里比赛。由于多哈高温、高湿的特殊环境，此次世锦赛的马拉松和竞走项目均在相对凉爽的后半夜举行。2019 年 9 月 29 日，随着枪声响起，号称田径比赛里最为艰苦的 50 公里竞走项目正式开赛了，运动员们你追我赶，经过几个小时的激烈角逐，最终李毛措克服了时间和天气带来的双重考验，不负众望，以 4 小时 26 分 40 秒夺得了世锦赛女子成年组 50 公里竞走项目亚军。

2019 年 10 月 20 日，李毛措在环太湖国际竞走挑战赛上，获得女子 20 公里亚军；在世界女子 50 公里竞走团体锦标赛上，李毛措与队友共同拼搏获得团体冠军，个人成绩为 4 小时 14 分 47 秒，获得国际个人排名第七名。

2020 年，李毛措进入北京体育大学攻读硕士学位。

遗憾的是，2021 年东京奥运会取消女子 50 公里竞走项目，李毛措为获得东京奥运会的入选资格，不得不放弃她长期训练的 50 公里项目，转成女子 20 公里项目，而她的优势项目为耐力而非速度，而且长时间训练造成肌肉类型的不同，不管她怎么努力，最终还是遗憾地落选东京奥运会。

2022 年 3 月 5 日，世界竞走团体锦标赛成年组男、女 35 公里竞走比赛，在阿曼马斯喀特同时开赛。女子组的比赛中，中国选手李毛措以 2 小时 50 分 26 秒的成绩第二个冲线，收获一枚个人银牌，这一成绩也打破了全国纪录。3 月 5 日，由李毛措（青海循化）、马发颖（青海循化）、白雪莹、吴全明和郭娜超组成的中国队获得女子 35 公里团体季军。

在谈到她未来的规划时，李毛措坚定地说："毫无疑问，参加奥运会是我的理想，虽然这次我落选了，但我还是会全力以赴地争取参加下一届奥运会。"

在李毛措的身上，我们看到了为了实现自己的梦想，不断地挑战自我，勇往直前，永不放弃的拼搏精神。

李毛措，一个来自普通农村的女孩儿，十几年如一日地在田径赛场上挥洒着汗水。在遥远的他乡，隔几年才能回家一次探望年迈的父母亲。她把自己的青春留在赛道上，把所有的精力放在枯燥的训练上，一切为了国家和民族的荣誉而战。

在追逐梦想的路上，她不停地奔跑的样子，才是最美的风景。

四 学林拾萃

XUE LING SHI CUI

在学习中享受生活

——记西北民族大学多杰东智教授

杨　敏[*]

多杰东智，1970 年 6 月 15 日出生于循化县文都藏族乡恰牛村。幼时虽不聪敏，却刻苦学习。自家乡起步，先后在海南州民族师范学校、西北民族大学、中央民族大学、北京语言大学、英国牛津大学、德国慕尼黑大学等一系列高等学府学习和深造。目前在西北民族大学中国语言文学学部担任副主任、教授、博士生导师。曾担任西藏自治区日喀则市委副秘书长，兼甘肃民族师范学院教授、国际双语学会会员、《双语教育研究》编辑委员、中国民族语言学会理事等。

班禅教诲　使成其学

1985 年，多杰东智进入十世班禅大师关怀下成立的循化藏文中学。始入学海徜徉，遇到了他人生路上的第一批启蒙老师。在老师们的正确引导下，他发愤学习、认真思考，对未来有了一个美好的憧憬。初中期间，他创作的诗歌《赞美故乡的四季》在《青海藏文报》首次刊登，对他学习藏语言文字产生了更浓厚的兴趣和信心。1987 年 10 月 3 日，十世班禅大师莅临学校，给师生们做了精彩而又热情洋溢的演讲，大师讲的"学

---

[*]　杨　敏，西北民族大学中国语言文学学部团委书记。

好藏语言文字，学好国家通用语言文字，有条件，也要学好英语、日语等外语，你们不要满足于现状，要为改进家乡的旧面貌做出贡献"的谆谆教诲，坚定了他努力学习、回报社会的决心。

在藏文中学的三年学习生活，虽然各方面条件都很有限，但多杰东智与其同窗皆废寝忘食，专心致志。

1989 年，多杰东智考入了青海海南州民族师范学校。他谨记十世班禅的教诲，尊敬师长，刻苦学习。除认真学习各门必修课程以外，还积极参加学校举办的诗歌朗诵比赛、辩论比赛等课外活动，并获得"首届藏语文辩论赛一等奖"等多个奖项。由于学习成绩突出，获得的"三好学生"等各项荣誉和师生们的赞誉，滋养了他想要考取大学、在中国语言文学专业继续深造的大学之梦。

西北民大　潜心攻读

1990 年 9 月，多杰东智考入西北民族学院少语系（现为西北民族大学中国语言文学学部）。在西北民族大学里，第一次看到持不同语言、身着不同服色的维吾尔族、蒙古族、哈萨克族师生，拜见了多识教授、高瑞教授、马进武教授、更登三木旦教授等著名学者。大学四年间，他广泛学习藏语言文学专业各科内容，积极参加各种课外活动，为中国语言文学专业打下坚实的基础。其间，他也开始了英语的专业学习，并在西北民族大学举办的大学英语语音比赛中获得二等奖，藏语演讲比赛一等奖，多次获得"优秀三好学生""优秀团员""文明学生"等荣誉称号。

由于在校成绩突出，多杰东智于 1994 年 6 月本科毕业后留校任教。他主要承担语言学概论、因明逻辑学、历代藏文文献作品选等课程的教学任务，同时进行与专业相关的科研工作。他用藏文撰写的与藏传因明学相关的学术论文《谈摄类学中的总体及其分类》发表在《西藏研究》（藏文版）1995 年第 1 期上（原文中作者的名字误写为顿珠多杰），这更激发了他学术研究的蓬勃热情。

为了提升专业水平，多杰东智于 1996 年考取西北民族大学藏语言文化学院硕士研究生。专业选择为语言学，以适应学科建设和人才培养的需求。专攻普通语言学理论，导师为华侃教授。在三年研究生期间，华侃教授在传授普通语言学理论的同时，也展示了他丰富多彩的藏语安多方言相关学术研究思想和方法，使多杰东智受益匪浅。由此，多杰东智对藏语言文字的研究有了更加广阔的认识，不再拘泥于传统文法的理论框架。他与华侃教授一起调查和记录了藏语安多方言词汇 2121 条，并于 2002 年 8 月在甘肃民族出版社出版了《藏语安多方言词汇》（华侃主编）。该书成为他们对安多藏语方言田野调查的丰硕成果之一，荣获甘肃省社科一等奖。

"因念为语，因声而言；其语其言，复得本心。"在华侃教授的指导下，多杰东智对普通语言学、社会语言学、语言调查、方言学、描写语言学等理论的教学和科研都有了比较清晰的认识。他完成的硕士学位论文《藏语动词时式的辅助词研究》，被多识、赛仓罗桑华丹诸位教授给予了高度的评价，获得"优秀研究生"。在日常的生活中，华侃教授知识渊博、科研谨慎、执着和忘我的境界，治学严谨、生活朴素，为人师表的风格，深深打动了多杰东智，坚定了他对语言学理论学习的不断追求。

1999 年 6 月，多杰东智硕士研究生毕业后继续在西北民族大学任教。

中央民大　再遇良师

在导师华侃教授深厚的语言学理论基础知识熏陶下，多杰东智对语言学理论知识的追求不断上升。2001 年，他考入中央民族大学少数民族语言学院博士研究生，专攻语言学，研究方向为汉藏语系语言研究，导师为国内知名语言学家戴庆厦教授。在导师戴庆厦的指导下，他学习了普通语言学、历史语言学、类型语言学、社会语言学、汉藏语研究方法等，提升了发现语言问题的敏锐度，深化了宏观掌握、微观入手的科研精神。

戴老师经常教导他"练好语言学的基本功，写好博士论文，可以受益一生；如果写不好论文，别说别人不想看，就连自己都会不屑一顾"。教导他要善于发现日常语言背后隐藏着的规律：每一句话、每一个词，甚至一个声音都隐藏着某些完美的规律，以待我们去发现。

在学校时，戴老师除赴田野调查、参加一些语言学学术会议外，几乎每天都在办公室写文章、看文章，晚上 11 点才离开办公室，骑着自行车回家。这种兢兢业业的刻苦精神也同样深深影响了多杰东智的学术生涯。

在戴老师的指导下，多杰东智先后完成并发表了用汉语撰写的《安多藏语"形修名"语序的特点及其演变》《简析安多藏语动词的自主非自主与使动自动关系》等学术论文。不久，在导师的推荐下，他有幸师从北京大学语法专家陆俭明教授，学习了现代语言学理论知识。

2004 年 6 月毕业后，多杰东智返回西北民族大学任教，主要承担语言学概论、敦煌古藏文文献、历史语言学、汉藏语概论、藏语语法研究、语言调查、社会语言学、语音研究等本科及硕士研究生课程。

开阔眼界　牛津访学

为了拓展学术视野，提高专业水平，于 2008 年 3 月 1 日至 2009 年 3 月 1 日，多杰东智赴英国牛津大学东亚学院访学。在国际藏学学会主席查尔斯·兰博的关怀和指导下，熟悉国际藏学热点、学习现代语言学、梵文及喜马拉雅文化。同时继续深入学习英语文学、社会语言学、实验语言学、历史语言学等课程，熟悉、感受和了解牛津大学的学术研究理念及研究方法的应用，丰富了知识，开阔了眼界。

查尔斯·兰博总是以其幽默的语言介绍他多年所研究的藏语言文化，尤以谈到尼泊尔苯教文化的学术思想和经验、研究方法时，多杰东智对"藏学是什么？如何去研究藏学、看待藏学"等问题有了新的视角和新的看法。

有一次，查尔斯·兰博对他说："藏文文献研究要理解好 Manuscripts（文献）和 Description（碑文）的联系、文献语及藏语口语间的联系、宗教与社会关系等。"自此而对今后藏文文献研究有了新的认识。

2008 年 9 月，多杰东智赴英国伦敦大学参加第 41 届国际汉藏语学术会议，首次用英语撰写和宣读 *On the Deter-mined Tibetan Sentences in Dunhuang Manuscripts*（《敦煌藏文文献的判断句的特点》）的学术论文，引起关注。同年，加入国际双语学会，继续深造。回国后，仍在西北民族大学任教。2009 年开始担任甘肃合作师范专科学院客座教授、教育部杂志《双语教育》学刊编辑委员，并加入了中国民族语言学会。

再赴德国　远求诸学

2011 年 3 月 1 日至 2012 年 3 月 1 日，多杰东智赴德国慕尼黑大学印度学及藏学学院，与哈特曼教授和布兰达副教授一起学习和研究敦煌文献、梵文、历史语言学，以印度及藏学学院客座教授的名义，与布兰达多森研究员、Lewis Doney 研究员一起，参与国际合作项目"吐蕃赞普关系及佛教史研究"组，进行敦煌古藏文文献及藏语语言学研究。此间，他对梵文也产生浓厚的兴趣，参加梵文班，学习梵文，熟悉西方梵语的研究方法和语言理念。

同年，他赴英国国家图书馆、奥地利、法国国家图书馆、德国柏林国家图书馆、德国社科院图书馆等多地调研国外馆藏藏文文献及敦煌古藏文文献，并对其进行研究交流，开阔藏学及语言学研究视野。在布兰达多森研究员的帮助下撰写学术论文《谈敦煌文献 PT·1288 中的"gnag-lings"一词的实际含义及其相关问题》，并发表在《中国藏学》（藏文版）2015 年第 1 期上。

回国后继续在西北民族大学从教及参与科研工作。2015 年 8 月赴美国加州大学参加国际汉藏语学术会议，提交英文撰写的学术论文 *A sociolinguistic perspective on the Language divergence:Borrowed Chinese words in Amdo Tibetan Dialect*（《藏语安多方言中的汉语借词研究》）。

往日喀则　体验民风

为深入西藏社会，了解西藏社会，服务西藏社会，多杰东智于 2015 年 12 月 1 日至 2017 年 12 月，参加第 16 批、第 17 批博士服务团，并在西藏日喀则市委办公室担任副秘书长，主要分管日喀则市档案，参与历史文献整理工作。

日喀则是西藏自治区重要的宗教、文化聚集地。该地寺庙众多，其间收藏保存着大量历史文献。两年多时间，他与日喀则市委党史办公室的同事们一起深入基层，在白朗县、江孜、康马、萨迦、萨嘎、吉隆、仲巴等 18 个县区进行调研，融入基层地方志撰写、古藏文文献发掘与保护、地方档案管理等工作中。同时，广泛体验日喀则地区的民风、民俗，虚心学习日喀则话，不断丰富和加强自身的藏语文学及藏语言知识的修养。

为人师表　教书育人

从 1990 年开始，多杰东智在汉藏语系语言，尤其是藏语言文字历史研究方面进行了一些尝试性的科学探索。先后在《民族语文》《中央民族大学学报》《中国藏学》《西藏研究》《西藏大学学报》《西北民族大学学报》《青海社会科学》等刊物上发表论文 51 篇,出版专著 3 部。主持国家社科基金项目《敦煌古藏文与藏语安多方言语法比较研究》，教育部项目《敦煌古藏文判断句研究》，国家社科基金冷门绝学重点项目《敦煌古藏文中象雄语言文字研究》，国家重大项目《中华多民族谚语整理与研究》子课题等。英藏翻译作品《英藏敦煌文献中新发现〈巴协〉残卷研究》，2012 年发表在《西藏大学学报》上，深受学术界的关注。

多杰东智于 2004 年参与编写的《藏语梵文教程》获甘肃省精品课程奖；2004 年参与编著的《藏语安多词汇研究》获甘肃省社会科学一等奖；2005 年获教学比赛三等奖；2005 年被评为甘肃省"优秀青年"；2009 年由他参与的"语言学概论"获甘肃省精品课程奖；2013 年获"青年教师成才奖"和"先进个人奖""优秀指导教师奖"等多项荣誉称号；2018 年获"西北民族大学 2016—2017 年度项目奖"；2019 年获"甘肃省藏学研究青年英才奖"。

1998 年，中共循化县委、循化县人民政府授予他教育事业"先进工作者"的荣誉证书，肯定了他为家乡教育事业的贡献。

多杰东智在教书育人的道路上，虚心学习，丰富自己，努力耕耘，默默奉献，为培养下一代的藏语言学相关人才而继续不懈奋斗。他立德树人，传道解惑；不愧于心，感恩于心；从未辜负班禅大师的谆谆教诲和希望，矢志坚守，是所有大学教职人员的榜样。

我的双博士生涯

才让南加[*]

我于 1984 年 6 月出生在循化县尕楞乡曲卜藏
村一户平民家庭。2004 年以优异的成绩考入西藏
藏医学院，2009 年毕业后通过事业单位考录形式
留校任教，从事藏医药教育与研究工作。

为进一步提升自己的专业水平，2010 年 9 月
考取西藏藏医学院硕士研究生，攻读藏医学硕士
研究生学位。在指导老师多杰教授的悉心指导和
教诲下，2013 年完成学位论文《常用藏药材的种
植研究》并顺利毕业。

◎本文作者才让南加

2017 年，北京中医药大学与西藏藏医学院联
合招生，共招了 4 名民族医学（藏医）专业博士研究生。本人有幸考入当年的博士班。
在北京中医药大学读博期间，我收集、阅读了 50 多本藏医药典籍，对藏医药学研究领
域的研究方法及研究方式产生了新的想法。尤其是首次接触了北京中医药大学、成都
中医药大学、江西中医药大学的民族医药（藏医药）研究团队发表的相关论文，进一
步认识到藏医药学研究领域中存在的问题及自己的不足之处。

---

* 才让南加，北京中医药大学和成都中医药大学双博士。

为了提高自己的学问及完善藏医药研究领域的不足，2016年开始，我又专攻藏医药领域的藏药本草学及相关古籍文献。2016年12月，撰写的藏医药古籍文献类论文《〈迭部纪要〉的初步研究》在《中国藏学》上发表。在著名藏医学家康萨·索朗期美教授的指导下，2017年7月以《〈医疗瑰宝本草〉的研究》为题的博士学位论文顺利毕业。该学位论文也受到了国内藏医药学家的高度评价，并获得我校及西藏自治区优秀博士论文奖。

近几年随着学科分支的细密及研究方式不同，藏医学在国内很多高校的学科中分成藏医学、藏药学两大类，并运用现代药学及化学、物理学等方法，藏药学已经成为国内各大中医药大学的热点研究领域。另外，国内中医药类各大兄弟院校都设立了民族药学（藏药学）的硕士点及博士点。因此，为了提高西藏地区等祖国边疆地区的藏药学科研水平，2017年我重新选择了民族药学的学习生涯。

2017年3月下载准考证时，我才发现所考科目是现代医学药理学和藏药学综合。其中现代药理学对一位藏医药学的学生来说，是极大的挑战。因此，自己利用两个多月，勤奋努力地学习这门课程，并且顺利地考入成都中医药大学民族药学院深造。

2017年9月入学后，跟随著名药理学家孟宪丽导师，并专门学习医药类文献查阅法、医学科研思路与方法两门课程。在导师及团队的安排下，认真学习了动物实验、网络药理、细胞实验、藏药质量标准与控制等研究方法。先后发表了《西藏凹乳芹在藏医临床中的应用》《藏药"加哇"的本草考证及人工栽培研究》《当许医文残卷的年代考证及内容来源研究》《藏医本草典籍（药名之海）学术价值的初步探讨》《敦煌〈藏医药物配制残卷〉PT·1054的浅析》《藏医药"五味甘露浴"新析》等多篇论文。

我的导师孟宪丽是成都中医药大学研究生院的院长，兼任中国药理学会理事，四川省生理学会副理事长、四川省药学会理事、国家自然科学基金评审专家等。主要研究方向为中药及民族药药效物质基础及作用机制。我们的导师带领着她的研究团队，兢兢业业、孜孜不倦，认准目标一步一步向前，以至于常常忘记了吃饭和休息。我和我的师兄妹们也常常在实验室。除了春节、端午、中秋等大型节日外，孟老师无论寒暑，几乎都在实验室里辛勤工作，来得比我们早，走得和我们一样晚甚至比我们更晚。

孟老师在科研方面更是要求严格。在短暂的读博时间里，孟老师经常让我们撰写科研申报书、科研报告、SCI 论文等。在她的带领下，我们对常用藏药红景天对高原脑缺氧、高原缺氧脑损伤、缺氧脑神经元线粒体损伤等方面的功效影响等研究取得了成果。发表了《高原脑水肿流行病学的研究：系统综述和 Meta 分析》《红景天苷通过促进小胶质细胞 M1 和 M2 型转化改善小鼠高原缺氧脑炎症损伤》等 SCI 论文，成果影响因子达到 10 分以上。

孟老师经常教导我们："人的一生是奉献的精神、刻苦的精神！"她也经常告诫我们："年轻人做任何事情都要用心，要有良好的精神状态，不要怕吃苦，要刻苦多学点东西，才会终身受益。"同时，她以身作则带头学起了药理学中的前沿研究技术，并让我们定期去内地各大高校学习药理学的新技术、新研究方法。

在孟老师的悉心指导下，我也渐渐认识到了藏医药科研的重要性。积极参与编写了 2017 年国家科技部重点专项《藏医防治原发性高血压和老年痴呆症诊疗方案研究》及 2018 年西藏人事厅人才引智示范推广项目《藏药棱子芹的人工栽培研究》，2019 年西藏自治区重点专项《藏药"五味甘露药浴"药效物质基础研究与数据库建设》，2021 年国家自然基金项目《藏医多血症血型和隆型的临床生物标志物及藏药哲布松觉干预研究》等的研究工作。我曾参与设计了《藏药创伤软膏的研发》《传统藏药雪猪油新剂型的产业化开发》等省部级科研课题。撰写、指导设计了《藏药清血丸治疗查隆病（原发性高血压）临床有效性和安全性评价研究方案》及《藏药三味豆蔻汤治疗给乃杰谐（老年痴呆症）临床有效性和安全性评价研究方案》等临床研究方案。

为了提高自己的科研承担能力，从 2017 年开始，个人申报承担了西藏自治区藏医药管理局的项目《藏医经典〈医疗瑰宝本草〉的整理研究》，2018 年承担西藏自治区重点社科项目《藏医药本草史研究》，2019 年承担西藏教育厅高校人文社科重点专项《北派藏医的传承及保护研究》，2020 年承担西藏藏医药大学中医学（藏医）博士点建设专项《龙胆科植物的种子采集技术规范化研究》，2021 年承担西藏藏医药大学中医学（藏医）博士点建设专项《藏药"五大根散"的精准临床定位及质量标准研究》、中药学（藏药）博士点培育专项《不同炮制下藏药"塔奴"的化学成分变化研究》等。

2019 年，我的博士学位论文在西藏古籍文献出版社出版，并纳入西藏藏医药大学中药学（藏药）硕士生选修教材。同年，参编出版了《藏中南植物药图鉴》，并分别获得西藏藏医药大学教学成果一等奖和科研成果三等奖。2021 年，《西藏藏医药大学优秀导师丛书》里出版了我的第二部专著《〈常用藏药功效〉疑难注释》，参编了《西藏藏医药大学历届硕博士毕业论文目录集》，以上成果获得了同行学者的认可。

在短暂的读博期间，我一直致力于藏医药科研、教学、医疗、管理等工作。承担了西藏藏医药大学中医学（藏医）博士授权点申报及建设、藏医药专业学科建设、藏医药研究生人才培养模式改革试点建设、中医学（藏医）研究生教材建设、中药学（藏药）研究生教材编写等重要工作，为今后的藏医药科研、教育工作生涯开启了新的篇章。

我的漫漫求学之路

尕藏杰 [*]

我从小学第一天上学至留日博士毕业整整 22 年了，每每想起这段漫漫求学之路，总是感慨万千。一路走来，平淡中隐藏着跌宕，甜蜜中交织着酸楚，成长中蕴含着感恩，尤其是对那些为我的成长付出心血的老师们心存感恩。人生每个求学阶段都有特殊的经历和记忆，其中包含了太多奇妙的情愫与奇特的缘分。

◎本文作者尕藏杰

1982 年，我出生于循化县文都乡拉兄村一户普通家庭。父母由于种种原因没能接受完整的小学教育，但他们深知"学习改变命运"的真理，因此对我们兄妹三人的教育格外重视。我在 5 岁进了村里小学，当时小学开设语文、数学和藏文三门课程。记忆中，小学一、二年级的语文老师是内地人，对我们特别严格，每次默写不出拼音和单词时，教鞭就狠狠地落在我们的后腰上。村里几个调皮的小孩知道老师的惩罚方法后，每天早上把一张厚纸包在衣服下的后腰上，当遭遇老师惩罚时，教鞭落在厚纸上，免遭疼痛。但没过几天老师就发现了这个小聪明，从那以后教鞭便开始落在我们的手掌心。

---

[*] 尕藏杰，青海民族大学副教授。

藏文老师和数学老师来自村里或乡镇上，对我们也特别严格，每次放学回家时我们的手掌上都留有老师们惩罚的痕迹。当时我们对老师们恨之入骨，但上小学四、五年级时，才知道他们的用心良苦，也心存感激。

小学四年级开始进入文都乡小学（现在文都中心小学），这里有来自文都乡 32 个自然村的学生，当时我们村里学生的语文和数学成绩名列前茅，这也是平常老师们严格教学的成果。

1993—1999 年，我在循化藏文中学上初中和高中时，班级里学生特别多，有来自尕楞乡、道帏乡和岗察乡的学生，也有来自乐都和化隆等邻县的学生。由于学生数量多，老师们很难管理，尤其对我来说，直到高三毕业，没有离开过家乡。由于学校离家特别近，没有受过求学路上的饥饿和寂寞，优越的条件反而使我的学习成绩曾一落千丈，落到全班中下等水平。

1999 年高考落榜，是对我比较沉重的打击之一。揭榜的那天夜晚，我思绪万千，浮想联翩。经过一阵内心的挣扎后，便作出决定，从即刻开始，拿起书本开始奋发努力，于是在手电筒的照明下开始读书学习。补习期间，将近三个月没出过家门，复习了从初一至高三年级的所有汉语文、藏文、历史、政治等教科书。翻烂了这些教科书后，当时求知若渴的我寻找新的阅读书目，在乡邮局工作的二舅家找到了很多《求是》杂志和一些"文革"时的书籍。在几周阅读后，又在大舅家找到了梁羽生的武侠小说《七剑下天山》和路遥的《人生》两本书，这些书籍滋养了我的心灵，铸就了读书远行的梦想。

在 2000 年的高考中，我如愿考上青海高等师范专科学校（现青海师范大学民族师范学院前身）藏语言文学专业。十世班禅大师是这所学校的名誉校长，大师对民族教育无微不至的关怀滋润和培养了我们一代代年轻学子，为传承民族文化和民族教育而奋发向上。大学四年中我除系统地学习了藏族文学、语法、诗词、历史等传统文化课程外，还学习了语文、政治、世界历史、地理等通识课程。

另外，大学期间我开始接触日语并了解日本文化和国情，也有了后来留学日本的梦想。最初学日语时，我对其有一股强烈的抵触感，因为当时觉得日语比英语使用范围狭小，学英语才能跟上时代潮流。没过多久这抵触感慢慢消失了，因当时学校里的几位藏族老师曾经学过日语，尤其藏族著名学者扎布老师在日本留过学，他深知日语和藏语语法的高度相似性及藏族人学日语的轻易性。所以，坚持让我们学日语，当时学校还聘请了一位日本留学生作为我们的外教老师。这位名叫中村吉宏的日本留学生是来青海学习藏语和藏族文化的。这位老师任教一年半，为我们日语学习打下了基础，后续担任日语外教的阿部治平和广之真几位老师也对我们格外关照，上课时经常介绍日本文化和风俗习惯，激起了我们对异国风情的浓厚兴趣。阿部治平老师知道我们几个学生有留学日本的梦想后，每周对我们另行辅导，大大提高了我们的日语水平。

2004年大学顺利毕业，也因无赴日的机缘，留学日本的梦想慢慢淡化了，反而萌生了先在乡村当一名人民教师然后考研究生的愿望。

2004年10月，自己又因另外的机缘，考入了北京中国长城艺术文化中心，首先在青海电视台藏语部译制科（现安多卫视）培训配音工作三个多月。2005年2月赴北京工作，工作单位坐落于国家广播电视总局大院里，离天安门只有步行20多分钟的距离。到了北京，我看到历史悠久的故宫和雍和宫等古建筑，领略了高楼林立的现代化城市之魅力。当时对从小地方毕业的我来说，形成了强烈的思想冲击，进而再次重燃留学日本的梦想。为此，在每周忙碌的日常工作完成后，周末便去中央民族大学学习日语，坚持了几周的日语学习后，因高强度的工作和额外的学习，致使自己身心几近崩溃，繁重的工作和巨大的压力反而让我看不到希望和未来。正在当时，听闻曾经一起努力学日语的朋友去日本留学的消息，犹如一道黑暗中的明光，重新照亮了我留学日本的梦想。2005年10月，我辞去在北京的工作，返回青海继续学日语，寻找留学日本的机会。

2005年11月开始，我在青海民族大学外语学院日语系旁听日语课，2006年3月在小岛基地日语强化班学习。尽管如此，当时留学的想法并未得到父母的支持。左右为难之际，同年9月，我又以第一名的好成绩考上了青海日报社藏文报编辑和记者的工作岗位。在青海日报社工作期间，我依然没有放弃留学日本的梦想，每天工作之余在办公室自学日语，每天下班后，去青海师范大学图书馆学习日语，早上4点起来背日语单词，就这样坚持了三年左右。

2007年因缘际会，大学时期的日语外教阿部治平老师恰巧到青海师范大学任外教，2008年又到青海民族大学任教。与恩师重逢后，他深知我工作之余依然坚持自学日语，有坚定的留日梦想。在恩师和他的朋友帮助下，我成功申请了日本金泽大学大学院人间社会环境研究科硕士课程的候补生，终于在2009年踏上了留学日本之旅，实现了自己久违了的梦想。

2009年4月18日，我从西宁启程到上海，19日从上海飞往日本小松机场，由于上海至日本小松的航程只需两个半小时左右，中午就到达了日本小松机场。我在机场足足等了一小时左右，迟迟见不到前来接我的古桥先生（阿部老师的朋友），内心有点忐忑不安，就想到打国际长途给西宁的阿部老师。在机场工作人员的热情帮助下，打通了国际长途电话，也知道了因堵车，古桥先生在赶往机场路上。首次赴日在机场的经历，让我深深感受到了日本人的热情和礼貌的服务态度，这也是在日本生活七年多以来一直对日本难以忘怀的情结。

刚出小松机场时，气候炎热，天空蔚蓝，风景秀丽。小松机场是日本北陆地区的一座小型机场，离金泽市（金泽大学所在地）有40分钟的路程。沿途是日本海，在大海边微微吹动的风让人倍感凉爽，远远望去蔚蓝的天空和无际的大海交织在天边，我被这些异国风情深深吸引。

金泽市是有着60多万人口的小型城市，也是日本北陆三县中最大的城市，历史悠久，因此在日本有"小京都"的美誉。初到金泽市时颠覆了我对日本或国外城市的印象，在这儿看不到高楼大厦，除零星有几座六七层多的高楼外，其余都是日本传统木屋结构的平房，更加让人感觉这座城市历史底蕴和淳朴的民风。大街上看不到熙熙攘攘的人群，只有去超市买菜的个别老人。后来才知道，在日本文化中将勤劳节俭视为美德，周末以外平日里大家都忙于各自的工作，因此，街上很难看到人群。

金泽大学坐落于金泽市东边的山坡上，周围长满了松树，环境清静，与世隔绝，是静心学习的好地方。该校在日本国立大学中排第 13 位，是一所综合性大学。这所学校的医学在日本乃至全世界顶尖，影响力比较大。我就读的金泽大学大学院人间社会环境研究科拥有人文学、经济学、地域创造学、国际学等专业。我攻读人文学专业的社会人类学方向的硕博课程。日本大学大学院的学制为硕士两年，博士三年。在校学习期间，硕士第一年时，主要开设理论课和研究讨论课。文化人类学、地域社会研究方法等理论和方法课，需要与本科生合上，方法课中老师主要讲自己的调研经历、方法和内容。经常播放调研地方的影视资料，让我感受异国的文化习惯并被社会人类学田野调查的魅力所吸引。研究讨论课中老师针对你的研究方向,找些相关的书籍和论文,让你在短时间阅读完后，在课堂上要宣讲书本的主要内容和读后感。除促进学生之间学习各自研究方向的相关书籍内容外，主要是自我上课，训练自己的读书、演讲和思考能力。

我在硕士阶段的研究方向是青海涉藏地区村落社会，因此，硕士一年级寒假，受到学校资助并回国在青海同仁市双朋西乡曲马尔村和双朋西村，作了两个多月的田野调查。除了主要了解两个村的基本情况外，还有村民的生计方式、亲属制度、丧葬仪式（天葬）及寺院对村落社会的功能等。硕士二年级时，边整理这些资料，边在导师的研究讨论课上宣读论文内容，2011 年 12 月提交了以《青海涉藏地区村落社会》为题的硕士论文。该论文当年被选为金泽大学人间社会环境研究科优秀硕士论文，并被保送推荐上博士课程。

2012 年 4 月正式进入博士课程，在日本大学里硕士和博士的研究方向或内容必须要有密切关联。换句话说，硕士阶段要研究并掌握一个地方或研究对象的基本情况，博士阶段需要进一步细化或深入分析该研究对象。因此，博士阶段主要研究青海涉藏地区村落社会变迁。在日本博士阶段课程特别少，主要是做田野调查并收集资料。博士3年就读中,我前后受到学校的3次资助,在我的田野点同仁县双朋西乡做了总共11个多月的实地调查。收集了解放前后该村落社会的基本情况,尤其详细掌握了解放至西部大开发为止的村民们经济收入变化及家庭结构、亲属制度、社会组织、宗教信仰等方面变迁。在博士论文中详细记述了解放前后至2014年为止的该村落社会的变迁。2015年3月,我顺利通过答辩,并代表金泽大学人间社会环境研究科优秀博士生代表,受到校领导的表彰。

回想在日本七年的留学生活,心中五味杂陈。众所周知,日本是全世界第三大经济体,消费水平在世界前列,因此,我们留学生常年在课余和周末通过打工来维持基本的生活开支。例如,留学生平均每个月需要1万多元人民币的生活费。另外,学费每年需要交4万多元人民币。一般的留学生家庭承受不起这样的经济压力,因此,我刚到日本3个月后,开始打工养活自己。日本法律规定,留学生每周可以打工28小时,从事餐饮业工作。我们一般周末两天每天都工作8小时,平日晚上6点至10点工作4个小时,这样才能维持正常的生活开销。我最初在一家日本的著名中华料理连锁店"饺子的王将"做厨师工作,这个工作持续干了5年多。另外,从事过翻译、摆摊和蛋糕厂等短期工作。这些打工的经历让我深入了解了日本社会的服务行业,有机会接触社会各阶层的日本人并让他们了解一些藏族文化。

在日本大学有很多奖学金制度和学费减免政策。一般留学生可以申请减免学费,因此,学业成绩优秀的留学生每年只交一半学费即可,如果是带家属的留学生,学费是全免。另外,日本大学有针对经济贫困且成绩优秀留学生的各种奖学金制度,我前后申请到了"日本石川县优秀自费留学生奖学金""米山国际留学生奖学金""日本自费外国留学生奖学金""本庄国际奖学金"等。在这些奖学金的资助下,我在日本专心学习,顺利获得了博士学位。

2015年3月博士毕业后,我顺利应聘为金泽大学人间社会环境研究科的客员研究员,在日本继续收集日本藏学研究的相关资料,为后期的研究项目做准备。同年10月,我正式入职青海民族大学民族学与社会学学院，做了一名大学教师。我在教学中始终应用日本和欧美的研究讨论课形式，训练研究生的读书、演讲和思考能力，在广大师生中得到了一定的响应。2016 年在校领导的关怀下，我的博士论文《中国青海涉藏地区村落社会变迁》在日本联合出版社出版发行，在日本相关研究领域激起了很大的反响。同年 6

◎尕藏杰博士在田野调查途中 （尕藏杰 提供）

月，学校领导让我带头组建"青海民族大学学科创新项目'海外藏学文献翻译团队'"。我们这个团队在近几年坚持不懈地翻译日本和欧美等海外著名藏学家的论文等研究资料，取得了丰硕的成果。2021 年 6 月正式出版了《中根千枝藏学研究论文编译集》，另外《喜马拉雅区域研究论文编译集》正在待出版。

2016 年 9 月，我作为青海民族大学"佛教与喜马拉雅山地国家研究中心"的研究人员，被派往尼泊尔开展为期一个多月的调查，了解居住在尼泊尔首都加德满都的达芒族和夏尔巴等族群的社会文化。2018 年 2 月，又被该中心派往尼泊尔和不丹开展为期两个多月的实地调查，详细调查了中尼藏传佛教寺院关系及尼泊尔和不丹的藏传佛教寺院现状。同年 9 月，我顺利获批国家社科基金冷门"绝学"和国别史等研究专项《日本藏学文献整理与研究》，是全国第一批国家社科基金批准的"绝学"项目，也是当年青海省仅获批两项的其中一项。2019 年 9 月，获批国家民族委员会的《安多涉藏地区传统社会组织转型研究》项目。

在教育工作中，我始终为家乡的学生传授在日本所学到的知识，努力帮助他们实现自己的梦想，为鼓励和培养更多像我们一样怀揣远大梦想的家乡人才而默默耕耘。在科研工作方面，我始终不忘与日本优秀学者合作，系统性地研究和整理日本藏学文献，为国内藏学研究发展和中日文化交流方面贡献我们的合作力量。

回想这些年的漫漫求学之路，有很多跌宕起伏的坎坷之路，也有艰辛付出后实现梦想的无比喜悦。我的漫漫求学之路，探索出的经验给我的启示是，无论我们天资聪慧或普通平凡，只要你"不忘初心、牢记使命"地努力追逐梦想，脚踏实地，砥砺前行，梦想的天空，总会有接近的一天。

我在北大的求学经历

李加东智[*]

几个月前，侃本老师和我联系，希望我谈点自己的求学经历，重点谈谈北大学习情况。我再三推辞，觉得自己的学习经历并不特殊，学术成就或工作业绩也不突出，谁料老师很诚恳，却之不恭，只好勉为其难。其实，这样的念头早已有之，毕竟自己读书学习的时间较长，毕业时已过而立之年，对自己的求学生涯作个总结，其实也是对自己青春年华的一个交代。曾几次提笔又不知何处下落，终不了了之。北大六年的学习经历，的确令人难忘，但首先想到的却是当时选择报考北大的考虑和情形。原因很简单，我是非"科班"北大人，而且属跨学科专业考博，我本科、研究生的专业是民族学（藏学），考博时报考了北大政治学专业。由于专业跨度很大，我报考北大一事当时成了"小新闻"，引起了一定的反响。回想起来，作出这一选择，还是需要一定的勇气的。

2000 年，我以优异的高考成绩考入中央民族大学。中央民族大学是党和国家为解决中国民族问题、培养少数民族干部和高级专门人才而创建的一所具有鲜明特色的高等学府，经过几十年的发展，现已成为培养少数民族优秀人才的重要基地、民族理论研究和民族问题决策咨询的重要基地、传承和弘扬各民族优秀文化的重要教育单位。可以说，中央民大是我国民族高等教育的一面旗帜或缩影，也是全国乃至世界民族学研究的学术重镇，在民大我不仅在学理上弄懂了"多元一体"这一我国基本国情的历

---

* 李加东智，青海省委统战部干部。

史逻辑、理论逻辑，而且真正感悟了它独特的内涵、特质、魅力、价值和力量，对各民族团结奋斗、共同繁荣这一中华民族的立身之本、生命之依、力量之源有了全新而深刻的认知，也深深体悟了"美美与共"的校训所蕴含的深刻哲理、文化内涵和深沉智慧，并熔铸于自己的价值认同、思维方式和行为习惯。民大带给我的，远不止这些。作为母校，民大成为我人生的新起点。但同时我也感到，作为少数民族大学生，既然离开家乡、离开乡村，千里迢迢来到我国学术文化中心北京，懂自己民族的历史文化，虽必要但不够，懂民族理论政策，同样如此。所以，应该在此基础上学一点其他学科，有其他学校的求学经历那就更好。这样的想法，早在本科时期就萌生过，但限于英文水平，只好作罢。于是读研期间，除了攻修专业外，英语学习一直没有放松，经过三年努力，我的英语水平有了较大的提高，应试倒是有了几分把握，专业课又是一道不小的坎。为了全力备考，当年寒假留在学校，在国家图书馆埋头读书，加紧复习，与其说是复习，不如说是恶补。回想起来，那是一段难忘的经历。努力终有回报，结果较理想，最终被中国人民大学和北京大学同时录取。经过再三考虑，最终选择了北大。

本以为考上了博士就可以缓气歇脚，谁料更大的挑战和考验在后面。由于专业跨度大、底子薄，跟不上学习节奏，与其他同学相比，自己简直像个小学生，拿到录取通知书时的激动和喜悦一扫而过，代之以压力、焦虑甚至压抑，陷入了痛苦和迷茫之中，甚至一度为自己的选择感到懊悔。这样的情绪状态，老师也有所察觉，勉励我不要灰心，更不要放弃，你有你的优势，要有自信，同时要看到差距，加倍用功，尽快提高。学习没有捷径，博士阶段不像本科，满足于看概论之类的，肯定不行。光看中文的也不行，还要看英文原著。由于自己一直在民族学校上学，通用语言文字的功底较差，英语虽能应付考试，但读原著显得很吃力。虽知道老师说的都是肺腑之言，对自己的期许很高，但以自己目前的水平而言，老师的要求就是不会走路也要跑步。人生难免遭遇挫折甚至低谷，但它总会过去，只要肯努力，对此我一直坚信。我告诉自己只有抛弃一切杂念，尽快走出悲观失望，珍惜每一刻，全身心投入紧张的读书学习中，才是自己眼前最应该做的事。经过一段时间的调整，我又重新振作了精神，就这样开始了自己的北大时光，用八个字来形容，就是起早贪黑、废寝忘食。功夫不负有心人，努力就有进步，到博二学年的时候，大体能跟上大家的节奏了，讨论发言还是写作文章基本可以做到"行言行语"，在课堂上也不怕被老师点名发言，找回了久违的自信，渐入佳境。记得有一次，我的一篇中期论文作业，李老师很欣赏，认为文章见解独到，还特意让其他同学传看，这种情况并不多见，不少同学也因此而对我刮目相看。这说起来并不奇怪，因为我熟悉三种文化或掌握三种语言（中文、英文、藏文），每一种文化或语言的背后是一种思维方式，多掌握一种文化或语言，就多一个看问题的视角，自然会有多一层理解。在这一点上，我甚至比其他大部分同学有优势，这也是老师当初鼓励我的。当系统地掌握学科理论、专业知识和研究方法以后，当初的想法不再是一个想象，我逐渐开始用所学专业的理论方法进行藏学研究，在《中国藏学》等期刊上发表了一些学术文章，因角度新颖而受到关注。我的一些老师看了我的论文，感慨原来藏族也有很多伟大的思想人物，他们完全可以跟当时中国知名的思想家比肩，应该受到更广泛的关注和更深入的研究，而不应该仅限于藏学界。这让我觉得自己的研究还是有意义的，这有助于在学术层面铸牢中华民族共同体意识，现实价值同样不可低估。

北大是知识的园地、思想的世界、学术的殿堂，这里大师云集、名家荟萃，几乎在各个学科领域都有一些引领前沿、突破现有、探索未来、超越自我的学者，他们或思想深邃，或笔锋犀利，或眼光敏锐，或见解独到，或性格超凡，或成就卓然。在这里你只修自己的专业或只学本学科领域的知识，那就太可惜了。在北大的六年时间里，我除了攻修政治学专业外，还兼修和旁听了不少其他专业学科，如杜维明的儒家哲学、周其仁的中国经济学、孙熙国的马原概论、阎步克的中古史、张静的社会政治学、马戎的民族社会学、李四龙的中国佛教、李超杰的西方哲学等，听这些课是一种知识的享受、心灵的愉悦，总有一种下课太早、课程太短、讲得太少的意犹未尽感。每一种学科，其实是看世界或人生的一种视角，世界或人生是复杂的、多面的，要了解它，就需要从多视角观察,学习和掌握多学科的思维和方法则大有裨益,否则就会盲人摸象、自说自话。当然还有全校或学院层面组织的学术讲座,主讲人来自不同领域、不同职业、不同国家。他们或是学术大家,或是政界高层,或是知名企业家,通过参加这些讲座,不仅了解了学术的前沿,还可以掌握国际、国内形势及其背后的逻辑,即使身在学校,也能做到与社会同步、与时代同行。

北大除了有一大批名师大家,还有丰富的藏书。北大图书馆,藏书量号称亚洲大学之最,居世界大学前列。这里借阅方便,环境优雅,服务优质。你所需的书,在北大图书馆,还有通过各院系图书室,几乎都能找到。即便一两本书不在书架,你也可以通过馆际合作机制,快捷地从其他兄弟图书馆借到,除了纸质书,还有丰富的电子藏书可供搜索查阅。图书馆是知识的海洋,北大图书馆更是如此,通过读书你可以畅游其中。在北大六年,为完成学业,我经常借书,大量读书,当然也买了不少书,时间长了,就自然学会了读书要领,也在不知不觉中养成了读书习惯。书总有读不尽的,而且读过的书和学过的知识总有会忘记的。现在看来,掌握读书方法比读书本身显得重要,养成的习惯更令我终身受益。

北大不仅是学术的高地,也是红色的胜地。北大是中国新文化运动的策源地,五四运动同样源于北大,更与中国共产党的成立有着不解之缘。一大批仁人志士了解并接受了马克思主义,她成为中国先进思想和文化的策源地,无数革命先辈当年在这里留下了深深的足迹。北大一直高举和传承爱国、进步、民主、科学的五四运动精神,深深地影响了我国近现代历史进程。对于北大有如此评价:"世界上不乏建校几百年的学校,但从来没有一所大学,能够像北大这样,与国家、民族同呼吸共命运。"这一评价正是她的历史作用和特殊影响的生动写照。这种革命传统和爱国精神一直深深地感染、感动着我,促使我加入中国共产党,成为一名中共党员,我的思想和心灵由此得到了洗礼和升华,理想和信念由此得到了强化和坚定,更懂得了使命和担当,实现了人生的一大飞跃。

北大六年，是我学业不断精进的六年，知识日益丰富的六年，眼界不断开阔的六年，思想逐渐成熟的六年，党性不断锻炼的六年，是梦想自由放飞的六年。对自己来说，进步是全方位的，收获是多方面的。但如果说这一切仅是自己的努力所致，未免显得狂妄自大，除了自身的努力，更离不开老师和同学们的关心和帮助，对此，我心知肚明，也心存感激。为了回馈帮助过自己的人，我积极参与班务，先后当了班委、班长，以认真细心的班务工作服务班集体、服务帮助过自己的老师和同学。我很清楚，对于博士来说，学习任务十分繁重，将来毕业找工作，靠的是沉甸甸的学术成果，而不是当班干部的经历。但无论是保证一个班集体的正常运转还是满足一个学生的学习生活需求，都离不开班干部的服务。我很清楚，当了班干部难免影响学习时间，而对自己来说，没有什么比学习时间更为金贵，但想到自己的成长受益于他人，哪怕影响甚至牺牲一点自己的学习时间，我也心甘情愿、在所不惜。回想起来，这样的经历，不仅仅是付出，更多的是收获，很多同学至今还记着我为他们服务的点点滴滴，虽然这些显得微不足道，但足够让我感动，在这一过程中，增进了感情，升华了友谊，让我体会到服务别人是一件很有意义的事，服务他人，是为人之本分、为人之价值。学会服务他人，才能懂得为人之道、成事之要，因为服务他人，其实就是服务人民、服务社会。

经过六年的刻苦学习和潜心研究，我顺利通过毕业论文答辩，评审专家对论文一致给予很高的评价。让我意外的是，论文还获得了北大优秀博士论文的推荐资格，一个专业只有两个推荐名额，当属难得。学院层面还专门组织了一个答辩会，体现了评审专家和学院对我的论文水平和自身努力的肯定。最终虽与殊荣擦肩而过，但我丝毫没有为此感到遗憾。更让我欣慰的，还是答辩会上老师们对自己平时勤奋的赞许和肯定。老师们说我的勤奋和上进心给他们留下深刻印象，表示他们非常欢迎更多像我这样的民大学子考入北大、考入政管学院。这是我当时报考北大时不曾想也不敢想的。我从未因自己是北大博士而骄傲自满，也早已走出了北大光环，但却十分珍惜在北大的那段经历、那份收获。

我在清华园攻读博士学位的心路历程

才旺格日 *

一

我 18 岁时毕业于西北民族大学藏语言文学系，是全校年龄最小的大学毕业生。按照国家有关政策，我被分配到青海省海东市人事局。深怀对家乡的眷恋，我毅然选择回到我的母校循化县藏文中学工作，担任高中部地理教师。作为藏文中学专业地理教师，受限于地理专业知识的匮乏和藏汉双语教学语际交流困难，我在教学的

◎才旺格日博士在清华 （才旺格日 提供）

过程中遇到很多难题。但是经过一年多的努力摸索和刻苦学习，我成功地掌握了各类地理名词和术语概念，并且使用藏语流利、准确地向学生传授自然科学知识。

在藏文中学任职一年后，我被兰州大学中文系录取。结束兰州大学四年学习生活后，我没有停止继续深造的脚步，便进入北京大学攻读 MBA 工商管理硕士学位。之后我在北京和青海等地的国际非政府组织和商业银行工作数年。稍后的几年内，我又考取西

---

* 才旺格日，清华大学博士研究生。

南民族大学，攻读藏学专业硕士研究生。3 年中，我在国内核心期刊和省部级刊物上发表学术论文 11 篇。与此同时，我发挥曾经在国际商业银行工作的经验优势，注册了"青海梵藏文化产业开发有限公司"。最初这家公司的经营定位为将西部的工业原材料转运销售至上海等长三角地区。由此我成为当年的西南民族大学最佳优秀研究生毕业生。后来，依照市场需求变化，公司曾经数次调整经营范围、发展方向，也形成了特有的企业文化。目前，公司的市场定位是从文化角度阐释民族特色产品，将西部的优质产品引入沿海市场。作为公司的掌舵者，我既需要成为一名合格的经营管理者，也必须具有深厚的汉藏文化造诣和素养。

为了进一步扩大自己的视野，提升汉藏文化素养。2017 年我报考了清华大学的博士研究生。经过笔试与面试，我被录取。我的博士导师是国际知名藏学家、语文学家，教育部"长江学者"，中国人民大学和清华大学双聘教授——沈卫荣。

沈教授曾经在德国留学 8 年，获得波恩大学博士学位；他的学术理论功底扎实、视野开阔，是一位精通八种语言的天才型学者。教授在国际上是有着重要影响力的语文学家、历史学家和藏学家，历任尼泊尔蓝毗尼国际研究所研究员、哈佛大学印度梵文研究系合作研究员、Macalester 学院历史系访问教授、德国洪堡大学中亚系代理教授、日本京都大学文学部外国人共同研究员、日本地球环境研究所客座教授等，回国后先是任教于中国人民大学国学院，在冯其庸先生等人支持下创办西域历史语言研究所，曾任中国人民大学国学院副院长、宗教高等研究院副院长、西域历史语言研究所所长、汉藏佛学研究中心主任等。目前是清华大学人文社会科学高等研究所教授、清华大学中文系主任、博士生导师、学科带头人。沈卫荣教授为我制订了切实可行的培养计划，并且勉励我珍惜校园时光，努力完成学术追求。清华拥有一流的硬件设施和校园环境，校园里的景色十分迷人，特别是清华的秋是一种镌刻在人心里的美。在清华园中，我常常能够见到国内乃至世界的一流学者。沈教授时常组织国际学术交流让我们随时与国际学术界同步互动。同学们的勤学好问也时刻感染着我，我们砥砺切磋进步，一起徜徉在各种书海文献中，品读古今中外的先贤智慧。清华有很多优秀教师是国内乃至国际顶尖人文学者，老师们的智慧及他们对学生的热忱常常启发着我、感动着我。当我走进清华园的时候，我被清华园学子的刻苦努力感动着。他们没有时间玩乐，他们把时间都用在了对生命有意义的地方。

二

清华大学的育人目标是"入主流，做大事业，上大舞台"。对于博士生的培养方式以学术研究为主，重点培养博士生独立从事学术研究的能力，并使博士生通过完成一定学分的课程学习，包括跨学科课程的学习，系统掌握所在学科领域的理论和方法，拓宽知识面，提高分析问题和解决问题的能力。

我有幸进入清华大学攻读博士学位，在清华大学读博期间，不同时期的感受是不一样的。刚入学时感到非常激动，毕竟能够进入国内顶尖学府、跟很多优秀的人共同学习进步是一件令人兴奋的事情，还有点放松。然而，随之而来的是巨大的压力和焦虑感。因为渐渐地发现身边的人都很优秀，关键是那些比自己优秀的人居然比自己更努力，这就更郁闷了。刚入学时博士生一般两个人住一间，我的室友是一个比我小8岁的东北小伙，是清华大学机械系的博士，他每天早上很早去实验室，晚上11点才回寝室。我们熄灯入睡前喜欢聊两句，有次他跟我谈他的研究领域和研究的困难、我国芯片研究的实际情况和国际水平的差距、面临的众多问题等，我当时感叹科技强国的梦要实现多不容易啊！因为他就是国家特别选中研究芯片团队的成员。去年他毕业时，华为公司给他开了百万年薪，但他最终还是选择留校工作。在刚入学短暂的开心后，便是紧张的学习了，每天精读大量文献的同时，还要完成专业学位课的学习，修第二外语，参加各种社团活动和学术活动。到博士三、四年级压力是最大的，因为一般博士五年想要毕业，在第四年就需要发够两篇CSSCI，而大部分博士前两年是入门，基本博三才可以产出第一篇 CSSCI，像我们这种需要做大量阅读文献，不同语言和不同学科之间穿插而深入地还原文本的原始面貌，想要在博四发够两篇 CSSCI 真是难上加难。博士四年级压力堪称白热化阶段，因为清华对博士的严格要求，不仅体现在毕业难度，同时在毕业流程上还有各种条条框框，直到拿到学位证之前，都在担心自己毕不了业。整体而言，感觉在清华读博这几年，无论是个人能力、眼界还是心态都得到了很大的提升。

我到清华攻博的第二年，2018 年的夏天，在中国佛教史上发生了灾难性的"学诚法师事件"，导致广大信众对佛法产生了信仰危机。各路学者发表五颜六色的见解和信仰崩塌言论，最终国家宗教局发布调查结果。当时众说纷纭，莫衷一是。

这件事发生后，我的导师沈卫荣教授在各种媒体上澄清天下藏传密教的真义，驳斥谬论。后来网络上出现铺天盖地的反驳沈教授的文章，为此研究藏学和藏传佛教的学者、信徒们视而不见、哑口无言的状态令人十分失望。因此我和导师商议，我的研究方向和研究的出发点由此而定，为不明藏传佛教、读不懂真正的藏传佛教本意的人阐明藏传佛教密教到底是啥样的，宗喀巴大师的《密宗道次第广论》里到底在讲什么。

佛教论书，原名《胜遍至大金刚持道次第开显一切密要论》，又称《密宗道次第广论》，亦称《德胜主大金刚次第道开显一切密要论》，明永乐四年（1406）由宗喀巴大师著于西藏绛巴林寺。此论概括密教的四部教法，而以无上瑜伽为重点，对密教四部的修行次第、仪轨、方法、法器使用等方面作了详细论述。此论问世后，在藏传佛教中广为流传，历代相承，未曾间断。现代有法尊法师的汉文译本。注释有宗喀巴大弟子克主杰的《续部总建立广释》，甚为精要。

民国时期，太虚大师希望久已失传的唐密再度复兴起来，等到后来西藏的密教传入汉地，对显教形成了巨大的冲击，太虚大师在研究藏传密教的教义以后，却转变为矫正藏传密教的流弊，由"冶铸中密论"而转向"摄密归禅论"。因此，太虚大师对于藏传密教的态度，是有着前、后期的变化的。太虚大师当年派法尊法师等去西藏专修密法，后来法尊法师翻译了诸多宗喀巴大师的佛教论书。由此可见，太虚大师没有真正去理解宗喀巴等藏传佛教大家的著书立说。

由此我的博士论文的选题定为宗喀巴大师的《密宗道次第广论》的语文学研究。为了撰写博士论文，我去采访过很多相关专家，在藏地的寺庙里拜访过许多大格西和堪布，读懂这篇伟大而智慧的著作非常不容易，再说密法本身是秘密传承，耳口相传，光在文字表面找不到其真实的本意，反而很容易走火入魔。因此，我不停地去请教大格西，从他们的学习和修行中找到一些非常深奥的密义。然后用这篇著作问世到如今过去600多年的广为流传过程中出现的大德们的诠释，从历史和语言、传记和密法仪轨的各种文本中我希望能找到我想要的、世人需求的标准答案。

三

当我在清华园的学堂路上寻找我多年失去的方向时，我誓言，我愿意以百倍努力，跟上优秀的学长和同学们的步伐，骄傲地走在这支建设祖国的队伍里。今年是清华大学110周年校庆，我走在清华园看到耄耋之年的校友，想起清华"为祖国健康工作五十年"的口号，内心自豪且激动，期冀能够在未来的岁月中，努力为祖国、为社会、为家乡，为民族团结贡献自己的力量。

我在复旦大学的学习和生活

仁青卓玛[*]

复旦大学校名取自《尚书大传》之"日月光华，旦复旦兮"，始创于 1905 年，是中华人民共和国教育部直属的全国重点大学，位列国家首批"双一流"（A 类）、"985 工程"、"211 工程"重点建设高校，是一所国内顶尖的综合性研究型大学。本人所在院系——哲学学院是新中国成立后第一批设立的三所哲学院系之一，是国家文科人

◎仁青卓玛在复旦大学 （仁青卓玛 提供）

才培养与科学研究的基地，哲学学科为国家重点一级学科。在 2021 年 QS 世界大学学科排名中，复旦哲学学科位列全球第 31 位，宗教学专业全球第 41 位。有言道："良好的开始是成功的一半。"顺利考到复旦大学攻读博士学位本人深感荣幸。依稀记得 2018 年 9 月入学时复旦哲院欢迎 2018 级研究生的横幅："在哲样的年华遇见哲样的你"。能在哲院读书学习，我十分激动。

"博学而笃志，切问而近思"是复旦大学的校训。校园里确实鸾翔凤集，老师们满腹经纶、教导有方，引人入胜；学子们孜孜不倦、勤学好问，喜思深究。有优秀老

---

* 仁青卓玛，复旦大学哲学学院博士生。

师的指点和学霸级同学们的相伴，加上校园里清晨光华草坪上的琅琅书声、午间自习室莘莘学子敲击键盘的文字输出声、晚间光华楼里秉烛达旦啃书写作的浓厚学习氛围，让人蓬生麻中不扶自直，容不得生活上的贪图安逸及学业上的不学无术。

回顾自己在复旦"哲学殿堂"的所学所思所想，可谓感受颇丰。连续几年的枕经籍书使我受益良多。以下是我读博期间几点常规学习内容和有趣的业余生活。

理论学习和理论宣讲

首先，自修《习近平谈治国理政》等习近平新时代中国特色社会主义思想。自入校以来，始终高举中国特色社会主义伟大旗帜，坚持以马克思列宁主义、毛泽东思想、邓小平理论、"三个代表"重要思想、科学发展观、习近平新时代中国特色社会主义思想为指导：一是深入学习《习近平谈治国理政》第一卷、第二卷、第三卷，全面学习习近平总书记系列思想。二是经常性地登录"学习强国""复旦党建·1925"等APP，时常关注和学习权威机构发布的各类最新出台的政策法规和理论文章。三是浏览中国政府网、党建网、国家民委网、《人民日报》、新华社、求是网、西藏政府网等权威网络以及法治西藏、微言宗教、网信西藏、西藏统战等公众号，及时了解最新时事新闻、时事动态及理论文章。四是专题研习十九届四中全会精神、党的十九届五中全会精神。

其次，参与支部党员活动。《中国共产党支部工作条例（试行）》明确要求，党支部要组织党员认真学习马克思列宁主义、毛泽东思想、邓小平理论、"三个代表"重要思想、科学发展观、习近平新时代中国特色社会主义思想，做好思想政治工作和意识形态工作。因此，自成立"哲学学院18级博士班支部"起，本人同支部成员一起执行这项任务，积极参与线上、线下的学习和现场活动。

再次，加入复旦大学博士生讲师团，积极开展各类主题讲座。复旦大学博士生讲师团依托复旦大学平台，建立了一个学缘结构多样、理论积淀深厚的"百科全书"式的大型讲座资源库，曾获"全国基层理论宣讲先进集体""上海教育系统校园文化优秀项目"等多项荣誉称号，深受社会各界好评。本人到复旦大学读博后参加了复旦博讲团的讲师招聘会，幸运的是 2018 年 11 月本人顺利通过博讲团几轮试讲和面试，正式成为其一员。通过博讲团每一次精心组织的"备、说、上、思、评"（设计一堂课、说好这堂课、上好这堂课、反思这堂课、评析这堂课）"五课"集体备课教研活动及在专业老师的指导下帮助，我优化教学设计，提高备课水平，改进教学行为，提升讲授技能，助力实现专业化授课。

自加入博讲团至今，本人共计开设专题 4 门："改革开放四十周年"主题宣讲、"党的十九届四中全会"主题宣讲、"'四史'系列"主题宣讲、"党的十九届五中全会"主题宣讲。制作课程 6 门：改革开放四十周年——藏传佛教寺庙管理取得的成效、改革开放四十周年——西藏民生事业的发展、践行社会主义核心价值观与继承西藏优秀传统文化、制度完善推进治理能力的现代化——党的十九届四中全会精神解读、圆满收官"十三五"　更加辉煌"十四五"——全会高度评价决胜全面建成小康社会取得的决定性成就、中国共产党第十九届中央委员会第五次全体会议精神解读；录制网络宣讲课程 1 门：复旦大学博士生讲师团解读中国共产党第十九届中央委员会第五次全体会议精神之《全会高度评价决胜全面建成小康社会取得的 10 个方面决定性成就》。宣讲共计 20 场次以上，宣讲地跨上海、西藏、青海、四川和内蒙古等地，荣获复旦大学博士生讲师团 2019 年度"明星讲师"称号。

最后，其他宣讲工作。2019 年 11 月 26 日，"上海市虹口区曲阳路网络文明志愿者队伍成立暨街道市民志愿者宣讲团聘任仪式"当日，本人被聘为曲阳路街道市民志愿者宣讲团成员。

课堂讨论和专业学习

首先，完成博士研究生修满课程学分和绩点的任务。按照复旦大学博士研究生培养方案规定和要求，读博过程每个阶段有每个阶段要完成的任务。同本科和硕士一样，读博士最基本的任务也是要完成博士生所有课程学分，不然答辩审核是无法通过的。因此，修够学分是规定时间内的硬性要求。一般而言，读博第一年和第二年内基本能完成这项任务。博士生虽然不是以课程为主，但修满复旦博士生的课程学分也不是水到渠成的事。由于复旦博士生大部分课程采取的是研讨形式的讨论课，每位任课老师开的必读书目都不是一两本，一般都会超过 10 本，内容多为英文原著。加上同学们特别好学，善于讨论，课堂讨论气氛活跃，发言水平高、有见地。讨论课极大地考验每个参与人的学习积累程度、学术功底和外语发言水平。在这种讨论氛围之下学习压力自然也就水涨船高。平日里自己还是需要强化阅读量，积极提升讨论水平和外语发言能力（有些课是直接外语授课并要求用外语讨论）。

本人自入校以来，严格按照复旦大学博士研究生培养方案基本要求，积极选修博士研究生的必修课程和选修课程，两年内（第一年修满部分、第二年再修满剩下的部分）其所修课程类别、成绩和学分达到了复旦大学研究生院研究生培养的统一要求和哲学学院博士研究生培养的具体要求。

其次，听取自己感兴趣的讲座。一是听取复旦哲院举办的讲座。复旦哲学学院大师云集，不仅有本院老师的讲座，也会有许多国内外著名的学者来到这里举办讲座，我尽量抽空聆听专家、学者的讲座，充分利用身边的学术资源和受教机会。哲院公众号"复旦大学哲学学院"会定期推送"复旦哲院下周讲座预告"，可以提前了解下周的讲座信息（包括讲座主题、主讲人，时间、地点等），帮助我主动分配时间，提前规划下周学习任务。

二是选择性地去旁听沪上其他高校举办的学术会议和讲座。旁听相关专家、学者的学术会议不仅能帮助听者提高自己的学术敏感度和思维的活跃性，还能强化更多的跨学科技能。重大的学术问题往往牵涉许多学科，企图用单一学科来解决问题是带有"铁锤人倾向"的不取胜方法。因此，博一、博二时，我充分利用了上海及其周边城市重要大学的学术资源，在周末去旁听自己感兴趣主题的专家、学者的讲座、学术会议、沙龙、工作坊等，尽量接受跨学科教育，强化自己的跨学科技能。

调查和科研研究

（一）参与宗教学系举办的周末实地参访考察学习小组

实地参访考察或现场教学作为现代教学组织的辅助形式，能在某种程度上弥补课堂教学的不足。尤其在宗教学科体系里，有些知识，如寺庙、教堂等的管理和组织形式、宗教仪式活动等的研究，只在理论上学习是不够的，须到现场进行实地观察和调查才能更加真实地理解知识，使抽象理论直观化，从而获得新的认识。因此，学院宗教学系会在周末（周六和周日）安排学生去实地考察，本人也积极报名参与宗教学系举办的周末实地参访考察学习小组。

（二）顺利通过学位论文的开题报告并完成中期汇报

博士研究生虽然有课程学分上的硬性要求，但博士生不是以修满学分为主要目标，这期间博士生的重点任务还是要放在博士学位论文的开题报告和中期汇报上。博士第一年和第二年当中保证自己在顺利完成所有课程学习的基础上，充分做好跟导师的沟通和交流，确定好博士论文的选题。本人按学院要求在规定的时间内即第三学期第一个月内顺利通过了开题审核要求。开题报告通过之后的一个学期内即第四学期要做中期汇报（内容包括要汇报学位论文的撰写进度，撰写论文期间遇到的问题及解决方法，还要提交一篇跟自己博士论文相关的大约1万字的学术论文）。中期汇报顺利通过主要任务就是撰写学位论文。

◎仁青卓玛博士（左一）在复旦
（仁青卓玛 提供）

◎仁青卓玛获得的荣誉
（仁青卓玛 提供）

（三）参与宗教学学术论坛

参与学术论坛不仅可以发表和宣读自己最新的研究成果和学术观点，也帮助自己了解本专业学术领域的前沿问题，拓展自己研究方向和思路。如，本人参加由上海市宗教学会主办的"上海市宗教学会第十四届青年学者论坛——《宗教与历史：七十年宗教研究总结与展望》"上（会议小组）本人宣读了入选文章《坚持藏传佛教中国化的创新举措——西藏加强和创新寺庙管理》的重点内容，宣读会后收获了评议老师的现场点评及此次学术委员会论文鉴审专家们的反馈意见，也一一解答了同组与会人员的提问，"评论"和"提问"为本人进一步研究相关主题给出了意见建议，在研究方法和研究思路上得到了新的启示。

（四）参与夏季研修班

为拓展基础理论和知识面，本人参加了复旦大学文史研究院、东京大学东洋文化研究院、哥廷根大学东亚系合办的第九届"亚洲艺术、宗教与历史研究"（2019年6月23日至7月2日）夏季研修班，班上听取了国内外有关专家讲授的课程，也同来自国内外顶级高校的博士生请教了学术问题、交流学术心得，同他们建立了良好的学术伙伴关系。

（五）完成科研工作

本人参与了西藏自治区哲学社会专项资金一般

项目《文化交流视野下藏语借词研究》；2020 年度国家社会科学基金一般项目《敦煌藏文伦理文献的整理与研究》；参与校对工作的《笃布巴文集》9 卷本（其中《笃布巴大师时轮大梳无垢光注释》3 卷本由本人录入）拟将在年内出版；本人参与撰写的《"一带一路"上探寻帝师八思巴东行为和平统一弘法驿站历史文化之路》拟将在年内出版。

有趣的业余生活

（一）参加哲学学院女篮队

洛克说过："健全的精神寓于健全的身体。"坚持每日跑步和每周至少打一次篮球是我自本科以来没间断过的运动习惯。在攻读学士学位阶段我是校级女篮队员，攻读硕士学位阶段我是院级女篮队员，这次攻读博士学位期间，我加入了哲学学院院级女篮队中。我和室友除了准时参与女篮队安排的临近比赛前两周的篮球训练之外，平日里每周都会争取保证能打上几场篮球。在紧张的学习之余打打球、出出汗，不仅有益于身体健康，还可以精神饱满地投入接下来的学习当中。

（二）组织参与宿舍活动

复旦博士宿舍是套房，四室一厅。我们宿舍共 3 人，都是哲学学院 18 级博士生，只是每个人专业方向不同，102B 室友是来自山东淄博的姑娘，攻读现象学专业，作关于马丁·海德格尔的时空理论研究；102D 室友是来自广东广州的姑娘，系外国马克思主义专业，作关于 G·A·柯亨的政治哲学研究。我们室友三人自新生报到注册那天起就分配在一套房里，大家相处一个多月之后发现特别聊得来，相处非常融洽，大家一致的感觉是"'天造地设'的室友""我们仨在一起博士生活肯定很有趣"。于是为了进一步增进室友之间的感情，制造良好的博士生活环境，决定每周搞一次"室友谈心活动"，主要内容是相互倾诉一周下来学习方面、科研方面遇到的问题，帮助彼此减轻学习生活中的压力和不快。同时为了丰富读博期间的学习生活和制造更多的美好回忆，决定每个月至少搞一次"宿舍活动"（一起去看上海市区内感兴趣的画展或逛公园或去听讲座等，对 3 人学习上有帮助且 3 人都喜欢的文化活动）。每学期至少拍一次"室友集体照"，拍照地点要在复旦大学标志性建筑楼前。

因为我们都来自外地，每逢放短假，室友们在宿舍互相交换来自家乡的食物，以了解对方故乡的人文习俗的方式过节。每周也会有定期的小型"读书会"。如 2019 年下半年我们每周五晚抽一个小时一起阅读《傲慢与偏见》，还学习对方家乡的方言。她俩学简单的安多日常藏语，我学用于日常交流的广东方言（粤语）和山东淄博方言。身为女生，在紧张繁忙的学习之余，我们也不忘打扮自己，当有人外出聚餐或跟同学相约时，帮忙打扮，对外出人着装的搭配或口红的颜色给出自己的建议，还有室友网购时也会帮忙挑选衣服、鞋子，也会"按照就近原则，谁方便取快递谁去取"原则，室友间帮忙取快递，等等。从日常生活细节处，用实际行动尽量为室友创造良好的学习环境。三年相处下来，我们仨既是室友、同学，更是最好的朋友和姐妹。我们组织的"宿舍活动"给紧张的博士生活增添了许多乐趣，起到了放松心情、舒缓压力的作用。

重温这几年复旦温馨的校园生活、浓厚的师生同学情谊、紧张繁忙的学习生涯，心底不由生起温暖记忆，留下了最为美好的画面，同时也为我未来学习和生活提供了精神养分与精神理念。虽说圆满完成博士论文，顺利毕业是博士研究生生涯的主要任务，但这并不是博士生涯的全部。在复旦读书期间仰取俯拾间都是收获，这收获不仅局限在一篇博士论文，更多表现在培养哲学素养、宽阔国际学术视野、提升理论思维能力及贯彻探求未知领域的精神等不断强化学术训练和学术热忱。

我的学业生涯之转型

旦正才旦[*]

　　回想自己20来年的学习生涯，进行得都比较顺利，一方面可能是因为自己比较努力，另一方面是因为自己比较幸运。在所走过的路程中，亦不乏一些重要的"节点"，为我的人生和求学过程留下深刻痕迹，这些"节点"很大程度上塑造着每一步的走向和未来可能性。下文以这些"节点"为线索，为读者们描述我自己的学业经历及其中的所思所想，希望能够对有着类似经历或者正在往这方面前进的同乡人提供一定的参考。

◎旦正才旦在北大未名湖畔　（旦正才旦 提供）

* 旦正才旦，浙江大学博士生。

一

我出生于循化县文都乡牙训村的一个普通农民家庭，与其他同村的家庭不同，我家是唯一自包产到户之后到现在仍以半农半牧为生的"农户"。半农半牧的生计方式意味着需要更多的劳动力，劳动任务非常繁重。在此情形之下，我父亲上学到初二被爷爷拉回来到山上放牧（当然，也与当时人们的教育观念有一定关系）。据说，老师们数次来我家劝说过爷爷，最后也未能改变他的主意。我母亲基本上没有上过学，她能说出一些汉字，是在集体化时期末在生产队小学里读几天的学前班而学的。虽然父亲接受过一定程度的教育，但由于常年在山上放牧，以及他的性情原因，基本不太会关注孩子们的教育。母亲常年不是到山上帮父亲放牧，就是在家忙碌于繁重的农活和家务，也同样无暇顾及几个孩子的教育。然而，不知是何故，我从小对"上学"持有一种特殊的向往和激情，虽然并不清晰地知道上学到底会对一个人的人生带来何种影响，但心里隐约有一种感知，即上学上得好的话，能够改变自己和家庭的境况。这是我对村里那些上过学并获得稳定工作（国家公职）的人与自己家人或其他相同状况的村人生活之比较，以及由此形成的鲜明"反差"之中所得到的模糊认识。因此，在到了上学适龄阶段时，我特别渴望上学。但非常不幸，8 岁那年，一次严重的眼疾阻挡了我的上学之路。在西宁住院做手术期间，我心里产生过自己在学习道路上"被"落伍了的感觉和相应的紧迫感。不过情况并没有那么差，翌年，我顺利走上了上学之路，来到"江加小学"上小学（五年级之前）。在那段时间，姑祖母每天早上都给我做"肉面片"和烤香肠，那是我此生吃过的最好吃的饭，难以忘怀。

从小学五年级开始，我到寄宿制的文都"希望小学"上学，尔后的初、高中阶段，我都是在"循化藏文中学"就读。一路下来，我的学习非常顺利，在成绩上也保持了年年"全年级第一"的水平。在我上学时期，与县域内其他高中相比，循化藏文中学的教学条件，尤其是软件方面（主要是师资力量、教师讲课的专业性）已经不太理想。

但是，学校里所存在的一种"气氛"是值得肯定的，即学校内外人们以学生高考成绩尤其历年高考第一名并考入中央民族大学的学生数量为"指标"的竞争现象。大家都会讨论，道帏乡历史上有多少这样的学生，孕楞乡和夕昌有多少，如此种种。自1985年循化藏文中学成立以来，虽然学校建址一直在文都乡，但是却没有一个文都籍的学生在高考中取得第一名，也未曾有人考入过中央民族大学。这样一种局面导致我从初中开始就要面对来自周围的"集体性期待"，毫不夸张地说，我时刻要面对这一压力。同时，它也成为一种动力在不断地催促我往前走，让我每天都不能松懈。幸好，我也算是走运，成了文都籍第一个"破零"的学生。假如我当时未能做到，不知道我会有何种反应，其结局又会怎样。

二

从一个西部偏远的山村来到超级大城市的首都，我难免要面对各种不适。不管是身体的反应，还是语言交流，或是人际关系的融入等，都给我带来了很大的困难，尤其在初入大学的阶段里。尽管中央民大藏学院的各位老师和学生绝大部分都是来自各地的藏族，但由于大家来自不同的地方，各自的成长经历、教育环境、家庭条件都不同，互相的交往并不是一开始就畅通无阻，各种"亚文化"所形成的障碍依然存在。但随着时间的推移，磨合期过后，我也慢慢适应了这种环境。

在刚进大学时，令我印象最深刻的是宿舍里几个来自四川、西藏、青海玉树的同学都能用非常流利的普通话进行交流，他们用汉语沟通基本没有任何困难（主要指生活用语）。同时，一些同学使用起电脑来也是挥洒自如，几个同学的书架上一开始就摆满了各种书籍。这些都与我的情况形成了鲜明的对比，由此我也意识到自己和别人在某些方面的差距。大学的学习生活与高中不同，至少在学业要求和紧张程度上没有那么高，更多的是需要靠学生自己的主动性和自觉意识，对学生的知识获取也给予了许多的选择余地。在此相对自由和宽松的环境中，我不但对藏学的不同领域（包括历史、文学、宗教、语法等）有了一定的学习，而且通过选修课甚至"蹭课"的渠道进入其他院系和高校旁听各类学科（人类学、政治学、社会学、经济学等）的课程和讲座，使我受益匪浅，大大拓宽了我的视界，在很大程度上也给我带来了超越自己原本"文化界限"的动力。

其中，对我之后的学业生涯颇具影响的一次"事件"，在此不能不提及：大约是上大三时，有一次北京大学著名社会学家马戎教授到中央民族大学做讲座，题目为"中国社会的另一类二元结构"，讲座内容让我深受启发，产生了莫大的共鸣，我也被社会学的魅力所吸引。当时，我心里想，"这种更为科学的理论和方法入手观照社会现实问题的学科风格，难道不是我最想追求的吗？"这一契机成为我之后作出重大选择的主要节点。

那么，如何将一种"理念"和"追求"变成自己的执行和现实呢？临近毕业时，我经过自己的摸索和"大胆尝试"，决定报考北京大学社会学系的硕士研究生，通过一系列严格的考核程序及该系设置的相关考试，我非常幸运地考上了北京大学。这一天我做梦都没有想到，因为对于一个"民考民"出身并以藏语言文学为专业的学生而言，这一机会极其来之不易。就这样，我成了藏学院历史上第一个跨校、跨专业考取北大的学生，也成为北大社会学系所接受的第一个带有"民考民"教育背景的硕士研究生。

三

报考北大社会学系，有这样几点考虑：第一，藏族"民考民"的学生，不能所有人都学同一个"藏语言文学"专业，不能仅仅局限于"传统"的藏学领域（历史、语言、文学、宗教），这将导致人才及其知识结构的严重不合理和单一化，我努力要做到另一类；第二，一个学生所学到的专业及所拥有的知识储备，直接与现实中的全国统一的劳动力市场格局联系在一起，在这统一的就业市场中，学生需要和其他民族、其他专业

◎　旦正才旦在田野调查　（旦正才旦　提供）

的学生竞争，不管是语言能力上还是专业素养上，都具备一定的竞争实力才行；第三，对于一个学生的学业前景来讲，教育平台十分重要，因为这意味着它能够给你多少教育资源和机会及相应的质量。所以，全国所有学生都想考入北大、清华，或者比它们更好的大学。我这里说的是普遍的情况，但也会考虑具体专业的实力和导师的学识。

作为一名半路出家的学生，进入北大学习社会学的挑战可想而知，新专业课程的难度、周边学生的优秀、新的学习环境、自己薄弱的汉语表达基础等，都给本文题目中的"转型"之含义带来太多的内容。但归根结底，主要体现在"语言"和"专业"的两类转型中。那么，我能做到什么呢？别无他途，就是努力跟上老师和周边学生的节奏，积极补上自己的短处，虽然许多方面我不可能在短期内磨平差距，甚至永远也不太可能（如汉语文的表达能力），但长期的打磨中，我相信能够缩小差距。与此同时，我也需要看到自己的一些优势，这些优势可能也很难被其他人所替代。

在北大读研期间，我精修了社会学的各类课程，包括社会学理论与方法、经济社会学、宗教社会学、民族社会学、人口社会学、城市社会学、人口、资源与环境社会学、社会心理学、社会统计学等。经过对这些课程的学习及相关经典著作的阅读，以及与北大社会学系各大师的交流，我逐渐感觉到自己的社会学素养在不断提升，透过社会学分析和思考社会现实问题的能力也大大提高。这一过程，其实也是一个不断"内观"和塑造自我的重要经历。那时候，我能够反思以前自己看待的许多问题，包括藏族的社会、文化等问题，或者个人问题时，我只有一个基于"藏语言文学"的视角，只有这样一个"眼睛"，其间不免带有许多偏见、固执和肤浅的认识，而学了社会学，相当于给我开启了另一扇很大的"窗户"，让我见到了比原来更多的世界，也给了我另一个"眼睛"，原来所思所想的问题，能够放置于更为宏观、长远、总体的视野当中去分析和思考。这样一种较为彻底的转变，我想，若缺少一个稳定的机制和长期的塑造，具有转折意义的"事件"，其实是很难实现的。

研究生学习生活中，最重要的事情莫过于毕业论文，我也想在此着重讲述一遍。考虑到本人的优势及调查研究的可行性，在与导师马戎教授的讨论中，我们确定了研究循化地区藏族与撒拉族交往变迁的主题。选定主题并实施研究的过程中，我的藏族好友们或直接或间接跟我表达过他们对此题目的"不理解"："研究藏族与撒拉族关系有何意义？这个主题并不好，你应该好好研究藏族本身，而不是它们的关系"，甚至有人从自身"文化优越感"出发评判这一课题的价值和意义。其实，任何研究，放在它所属的学科的具体位置中才能看到它的价值，没有高低优劣之分。就多民族社会中对藏族社会的认识和了解而言，民族关系是很重要的一个维度，从这个维度切入，能够清楚地看到社会变迁和转型过程中，各民族的政治、经济、文化的结构位置和相对地位的变化，以此为基础，你能够更深入地了解藏族社会本身及其变迁。作硕士论文的研究，我将其作为重新认识家乡的一次重要机会，在这样的理念之下，我整理出 40 多万字的口述史资料，写出 22 万多字（篇幅并不意味着质量，却能够体现学术态度）的毕业论文，该文最终亦被评为社会学系此届硕士优秀论文。至此，虽难以说我和其他大部分同学处在同一个水平上，但可以确定的是，我缩小了与他们的差距。

四

2015 年 7 月，毕业后我入职中国藏学研究中心社会经济研究所，开始研究藏区的社会和经济问题。在社会经济所工作的三年中，参与了许多有关藏区扶贫、医疗、移民等课题，发挥了自己的专业优势和特长。但是，在我的心目当中真正有意义的是，借助这些课题和研究项目，我能够到藏族聚居区各个地方，从西藏的那曲到阿里，日喀则到山南、林芝、昌都、拉萨；从青海的果洛到玉树；从云南的迪庆州到甘孜的石渠、康定、雅江等地进行经验观察，获得一定的感官认识，这将是我进一步研究藏族社会的重要积淀。

2018年，我遇到了人生中的另一重大抉择，即继续在社会经济所任职从事研究工作呢，还是去浙江大学社会学系进一步深造？虽然当时有来自家庭经济条件的压力，同事和好友们的劝阻，但当我静下心来，仔细考虑所有因素并作出权衡以后，心中的答案自然就明朗起来了，我没有理由不选择后者去追求自己的学术理想。浙江大学社会学系是一个比较"年轻"的系，近年来，在芝加哥大学社会学系终身教授赵鼎新的引领下，聚集了一大批游学海外的优秀学者，同时有着北大、清华的几位资深社会学家如民族社会学界的领军人物马戎教授、经济社会学界的领军人物刘世定教授、沈原教授等，为社会学系的学科建设、人才培养、教学制度优化等方面带来新的活力。更可贵的是，该系正在将社会学的视野和问题意识，较有规模地、系统地拓展到我国西部少数民族地区。在浙大社会学系的读博学习生涯，可谓异常艰难，因为这些综合性大学社会学系本身对博士研究生的学业要求很高，加之从欧美顶尖高校引进的"新体制"，对学生的要求层次上又加了一码。在与新体制的磨合、与强大教师团队的交流与互动，进一步学习和研读国内外社会学的经典文献和前沿研究中，我确信自己的专业能力、学术素养能得到更多的提升。不过，真正的挑战——博士毕业论文，正在前方待我去迎接。

我在学术领域取得了一些小的成绩，想将公开发表的研究成果给大家作个介绍。本人在《中央民族大学学报》《中南民族大学学报》《西北民族研究》《中国藏学》《社会》等汉文核心期刊上发表学术论文6篇，在《中国藏学》藏文版上发表文章1篇，以合著者身份出版著作1部[《青藏高原环境与山水文化（导论）》，2018年由中国藏学出版

社出版]。此外，让我觉得欣喜的两项工作是：2019 年的中国社会学年会上，本人宣读的论文获得 "中国社会学会 2019 年学术年会优秀论文二等奖"；2020 年，本人提交的学术论文入选 "北京大学社会学第七届博士生论坛" 所遴选的 21 篇优秀论文（来自全国 16 所大学社会学博士生投稿的 75 篇论文中产生），并作了学术演讲。以上这些成果，对我个人而言，既是过去付出努力的标志，也是未来进一步发展的激励。

未名湖畔未名人

朝告才让[*]

我叫朝告才让，出生于道帏乡加仓村。听兄弟姐妹们说，我生下来那会儿长得很难看。整个人黑黑瘦瘦的，看起来极度缺乏营养，大家都担心我活不久。我妈生我时已经快50岁了，所以，他们有时带着玩笑的语气叫我"盖丑"，翻译过来是老孩子，可能那会儿我真的很丑。大哥和大姐的孩子跟我同岁，于是我也能理解"老孩子"这个称呼了。朝告才让这个名字据说是我爸起的，我也不知道有什么寓意。

我生长的家庭算是个大家族，家中九个兄弟姐妹，我是最小的。当时家里有自己的榨油坊、扬场机及牛、羊、骡子数匹（头、只），是正儿八经的上户人家。但这些都是我4岁之前的事情了，只听哥哥姐姐们提起过这些。

我的父亲是位兽医，除了模糊的轮廓外，没有很深的印象。记得小时候，家里装满了各种瓶瓶罐罐，还有一些简单的医疗设备。他们说，父亲去世那年，我正好4岁。不过，对于母亲我还记得一些：一头乌黑的长发，留着双辫；肤色黝黑，身体瘦弱，总喜欢躺在炕上唉声叹气。每当晚上睡觉的时候，母亲总是给我讲故事：阿妈女魔、聪慧的小兔子、狮子王、阿吾西琼等，至今仍记忆犹新。母亲还是个"医生"，总有各种办法来治疗一些疑难杂症，村里很多人会来找母亲治一些小病。后来才知道，母亲的很多看病绝活都是从父亲那里学来的。

---

* 朝告才让，北京大学博士后，中国藏学研究中心助理研究员。

　　我上学的时间比较早。自懵懂开始，我已经在村里的学校跟孩子们一起玩耍了。在北大做博士后的这段时间，我时不时地心算着自己到底上了几年的学。小学、初中、高中、大学、硕士、博士，再到博士后，到了三十而立的年龄，自己还在考试、写作业、修学分、作调研，甚至还要装作不食人间烟火、一心潜修学问的模样。有时面对人性的丑陋，心之所向和身之所往，有愧于那些馈赠和期待。回顾那一去不复返的时光，想想自己最好的年华与书相伴、与智慧结缘，也很庆幸自己没有一味地虚度光阴。

　　从学前班开始，我对上学一直抱有满腔的热情。这可能源自我们家一贯的传统。我们九个兄弟姐妹都上过学，父母亲在家中缺少劳力的情况下也未曾阻拦过我们上学。在我父母的那个年代，让家里所有的孩子都上学，实属罕见。我们家有很多旧书，还有一面墙专门用来挂各种奖状、荣誉证书和考试卷子。家里所有兄弟姐妹从小学开始到高中的试卷，都缝在一起高高挂在那面墙上。上高中那年，老房子经过重修之后，家里的那面墙也消失在记忆中了，但那面墙上的各种奖状和荣誉证书都依然保存完好。大哥大姐们不时地拿出那些试卷，相互调侃成绩，笑谈他们上学时的各种趣事，炫耀试卷上的高分和奖状是我们家茶余饭后津津乐道的一件大事，也是永不过时的话题。受家庭的影响，每次考完试后，我都要把自己的试卷和奖状拿到家里，让哥哥挂在那面墙上，因此我也有了属于自己的荣誉墙。我故意把考得最好的试卷放在最上面，当有客人无意中看到我的成绩夸我这个孩子比大哥大姐们厉害时，我常常会假装没有听到或不予理睬。几年前，侄女看到我当时写的一篇作文后，说我的写作水平很差，调侃我怎么能够考上大学的。我还记得第一次写作文，其实，当时不知道作文究竟怎么写，老师说作文就是对你很重要的事情用文字写出来。因此，我写了一天中最重要的几个时段，起床、洗脸、吃饭、背包、上学。现在看来当时写得确实不尽如人意，侄女发现我写过这样的作文时，一向傲娇的我感到无比羞愧。所以，属于我的那面墙，偶尔也能翻出来一些往年糗事。

　　大哥大姐们上学时，父亲会亲自把他们的试卷挂在那面墙上，对于考得好的给予奖励，考得差的会惩罚他们去赶羊或挑水。我没有接受过父亲的惩罚或奖励，但为了成绩我也没少挨打过。在我8岁那年，母亲也离开了我们。从此，我们几个兄弟姐妹相依为命，不离不弃，艰难地打理着家里的大小事情。可能是因为我当时很小，或者是因为别人觉得我们家没有一个像样的大人，觉得可怜。所以，不管是村里的乡亲还是学校的老师都很照顾我。我从来没有按时交过学费，但老师会偷偷地给我新的书本和作业本。现在回想，失去双亲在某种程度上赠予我许多。补助、捐款、五保户，除了当时没有免学费之外，其他我都排在第一位。从这层意义上讲，我很感激自己是个孤儿，同时也成就了现在的我。

我说过我没有接受过父亲的惩罚或奖励，因为我还没上学之前，父亲就离开了我们。不然，我肯定会是天天拿奖励的那位。每当提起这点，四哥第一个就不同意。他说："虽然你也很聪明，但跟你切哥（五哥）比，还稍稍差了些。"还说当年五哥花几分钟就能把整篇课文背下来。每当过"六一"儿童节时，五哥总能从父亲那儿拿到一块钱的奖励，他们几个总共也拿不到一块钱。五哥学习确实好，他是我们县第一个考上中央民院（中央民族大学）的"民考民"学生。20世纪90年代，一个犄角旮旯的寒门子弟能够去北京上学，这在当时是个大新闻。我虽然没有跟五哥比过谁背诵课文厉害，但心里还是认为我胜算大。每当我一再强调我比五哥背课文快时，家里人总是笑而不语。

兄弟姐妹当中，五哥学习最好，也比较调皮。记得他上高中的藏文学校有个叫"切蒋石"的石头，因为五哥总是被罚站在那块石头上，所以那块石头就叫"切蒋石"了。我上学时，老师们总是喜欢拿我跟五哥比。说你哥考上了中央民院，你也要向你哥学习。虽然我的成绩也一直排在前茅，但言语间能够感觉到周围人都认为五哥学习比我好。这一点，我到现在还没有正式承认过，尤其是当着家里人的面。

我8岁之前，家里发生了很多事。而立之年的二哥，正知天命的父亲、母亲都相继离开了我们，家里仅有的牛、羊都卖的卖、死的死，可谓倾家荡产。8岁那年开始，我们家只剩下我们几个"大人"了。家里最大的四哥23岁，五哥上大学，二姐上高中，我和三姐还在上小学。大哥和大姐早已有了他们的家庭，能经常回家的就剩下我们几个还在上学的了。每当过年时，我们几个"大人"总有很多干不完的事情。到了吃年夜饭的时间，我那懒散爱说话的二姐还在贴墙纸，四哥还在准备煨桑台和风马旗，嫂子还在慢悠悠地准备着年夜饭，五哥晃晃悠悠地到处串门，三姐和我沉浸在过年的氛围中忙里忙外。家里很乱，但一切都井然有序。如今，我们都长大了，家里的条件也变好了，唯独当时的状态还在继续。二姐还是那个二姐，嫂子依然慢悠悠，四哥、五哥也是，我和三姐更不用说了。

父母离世后，我们尝尽了人间冷暖，也学会了处变不惊。在生活的逆境中，"不要脸"成了最有用的武器。我们几个还在上学的兄弟姐妹们，几乎都成了学校里的"老赖"。没交学费的名单、没交班费的名单、没交其他杂费的名单中都一定有我们的份。但好在我们都成绩好，所以学校和老师们都一直很照顾我们这几个"老赖"。从小学到大学，虽然没有大人的陪伴，但开学那天我总是有办法完成报到。现在想想，自己哪有什么本事，只不过是那些好心的老师们呵护我成长罢了。

2007年，我如愿地以全县（民考民）第一的成绩考入了中央民族大学，步了五哥的后尘。当年，全家人都很高兴，四哥给了我他打工挣来的3000块钱，说想怎么花就怎么花。从那时起，我终于有底气说我跟五哥一样，也要去北京上学了。当年去北京之前，五哥说等我读了硕士、博士，甚至去国外留学了，他才会承认我比他厉害。虽然五哥没有指导我怎么学习，但偶尔会问我一些奇奇怪怪的问题。他曾问我：秦始皇有没有吃过葡萄？当时我觉得，我不在那个年代，怎么能知道秦始皇到底吃过葡萄没。五哥说，张骞出使西域带回来了葡萄种子，而秦始皇远早于张骞，所以，秦始皇肯定没有吃过葡萄。我说考试不会出这样的题，五哥笑着说学习有很多种方法，不一定要死记硬背，要学会灵活运用、融会贯通。有次我俩在回家的路上，五哥问我喜欢冬天还是夏天，我说我喜欢夏天，因为冬天冷。五哥点了点头说，冬天也有它的美，天上飘来的雪花会覆盖尘埃，让世界变得干净纯洁。地上的雪融化以后，会浸润地层，来年会带来丰收。

所以，每个事物都一分为二，要学会转换视角，须从多角度、多层次看待。虽然，我不太想承认五哥对我的实际影响，但他一直在影响着我，甚至影响着我们全家人。

事实上，学习对我来说不是件很难的事，我反而一直认为学习是件很快乐的事情。从上学到现在，除了学校里的正常上课之外，我没有上过额外的补习班，也没有做过很多的练习题。所做的，唯一坚持下来的就是认真听课。所以，我很少在课堂中偷懒，这可能是我唯一的优点了。尤其是在上大学之前，我不记得自己在课堂上睡过一次懒觉。

在中央民族大学完成了四年的学业后，我选择了继续读书，也顺利地考上了硕士研究生。读硕士时，我有幸成了著名藏学家才让太教授的学生。就在那时，我放弃了自己喜爱的文学而选择了藏族宗教史，尤其是苯教文化的研究。硕士期间，自己的学业也完成得较好。拿过专业一等奖、国家奖学金、学术优秀奖等奖项，也发表过数篇学术论文。一直以来，学习对我没有造成过很大的困难，一直顺风顺水。但硕士毕业时，遇到了一些挫折。没找到心仪的工作，也错过了考博的机会。跟导师聊了两个多小时后，我放弃了继续找工作，一心为考博做准备。当时，自己借了个学生证，混在学弟们的宿舍中，然后躲着楼管阿姨偷偷摸摸地开启了考博生涯。经过一年的准备，最后没能如愿。当时有机会调剂到另外一位老师，而我的分数线也达到了学校的规定。

人生中最难的是做选择，尤其是夹杂着一些诱惑的时候。向前走，你可以成为博士生，但又违背了自己的初心；向后退，你又不知道未来会发生什么。经过再三考虑，我决定放弃调剂，继续考我硕士时的导师。第二年，我又在楼管阿姨的监视下，再次踏上了我的考博之路。那段时间，失眠和焦虑伴着漫长的日子，摧残着既有的自信和高傲。好在自己的坚持，第二年顺利考上博士，又一次成为才让太教授的学生。考博经历对我的学习生涯产生了较大的影响，学会了坚持梦想的重要性，懂得了有志者事竟成的意义。

博士期间，学业都很顺利。唯独遗憾的是，因各种因素非常完美地错过了去哈佛留学的机会。人生无法做加减，有时只能顺水推舟。我的导师才让太教授精通四门语言，用汉、藏、英、意发表过学术论文。他不仅是我的导师，也是我无话不谈的良师益友。在他的细心指导下，我顺利地完成了博士论文，进一步坚定了做学问的信心。也是在读博士期间，一次藏学与人类学合作项目中，认识了我现在的合作导师，著名的人类学家王铭铭教授。长达五年的合作课题中，藏学与人类学跨学科之间的碰撞与摩擦，引起了我对人类学的兴趣。王老师个头不高，嘴里叼着个烟斗，爱开玩笑，对本土的文明传统有极强的热情和关怀。有次在四川嘉绒地区，我跟着王老师的团队前往当地的一座寺院做调研。我们几个学生一直在作采访、记笔记，而王老师一直在跟僧人们闲聊各种话题，也没有问一些有实际意义的问题。回来的车上，王老师解答我的一些困惑时告诉我，人类学注重实地调研，这是个漫长的过程，不是一次采访和笔记就能解决所有问题。首先要学会跟采访对象交朋友，这样你就能看到很多表象下本质的东西。王老师这人就是这样，他会不经意间点你一下，让你茅塞顿开，但从来不会干涉你做什么或怎么做。也许，这就是人类学的魅力所在吧。

博士毕业那年，在才让太老师的引荐下，王铭铭教授欣然接受我作为他的博士后。经过王铭铭教授对研究主题的再三修改，最终顺利拿到了北京大学博雅博士后的名额。跟着王铭铭教授做博士后的这两年时间，从不敢说自己对人类学有所涉猎，但对"各美其美，美美与共""他山之石，可以攻玉"等人类学的理念有了一定的领悟。所幸的是，在北大做博士后的这两年，较之以前，自己的研究方法和学术视角有了质的转变。我不认为自己是一名真正的北大人，但一定是走过未名湖畔，触摸过博雅塔的未名人。

走过30多年的学习生涯，我终于超越了五哥，也成了家里唯一的博士。想想自己的成长之路，从一个小山村的破旧学堂受到启蒙，在以藏语、藏文为主的环境中学习长大，到民大、再到北大，觉得自己一直很幸运。在兄弟姐妹们的宠爱下，无忧无虑地专注于自己的学业。在老师们和社会各界人士的帮助下，得到很多的关心和爱护。有幸在才让太教授和王铭铭教授门下学习，沐浴智慧的甘泉。我没有什么过人之处，只是一直坚信故土的胸襟和青稞的芬芳能给自己带来成功和自信。同时，也像其他人一样，有幸在人生的重要时刻遇到过许多贵人，站在他们的肩膀上，享受知识的恩典。

越长大越发觉得，处在这样的时代，学习不难，做学问亦不难。只是面对那些伟大的贤者和人类悠久的智慧传统时，深深怀疑自己能否正视他们。因此，我对自己没有过高的要求，只求出淤泥而不染，濯清涟而不妖。

从道帏到澳大利亚

——我的求学经历

格藏才让

从 1999 年始，我就读于道帏中学。作为道帏乡唯一的中学，这个乡几乎所有的中学生都会来这里就读。道帏虽是一个小峡谷，但来自每个村人的性格、着装和说话方式都有所不同。于是，道帏中学就成为这些"多元"汇聚的熔炉。现在看来，可能是因为这个多元，让我从这时候开始隐隐约约地思考自己在这个群体里的定位，如自己跟别人的不同之处。同时，在道帏中学里，同学之间的学习竞争是非常激烈的，学校会举办各种知识竞赛，获奖者不仅在全校范围内得到表扬，而且这些消息会很快传到各个村落。村里的大人们闲聊的话题也多半是关于那些学业出色的人，如才让加博士、切将、李加东智博士等。他们也潜移默化地成为我们后辈们学习的榜样，这种崇尚知识的氛围在道帏是很明显的。

2003 年，我以全县藏族考生中考第一名的成绩考到循化藏文中学。在藏中，不知是因为喜欢思考，还是正值青春期，对课堂之外的东西充满了好奇。或许是因为藏中里接触的老师和书籍更广一些，学习课业之余，我对当时藏族知识分子间的各种争论话题产生了浓厚的兴趣，感觉自己跟有些话题很有共鸣。2003 年，高中一年级期末考试结束后，我和另外一个同学被录取到青海师范大学藏英预科班就读。当时主要学习

---

* 格藏才让，澳大利亚乐卓博大学博士研究生。

英语，老师基本都是外籍教师。外教对学生的要求严格，第一学期后，学生要读大量简写的世界名著。由于之前从未学过外语，学习变得异常艰难。一年半后，我的英语成绩有了明显的提高，但那时我对藏族文化的求知欲远大于继续学习英语的热情，于是，我又回到了循化藏中，半年后参加了高考。

2006 年，我被西北民族大学藏语言文化学院藏语言文学本科专业录取。西北民大藏学院有着深厚的藏语教学传统，也是我国藏族历史和文学等研究领域比较活跃的高校之一。藏学院的学习氛围非常开放，经常对各种话题展开热烈的讨论。经过几年的学习，我对藏族传统文化和现代文学等有了较为粗略的了解。但是，由于传统文化本身在现代世界中如何继承和发展充满了矛盾，而这些矛盾又深深地影响着一个民族年轻学子们的自我认同。加之，由于我国经济社会的快速发展，藏族社会也发生了很多的变化。当时这些问题给我带来了很多困惑，同时对思考这些问题具有极大的吸引力，我感到解答这些问题就是体现自我价值的一种方式。然而，我意识到自己知识系统的不完整，也知道对这些问题的理解需要更多的学术训练。因此，接近毕业时，我花了很多时间考了雅思，并着手准备申请留学，但结果未能如愿。

与此同时，我感到继续在同一个专业和语言系统里攻读研究生很难有质的突破，于是，我决定考文化人类学的硕士。2011 年，我被录取到西南民族研究院民族学（人类学）专业，开始比较系统地学习文化人类学。从此我开始接触马克思、涂尔干和韦伯等大师的社会理论著作，也对格尔兹和萨林斯等的理论有一定的了解。这三年对我影响很大，我感觉到从原来的一套思维方式中跳出来了，而且比较系统地掌握了文化、社会等有关理论。尽管如此，我对很多问题仍有困惑，其中最为纠结的是，虽然对一些社会文化理论有一定的理解，但还是无法比较全面地解释很多藏族社会文化现象。2014 年硕士毕业时，我的硕士论文得到评委老师们的好评，并获得了全校优秀硕博士论文奖。

同年秋天，在机缘巧合之下，我参加了西藏大学的招聘，并成功入职到该校思政部担任教学工作。在学校大力推进科研的背景下，我也试图就藏族文化方面写些文章，但越来越感到自己的理论知识不扎实，无法作出富有启发性的研究，于是，对读博有了迫切的希望。

2018年，我在成都作学术交流时，遇到来自澳大利亚的藏学家和人类学家杰洛德博士，他是澳洲著名的人类学家，也是国际藏学界的新秀。在与他交流后，他希望我跟他读博士，并且说服他的学校给我提供奖学金。于是，在2019年初我顺利游学澳大利亚乐卓博大学（墨尔本），开启博士研究的征程。

澳洲大学的教育制度与国内有很多不同的地方。对博士生而言，专业之间的界限非常模糊，博士生要熟知跟自己研究有关的所有理论与方法，而导师扮演的角色仅仅是学生钻研问题过程中的一个伙伴，研究思路和方法都是要靠学生自己去寻找。我的博士论文研究主题是有关安多的社会文化，因此，我要学习的学科包括社会理论、人类学、人文地理学和藏学等诸多学科。过去两年多的时间里，跟随杰洛德博士和著名藏学家塞缪等老师，除积累知识和探究学术问题外，让我学习更多的是新的思考方式和做人的方式。

对澳洲博士生来说，大学里两个机构很重要：一是研究生院，提供的服务是在整个学校的制度框架内给学生设计适合他们的制度，如果学生在研究过程中碰到问题，就可以要求这个机构调整相关制度。二是研究教育团队。它对学生作各种培训，比如写作、软件等。图书馆是最重要的知识来源，这里几乎能找到全世界出版过的所有书。图书馆里的设备非常齐全，各种会议室、电脑和打印机等供学生免费使用。老师和学生在这里聊学术之余也可以喝咖啡放松。系是另外一个重要机构，系里面经常会组织讲座和工作坊等学术活动，平日里同系的老师和同学之间的互动也最多，因此，博士生在这里能学到很多东西。总之，学校几乎每天都有各种讲座、学术会议和其他活动，作为博士生要合理安排自己的时间。

从整体上来说，澳洲大学教育注重学生的原创能力，而并不能光靠埋头读书就能培养出来的。刚开始对这个问题我也很模糊，但慢慢发现，在澳洲对博士生而言重要的不是你知道多少，而是怎样去探索未知。当一个学生学会探索时，大概也就知道原创性是什么，而这个探索意识的基础是一个学生对生命和生活的深刻体验。那些同学给我最大的一个感受是他们对世界上的各种问题充满了好奇心，同时关心地球上发生的所有的不幸，对周围的世界很敏感，当然，我是无法做到他们这种程度，但我也似乎从原来的那种扩散式的思维模式里跳出来了，因为我感到慢慢明白了如何提出问题，如何追逐问题。

我的导师杰洛德博士的人类学理论功底深厚，尤其他为语言人类学的理论作出了开创性的研究，在澳洲学界名声大噪；杰洛德也是一个多产的学者，他的有些论文发表在《美国人类学》等世界顶级期刊上，就西方藏学界而言，这是比较少见的。我刚到澳洲那段时间，系里有老师半开玩笑地跟我说："杰洛德是非常聪明的学者，你跟他学习会有压力的，你有心理准备吗？"现在想起来，第一年的学习确实有压力。导师开的书单多半是枯涩而难懂的社会理论的各种著作。而且由于我个人的研究方向关系，我特别要关注社会空间理论，它是比较新的一个理论取向，所以，我几乎每天都泡在图书馆，逐字逐句、反复地读列斐伏尔、福柯和哈维等理论家的著作，这些理论家的思想极为难懂。

杰洛德的性格谦虚而又充满激情，不管跟他聊天或者报告读书，他总是让我觉得是在跟一个老朋友交谈，他善于用简单的语言把那些复杂的概念讲透。同时，在各种学术会议或者讨论会上他又显得果断而睿智，由于他提出的理论极具冲击力，总是能吸引在场所有人的注意力。同时，他也是一个启发学生的解惑者。我初到澳洲第一次跟他正式见面的当天，他给了四个单词：disposition，habits，knowledge，infrastructure，然后跟我说："这四个方面的能力是你接下来四五年里要学会的，要成为一个研究者，这是必须具备的特点和能力。"这几个单词够我一辈子慢慢消化和学习。

我的另外一个老师是塞缪教授，他是著名的人类学家和藏学家，他的很多著作都是人类学和藏学界的经典。在国内很多人对他的《文明的萨满》一书很熟悉。他在英国牛津大学读完本硕博，所以，他的谈吐方式也是英国贵族的那种气质。他总是用优雅的语言和渊博的学识解答提问者的疑惑。我每次请教他时，他都会给我列出长长的书单，使我明白在学术脉络中把握问题的重要性。塞缪老师是一个极具人格魅力的学者，虽然因年迈，他参加的学术活动有限，但还是给我无限的启发。

我的导师委员会里还有一个老师叫甘波博士，她也是一位藏学家，主攻藏族文化史和环境史。甘波老师思维非常活跃，一个简单的问题在她那里会成为一个有趣的学术问题。近年来，她主持好几个重要的科研项目，我也给她打工做翻译，挣了一些喝咖啡的外快。

以上就是作为一个求学者，我是如何追求知识的心得体会，希望能够对道帏的晚辈们起到一点激励的作用。

携笔从戎到解甲从文

——我的执着圆了我的梦

久西杰[*]

◎本文作者久西杰

1990 年 7 月，我出生于循化县道帏乡拉木龙哇村极其普通的一个藏族农民家庭。因受父母严厉的教育和家庭环境的熏陶，我比其他孩子更加刻苦、更加努力，也慢慢远离了顽皮嬉戏的环境，较早进入了大人的世界和压力中。在这样的求学环境和刻苦努力下，在只有五年级的乡村小学里（拉科小学），我赢得了老师及同学的认可，成了别的家长眼中的好孩子、广大师生心中的"三好学生"。

2003—2006 年，我就读于离家 10 公里外的寄宿制初级中学，学校坐落在乡政府驻地。在这里遇见了改变我命运的老师和同学，为之后的学习生涯打下了坚实的基

* 久西杰，上海师范大学人文学院语言学专业博士生，现就职于青海民族大学。

础。

2006 年 9 月，就读于循化藏文中学，距离家乡道帏乡 70 余公里，从之前的一周一回家，变成了一月一探亲，这是 12 年学习生涯最为关键和冲刺的"最后一公里"。因为在这里的三年，绘制了我步入大学及深造的理想蓝图，奠定了求学寻梦的基础。

2009 年，参加人生第一次大考——高考。虽然从高一入学开始就将"中央民族大学"的照片贴在宿舍墙上，把"中央民族大学"六个字深深刻在课桌上，连做梦都想考进中央民族大学，立志进京深造。但事与愿违，高考成绩不理想，与这所梦寐以求的高等学府失之交臂，最后被青海民族大学录取。曾一度失落、迷惘、彷徨，然而，当得知青海民族大学是一所大师云集、有着悠久文化历史的民族院校，且为藏族传统文化的摇篮后，顿时拨云见日，心向往之。

我在大学选择了汉藏翻译专业，师从才让东知教授、南色教授、吴钰教授、更尕旺秀教授、才项多杰教授等名师，受益匪浅。按照培养计划安排，第一年学校培养方案系统掌握了藏族传统文法、诗学、藏族历史、藏族古典文学、藏族现当代文学、现代汉语等基础课程，第二年才开始接触专业知识，先后学习了翻译理论、翻译技巧、翻译鉴赏等科目。最初简单认为只要把翻译理论学扎实，在翻译实践中就能做到风雨无阻，但真正运用时才发现远没有自己想象的那么简单。如不同文化背景的两种语言进行互相转换时，如何做到"信"、如何达到"达"、如何把握"雅"等问题还需要丰富的实践经验和深厚的理论功底来回答。为此，从大二下学期开始我将大量的时间用在翻译实践训练上，翻阅大量的文献资料，上至敦煌文献，下到现行口语，从中搜集和挖掘素材，积累词汇，并制作小卡片，把平时翻译中能用的词汇都写在卡片上，只要一有时间随时拿出来背诵和记忆。宿舍、课桌、家里的卧室、炕头、灶台，到处都是卡片，吃饭、睡前都会瞅上两眼，背上几个。记得当时才项多杰教授在课堂上推荐《贤愚论》，强调这本著作对翻译学习者有着非常好的借鉴作用后，我立即去图书馆借了这本书，从头到尾仔仔细细浏览了一遍，结果被译者的译技深深吸引住，一个月后几乎能把全书都背诵下来。后面还用类似的文风,把汉文《白蛇传》翻译成藏文,并出版发行,得到了广大读者的一致好评。从此我深知好的翻译者是从翻译实战中训练出来的道理。每天只要没有课,就找一本喜欢的汉语经典,到图书馆找一个安静的角落,一句一句地翻译,一译就是一天,就这样把自己的所有课余时间都献给了"翻译"。到大三时,我的翻译水平有了很大的提高,加上有了专属自己的译著,当时在学院中也小有了名气。后来由老师和同学推荐,先后到几家译制公司和青海译制厂等做兼职翻译。这期间几乎没有时间休息,白天上课,晚上翻译至深夜,周末同学们在宿舍睡懒觉时,我5点钟起床,拿着一个馒头,去一个空教室翻译到晚上被教学楼管理员催走。记得当时一名教学楼管理员还因为被我的拼搏所打动,特意为我延迟半个小时熄灯。就这样仅仅两年时间,我翻译完成了2部大型纪录片、3部长篇电视剧和多部新闻采访类剧本。后面又受青海省政府和四川省教育厅等单位的委托,翻译出版了《避震三十六计》《防震减灾知识读本》等5本读物。大学四年内,翻译总字数达30余万字。

四年的翻译实践,使我深刻认识到了翻译的不易,它不仅是两种文字间的简单转换,更是一种语言背后的文化转换,而文化的转换又要通过语言来实现。当一种语言原汁原味地用另一种语言再现时,我们不仅要熟练掌握这两种语言,更要从结构、语义、语用等语言学的角度进行比较分析,以此来拉近与原作的距离,这对翻译者的语言学素养提出了更高的要求。而当时我的语言学水平还停留在对《三十颂》和《音势论》的简单阐释上,对现代语言学一无所知。于是我有了报考语言学专业研究生的想法。经过一年的不懈努力,于2013年年初以全院第一名的成绩如愿考上了硕士研究生。

2013年本科顺利毕业。原兰州军区(现在的西部战区)选培办来校选拔招聘应届毕业生。本着先就业再读研的考虑,向学校申请保留学籍后,我报考了此次"直招军官"考试,考试安排了两项科目,分别为藏译汉的笔试和汉藏同声传译的面试,因为跟自己的专业对口,加上之前有比较丰富的翻译经验,最后以满分的好成绩被兰州军区录用,正式成了一名中国人民解放军军官,且被分配到有着光荣历史的一支野战部队——邱少云生前所在部队，驻地在甘肃省武威市。当时我心想作为一名汉藏翻译专业的大学生，单位应该会给我安排一个跟自己专业有所对口的岗位，结果事与愿违，报到当天单位人力干事连问都不问我的基本情况，直接让我下连队当排长。

据知，跟我同批到这所单位的干部有 80 余名，其中有部队实习经验的国防生、军校生，唯独我是只有大学军训经历的直招干部；原来全单位有 5000 多号人，唯有我是少数民族军官；原来其余干部都学的是部队所需且经常能用到的专业，唯独我是只有在藏区救灾时才需上去搞搞翻译；原来部队上研究生只有军校才能去读，地方大学读研需要费很大的力气。这些无数个"原来"注定我在以后的工作中需要付出比别人更多的努力。

2013 年 8 月，单位安排我到古城西安培训，借部队的话叫"加一"，相当于岗前培训，为期 10 个月。在此期间，我系统学习了军队历史、作战理论、指挥技能、部队管理、参谋业务等课程，对部队有了重新的认识，且为自己下步胜任工作岗位打下了坚实的基础。

2014 年 7 月，我顺利结业返回工作岗位。2014 年 12 月，调职为副连长，成为同批军官中提职最快的一名。副连长岗位平时工作比较清闲，但我没有丝毫松懈，反而将大量时间用在学习普通话上，从看新闻、听广播、读报纸、记笔记、讲心得开始学，不到一年，具备了较强的汉语听、说、读、写能力，在单位真正成了唯一的"双语型"人才。针对藏语专业优势，主动担任营队的藏语小教员，培养出的十多名汉族战士，能够用藏语简单交流。主动担任连队心战骨干、战场喊话组长等职，于 2015 年 7 月为中央军委展示相关科目，得到了领导的认可和表扬。

因为工作上的出色表现，原本在单位从未出现过到地方大学带薪上研的先例，而轮到我，领导主动研究相关政策，积极协调沟通，专为我开辟"绿色通道"，帮我实现了读研的愿望。

2015 年重返青海民族大学上研究生，因为机会来之不易，我倍加珍惜。硕士第一年时，主要开设佛学、因明学和古藏文等课程，需要与同年级的所有专业研究生上合班课，这点也非常关键，一来这些专业是藏学中的支柱性专业，急需我们学习和传承；二来因明学与任何一个专业都息息相通，语言学也不例外，所以我每节课都认真听讲，积极思考。更重要的是讲授这些课程的教师在此领域都是大名鼎鼎的大咖级人物，所以学生们也很喜欢听他们的课，其中我最喜欢听的是更登教授的因明学课。每次听他的因明学课，他都会在不经意间蹦出一些极具幽默且非常经典的话，此时我偷偷地记录下来，结课时整理出了数百条"名言警句"。这些警句至今在我平时的生活、工作和学习中都起到解惑、助威和激励的作用，甚至有时能因此而悟出一些很深刻的道理。后来我以资源共享的态度，把这些警句翻译成汉语放到网上，之后又有人转发至微博，几天时间点击量达到数万，当时被学院院长看到后，对我的译文评论道"我们学生能有如此高的译技确实印证了青出于蓝而胜于蓝的道理"，这句话至今还激励着我在翻译道路上不断前行。

研究生第二年开设专业课，研习了语言学理论、藏语方言、语言与文化、社会语言学、词汇学等课程。经与导师商量，把研究方向定为藏语语音学，先到西藏自治区达孜县，进行为期一个月的语料搜集，主要对其音系作了归纳和分析，同时将其与安多几个方言点的音系进行比较找出异同，后面形成文章发表到《青海民族大学学报》上，这篇文章还获得了论文比赛一等奖。

2017 年和 2018 年我先后两次参加了南开大学主办的暑期工作坊，南开大学被誉为"语言学的殿堂"，当时很激动。其间有幸能与阿措教授、瞿霭堂教授、刘丹青教授、江狄教授等语言学名师结下师生缘，我后来的博士生导师王双成教授也是在这时候认识的，听了他们的课之后，我的语言学水平有了质的提高，从此也真正迷恋上了语言学。在南开期间，我无意间看到了一本叫《白马语研究》的语言学著作，翻开一看，与我之前对白马方言的了解大相径庭。这本著作的作者是中国社科院的孙宏开教授，大概有 20 万字，它以描写语言学的方法从语音、词汇和语法三个方面对白马方言的整个情况作了细致描述，但最后的观点为白马方言是独立于藏语的另一种语言，属于羌语支。而 20 世纪 80 年代毛尔盖桑木丹先生，后面还有赞拉阿旺活佛也写过有关白马藏族的文章，但他们两人都论证白马地区的藏族人所操方言无疑是藏语内部的一种次方言。这给我毕业论文的选题提供了思路，当时就立志要解决这个历史遗留问题。2017 年底跟导师汇报想法之后，马不停蹄赶赴甘肃省陇南市、四川省绵阳市等地的白马藏族地区，做了三个多月的田野调查，主要对白马方言的语音和词汇两个系统进行细致分析，并与藏语其他方言和书面语进行比较。经过对 3000 多个词汇的逐一调查，发现其中 70% 以上和藏语书面语有语音对应规律，按照孙宏开教授给出的标准，那白马方言无疑为藏语内部的一个方言。2018 年初，完成了硕士论文《白马方言的语音和词汇一般特征》。该论文当年被选为青海民族大学优秀硕士论文，后面还被《青海民族大学学报》连续刊登，在该专业领域引起了很大反响，我也因此被评为优秀毕业生。

2018 年 5 月，我如愿考上上海师范大学人文学院语言学专业博士，但由于工作原因，暂时向学校申请了保留学籍，立即返回部队任职。在部队只要有硕士研究生学历，就可以享受正连职待遇，所以回到营区后把我安排至连长岗位，又调整到参谋岗位。岗位调整，干劲不减，返回营区后，我从不为研究生学历而沾沾自喜，也不因连长职务而摆架子，更不会离开学校而不学习，而每天都扎扎实实干，勤勤恳恳学。2019 年 8 月，博士保留学籍期限将满。因到地方大学读博在部队没有任何政策依据，我只能利用休假、探亲假、护理假等时间去学校读博，这既符合单位政策，又能如我所愿。2019 年 9 月，我一次性休了全年的所有假共 100 多天，到上海师范大学报到。

秋风起，落叶黄；百花凋零，群燕南飞。2019 年 9 月中旬，我终于来到了久违的上海师范大学。早就耳闻语言学大家潘悟云教授、张斌教授、刘丹青教授都曾在这里任教，所以这所学校一直是我梦寐以求的高等学府之一。当走进极具江南特色的学之圣地，那些历史建筑彰显着名校的风范，顿时感受到校园文化底蕴四处弥漫，感悟到历史的厚重感赋予了这所大学无尽的积淀。每每课上聆听名校巨匠精湛博学的讲座，多想让时间定格在这一刻，让自己一直在知识的海洋里遨游。每当课后徜徉在校区休闲之处，感恩自己青春虽奉献部队却又能重返校园重燃青春之火。

2019 年 10 月，正式进入博士课程的学习，根据培养计划，博一阶段主要以理论学习为主，开设了实验语音学、音韵学、语言地理学、语言类型学、语法调查等课程，这些课程对我研究藏语起到了很重要的作用。因为一直都很钟爱语言学，加上自己读博机会来之不易，我紧紧抓住此次难得的求学好时光，珍惜在校的每一分钟，拼搏奋斗，励志笃行。博一上学期在沪三个多月，从未出过校门，所以，当时我印象中的上海就是校园。

语言学专业在上海师范大学是个老专业，有着非常深厚的底蕴。学校早在 2002 年就成立了语言研究所，是全国最早建立的哲学和社会科学方面的研究所之一。语言研究所在 20 余年的发展历程中，名师大家辈出，曾有中国语言学大家张斌先生和潘悟云先生等在这里任教，培养了一大批语法学家和语言研究者，为中国的语言学事业做出了重大贡献。而目前在所里任教的张谊生先生、王双成教授都是这些老一辈语言学大家的得意弟子，他们学识渊博、才华横溢，在语言学领域也是佼佼者。通过在这些名师的指导下潜心学习，我的观念得到了提升，理论得到了升华，见识得到了拓展。

在学习新的理论、新的方法，接触学科前沿知识的同时，我始终没有忘记我的初心，积极发扬"拿来主义"精神，将自己学到的新观念、新方法搬至藏语研究中，努力弥补藏语研究中的空白，解决藏语研究中的一些老大难问题。为此，专心致志写论文，取得了丰富的研究成果。自 2019 年 9 月至 2020 年 9 月，在《中国藏学》和《西藏研究》等核心刊物上共发表了 9 篇论文，成为此年度在全校范围内发表论文数最多的学生，打破了学校纪录，因此也被评为年度优秀学生。其中，一篇字数 2 万余字，题为《藏语属格的几点思考——中国人民银行和中国人民的银行》的论文，首次总结归纳出了藏语属格的隐现规律，解决了藏语语法实践中属格应用不规范的问题，这篇论文先发表到《西藏研究》上，后又被《语言文字周报》转载，引起了此项研究领域的巨大反响。

目前，这个课题也定为我的博士学位论文研究方向。在今后的日子里，只要初心不改，砥砺前行，相信能够写出一篇优秀的博士论文，不断创造出新的研究成果，能够填补传统藏语文法研究的不足，为藏语研究注入新的活力。

读书、求学的道路漫长而艰辛，我，其实一直在路上。如果以后我重返工作岗位，那我献身崇高的国防事业，不忘初心，勇往直前，依然争做一名优秀的藏族军官；如果我能再度扬帆起航、踏梦求学，那我将余生交付于藏语研究事业，让藏语言学像珠峰一般屹立于世界学术之林。

清寒茅屋有垂髫，

奋笔识书不绝少。

春秋轮转数十载，

深知勤能补我拙。

古刹名胜

文都大寺今昔谈

陈庆英[*]　噶尔哇·阿旺桑波^{**}。

　　文都大寺，位于青海省循化县文都乡拉代村之东北侧山坳。地处元代驿路的交通
要冲地带，离县城 20 公里，是集旅游观光、体验佛教文化、佛教朝圣为一体的旅游景点，
是国家重点文物保护单位，也是爱国主义教育基地。1272 年，受元世祖忽必烈和帝师
八思巴之命，由大元第二任帝师亦怜真（噶尔玉哇·仁钦确吉喜饶坚赞）创建，是朵
思麻宣慰司元帅府本钦益西迥乃家庙，也是十世班禅大师从小入寺学经的寺院。

　　文都大寺，亦称"文都噶尔哇""文都扎仓""边都寺"等，藏语称"文都贡钦扎西
钦阔朗"，意为"文都大寺吉祥法轮洲"。该寺坐西向东依山而建，气势磅礴，南林北峰，
一片苍翠，环境幽雅，景色美丽，周围有错落连片的耕地，是循化县境内最大的藏传
佛教寺院，也是青海省内最古老的寺院之一。

　　文都大寺第一任噶尔哇（昆氏座主）是帝师亦怜真（仁钦确吉喜饶坚赞），系大元
帝师八思巴之弟、大元第二任帝师，是文都大寺的创建者。1238 年出生于西藏萨迦昆
氏家族。从小在萨迦寺出家学习，后拜萨迦班智达、帝师八思巴、乌尤巴大师等为师，
主要学习了显密佛学文化体系。1267 年，元世祖忽必烈和帝师八思巴封亦怜真为吐蕃

---

*　陈庆英，中国藏学研究中心原研究员。
**　噶尔哇·阿旺桑波，循化县政协副主席。

◎文都大寺全景 （噶尔哇·阿旺桑波 提供）

宣慰使，任命为萨迦法王。历时七年担任萨迦法王期间，在元世祖忽必烈和帝师八思巴的支持下，与本钦释迦桑波一起修建了萨迦南寺，不断扩建和修缮萨迦寺各大小宫殿，培养了元朝从事国政事务的众多出类拔萃的人才，全面地继承和弘扬了萨迦班智达开创的藏传佛教十明学文化理论体系。同时，全面继承和完善了元世祖忽必烈和帝师八思巴创立的西藏萨迦地方政府的机构设置等方面做出了极大贡献。1272年，遵元世祖忽必烈和帝师八思巴之命，创建了文都大寺，并修建了皇家护国护法殿。1274年，帝师八思巴返藏之际，元世祖忽必烈和帝师八思巴任命噶尔哇为大元第二任帝师和皇家护国临洮大寺、大圣寿万安寺住持。同时，被封为元朝掌管全国宗教和西藏政教事务的中央机关"总制院"院使。在帝师八思巴驻锡地大圣寿万安寺为皇帝与皇后传授了喜金刚灌顶、玛哈噶喇随许法等。与意大利传教士马可·波罗和尼泊尔工艺师阿尼哥等一起参与护持国政事务，在都城北京白塔寺修建的大白塔内进行设计、装藏，并为其举行盛大的开光庆典和国泰民安祈福仪式，使从此成为北京白塔寺开创祖师。1279年，在元大都北京圆寂。当时，在元世祖忽必烈的主持下，令全国108个高僧大德，聚集在北京白塔寺举行悼念祈福仪式。后来，元世祖忽必烈和帝师八思巴议定，帝师亦怜真之侄确吉·贡嘎坚赞被任命为帝师亦怜真第二代传人，即文都大寺第二任昆氏座主噶尔哇。第三任昆氏座主确吉顿珠仁钦、第四任昆氏座主确吉索南伦珠、第五任昆氏座主确吉喇嘛噶尔盖哇、第六任昆氏座主确吉嘉样巴、第七任昆氏座主确吉三洛扎巴嘉措、第八任昆氏座主确吉索南坚赞、第九任昆氏座主确吉金巴嘉措、第十任昆氏座主确吉噶居顿珠巴、第十一任昆氏座主确吉扎巴坚赞、第十二任昆氏座主噶尔哇·阿旺洛桑、第十三任昆氏座主噶尔哇·坚增仓、第十四任昆氏座主噶尔哇·澳彩仓、第十五任昆氏座主噶尔哇·格桑仓、第十六任昆氏座主噶尔哇·阿旺扎西、第十七任昆氏座主噶尔哇·阿旺奥赛、第十八任昆氏座主噶尔哇·阿旺坚赞、第十九任昆氏座主噶尔哇·阿旺诺日、第二十任昆氏座主噶尔哇·图丹桑格、第二十一任昆氏座主噶尔哇·丹巴彦培、第二十二任昆氏座主噶尔哇·扎西仁青、第二十三任昆氏座主噶尔哇·益喜丹增、第二十四任昆氏座主噶尔哇·图丹喜热、第二十五任昆氏座主噶尔哇·班丹嘉措、第二十六任昆氏座主噶尔哇·阿旺桑波。噶尔哇，即被元朝所封的"政教合一领袖"之意。自元朝以来，藏传佛教历史上特定的唯一世袭传承活佛，只有大元第一任帝师八思巴的传人，即历代萨迦寺萨迦法王和第二任帝师亦怜真的传人，即文都大寺历代噶尔哇活佛。文都大寺历代噶尔哇活佛是以大元帝师家族中叔侄相传的世袭方式，至今在帝师家族中延续不断地世袭传承，成为青海唯一的昆氏世袭传承活佛，已世袭传承到了第二十六代。文都大寺历史上，在昆氏家族直系中若没有昆氏座主的人选和继承者，可由昆氏家族旁系来代理（噶尔蔡）昆氏座主，任期为7年。

拉科·晋美成列嘉措，1866年2月11日出生于文都款氏家族。他毕生研修佛学理论，讲经传法，通达显密，学识渊博，品德高尚，是20世纪藏传佛教最伟大的佛学家。

拉科仁波切若未认定为转世活佛，就是文都大寺第二十四任昆氏座主。其幼年在尕楞塔哇林和文都寺度过，但由于第四世嘉木样把他认定为拉科活佛转世，并迎请拉卜楞寺坐床。1871年高僧喜饶嘉措座前剃度出家，入闻思学院学习。拜相顿·丹巴嘉措等高僧大德门下，坚忍不拔地攀登学峰而打下坚实的研修根基。因此，拉科仁波切把出生于昆氏家族的噶尔哇·图丹喜热代为文都大寺第二十四任昆氏座主。后来，他多次莅临文都大寺讲经传法、处理政教事务的同时，从拉卜楞寺派其弟子格西檀克仓、格西桑科丹巴、格西桑科晋美等到文都大寺闻思院长时间讲授五部大论，他还亲自多次到闻思院举行格鲁派大型法事和密宗护法院传授了萨迦昆氏家族大黑天等密法传承。

拉科仁波切不仅在拉卜楞寺、文都大寺讲经传法，还在甘、青、川等藏区上百座寺院讲经传法，广授显密经教。他的弟子成千上万，桃李遍地，其中有九世班禅、十世班禅、五世嘉木样和贡唐仓、各赛赤堪布活佛及夏茸噶布、阿嘉仓、赛赤仓、却西仓、阿绕仓等。民国时期，他是整个藏传佛教德高望重、最具影响的人物之一。

1944 年农历四月十五，班禅堪布会议厅将十世班禅灵童迎请到塔尔寺，以拉科仁波切为首的十大活佛举行了出家仪式，取法名为洛桑确吉坚赞。从此拉科仁波切为十世班禅全面地传授了显宗三藏内的各种教法和密宗四续内的时轮金刚、大威德金刚、玛哈噶喇随许法等全部密法传承。拉科仁波切于 1948 年 3 月 7 日圆寂，享年 83 岁。

十世班禅大师 1938 年出生于循化文都昆氏家族，取名贡布慈旦。1940 年，在文都大寺拉科仁波切座前受皈依戒，学习佛法。按照常规，十世班禅若未认定为班禅转世，就是文都大寺第二十五任昆氏座主，但由于 1943 年被认定为第九世班禅转世灵童，翌年在塔尔寺拉科仁波切座前受戒，取法名为洛桑确吉坚赞，此后在塔尔寺和宗喀大慈宏觉寺拉科仁波切等经师座前开始学习因明学等佛学理论，并接受了许多显密教法传承。在塔尔寺举行了坐床大典。因此，十世班禅赴藏前任命文都昆氏家族出生的噶尔哇·班丹嘉措为文都大寺第二十五任昆氏座主。

1952 年 6 月 23 日，十世班禅一行从西宁宏觉寺到达历代班禅驻锡地扎什伦布寺，举行了盛大的坐床仪式。从此在经师恩久仁波切、大格西阿旺尼玛座前继续学习显密佛学理论。

1954 年 9 月，在全国政协二届一次会议上，十世班禅当选为全国政协副主席。在扎什伦布寺盛大的五部大论辩经法会上，取得了佛学的最高噶钦学位。

1980年，又当选为全国人大常委会副委员长。大师十分关心藏传佛教文化的继承和发展，非常重视藏区的经济建设和教育卫生事业的发展，在万里高原到处留下了大师的足迹。

十世班禅大师在1951年、1955年、1962年、1980年、1983年、1987年先后6次到文都大寺讲经传法，调整了该寺学经制度和管理制度，同时亲自处理了寺院各项事务，在密宗护法院传授了玛哈噶喇随喜法等昆氏家族传承法脉。十世班禅大师还在闻思院传授了格鲁派传承大威德金刚灌顶等教法，从拉卜楞寺派大格西云丹仓到文都大寺闻思院长时间讲授五部大论，培养了众多僧才。1988年9月22日（释迦牟尼佛天降日），十世班禅大师亲自把噶尔哇·阿旺桑波任命为文都大寺第二十六任昆氏座主，由大师父亲尧西·古贡才旦主持，在文都大寺隆重举行了历史性的昆氏座主坐床仪式。

1989年1月9日，十世班禅大师离京赴西藏扎什伦布寺，参加主持五世至九世班禅合葬灵塔东陵札什南捷的落成开光典礼。1月28日，因操劳过度，十世班禅大师在西藏日喀则历代班禅行宫德庆格桑颇彰圆寂，享年51岁。

第七任昆氏座主噶尔哇·确吉三洛扎巴嘉措，系文都昆氏家族后裔，自幼在文都寺出家，学习显密教法，后出任昆氏座主。他曾赴西藏哲蚌寺的果芒扎仓学习格鲁派五部大论，哲蚌寺相当于格鲁派的最高学府，这里聚集着各地顶尖学僧，它包括两部分：一是印度高僧原著的"五部大论"，被称为根本经典：因明学，法称的《释量论》；般若学，弥勒菩萨的《现观庄严论》；中观学，月称菩萨的《入中论》；俱舍学，世亲菩萨的《俱舍论》；戒律学，功德光的《律经根本释》。二是藏族高僧所著的有关"五部大论"的论释注疏等。所学的哲学经典一般需要15年才能完成。噶尔哇·确吉三洛扎巴嘉措在此学习十分刻苦，学业成绩优异，获取拉然巴格西学位，从此"三洛扎巴嘉措"声振雪域。于是，他重回萨迦派教法传承的文都大寺，开始传播格鲁派教法。

第八任昆氏座主噶尔哇·确吉索南坚赞，系文都昆氏家族后裔，从文都寺出家，后任昆氏座主。他出生于文都萨桑拉卡村，家中至今仍保留着尊者寝宫和大黑天护法佛堂。他受确吉三洛扎巴嘉措之派，前往哲蚌寺果芒扎仓研学格鲁派五部大论。确吉索南坚赞大师智慧超群，脱颖而出，极富名望，此时正值哲蚌寺历史上的鼎盛时期，他就是其中最显赫的人物。确吉索南坚赞身材矮胖、精明强干、神通超凡、变化自在，僧众公认为他是齐扎巴拉的化身。因为哲蚌寺果芒扎仓护法神六臂玛哈噶喇部下有位叫齐扎巴拉的骑熊护法神，故以此神尊称为喇嘛齐扎巴拉。他与五世达赖喇嘛同皈于第四世班禅大师门下，此时一世章嘉国师刚入哲蚌寺，年轻的一世嘉木样首次见到喇嘛齐扎巴拉大师时，赞叹不已，称自己一生最大的愿望就是能成为喇嘛齐扎巴拉这样的大格西。在《一世嘉木样传》一文中载有他对确吉·喇嘛齐扎巴拉的赞颂。齐扎巴拉不仅佛学造诣极深，证悟境界也颇高，据说他已证达空性、具足神通，变化自在。

喇嘛齐扎巴拉所在的果芒三洛康参，是文都大寺等几所寺院学僧入寺学习的驻锡机构，也是哲蚌寺果芒扎仓最大的康参。当时也有人因他身材矮小，称他为三洛慕通，三洛为驻锡之所康参之名，"慕通"藏译为"矮人"。齐扎巴拉的传奇故事盛传雪域，洛本慕果（大力士之意）的传奇故事流传更广。洛本是哲蚌寺属下的洛本康参，当时洛本慕果誓愿成为大力士，无与伦比；齐扎巴拉誓愿成为大格西，卓尔不群。后来他俩各奔前程，喇嘛齐扎巴拉返回祖寺——文都大寺。在萨迦教法传承的基础上创建了格鲁派教法的闻思院，弘传格鲁派五部大论，收徒传道，树立了严谨的学风，形成了一整套闻、思、修和讲、辨、著的优良传统。继前任确吉三洛扎巴嘉措之后，齐扎巴拉大师将文都大寺的格鲁派经学之风再推高峰，对后世影响甚大。喇嘛齐扎巴拉圆寂后，转生为堪布阿旺诺布，任夏琼寺第三十代住持，即现有的夏琼寺德阳仁波切的转世世系，也是喇嘛齐扎巴拉的转世系统。相传，堪布阿旺诺布再三受邀到文都大寺传法，因为文都是昆氏座主家族血统传承，堪布阿旺诺布最终谢绝驾临。他虽未驾临返回文都大寺，但夏琼与文都两寺关系从确吉顿珠仁钦开始极为密切，两寺在各自大经堂中互为对方专设僧座，这在其他寺院很少见。喇嘛齐扎巴拉的灵佛，现供奉于文都大寺皇家护国护法殿内。

第九任昆氏座主噶尔哇·确吉金巴嘉措，系文都昆氏家族后裔，自幼从文都大寺出家，后任昆氏座主。确吉金巴嘉措有几个曾用名，幼年叫阿旺贝桑；受比丘戒后取法名为金巴嘉措；广授《甘珠尔》成名后，又称甘珠巴·金巴嘉措；担任甘丹赤巴后，又尊称为赛赤钦·金巴嘉措、赤钦·金巴嘉措、赤·金巴嘉措等，这些称呼大致反映了他一生的成就。他曾赴西藏哲蚌寺果芒扎仓研学五部大论，荣获拉然巴格西学位。又拜五世达赖喇嘛为师，一个月时间听受了五世达赖喇嘛所传授的《菩提道次第广论》，深受信解。他以传授藏文大藏经《甘珠尔》而闻名于雪域八方，被人们称为"甘珠巴"。按照格鲁派甘丹赤巴金座的入座条件，先要进密宗院学习，并任甘丹香泽扎仓堪布。只有担任该扎仓的堪布后，才有考取甘丹赤巴的资格。藏历十二饶迥水猴年（1692），他荣登46任甘丹赤巴金座，是格鲁派教法的持有者，具有最高荣誉和地位，表明了昆氏座主无与伦比的学识和证悟境界。确吉金巴嘉措担任甘丹赤巴期间，仍不忘文都昆氏家族祖寺，大昭寺每年举行的祈愿大法会，他继续保持大昭寺所专设的文都大寺学僧驻锡和僧座等特殊地位，提高文都大寺学僧在祈愿大法会上的闻思辩经能力。他担任甘丹赤巴后，由于他的特殊身份和地位，在哲蚌寺三洛康参属下的文都米参房顶上安装了黄布法幢。确吉金巴嘉措大师于甘丹赤巴在位四年后圆寂。圆寂前，尊者向文都寺赠送的铙钹和尊者密修大黑天唐卡等诸多佛教宝物至今保存在文都大寺皇家护国护法殿。第司·桑杰嘉措所著《格鲁派教法史》等史料中有确吉金巴嘉措大师的相关记载。

第十任昆氏座主确吉噶居顿珠巴，系文都昆氏家族后裔，自幼在文都大寺出家，后任昆氏座主。他赴西藏哲蚌寺学习五部大论，考取噶居格西学位（十部大论格西学位）。学成后返回文都大寺，广行利益众生事业。五世达赖喇嘛洛桑嘉措应顺治皇帝之邀进京，途经安多地区时，确吉噶居顿珠巴作为安多地区高僧大德的代表前往青海湖边拜见之事，在《五世达赖喇嘛传》有记载。由此可见，确吉噶居顿珠巴在安多地区政治和宗教界中的巨大影响力。

第十一任昆氏座主确吉扎巴坚赞，系文都昆氏家族后裔，出生在文都循哇拉卡村。自幼从文都大寺出家，当初在本寺学习五部大论，后赴西藏哲蚌果芒扎仓学习，考取了热坚巴格西学位。学成归来后出任文都大寺昆氏座主，为文都大寺闻思院的再次恢复发展做出了突出贡献。第二世叶什雄嘉样洛哲赴文都朵普寺讲授佛法时，政教两方面修养深厚的确吉扎巴坚赞前往拜见。当时嘉样洛哲向他建议：确吉喇嘛齐扎巴拉大师曾经创建的文都大寺闻思院当今稍显萧条、衰落之势，应重新恢复兴盛。确吉扎巴坚赞听后也当即采纳建议，于藏历十二饶迥铁土年十二月十一恢复重建了闻思院，任命格西洛哇然坚巴为闻思院住持，从事传授格鲁派五部大论教法。确吉扎巴坚赞学习教法精深，才思敏捷、办事干练，被人们称为大黑天部下布扎护法的化身。在藏历第十绕迥水牛年（1733），确吉扎巴坚赞将文都大寺闻思院住持的换届与任命事宜委托给第二世叶什雄嘉样洛哲。为此，叶什雄嘉样洛哲任命噶德合阿旺奥赛为闻思院住持，主要负责闻思院传授格鲁派五部大论教法。具有昆氏家族血统传承的确吉扎巴坚赞继续负责文都大寺的政教事务和萨迦传承的密宗护法院（贡康巴）。

文都大寺转世活佛有叶什雄活佛、噶德合活佛、奇美活佛、拉依活佛、叶什雄堪布活佛、华丹活佛、塞卡活佛、鲁热活佛、格西活佛、嘉娜巴活佛十大转世活佛系统。在十大转世活佛中曾经在第一次担任过文都大寺住持的活佛是第二世叶什雄嘉样洛哲，他出生在同仁夏朗村，是第一世曲哇仁波切转世，由夏日仓噶丹嘉措在同仁扎西奇寺授比丘戒，曾去西藏下密院和扎什伦布寺密宗学院专学密宗，获得"俄仁巴"（密宗博士）学位，也称为"俄强嘉样洛哲"。返回家乡后，于清康熙三十五年（1696），在同仁县兰采乡叶什雄地方曲哇仁波切的修行处建成了叶什雄寺,取名"叶什雄桑旦林"。当时，叶什雄嘉样洛哲受邀曾在文都中库地方传授嘛呢宝瓶修持经时，将所得供养的俸粮等资财全部赠送给文都大寺，确吉扎巴坚赞在所赠的全部资财的基础上在文都地区僧俗群众的大力资助之下，重新修复了文都大寺大经堂。三世叶什雄根敦达哇扎巴，系上甘加头人之子，清朝曾授"额尔德尼班智达呼图克图"封号，八世达赖喇嘛嘉贝嘉措亲赐堪布器具，一度扩建叶什雄寺，从德格购置《丹珠尔全集》等佛典20余部，其灵塔供奉在叶什雄寺。

四世叶什雄罗桑根敦坚赞（1812—1839），为曲哇仓家族后裔。五世叶什雄加央根敦坚赞，1840年出生。六世叶什雄加央隆朵坚赞，同仁县兰采乡人，1946年去世。七世叶什雄加央更登嘉措，1947年出生于文都乡恰牛村，是十世班禅大师的表弟，曾任循化县政协副主席、黄南州人大常委会副主任。叶什雄活佛是在青海历史上较有影响的活佛世系之一。

文都大寺第二任住持是第一世噶德合阿旺奥赛，出生于同仁市曲玛村。他曾赴西藏哲蚌寺师从詹妮阿旺格来，精通五部大论，获取然坚巴格西学位，在哲蚌寺享有颇高声誉。学成返回到安多同仁地区后，继续拜叶什雄嘉样洛哲为师，大力传播佛法。继格西洛哇然坚巴之后，系第二任文都大寺住持，为文都大寺五部大论学风做出了极大贡献，1733年圆寂。噶德合活佛已有六世转世活佛，创建的寺院有尕楞秀日寺。

文都大寺第四任住持为第二世奇美阿旺丹增，出生于同仁市奇美村，是第一世奇美洛桑嘉措的转世。从小在文都大寺学习五部大论，他一生勤学显宗佛法经论，在隆务大寺堪钦根敦嘉措座下，听受了《菩提道次第广论》，在政教事业上彰显了很大名声。他担任文都大寺住持30余年，其间确吉扎巴坚赞圆寂，该寺处于历史上最艰难的时期，他为寺院的发展付出了很大心血，把寺院管理得有条不紊，奇美阿旺丹增与第二世噶德合旦增扎巴是该寺历史上贡献最大的两位住持活佛。奇美活佛已有六世转世活佛，创建的寺院有西关寺、斗朵寺、朵普寺、比堂郭拉寺、萨噶夏寺等。

文都大寺第五任住持乃第一世拉依洛桑尼玛，1762年出生于循化刚察拉依部落。从小在拉卜楞寺学习五部大论，学业优异。经二世嘉木样引荐，于藏历第十三绕迥水马年被任命为文都大寺住持。他出任住持后，为严明寺院戒律，邀请第三世贡唐仓丹贝坚赞参访文都大寺时，其随从高僧在大经堂前与文都大寺高僧展开了一场辩经法会，文都大寺的一位学识渊博的长髯高僧，用高超的辩术和犀利的语言，把对方的擦嘉和高嘉格西辩得哑口无言，令满场惊叹。拉卜楞寺是格鲁派六大寺院之一，这里畅行辩学之风，雄辩大师辈出。由此可见，当拉依洛桑尼玛担任住持时，文都大寺的辩经学习之风毫不逊色。拉依活佛已有六世转世活佛。

文都大寺第六任住持是第二世叶什雄堪布旦巴达杰，1754年出生于同仁市曲玛村，是第一世叶什雄堪布嘉样扎巴的转世。从小师从更顿达哇扎巴仁波切，在其座前领受诸多教法。后出任文都大寺住持12年左右，其间迎请第二世嘉木样活佛到该寺讲经传法。清乾隆四十四年（1779）六世班禅大师应乾隆皇帝邀请前往朝廷，沿途先后到达了塔尔寺、宏觉寺驻锡讲经传法。当时，叶什雄堪布丹巴达杰以文都大寺住持身份在塔尔寺和宏觉寺先后拜见了六世班禅大师，并敬献了颇丰的供养，藏历水鸡年（1783）圆寂，享年30岁。叶什雄堪布已有六世转世活佛，创建的寺院有夏浪寺和贵德刚察寺等。

文都大寺第九任住持是第一世加毛·华丹巴丹嘉措，出生于尕楞比堂村，是卡力岗大修行者桑吉嘉措的转世。从小酷爱绘画，名声渐大。拜第二世嘉木样活佛座前，学习了显密教法。拉卜楞寺大殿前壁画是他亲手绘制的，他的绘画遍布藏区很多寺院。他在热贡、拉卜楞等多处绘制佛像、坛城等诸多佛法利生事业。加毛·华丹嘉措被誉为热贡艺术的鼻祖，又叫加毛拉干仓，与著名学者比巴·慕潘达哇是同村人，是清初热贡地区涌现出的大批绘画大师中人们公认最有才华的高僧。他的绘画作品形态逼真传神，是难得的艺术珍品，作品遍布青海、甘肃、内蒙古等地诸多寺院，同仁市年都乎寺、甘肃拉卜楞寺等都有他的杰作。华丹活佛已有七世转世活佛，他的寺院有比堂样曲寺、萨毛寺。

文都大寺第十一任住持即第二世赛卡俄智嘉措，出生于循化刚察赛卡部落，是第一世赛卡索南嘉措的转世，幼年在文都大寺出家，开始学习五部大论。后拜第二世嘉木样、第二世赛仓活佛为师，进一步深造佛法理论。他任文都大寺住持后，持戒严谨，将四大天王置于寺院四周，凡有违反戒律者，逐出寺院，毫不留情。在寺院举行燃灯节、祈愿法会期间，严禁任何女性入寺。若家中送来食物，僧人只能在寺外就餐后方能返寺，直到僧众习惯为止。他一心为寺院做奉献，捐出所有资财用于大殿维修，连自己的氆氇袈裟也捐给文都大寺，他还发誓道："我临终前除了留下一把盐、一把茶叶之外，若有其他财物，我非赛卡修行者也。"赛卡活佛已有五世转世活佛，他的寺院有循化刚察寺。

文都大寺第十五任住持为第二世鲁热隆热诺布，出生于同仁市奇美村，是第一世鲁热阿旺更登扎西的转世，也是第二世噶德合图丹奥赛的弟子。他在上师座前领受诸多密法传承，每日的大威德金刚修行从不间断。出任文都大寺住持后，为重振寺院戒律付出诸多心血，他整顿寺规，制定寺章，并应邀赴文都、同仁等地讲经传法，普利有情。鲁热活佛1906年圆寂。现已有四世转世活佛，他的寺院有朵普寺、鲁热寺。

文都大寺第二十四任住持乃第二世格西晋美坚赞，1927年出生于化隆巴塘村，是第二十一任昆氏座主格西丹巴彦培转世。从小在文都大寺出家，学习完成了五部大论之后，拜拉卜楞寺拉科仁波切为师，受比丘戒，并领受诸多密法传承，尤其为精通昆氏家族独特的金刚瑜伽母和大黑天密法。他曾在黄南等地山洞中闭关修行，拉科仁波切曾与他一起住宿，经过验证后著文赞颂，称其为圆满金刚瑜伽母成就的显相，后任文都大寺住持后，对该寺僧众的密法修行成就的提升有很大影响。1956年朝圣西藏期间，专程拜见十世班禅大师后的第二天在扎什伦布寺示现圆寂，终年30岁。格西活佛已有三世转世活佛，其禅寺有十世班禅大师故居北山的诵德格哇。

文都大寺第二十五任住持即嘉娜巴扎巴嘉措，出生于循化刚察乡刚察头人家，是文都大寺第二十任昆氏座主图丹桑格转世。自幼在文都大寺出家，学习五部大论，精于历算。拜拉科仁波切为师，领受诸

◎文都大寺一景 （噶尔哇·阿旺桑波 提供）

多密法传承。他在担任文都大寺住持期间，对文都大寺闻思院的重兴学风做出贡献。九世班禅转世灵童寻访团人员多次拜访文都地区时，他多次支持接待过转世灵童寻访团人员。在十世班禅大师正式认定后，在拉科仁波切的安排指导下，他带领文都地区僧俗代表负责十世班禅大师在文都大寺的驻锡、接待及护送塔尔寺坐床等文都家乡的相关事宜。解放初期，他担任过循化县副县长。嘉娜巴活佛已有两世转世活佛。

文都大寺闻思院历代住持按照十大转世活佛年龄的大小进行轮流担任，任期为7年。在十大转世活佛中若没有担任住持者，可由具有特殊身份的格西（高僧学者）进行轮流担任。

第一任住持格西洛哇然坚巴、第二任住持噶德合阿旺奥赛、第三任住持杰·嘉样喜热、第四任住持奇美阿旺丹增、第五任住持拉依洛桑尼玛、第六任住持叶什雄堪布旦巴达杰、第七任住持噶德合旦增扎巴、第八任住持奇美成列伦珠、第九任住持华丹巴丹嘉措、第十任住持拉依金巴旦增、第十一任住持塞卡俄智嘉措、第十二任住持噶德合图丹奥赛、第十三任住持华丹俄智彭措、第十四任住持叶什雄堪布晋美普雄、第十五任住持鲁热隆热诺布、第十六任住持拉依嘉样嘉措、第十七任住持塞卡东珠嘉措、第十八任住持奇美洛桑嘉措、第十九任住持华丹嘉样嘉措、第二十任住持噶德合洛桑旦增、第二十一任住持叶什雄堪布旦增嘉措、第二十二任住持拉依丹贝尼玛、第二十三任住持格西金巴达杰、第二十四任住持格西晋美坚赞、第二十五任住持嘉娜巴扎巴嘉措、第二十六任住持鲁热图丹嘉措、第二十七任住持塞卡噶桑嘉措、第二十八任住持奇美鲁夏嘉措、第二十九任住持拉依曲旺尼玛、第三十任住持格西丹贝坚赞、第三十一任住持华丹晋美嘉措、第三十二任住持格西阿旺达杰、第三十三任住持格西图丹东珠、第三十四任住持格西图丹却智、第三十五任住持叶什雄更登嘉措、第三十六任住持格西图丹金巴、第三十七任住持塞卡洛桑晋美、第三十八任住持格西阿旺金巴、第三十九任住持拓然巴阿旺却智、第四十任住持格西阿旺益西、第四十一任住持格西阿旺奥赛、第四十二任住持拓然巴阿旺洛哲、第四十三任住持叶什雄嘉样旦增嘉措。

文都大寺闻思院诸法会按照格鲁派五部大论教法传承，均由住持来组织负责举行，即正月祈愿法会，从农历正月初三开始，到二十一结束，其中初三至初七为诵经、辩经，初八至十五主要为唱诵浴佛经、讲佛陀传记，十五晚展酥油花，十六演出米拉日巴传记，十七巡展弥勒佛，十八展现大佛，十九跳金刚舞，二十护法殿浴佛诵经，二十一结束祈愿法会祝福；二月二十五到三月初五为期20天的念经、辩经春季法会；四月十五至五月十五为佛诞月辩论法会；六月十五至八月初一为驻夏法会；八月二十五至九月十五为秋季辩经法会；十月初一至二十五为冬季法会；十月二十五至十一月初一为燃灯节法会；十一月二十五至十二月十五为腊月法会。

文都大寺密宗护法院按照帝师亦怜真传承的萨迦教法，诸法会均由昆氏座主主持下举行，即正月初三至十四为皇家护国护法玛哈噶喇祈福法会；十五至十九为护法驱邪法会；二十为玛哈噶喇供奉法会、二十一为祈福吉祥法会；二月十一至十七为玛哈噶喇与作明佛母共修法会；每个月举行玛哈噶喇万诵法会和三九天玛哈噶喇除障法会；腊月十五至十九举行大威德金刚、玛哈噶喇等五大护法除障法会；二十一至二十三为皇家护国护法玛哈噶喇除障大法会。

文都大寺建筑有：皇家护国护法殿、帝师亦怜真行宫、大经堂、十世班禅大师灵塔殿、十世班禅大师纪念馆、三世佛殿、朵哇金塔殿、宗喀巴大师殿、弥勒佛殿、观音殿、小经堂、两座大白塔、八座如意塔、文都千户府邸、噶尔哇拉章、叶什雄囊谦、噶德合囊谦、奇美囊谦、格西囊谦、叶什雄堪布囊谦、华丹囊谦、塞卡囊谦、拉依囊谦、鲁热囊谦、嘉乃化囊谦，还有160余座四合院僧舍等。

古雷寺与喜饶嘉措大师纪念馆

鲁 毛[*]

　　古雷寺是道帏藏族乡历史最悠久、规模最宏大的藏传佛教寺院，同时又是近代佛学泰斗喜饶嘉措大师的母寺。该寺位于道帏藏族乡古雷村西北方向的虎头山下，距道帏乡政府 1 公里，距循化县城 26 公里，距西宁市 179 公里。1998 年 12 月 22 日，被青海省人民政府公布为"省级文物保护单位"；2007 年，被国家民族事务委员会挂牌"全国民族团结进步教育基地"；2014 年，被中共海东市委宣传部定为"海东市爱国主义教育基地"；2021 年，喜饶嘉措大师纪念馆被青海省民族宗教事务委员会命名为"青海省民族团结进步教育基地"等。古雷寺是典型的藏式建筑风格，属文物古迹类景点。

◎喜饶嘉措大师（侃本 提供）

　　关于古雷寺的创建年代，历史上遗留下来的文字记载不多。在《喜饶嘉措大师文集》等有限的著述中，也不见这方面的点滴信息，在早期的访谈中，

---

* 鲁 毛，青海省文化馆编辑部网络编辑。

◎喜饶嘉措大师纪念馆 （侃本 提供）

如拉仁巴噶桑嘉措、阿仁巴土旦娘吉、拉羌活佛、格西关切等老一辈学者也从各自的角度谈了自己的看法，一直认为古雷寺创建年代比较久远，首先有禅修院，然后是小规模的萨迦派修行点，是在此基础上一步一步完善为寺院的。

　　有关古雷寺的最早文字记录应该是同仁隆务寺寺主第一世夏日仓活佛（1607—1677）的《夏噶丹嘉措道歌》，第一世夏日仓活佛曾经在古雷寺待过一段时间，所以这些经历就记录在他的道歌里，至今有370年的历史。有些人说他任过法台，有些人说他是游僧，不管怎么说，古雷寺最早的文字记录出自他的笔下是确认无疑的。以此为依据，有些汉文资料将古雷寺的创建年代记录成明万历年间，殊不知这只是第一世夏日仓活佛在古雷寺的活动时间。大约在270年前,互助佑宁寺松巴益西班觉活佛（1704—

1788）在他的《松巴佛教史》一书中再一次提到古雷寺，但这一次只是简单地提到了古雷寺的名称而已。150 年前，甘肃拉卜楞寺智观巴·贡却乎丹巴饶吉（1801—？）于清同治四年（1865）完成的《安多政教史》则比较详细地记录了古雷寺，首次提到古雷寺母子十三寺，但非常意外的是这 3 本藏文史料对古雷寺名称的写法均不一致。

从汉文的史料而言，最早的记录应该是明代的《河州志》，该书曾经提到古雷寺在五台关。

改革开放以后以久美腾却先生为主的学者们，非常明确地记述隆务寺与古雷寺过去同属萨迦派寺院，古雷寺的出现与隆务寺有着某种关联。在此基础上有些本土学者进一步推断古雷寺同隆务寺一样，同为三旦仁青在 1426 年前后创建。这种推断貌似有理，但还需要更进一步的论证，因为 370 年前一世夏日仓活佛曾在古雷寺待过，他的著述里没有这方面的任何信息，同样其后的《松巴佛教史》和《安多政教史》也没有这方面的详细记载。

古雷寺因在古雷村近旁，因村得名所以叫古雷寺。至于"古雷"二字在上述的三部藏文史料中有 3 种写法，具体哪一种写法切合实际，无法定夺，但目前把"古雷"理解成"九户人家"比较普遍。还有一些学者认为，在同仁隆务寺法台洛桑噶哇主持古雷寺后，改宗格鲁派，易名为"噶丹佩吉林"，意为"具善兴旺洲"。早在洛桑噶哇任法台的 100 年前，作为格鲁派高僧一世夏日仓活佛来古雷寺任法台，格鲁派高僧任萨迦派寺院法台的可能性不是很大，但说明古雷寺这时候应该已改宗为格鲁派，《夏噶丹嘉措道歌》也是将其作为格鲁派的寺院来记录的，说明一世夏日仓活佛到来之前古雷寺已经是格鲁派寺院。

如今，古雷寺的称呼上藏文既写成"道帏寺"，又写成"古雷寺"，而汉文则是一成不变的"古雷寺"，外界很多人不清楚其中的缘由，往往产生歧义。

古雷寺早期与同仁隆务寺交往频繁，370 年前隆务寺寺主夏噶丹嘉措在古雷寺任法台。在后来隆务寺第二世嘉堪勤更登旦白尼玛（1758—？）来古雷寺任法台时，据说他建立了显宗学院，这时候古雷寺已经采用甘肃拉卜楞寺教程，制定寺规，振兴学风。嘉堪勤圆寂后，在其转世灵童的选择上隆务寺与古雷寺发生分歧，各自找了一位灵童，从此以后隆务寺与古雷寺各有一位嘉堪勤活佛，古雷寺的嘉堪勤活佛简称古雪合加，其历辈成了古雷寺的寺主。再后来，隆务寺法台罗桑噶哇在古雷寺任法台，有人说他祖籍是道帏拉木龙哇村人，从古雷寺到隆务寺去学习，终成大家，继而任隆务寺法台。后来回归到古雷寺任法台，渐渐地与寺主古雪合加关系不和，在拉木龙哇囊所的协助下，遂带着自己身边的人到东那一代，邀请拉卜楞寺第三世嘉木样活佛来选址并进行奠基建东那寺，自成一体。从此以后，隆务寺与古雷寺没有任何交集，后来随着夏河拉卜楞寺的兴起，古雷寺与拉卜楞寺的关系更为密切。拉卜楞寺寺主活佛第二世嘉木样和第四世嘉木样曾莅临古雷寺，后来还有金座活佛、堪布、格西等也陆陆续续抵达此寺从事过各种佛事活动。古雷寺首先将自己的教材、仪轨等与拉卜楞寺保持一致，这样道帏地区的学僧到拉卜楞寺学习，没有任何隔阂，在此基础上可以直接去拉萨哲蚌寺果芒学院鲁本康村学习，喜饶嘉措大师等走的就是这样一个通道。通过这个通道，道帏地区的学僧源源不断地到拉卜楞寺去学习，成就学业，终成大家，所以说拉卜楞寺对道帏地区影响特别大。

古雷寺僧侣中前后获得格西"拉仁巴"学位的有四位，其中喜饶嘉措大师最为著名，还有取得拉卜楞寺"多仁巴"和"俄仁巴"学位的高僧，取得塔尔寺"毛兰然坚巴"学位的也有几位高僧大德。

如今，道帏地区的学僧仍将去拉卜楞寺学习作为自己的首选目标。道帏地区的活佛转世灵童大部分都由拉卜楞寺的寺主来认定，并形成历史惯例。

古雷寺早年的建筑规模等因资料所限，无法列出详细的情况。据记载，1958 年前寺院占地面积 110 亩左右，林地 500 亩左右，大型殿堂 6 座，活佛官邸 8 院，普通僧舍 632 间，寺僧 151 人。有活佛待遇的有古雪合加、拉姜、本果、格西喜饶嘉措、拉仁巴噶桑嘉措 5 人，僧官 11 人，管家 2 人，干巴 6 人，经头 4 人。《青海记》载，当时有寺僧 125 人。据传最盛时达 200 余人。

全寺有大经堂 1 座 137 间，护法殿 9 间，弥勒殿 1 座（上下两层）16 间，甘珠尔拉康 27 间（大藏经殿），内丹拉康（罗汉堂）21 间，讲经院 1 处（内有赤康 5 间、昂欠 8 院，除本寺活佛外，尚有张沙寺张沙活佛、木洪寺鲁加活佛等之昂欠，其中较大者有喜饶嘉措大师昂欠共 3 院 182 间，张沙活佛昂欠 64 间，拉姜昂欠 30 余间），僧舍 56 院，住房 632 间，草房 430 间，牛羊等若干牛（只）。

1958 年后，青海省委指示"古雷寺保留并留喇嘛 50 人"，实际留老僧 13 人。1960 年以后，寺僧从事农业生产劳动。1961 年，国务院为了表彰喜饶嘉措大师的爱国行为，赠重约 2 吨的明代隆庆大铜钟一口，青海省人民政府拨专款修建了钟楼 1 座。1964 年，寺僧增至 71 人，共有水地 125 亩，山地 209 亩，牛 88 头，马 3 匹，驴 17 头，羊 90 只（内自留牛 17 头，羊 30 只，驴 1 头），粮食总产达 61700 斤，成为以寺养寺的典型。1967 年，除拉姜昂欠外，大部分建筑被拆毁，国务院所赠的铜钟、缅甸总理赠送给喜饶嘉措大师的金佛像、大师的金印等贵重文物均被毁坏。

20 世纪 50 年代，在喜饶嘉措大师的主持下古雷寺修建了一座有 27 间的大藏经殿，里面供奉有喜饶嘉措大师自己亲自审定刻印的拉萨版藏文大藏经《甘珠尔》一套，由四川德格法王赠送的德格版藏文大藏经《甘珠尔》《丹珠尔》各一套，日本影印版藏文大藏经《甘珠尔》《丹珠尔》各一套。另外，还有很多珍贵的佛教藏书后来都被损毁。

另外，据《安多政教史》载，古雷寺有属寺 13 座，其香火地有道帏五部落。所谓 13 座属寺是指今道帏乡境内除张沙寺以外的其他寺院，即木洪寺、卢加噶寺、东那寺、多什则寺、东湾寺、比仑寺、吾曼道寺、贺龙堡寺、铁尕楞寺、牙木寺、吾曼寺、安格修行院、宁巴寺。

1980 年 8 月 7 日，古雷寺被政府批准开放，首先修复护法殿，重修小经堂，在此基础上经过三十几年的不断维修，到了目前这个规模。

1987 年农历八月十五，喜饶嘉措大师纪念馆落成，现为古雷寺的主体建筑。纪念堂背依虎头山，殿门向东，为两层阁楼式建筑，堂内正中供有大师灵塔，左边为宗喀巴和弥勒佛药泥像，右边是阿底峡和文殊菩萨药泥像，左右两侧分别是千佛和六臂怙主、时轮金刚等。整个建筑富丽堂皇，布置庄严肃穆，保存有缅甸总理送给喜饶嘉措大师的金印等珍贵文物。灵塔前，灯光摇曳，经幡垂挂，酥油飘香。纪念馆南北各有偏房一座，都是大师图片和文物展厅。

据古雷寺喜饶嘉措大师纪念馆负责人介绍，该纪念馆最珍贵的文物属一尊佛陀塑像和时轮佛像，该佛陀塑像的主人是五世达赖，后来传到十三世达赖时，为了表彰喜饶嘉措大师审定完成拉萨版《甘珠尔》，十三世达赖特意将这尊佛像赠送给喜饶嘉措大师。时轮佛像也很有来历，是从六世班禅传至九世班禅，然后由九世班禅留赠给喜饶嘉措大师来自南京的礼品。这两件文物是古雷寺的镇寺之宝，一直不公开对外，2019年喜饶嘉措大师圆寂五十周年纪念会期间才得以第一次公开。

十世班禅额尔德尼·确吉坚赞曾先后三次专访古雷寺。1987年阴历十月初三专程主持喜饶嘉措大师纪念馆落成开光典礼，题写馆名"格西喜饶嘉措大师纪念馆"，并作了热情洋溢的讲话，回顾了喜饶嘉措大师的传奇人生，高度赞扬了喜饶嘉措大师为各民族间的文化交流，为继承和弘扬藏族优秀的传统文化，为保护和发展藏族文化事业所做出的贡献。如今喜饶嘉措大师纪念馆为青海省文物保护单位和青海省爱国主义教育基地，慕名来朝拜和旅游参观者络绎不绝。

古雷寺的主要佛事活动几乎一年四季都有。

正月祈愿法会，从正月初八至十六，其中正月十六举行跳欠活动，有天女舞、法王舞和宝帐怙主舞等，据传宝帐怙主舞渊源于萨迦派。

春季学经期，自正月二十至二月初六和三月初八至二十二，主要学习、辩论显宗经典。

四月千供会，四月十一为度母设千供：四月十五，为弥勒设千供。

夏季学经期，从五月初一至十五和六月十五至八月初一共两月。其中，七月初一至十五为住夏期。

降凡节，是纪念释迦牟尼在忉利天为其母摩耶夫人说法后降回人间，弘扬佛法，普度众生的法会，农历九月二十二进行一天。

五供节，是纪念宗喀巴大师圆寂的法会，农历十月二十四至二十五举行两天，首日设千供，次日燃灯供佛。

十一月法会，农历十一月十一是寺主古雪合加活佛圆寂日。是日，众僧聚会，设供诵经，经文主要为般若、中观经典，总称为"坚久"。

每年农历六月十五主持举办道帏地区一年一度的民间"拉则节"。

古雷寺历史上一直有爱国爱教的传统，自建寺以来一直是规行矩步，谨守礼法，同时也不失时机地参与地方上的诸如植树造林、民间纠纷调解等活动。尤其是喜饶嘉措大师创办的"青海喇嘛教义国文讲习所"，为新中国成立初期培养了很多合格的人才。该校第一代汉文教员拉毛才旦（湟中多巴人），是中共地下党员，他任职期间从学员中培养了很多积极分子，如彭哲（乐都人）等解放初期随解放军入藏当向导任翻译，后来到北京任中国藏学研究中心副总干事。但遗憾的是拉毛才旦在 1949 年青海即将解放前夕，被循化县国民政府以有事要面谈为由在县城暗害。

1949 年 8 月 27 日，王震的部队从兰州经临夏到道帏，一支部队曾留宿古雷寺。据古雷寺的老僧人回忆，其中有很多大官，他们到古雷寺后主动与老僧人沟通，了解当地情况。他们纪律非常严明，一般不住在经堂和僧舍里，而借用僧人的柴火和干草，直接在广场和巷道里就寝。第二天早晨把柴火和干草放回原处，地面打扫得干干净净，临走还要打招呼——道别，寺僧对此印象特别深刻。

如今，古雷寺依然将爱国爱教的传统发扬光大，他们利用自身的优势，经常动员广大信教群众积极投入公民道德建设中，提高信教群众的道德意识修养和人品素质，积极地跟上时代、适应时代、贡献时代，为众生的福祉而进行不懈的努力，这在青海地区是有口皆碑的。

探秘文都古城

陈庆英*　　崔海光**　　谢　佐***　　旺其格****　　噶尔哇·阿旺桑波*****

在"世界屋脊"黄河流域一隅——青海省海东市循化县文都乡，有这样一座古城遗址，承载着 700 多年汉藏蒙交融的历史，经几百年岁月风雨的冲刷，仍保持着大气庄严的气度，在古城土坯的一粒沙间，仿佛仍闪耀着蒙元帝国的辉煌和藏传佛教在这片土地上一路发展的光芒繁盛……这是现今保存最完好的一座元代古城，诞育了一代宗师十世班禅大师。

文都古城，坐落在青海省循化县文都乡，十世班禅大师故居附近。上个世纪八十年代，文都城作为元代遗留的古城遗址被保护，1988 年 9 月 15 日被青海省人民政府列为省级重点文物保护单位。

朵思麻宣慰司首府文都古城的格局有内外两城，均建于不同的时期，内城建于元代，外城早于内城，在宋代所建。元代是朵思麻宣慰司首府；明代则是必里卫首府。在清代初，演变为文都千户府。

文都古城在《大世界吉尼斯风云人物》中，依据有关蒙元历史古籍的记载和当地

---

*　陈庆英，中国藏学研究中心研究员。

**　崔光海，清华大学文化遗产保护中心主任。

***　谢　佐，青海省地方志办总编辑。

****　旺其格，蒙古族科学史与游牧文明研究院院长。

*****　噶尔哇·阿旺桑波，循化县政协副主席

相传的历史，记录其历史为："世界吉祥万佛塔坐落于青海省循化县文都乡十世班禅大师故居朵思麻文都城。1255年，大元帝师八思巴在朵思麻文都城水晶佛殿受了比丘戒。1261年，遵元世祖忽必烈之命，大臣答失蛮率随从到入藏第一关口朵思麻文都城设立了汉、藏、蒙交通的主要驿站。1264年，大元帝师八思巴和元世祖忽必烈在元上都议定，以文都为朵思麻宣慰司的中心，任命帝师八思巴之弟本钦·益西迥乃为朵思麻宣慰使（朵思麻本钦），修建为朵思麻首府文都城。1272年，遵大元帝师八思巴和元世祖忽必烈之命，本钦·益西迥乃在帝师八思巴受比丘戒之地朵思麻文都城，在皇室大量资金的支持下，为世界平息战乱而修建了世界吉祥万佛塔。帝师八思巴之弟帝师亦怜真兴建了文都大寺、皇家护国护法殿。1274年3月，帝师八思巴从临洮动身返往乌斯藏之时，元世祖忽必烈和察必皇后、真金太子从临洮送到朵思麻却喀中心的文都城，帝师八思巴兄弟三人与皇帝、皇后、太子等一起为文都寺皇家护国护法殿和朵思麻文都城世界吉祥万佛塔举行了盛大的开光与祈福仪式。元世祖忽必烈和帝师八思巴一道，开创了国家大一统时代的先河。以佛教的慈悲和智慧，为弘扬佛法、祖国统一、民族团结、世界和平、人类福祉作出了极大贡献。"

文都古城现存遗址外城呈长方形，南北长480米，东西宽350米，高约13米，基宽11米，顶宽1.3米，用沙石与土混筑而建成，夯土层厚6至10米，城门1座，东向，门内有1道弧形遮墙。城内东南两边有元代朵思麻路军民万户府蒙藏士兵所驻守的蒙古包搭建之地，中心有兵器库房，以及还有兵马厩和饮马口等。现存内城在外城内西北角，内城西、北面城墙，借用外城西、北面城墙。东、南两面城墙用夯土筑成，城墙四周有护城河，深约3米，宽约5米；东城墙长207米，南城墙长238米，西城墙长185米，北城墙长162米，高13米，基宽11米，顶宽1.5米。夯土厚层10至16厘米，城墙四角有四座马面，东西两边有四座马面，大门两边有两座马面；南面有瓮城门，东向，城内北部较高。城内中轴线上部坐北朝南有宣慰司政务大殿，其左侧为朵思麻路军民万户府，右侧有城内卫兵房；宣慰司政务大殿前有广场，其左边有宣慰司元帅府，右边有必里万户府。宣慰司元帅府和必里万户府中心各设防火水池。在古城内外遗址及其周围出土了八思巴文圣牌和元币、银币、银盘、金碗、法器、大小宝瓶、各类瓷器、刻纹陶罐、壶残片、四系罐残片外，地面还散布着大量砖瓦和绿色琉璃瓦片等元代众多物品。

文都古城先后经中国藏学研究中心、清华大学文化遗产保护中心，以及内蒙古、西藏、青海等各地相关部门的汉、藏、蒙专家学者对文都古城遗址的初步考察，认为内城建于元代，外城早于内城，是在宋代为唃厮啰政权所属的藏族部落首领必里王所建。

青海省循化地区在元代具有重要的地位，据藏文古籍《汉藏史集》记载："元世祖忽必烈即位后，派大臣答失蛮建立藏族地区的交通驿站，驿站的起点即在循化地区的丹斗水晶佛殿（当时循化在藏文历史中称为玛隆丹斗地区），丹斗水晶殿是萨迦班智达前往凉州会盟时途中所建。1255年帝师八思巴在该殿受比丘戒。"可见循化是从内地进入青藏高原的第一个交通要冲。在《汉藏史集》和《西藏通史》中载："吐蕃分为三个却喀，每个却喀都有一位本钦，是以皇帝和国师商议决定任命。"

1264年，大元帝师八思巴和元世祖忽必烈在元上都议定，以文都为朵思麻宣慰司中心，任命帝师八思巴之弟本钦·益西迥乃为朵思麻宣慰使（朵思麻本钦），修建为朵思麻首府文都城。到忽必烈在位的至元四年，朵思麻路并入朵思麻宣慰司，因此，学者们认为朵思麻宣慰司首府内，管辖设有朵思麻路军民万户府和必里万户府。在元代从内地进入青藏高原的第一座大城。从文都古城的遗址看，其城墙、马面等形制与元世祖忽必烈和帝师八思巴所建的西藏萨迦王朝首府古城相仿，规模大小也基本相同。

在元代，文都古城是朵思麻宣慰司首府，朵思麻宣慰司下辖有朵思麻路军民万户、必里万户。明代则是必里卫首府。在清代初，演变为文都千户府。至清中期，文都千户府迁至现址以后，文都城被废弃，但是城墙及护城河等至今保存完整，具有重要的历史价值。上个世纪八十年代，文都城作为元代遗留的古城遗址被列为省级重点文物保护单位。

朵思麻宣慰司主要历史人物,该古城修建者帝师八思巴之弟本钦·益西迥乃迎娶唃厮啰后裔朵康玛为妻,生了阿丹和米根洛桑。元世祖忽必烈封阿丹为必里万户长,迎娶忽必烈之子云南王忽哥赤公主霍尔莫为妻,生了白玛坚赞等"阿丹七子"。米根洛桑封为藏北索德部落首领。本钦·益西迥乃圆寂后,元世祖和帝师八思巴在公元1275年封阿丹为朵思麻本钦世袭。本钦·阿丹世袭后裔第二十一代文都千户尧西·古公才旦迎娶尧西·索朗卓玛为妻,并于1938年正月三日在文都千户府诞育了伟大的爱国主义者、杰出的宗教领袖十世班禅大师。

文都古城,经历了几百年岁月风霜的磨砺,依然以一副清晰的骨骼轮廓默然伫立,仿佛一位静观历史的老者,见证着沧海桑田的更迭兴替,也镌刻了青藏大地各民族交流融合的印记。

如今,它以无声的语言,带我们回望那曾经的辉煌,也呼唤着进一步的保护……

文都千户府

陈庆英[*]

　　十世班禅大师的故居文都千户府，坐落在青海省循化县文都乡澳彩麻日村。

　　2013年5月3日，十世班禅大师故居文都千户府被国务院列为全国重点文物保护单位，2016年先后被命名为全国红色旅游经典景区、青海省爱国主义教育基地。

　　十世班禅大师祖先是元朝帝师

◎文都千户府一角　（侃本　提供）

八思巴之弟本钦·益西迥乃。1260年元世祖忽必烈即位，同年封八思巴为国师，掌天下佛教。1264年又命八思巴领总制院事，其弟恰那多吉赐给金印，封为白兰王，任命为吐蕃宣慰司总长官。元世祖在元上都与帝师八思巴议定，藏族地区先后设立三个宣慰司都元帅府，每个宣慰司设一位本钦。以文都为朵思麻宣慰司中心，其弟益西迥乃被任命为朵思麻宣慰司（朵思麻却喀）的本钦，统治宗喀的十八大区域。受元世祖忽必烈和帝师八思巴之命，他调集了朵思麻地区人力、财力，在宋代唃厮啰管辖必里王

＊　陈庆英，中国藏学研究中心原研究员。

府的旧城内，再次修建了朵思麻宣慰司首府文都古城。后来，朵思麻路并入朵思麻宣慰司后，在朵思麻宣慰司首府内辖设有朵思麻路军民万户府、必里万户府。

帝师亦怜真和本钦·益西迥乃定居的文都，即汉文史籍所记的必里。明朝前期曾在今循化一带设立必里卫即来源于此。据有关历史资料记载，本钦·益西迥乃之子阿丹在元代最初的官职是必里万户，其辖地除循化外还有其他部分地区。本钦·益西迥乃圆寂后，元世祖封阿丹为朵思麻本钦。该地必里万户的名称来源于董必里部落，在元代和明初通行名称叫作必里。关于必里万户和必里卫，在汉文史料中仅能见到零星的记载，元朝在吐蕃地区设立了3个宣慰使司都元帅府，设立在文都地区吐蕃等处宣慰使司都元帅府，亦称朵（脱）思麻宣慰司，今安多藏族地区都属该宣慰使司管辖。《元史》百官志记载脱思麻宣慰司下属机构中有积石州元帅府，达鲁花赤一员，元帅一员，同知一员，知事员，脱脱禾孙一员。贵德州，达鲁花赤、知州各一员，元帅一员。同知州判各员脱脱禾孙一员，捕盗官一员"必呈万户府，达鲁花赤二员，万户四员"。

元代的积石州在今循化县东北的积石关，辖地为今循化县东北角及甘肃积石山县：贵德州即今青海贵德县。"必呈万户府"，应是"必里万户府"之误，位于积石州和贵德州之间，即今循化县的文都和同仁的保安、热贡地区。关于必里的位置，《元史》地理志的《河源附录》说："河水北流，转西流，过昆仑北，一向东北流，约行半月至贵德州，地名必赤里，始有州治官府，州隶吐蕃等处宣慰司。又四五日，至积石州，即《禹贡》积石。五日，至河州安乡关。"这里的"必赤里"即必里，在至"贵德州"与"地名必赤里"之间当有阙文，应为"至贵德州，东流至地名必赤里，始有州治官府"。《明实录》洪武四年十一月丁丑（1372年1月4日）条记："置必里千户所，属河州卫，以朵儿只星吉为世袭千户。必里在吐蕃朵甘思界，故元设必里万户府，朵儿只星吉为万户，至是来降，河州卫指挥使卫正遣送至京，故有是命。"洪武二十五年五月甲辰（1392年6月14日）条又记："尚膳太监而聂等至河州，召必里诸番族，以整流谕之，诸族告感恩意，争出马以献。于是得马三百四十余匹，以茶十余万斤给之。诸族大悦。"由此可见，必里诸部应当是地近河州。而以茶 30 余万斤换马 300 余匹，一马合茶千斤，似乎马数有误。到明成祖永乐元年五月辛巳（1403 年 5 月 25 日）："升必里千户所为必里卫，以故千户哈即尔加弟剌麻失加、千户阿卜束男结束为指挥金事。设川卜簇千户所，隶河州卫，以头目令真奔等为千、百户。给印诰，赐冠带织金文绮袭衣。"川卜族在今循化县东南的道帏，由此可见必里卫与川卜相连，俱在今循化县境内。扼河州入藏的要冲，元朝和明朝为什么把管理河曲地区藏族部落的必里万户、必里卫设在循化的文都，除了文都地近河州的地理位置和该地设有朵思麻宣慰使司都元帅府，其首领为元世祖和帝师八思巴从萨迦派来以外，还由于文都在元明时位于由河州入藏的驿道之上。明代在这里设置必里卫，成为必里卫首府。在元明两朝数百年间，文都千户家族为从汉地入藏驿道的畅通做出了重要贡献。

清雍正八年（1730），建立循化营后，文都古城成为文都千户府。成书于清代乾隆年间的《循化厅志》说："河州至归德，明初设站六：曰三岔、鸢沟、讨来、保安、边多、清水。每站设蕃官一员，如内地驿丞例，各给印信、站马，应付往来公使非图借力于蕃也，明荒服同轨之义，联远人携二之心。先是，万历二十年，总兵官尤继先统兵西征，以军装资累蕃站递送自是蕃疲于役，并废朵思麻文都城其驿，而道路为之不通。三十三年八月，参政荆州俊多方筹策，查照原设驿站地，如三岔等，仍旧复立。每站各设蕃官一员，各军五名各马八匹，番亦无梗化者。（按：边多站即今之边都沟也，音近而讹）清水在土门关外二十里，距河州八十里。边都塘在今厅治（循化厅治）西四十里，距保安八十里。两站道里适均，而自清水至边都堂，道路鸢远，非一站所能到。且自清水至保安，路亦不由此。然考今边都百户锁南所有永乐元年之敕，其先祖赏思吉，授边多站百户。是边多之为边都，确然无疑。盖边都之名，所属广远，凡百户之辖者皆是。边都一沟亦甚长，当时设站，当在其南保安、清水两处适中之地，非今循化城西四十里之边都塘也。"从清乾隆时边都百户仍存有永乐时封其先祖为边多站百户的敕谕看，文都千户家族在元明时负责管理从河州入藏驿道的若干驿站，是有史可证的。清乾隆二十七年（1762），循化营改置为循化厅，文都千户府也随之迁至现址，修建了巍峨精致、雕梁画栋的四合二层木质结构的千户府邸。清朝末年，文都千户府在一次战乱中被烧毁，在临时修建的千户府内1938年诞生了十世班禅大师。改革开放后，大师的父亲尧西·古公才旦于1983年将故居改建为现有的十世班禅大师新宫，被大师命名为"澳彩章赛"（神奇新宫）。

本钦·益西迥乃迎娶哨厮啰后裔朵康玛为妻，生了阿丹和米根洛桑。元世祖忽必烈封阿丹为必里万户长，他迎娶忽必烈之子云南王忽哥赤公主霍尔莫为妻，生了白玛坚赞等"阿丹七子"。米根洛桑被封为藏北索德部落首领。本钦·益西迥乃圆寂后，元世祖和帝师八思巴在公元1275年封阿丹为朵思麻世袭本钦。元代帝师八思巴至解放初期，十世班禅大师之间在朵思麻文都昆氏家族有8位世袭本钦、1位万户、13位千户，即本钦·益西迥乃、本钦·阿丹、本钦·白玛坚赞、本钦·白玛仁增、本钦·白玛旺杰、本钦·白玛贡桑、本钦·白玛热丹、本钦·贡保索南，万户朵儿只星吉，千户阿卜束男、千户贡保旺杰、千户贡保夏娜、千户贡保衮噶、千户贡保南喀、千户贡保仁钦、千户鲁嘉本、千户朵杰慈丹、千户万玛朵杰、千户才旺仁增、千户喀本嘉、千户古贡曲丹、千户古贡才丹。本钦·益西迥乃直系第二十二代文都千户长尧西·古公才旦迎娶尧西·索朗卓玛为妻，诞生了伟大的爱国主义者、杰出的宗教领袖十世班禅大师。

十世班禅大师故居的显著标志，就是前院有一棵郁郁葱葱、高耸参天的如意大树，即寻访九世班禅的转世灵童时，寻访组在观湖时看到的灵童出生地的神奇标志。大师故居共分七院，内院是大师诞生庭院，其旧住房中心有根柱子，敬献着哈达，即班禅大师诞生之处。屋内还有老火炕、锅台等大师小时候生活之处。内院西、北两面是大师父母亲和胞弟的寝室。大师新宫院坐东朝西，半院为两层。二层正中有大师讲经佛堂，其左侧为大师和父母的纪念佛堂，右侧佛堂内有历代班禅大师塑像。其右边有大师卧室和会客厅，左边有大师经师和嘉木样活佛在文都时的寝室，一层正中有大师会议室，其两边有随行官员居住室。前院为车库、停车场；大院内两侧有大师警卫室，其左侧为大师工作人员住宿院；其右侧是大师叔叔的宅院，旧居分为两院，外院有仓库和大师工作人员厨房。

话说道帏天然佛塔

宁武甲[*]

青海省循化县东南部达力加雪山之下，滔滔黄河之上的这条狭长的沟，藏文古史书上被称为"天似八幅圣轮笼罩四野，地如八瓣莲花互相辉映，山如玉龙相对吟啸，河似彩虹横贯东西，人文蔚起，云蒸霞郁"的道帏紫金川，汉文的记载为七台沟。这条沟的上半部为道帏藏族乡，是一块美丽神奇的地方，

◎道帏天然佛塔 （宁武甲 提供）

此处三面环山，草原辽阔，牛羊满山，土地肥沃，粮食满仓；境内有五山池、安岗瀑布、孟达天池和滋润紫金川的道帏河。这里是藏传佛教最高学位——格西拉仁巴获得者、第一任中国佛教协会会长喜饶嘉措大师的故乡，更为神奇的是在此有安多天然佛塔。

关于此佛塔的来源，民间有多种说法。1958 年宗教改革之前，有一块藏文石碑记载："此佛塔由五百名罗汉用一个晚上垒成，塔内供奉装有燃灯舍利的琉璃钵。"此石碑后被砸毁丢失。据《安多政教史》记载："从前，由八十大圣在道帏地区修造了一座佛塔，

* 宁武甲，原海东市人大二级巡视员。

塔内供有一钵盂燃灯佛舍利,塔顶由高僧色康巴重新修建。"现代著名藏学大师才旦夏茸活佛认为,"安多天然佛塔内所供奉应该是佛祖释迦牟尼的真身舍利"。

舍利是梵语 Sarira 的音译,意为骨身、灵骨或坚固子,指人体火化后所遗存的结晶物体。佛教认为,"舍利是戒定慧所熏修,甚难可得,最上福田"。对佛教来说,舍利是一种至高无上的圣物。佛教经典将舍利分为两种:生身舍利与法身舍利。法身舍利指的是释迦牟尼佛所遗留的佛教经典,表示佛的教化生生不息,永不寂灭;而生身舍利则是佛陀或高僧大德圆寂后火化遗留下来的结晶状物质。一般所说的舍利,即指生身舍利。只有佛陀或者虔诚礼佛、终生行善的高僧大德圆寂后才有可能结晶舍利。

2000 多年前的佛陀舍利能从佛教的故乡印度,由人们跋山涉水恭请并供奉在我国西部边远地区,又能安度几千年的战火与沧桑而留存世间,难道不是人间奇迹?

公元前 485 年,佛祖释迦牟尼圆寂。《菩萨处胎经》云:"佛灭度后,有舍利八斛四斗。八国王各严四兵来争,乃至天龙八部皆与夺心。时有智臣告曰:'诸王若争,须有胜负。如来舍利不成利益。我当分为三份:一份奉诸天,一份与神龙,一份奉八国。'由是众心悦随;各将金坛盛贮,迎归本国建塔供养。"

佛祖圆寂 164 年之后,印度建立了孔雀王朝,其第三代国王阿育王(意为无忧王,约 273—236 年在位)是一位有作为的政治家、军事家、宗教家,他使孔雀王朝成为印度历史上第一个统一的大帝国。阿育王年轻时非常凶狠残暴,曾建立一座人间地狱,把不服他统治的人统统投进监狱,内设刀山剑树、沸腾油锅等许多酷刑,将不同政见者折磨致死。为了不断扩充版图,他亲率大军攻城略地,屠杀无辜百姓。他在征服南部羯陵伽国时,当地民众有 10 万人被杀,15 万人遭放逐,还有许多人死于战乱。

此次战争后,阿育王突然像变了个人,开始为自己的暴虐而忏悔,转而皈依了佛教,成为一名虔诚的佛教徒。

阿育王皈依佛教,对佛教的传播产生了深刻的影响。即位后的第 11 年,他宣布佛教为印度国教,发出了不少诏谕,下令在王宫和印度各地树石柱、开石壁,雕刻其有关诏令,以简单的词句与当地的方言，使大众易于理解。召集全国大批高僧，编纂整理佛教经典，修建佛寺、佛塔。并派出大批使者和僧侣到邻近国家和地区传播佛陀慈悲和平的伟大教义。

为了更好地弘扬佛教，阿育王将阿阇世王所藏的8.4万颗舍利，以8.4万个琉璃宝箧、8.4万个宝盖及8.4万匹彩绸分别珍藏，役使鬼神一夜间造就8.4万座佛塔，将舍利分别安奉供养。相传在震旦（中国）还建成了19座阿育王佛塔，分布各地，而安多天然佛塔就是这8.4万座佛塔之一，以塔中供奉佛祖真身舍利而闻名遐迩。因借助神的力量用一夜之间建成，又因整个安多地区只有这一座佛塔，故称之为安多天然佛塔。

佛教徒对于佛之舍利，有难逢难遇之想，以为信仰舍利所在，即如法身所在。供养舍利，如同礼拜佛祖真身，可以结下值佛闻法的殊胜因缘而速成菩提。佛教信徒认为，凡是前往圣地拉萨的朝圣者，须要先到安多天然佛塔朝拜，否则，信则不诚，诚则不灵。因此，在当地藏族人的心目中，把安多天然佛塔列为仅次于拉萨大昭寺的圣地。青海省人民政府已把它列为"省级重点文物保护单位"。

安多天然佛塔拔地而起、庄严肃穆。整座佛塔为方形土丘，好像盛满青稞的斗，其边长约36米，塔高16米，占地面积约1160平方米，体积约7346立方米。土丘四面坡上长有各种花草，各有不同的药用价值。土丘顶部矗立着一座花瓶垫底的法台，依次向上，法轮衬托，法幢罩盖，顶层为日月镶嵌。这些吉祥物逐级高垒，结构严谨，造型别致，金光灿烂，极为耀眼，是由古雷寺院活佛拉姜·闹吾仁波切于20世纪80年代初重新修建。佛塔塔基四周装置了由信教群众捐赠的嘛呢转经筒，围绕佛塔转，佛铃叮当，妙音悠扬，使人仿佛置身于佛界仙境，心旷神怡。

安多天然佛塔东侧的四合院，是道帏地区尼姑活动点。院中央有3间经堂，内供奉藏传佛教宁玛派祖师莲花生大师及其二明妃药泥像，右侧供有格鲁派祖师宗喀巴师徒3尊塑像。院东北边新近修了一座佛堂，西北侧建有20余间僧舍，住有十几位尼姑。寺院规模不大，却很幽静，寺内诵经声琅琅，神灯闪烁，桑烟缭绕，香气四溢，真是修身养性的好地方。

朵思麻文都驿城

陈庆英[*]

朵思麻文都驿城,位于十世班禅大师故居北岸万佛山下。现有的文都驿城是由玛隆丹斗驿站遗址、世界吉祥万佛塔、班禅因明学院三部分组成。

一、文都驿城玛隆丹斗驿站记

在数千年历史中,青藏高原各部族与祖国内地之间的交往、交流要依仗分布在各地的驿道和驿站。吐蕃王朝统一高原,建立了一个驿道系统,并与唐朝的驿道接通,成为著称于世的从长安到拉萨的"唐蕃古道"。9世纪中叶,吐蕃王朝崩溃后,高原上的驿道被废弃达4个世纪之久。13世纪中叶,阔端王和萨班在凉州历史性会盟后,元朝统一中国,在青藏高原建立军事和政教管理机构,任命官吏的同时,为帝师八思巴往返萨迦道路安全畅通,金使顺利传递皇帝诏书和帝师法旨及适应施政的需要,元朝在元大都到萨迦寺一路设立了72个大驿站,其中高原上建立了27个大驿站,是高原历史的一个重大事件。

1260年,忽必烈即汗位后,对吐蕃事务十分关注。派遣大臣答失蛮为首的官员到吐蕃地区,从汉藏交界处直至萨迦以下,视道路险易、民户多寡,选择适宜建立大小

* 陈庆英,中国藏学研究中心原研究员。

驿站之地。1261 年，大臣答失蛮率领随从官吏抵达朵思麻藏传佛教后弘期发祥地域，首先在萨迦班智达赴凉州会盟时途中与统治玛隆丹斗区域（今循化）的必里王共同所建的丹斗水晶佛殿（文都驿城）召集朵思麻地区大小僧俗首领集会，颁发大量的赏赐，宣读皇帝诏书和帝师法旨，并以该地为起点，设立了玛隆丹斗、隆务、赤噶、郭美、巴垅、玛域、董·必里等朵思麻 7 个大驿站。此后，大臣答失蛮等随从官吏又到达朵甘思，在卓多桑珠（萨玛王城）举行了与上述相同的集会，并以该地为中心，设立了色唐、霍尔、卓多桑珠、德格、岭仓、噶域、贡德、郭贝、噶热等朵甘思 9 个大驿站。大臣答失蛮一行最后到达帝师故里萨迦寺（萨迦王城），召集乌斯藏的大小僧俗首领，颁发各种赏赐物品，宣布了皇帝诏书和帝师法旨，在以萨迦寺为终点，设立了索、夏克、孜巴、夏颇、贡、官萨、甲哇、达、春堆、达尔垅、仲达等乌斯藏 11 个大驿站，并规定各万户为驿站提供差役、驮畜和物资供应的制度。之后，大臣答失蛮一行返回京城，向元世祖薛禅皇帝奏报了驿站设立情况，受到了皇帝的嘉勉和奖赏。在元代，吐蕃地区的 27 个大驿站是由帝师、太子、大臣、本钦等的迎送及其处理军政和宗教事务的主要机构。在各大驿道区域中又设有若干小驿站，各小驿站间的距离，大约为骑兵一天的行程。从元大都直至萨迦的小驿站是金字使者和僧俗官员旅途住宿和维持平安的机构。吐蕃各地与祖国内地之间的驿道和驿站的设立，是青藏高原的一个重要历史事件。

元代高原驿道起点在朵思麻的玛隆丹斗水晶佛殿，即今循化文都驿城，至今留有驿站遗址。2020 年初，经相关部门领导的部署，我们组织了元代驿站历史文化专家组。是年 6 月，在专家组的安排下，几十年潜心研究元代历史文化的西藏萨迦寺金刚师班典顿玉、文都大寺噶尔哇·阿旺桑波活佛等部分专家，驱车上万公里，历时 2 个月，实地研究和考察了元代在高原上所设立的朵思麻 7 个大驿站、朵甘思 9 个大驿站、乌斯藏 7 个大驿站、后藏 4 个大驿站。我们根据历史文献记载和后人的研究及当地父老的口传，找到元代驿站的准确位置，并作了详细的记录。这项工作，对于青藏高原的古代交通、行政、宗教、经济、文化史等方面的研究具有开创性的学术价值。

对元代青藏高原驿道和驿站的研究，证明元代国家的统一、各民族的团结和交流合作，促进了高原上的藏族社会经济文化的发展。虽然其后明代和清代高原驿道改变为以西宁为起点，但是文都驿城作为元代登上青藏高原驿道的第一个起点大驿站，其遗址受到了各级党委、政府和专家学者、当地僧俗群众的重视。在此建立元代青藏高原驿站历史文化博物馆，这一项文化工程，对青藏高原的社会、经济、文化的发展，意义深远。故立碑说明原委，以期传播于各方。

二、文都驿城世界吉祥万佛塔记

世界吉祥万佛塔，位于元代青藏高原的交通要冲和朵思麻宣慰司行政重地——十世班禅大师故居朵思麻文都驿城。 1246 年，萨迦班智达前往凉州会盟途中为会盟的圆满顺利而在青海境内先后创建了贵德珍珠寺、尖扎虹光舍利宝塔、循化玛隆丹斗水晶佛殿。1255 年，大元帝师八思巴在朵思麻文都驿城玛隆丹斗水晶佛殿接受了比丘戒。

◎文都世界吉祥万佛塔 （侃本 提供）

1261 年，遵元世祖忽必烈之命，大臣答失蛮率随从官吏到进入青藏高原的第一个要地朵思麻文都驿城，设立了汉、藏、蒙古等各民族间主要交往、交流的玛隆丹斗驿站。

1264 年，元世祖忽必烈和帝师八思巴在元上都议定，任命帝师八思巴之弟本钦·益西迥乃为朵思麻本钦（朵思麻宣慰使），在文都驿城附近的宋代唃厮啰管辖统治玛隆丹斗区域的必里王城内，再次修建了朵思麻却喀（朵思麻宣慰司）首府文都古城。

1272 年，遵元世祖忽必烈和帝师八思巴之命，本钦·益西迥乃在皇室大量资金的支持下，在帝师八思巴受戒之地文都驿城玛隆丹斗水晶佛殿边，为世界和平、国泰民安、弘扬佛法而修建了世界吉祥万佛塔。帝师八思巴之弟亦怜真兴建了文都大寺、皇家护国护法殿。1274 年 3 月，帝师八思巴动身返回乌斯藏之时，元世祖忽必烈和察必皇后、真金太子一行从临洮送到朵思麻却喀中心——文都城。帝师八思巴三弟兄与皇帝、皇后、太子等一起为文都大寺皇家护国护法殿和文都驿城世界吉祥万佛塔举行了盛大开光与祈福仪式。从此，元世祖忽必烈和帝师八思巴一道开创了和平大一统时代的先河。

世界吉祥万佛塔对世界和平、祖国统一、国泰民安、弘扬佛法具有重大历史意义。因此，为纪念和弘扬大元帝师八思巴、十世班禅大师爱国爱教的丰功伟绩，于 2004 年 2 月 11 日，大元第二任帝师亦怜真第二十六代传人、十世班禅大师侄子噶尔哇·阿旺桑波活佛秉持班禅大师生前意愿，在省、市、县各级党委政府和社会各界人士的大力支持下，组织成立了世界吉祥万佛塔恢复重建领导小组。

2014 年 10 月 10 日，总投资 1.8 亿元的世界吉祥万佛塔圆满竣工。世界吉祥万佛塔是世界最大的藏式建筑佛塔，高 60 米、宽 57 米。建筑采用以石、木、土、红铜等材料混合为主的藏族传统建筑工艺，其外部造型为藏传佛教密宗坛城形状，显得格外雄伟壮观。整个佛塔主体分为内、中、外三层佛殿，塔内地宫共有 5 层，塔外四面有 108 个殿门，共有 128 座小佛殿，总供奉万余尊铜制佛像，并收藏万余本藏传佛教典籍。塔内主要供奉有皇家本尊喜金刚、历代帝师本尊金刚橛、护国护法玛哈噶喇、财宝天王等四座坛城。以萨迦拉康堪钦贡桑坚赞为首的藏传佛教各宗派的 21 名活佛、高僧、堪布、格西、瑜伽师先后用一个多月时间，按佛教仪轨举行加持装藏经典、供佛诵经开光、供奉火供仪式、金刚橛万诵驱魔法会。

2016 年 9 月 10 日，举行世界吉祥万佛塔恢复重建开光大典。出席开光典礼的有中国佛教协会汉传、南传、藏传三大语系佛教传承代表印顺大和尚、提卡达希长老、赛仓活佛等高僧大德，青海省佛教协会会长仁青安杰活佛，还有文都大寺等藏区各大寺院活佛和堪布、僧众上千人，青海的省、市、县各级党委政府相关领导，以及来自五湖四海的社会各界人士和功德施主、各族僧俗信教群众上万人出席庆典活动。

世界吉祥万佛塔拥有 700 余年的历史，也是世界规模最大的藏式建筑佛塔。2018 年 1 月，荣获"最大的藏式传统佛塔建筑上海大世界吉尼斯之最"称号。著名的宗教界人士噶尔哇·阿旺桑波活佛，作为恢复重建者，不仅肩负着佛教传承的重担，更要继续发扬前辈的爱国爱教精神。他将历史赋予的职责和使命结合起来，继承与弘扬爱国爱教、祖国统一、护国利民的崇高精神，为世界和平、国泰民安、弘扬佛法做出了应有贡献。

循化历史上的囊索府与千户所

侃　本

两个囊索府的形成

"囊索"系藏语音译,在汉文地方文献中常常有"囊琐""昂琐""昂索"等不同写法,皆因藏语的不同记音所致。若按藏语的标准发音,"囊索"或"囊琐"同藏语发音比较接近。

"囊索"的意思按字面理解,应为"内哨",即内部的哨兵或放哨、监视之意,其对应的有"外哨"一词。

"囊索"一词虽然未发现早期的文字记载,但考虑到藏族部落社会的特性,这个名词应该产生于吐蕃王朝以前。因为吐蕃王朝以前,广袤的青藏高原上有许多部落,这些部落之间往往是为土地、为尊严,连年征战,由此产生的部落习惯法、部落盟约、部落边界线等就是其产物。各部落内部为了防御外敌入侵,有"内哨"与"外哨"的分工。随着时间的推移,"内哨"即"囊索"的功能演变为固定的官职。不过,这个官职的职能不是一成不变的,而是有多种含义的,如《塔尔寺志》:"委任给僧人的一种官职";《喜饶嘉措文集》:"辅佐君王的一种官职";《根敦群培文选》:"内部的哨兵之意":《隆务寺志》:"既有多种含义,对隆务地区而言最早是委任给僧人的一种官职";《藏汉大辞典》:"内哨。在边境巡逻或守望者";《东噶藏学大辞典》:"一种官职,同如今接待内外宾客的人";《青海百科大辞典》昂琐词条云:"土官之一。明万历年间由西藏宗教上层封授。意为内政官,因其官职僧俗都可以充任,故其子或兄弟中为僧者也可世袭。"

从地域概念而言,"囊索"的职能在三大藏族聚居区各不相同,在西藏虽然有"囊索"这个称呼,但其职能不如世袭贵族那么大,而在甘、青一带"囊索"的职能非常突出,不仅是一种世袭的官职,而且从清代起有些"囊索"又封授为千户。在川西地区"囊索"这个称呼很少有人提起,因为在此处"土司"这个称呼比较流行。

甘青一带的"囊索",大部分是西藏萨迦派和元朝政府政治联姻的产物,也有一部分是明代出现的。元代西藏正式并入中国版图,萨迦派首领八思巴受命担任宣政院院长,与此同时在广袤的青藏高原按地域划分设立 3 个宣慰使司,管理甘青藏族的朵思麻宣慰使司设在河州。

历史上今循化地区曾经出现过两个"囊索",一个是道帏地区的拉木龙哇"囊索",因在道帏乡拉木龙哇村,所以称拉木龙哇"囊索";另一个在尕楞地区仁吾一代的相雷卡"囊索",仁吾是村名,相雷卡是所处的地名。据说,仁吾囊索在相雷卡一带过了若干年后形成两派:一派迁移至刚察地区的卡索村从事畜牧活动,而留在原地的则从事农业活动。尕楞地区的囊所,与同仁隆务囊索之间有一定的血缘关系,这在热贡地区的文史资料和两地的口述当中都有相同的说法。两个囊所的后代至今仍然生活在这些地区,他们对这段历史并不陌生。

囊索是元代开始出现,明代走向没落,到清代形同虚设。不过我们要知道,囊索是特殊年代出现的特殊官职,虽然历史记载不多,但它在特殊的年代里,用自己的威望管理好自己的属地,对地方社会的稳定等方面发挥了积极作用,这是值得肯定的。

三个千户部落的形成

千百户制度,是一种以千户、百户等官吏为主体的藏族基层管理制度。青海的千户制度与雍正年间罗卜藏丹津的反清事件有关。雍正二年(1724)春平定叛乱后,清政府依年羹尧《青海善后事宜十三条》《禁约青海十二事》两个奏折，在蒙古族所在地区设立 29 个旗，在藏族地区设立众多千百户，有效地管控这些地区。千百户的职位由上一级政府分封，并依据其是否管束部落分级管理，千户、百户和管束部落的百长"俱由兵部颁给号纸，准其世袭"。其世袭传承，无疑由西宁办事大臣呈报有关材料经朝廷审批，换取相应执据，完成权力交替。根据《番例》规定，千户、百户和管束部落的百长均有权处理本部落内的诉讼，但司法管辖权却属于清王朝。千百户调处诉讼所依据的《番例》本身由代表清王朝的西宁办事大臣衙门所颁行，作为司法和执法人员的千百户受清王朝的严格约束，其违规违法行为无一例外地受到处罚。所以，他们也仅仅是代表清王朝行使司法权。按当时的惯例，凡一个地区凑够 300 户以上可以设立一个千户所，在循化藏族聚居区先后设立了 3 个千户所，在文都和道帏千户所下面没有百户设置，而尕楞千户所下面有 4 个百户。

文都千户部落："文都"旧时亦称作边都，藏语意为牛犊山下部。当地有一山坡，藏语称之为"维拉"，即牛犊山，文都在其下部，故而得名。文都千户所属地今循化县文都乡全境及刚察乡索化村一带，是一个千户部落。地处循化县西南部，东接本县道帏千户部落，南抵果莫喀、恰金山下，西与本县尕楞千户接壤，北邻撒拉族住地。千户官员祖籍西藏萨迦昆氏家族，其先祖阿丹由西藏指派来文都地区定居。后来，当地众人因阿丹"坚定而良智、如日之照，对人无疏无亲，公正慈祥"，遂奉他为一方之主。阿丹后裔分领土地管理千户属辖的 7 个小部落。据《西宁府续志》记载："边都沟七寨：城西四十里，有庐舍。"当时所载七寨为多瓦、勒门玉、熊为、为剌千灭、为剌功灭、剌迭、青稞儿等，分布于中库、毛玉、相玉沟约 35 个自然村，主要经营农业。文都千户曾受到明、清两朝政府的敕封，最后一任千户为十世班禅大师之父尧西·古公才旦。

道帏千户部落：属地位于循化县城南部偏西的起台沟中上部，东南与甘肃省积石山县、临夏县、夏河县为邻，西与文都千户部落接壤，北与本县撒拉族为界。部落头人源于西藏，与萨迦昆氏家族密切相关。道帏千户头人继承了囊索的职能，也就是说他们是一个家族，在《循化厅志》中有明确记载。道帏千户经历两代后已失去统治力，乾隆年间的"苏四十三反清起义"及其后的"同治回乱"期间，道帏地区的大小事情均由"道帏喇洪"或者叫"卡果哇"的民间合议制度在发生作用，尤其是古雷寺寺主和法台洛桑噶哇出现矛盾后，洛桑噶哇遂带领自己身边的人，从古雷寺分离出来在囊索的协助下单独建寺，按《安多政教史》的记载，时间应该在1820年左右。古雷寺是道帏地区最大的寺院，有12座属寺，拥有最广泛的群众基础。洛桑噶哇从古雷寺分离得到囊索的协助，说明囊索与古雷寺之间没有关联，再说道帏地区大部分人都听说过拉木龙哇囊索，却不知道还有个千户，说明道帏千户这个名词早已退出历史舞台。

尕楞千户部落：居住地位于循化县西南部，东与文都千户部落接壤，南邻岗察部落，西南与同仁、尖扎相连，北与黄河南撒拉族聚居地为界。在尕楞地区早期的地方官为仁吾相雷卡"囊索"，到后期"尕楞果哇"脱颖而出，成了地方官员。尕楞千户部落主要居住在尕楞、比塘和建设堂沟，旧时总称为"五族六寨"，主要从事农业生产，兼营少量牧业。据《西宁府续志》记载："下龙布六寨：城西南三十、四十、五十里不等，有庐舍，总管昂锁夕力登。"下龙布即下仁务；六寨为下龙布（仁务）、卑堂（比塘）、哈楞（尕楞）、许路、坡蓝、曲桑（曲卜藏）等寨；五族为尕楞、比塘、曲卜藏、仁务、宗吾占军等族。

六

藏地探秘

国立青海喇嘛教义国文讲习所

侃　本

青海喇嘛教义国文讲习所,创办于 1942 年 2 月 11 日。创始人是我国著名的藏族"爱国老人"喜饶嘉措大师, 校址在今循化县道帏乡人民政府所在地。

创办讲习所之目的

1936 年, 喜饶嘉措大师受聘为国立中央大学、北京大学、清华大学、武汉大学、中山大学举办佛学及藏族文化讲座。是年, 由国民党中央监察委员会黎丹委员陪同, 自西藏取道印度来到内地。一路上大师注意了解印度和中国香港及南方沿海地区的社会发展变化和办学情况, 有感于自己民族文化教育事业的落后, 决心在藏区办几所学校, 以此来推动藏区的发展。但青藏高原情况特殊, 寺院林立, 不能与内地的公办学校等同。如何把寺院教育引入、跟上时代健康发展的轨道, 大师开始了艰难的尝试工作。

大师首先想在故乡循化县道帏乡试点, 把附近众多的寺院合而为一, 这样既能把寺院管理好, 又能减轻广大信教百姓的负担, "以便将来政教各方面都有力量"。但因众多缘故, 这次尝试未能如愿。

不久, 他吸取前次失败的教训, 研究下一步的方案。这时, 家乡父老乡亲因不堪忍受马步芳的征兵 (此地每年征 50 名青年服役), 联名写信给大师, 请他想个万全之策。

大师利用这个机会，呈请当时的国民政府教育部，要求在自己的家乡办一所职业学校。按当时法令，凡在校学生可以免服兵役。这样，一方面可以满足广大群众的要求，一方面大师办学的愿望也能实现。于是，这所学校就这样幸运地诞生了。

创办讲习所的经过

1941 年秋，喜饶嘉措大师的呈请得到教育部的同意，学校定名为青海喇嘛教义国文讲习所，大师自己担任所长。由教育部每月补助经费 3000 银圆，其余经费由寺院从当地筹集，喜饶嘉措大师自捐 1000 银圆，筹备工作进展很快。1942 年 2 月 11 日，学校正式开课。讲习所的宗旨是"改进边疆教育，促进藏民文化，宣传'三民主义'，阐明抗日国策"。

在开学典礼上，喜饶嘉措大师发表了热情洋溢的讲话，鼓励学员们努力学习，要"牢记必修课程，牢记正确三法印，弘扬菩提道"。并题写了"学僧徽记"，宣读了学校纪律，要求他们"做一名佛僧不能仅仅满足于念念一般经文"，而要成

◎　国立青海喇嘛教义国文讲习所旧址　（侃本　提供）

为对国家、民族有用的人才。可见大师的良苦用心是既要将寺院教育引入正常的轨道，又要把学僧培养成为有用的人才。

该讲习所占地约 10 亩，有两排藏式阁楼，内有办公室、教室十几间，院子很宽敞。分操场和果园两部分，该果园目前仍在乡政府大院内，还有具有民族特色的大门。

讲习所的设施及教学体系

讲习所刚成立时，下设教导、事务两处，各设主任 1 人，有教员 3 人，学生 90 余人，按年龄分童僧和壮僧两班。凡年龄在 8 岁以上 20 岁以下的，编入童僧班（50 人）。课程有国文、讲演、藏文拼音，因明初步等；凡年龄在 20 岁以上的编入壮僧班（40 余人），课程除听讲演外，一律学习文法，从五部大典中选习一种。

该所第一任藏文教师，是喜饶嘉措大师的高徒拉仁巴格桑嘉措，日常的教学工作则由该寺管家格西志华担任。第一任汉文教师是大师的秘书陈木天先生，此后由拉毛才旦（青海湟中县人，现中国藏学研究中心总干事长多杰才旦之兄）继任一年多。据现任青海佛教学院副院长彭措回忆，当时的藏文课本有《三十颂》《语灯论》《岁氏简府》等，汉文则使用当时内地流行的一种课本，从老式拼音开始，图文并茂，是学员学习汉语文的必修课本之一。

该所因设于寺中，其学生来源均系僧侣。为此，每个学员必须遵守寺规，在学好文化课的同时，必须参加寺院的一切佛事活动。上午穿着统一的校服来上课，下午按自己的分工和职业分别参加自己所从事的佛事活动。

解放后改为古雷学校

1949 年 9 月青海解放后，讲习所的办学经费已无从拨付。但讲习所的学员及教学体系一直保存下来，所需经费由寺院靠募捐来解决。1950 年元月，青海省人民政府成立，喜饶嘉措大师荣任副主席，该讲习所即由当地人民政府接管，此时屈焕（现在青海省人民政府办公厅翻译处工作）为该所藏文教师。当时屈焕没有工资，一人执教，到 1951 年被正式录用。他打破寺例，首次收宁巴村的李加东智、先巴加、加老 3 人为该所第一批俗家学员，并插班到僧班。接着大量招收俗家弟子入学，分为一个僧班，两个俗班，教学方法仍按藏文常规教法进行。据屈焕回忆，当时有近 200 名僧俗学员，他是解放后第一任藏文教师，第一任汉文教师乃是王尚德（甘肃人），此后有付新（音译）等。1954 年 10 月，人民政府从青海民族师范学校派两名教师（夫妇）任俗班的教学工作。喜饶嘉措大师到北京任中国佛教协会会长后，屈焕也跟随大师去了北京。

1964 年 11 月，原校址被道帏乡征用（当时称区公府），同时把原讲习所的所有权移交给乡政府。乡政府在此基础上开办新学校，招收新学员，改名为古雷学校。

青海喇嘛教义国文讲习所虽然只存在了十几年，但在这个特殊环境里，培养出近千名学员，并为以后开办古雷学校奠定了良好的基础，为藏族文化教育事业的发展和繁荣做出了应有的贡献。这也是敬爱的喜饶嘉措大师为家乡的教育事业所做的一件善事，人民会永远记住他的恩德。

我所知道的藏族婚宴十八说

鲁 毛

◎侃本老师现场给藏文中学学生讲解藏族婚宴十八说 （侃本 提供）

　　藏族婚宴十八说是流传在青海省东部农业区藏族聚居区具有丰富文化内涵的一种民间口头文学，是伴随着藏族婚俗产生和发展而形成的。它展现的内容丰富多彩，表演的形式多样，在历史学、民俗学、民族学、语言文学及构建和谐社会等方面，具有很高的学术价值和实用价值。

根据敦煌出土的《吐蕃历史文书》等相关文献的记载，当年文成公主与松赞干布在拉萨成亲时，为了衬托婚礼气氛，就有人祝词庆贺，其形式与婚宴十八说中的某些片段近似，由此可知，婚宴十八说的历史比较悠久。在广大藏族聚居区的其他地区虽然也有相应的婚宴祝词，但如同循化藏族一样总结为十八说，形成固定模式的不多见。

以前在青海省东部农业区的所有藏族聚居区都流传着婚宴十八说，但后来随着社会环境的变迁，海东地区的部分藏族因为种种原因将婚宴十八说赖以生存的母语给丢失了。久而久之，藏族婚宴十八说流传的范围越来越小，如今只有在循化等局部地区，仍然还在传承当中。

循化县道帏藏族乡、文都藏族乡、尕楞藏族乡一带基本上处在脑山和浅山地区，世代以从事农耕为主，兼营畜牧业为辅。总体而言，这里山高谷深、重峦叠嶂，交通不便、信息比较闭塞，长期处于近乎与世隔绝的封闭环境中，社会形态发展亦异常缓慢，如是构成了民俗民间文化生长和传承的地理环境。

藏族婚宴十八说几百年来一直在民间用口传的形式流传，但没有文字版本和影像版本。后来我的父亲侃本先生将其进行了深层的挖掘和整理，在此基础上申报并促成了藏族婚宴十八说被列入国家级非遗名录。

婚宴十八说始终贯穿在婚礼当中，有说的部分，也有唱的部分，都是即兴表演的，一般由十几人分阶段完成，最盛时需要几天时间。民间有一种说法，"婚宴进行十八昼夜，婚礼祝词有十八道程序"，说的就是婚宴十八说的真实情况。

婚宴十八说的具体内容及顺序，各地因人而异，按流传在循化县道帏藏族乡的内容而言，婚宴十八说的具体内容分别是：

1. 祭神

姑娘出嫁之日的清晨，由家人及其亲属聚众焚香祭祀山神及家神，当地方言称"煨桑"，以此来保佑姑娘从此踏上新的人生路程的一种传统仪式。

2. 梳辫说

新娘出嫁前要进行梳辫子，梳辫子有许多讲究，如梳子要选新的木质的，而且还是完好无损的。梳辫子的人从部落中挑选手脚勤快、有夫有子女、容貌出众、口碑好的中年女子 2~3 人。

说词大意是：要说梳子的来源，材质是阳面的檀木，秋后砍伐是好季节，泡在水里一百天，晒干还需一百天，能工巧匠细加工，梳牙一百零八颗，活佛加持显灵性，这样的梳子是最好的。洗发水取自山涧清水，这样的圣水清澈又见底，没有沾染玷污是好水。左面梳来右面梳，前面梳来后面梳，梳成一百零八根。

3. 父母的教诫

新娘临出门时，其父母或长辈对着女儿说的一种勉励词。勉励姑娘在新的家庭里，孝敬长辈，孝敬父母。夫妻之间互敬、互爱、互谅、互帮，以事业为重，勤俭持家，用自己的聪明才智和勤劳去创造美好的未来。

说词大意是：心爱的姑娘，你即将踏出家门，要过自己的生活。愿你一路顺风，平平安安。在新的家庭里，要时刻尊老爱幼。对待自己的男人，一生一世相敬相爱，一心一意对待彼此。愿福运时常伴随你，愿佛祖时常保佑你，愿你天天开心，愿你心想事成。

4. 哭嫁歌

哭嫁是藏族婚俗文化中的重要组成部分，新娘哭哭啼啼出门的习俗，既有对父母亲的不舍，也有泣诉少女时代欢乐生活即将逝去的悲伤和新生活来临前的迷茫与不安。如今随着社会环境的变迁，过去那种父母包办婚姻的年代已经不复存在，男女青年基本都是自由恋爱，自主结婚。取而代之的是新娘即将出门，由她或其姐姐等女性长辈代替她说的一种分别词，内容是对家庭的怀念，感谢父母的养育之恩，感谢哥嫂弟妹们的关怀之情等。

说词大意是：父母恩情说不尽，提起话头言难尽。一怕我们受饥饿，二怕我们生疾病，三怕穿戴比人差，四怕我们无文化。披星戴月费苦心，养育之情终难忘。如今女儿已成人，我今离别父母去,内心难过泪淋淋。为女不得孝双亲,难把父母送到终,但愿父母无疾病,我会随时来看望。

5. 出门说

新娘出门有一整套程序,首先在堂屋内等僧人念完平安经后,地下铺一毛毡,新娘缓缓走到毛毡上,开始换新衣服。接着新娘母亲坐在毛毡上,将刚才换过的旧衣服披在自己的身上,用非常婉转带着哭腔的声音对即将出门的新娘说,"家里的福运你没办法带走,但是幸福你可以全部带走,愿你一路顺风,吉祥如意!"而后新娘给母亲磕三个头后,由两位自家姐妹搀扶,倒着往大门外走,朝大门磕三个头后,就可以上路了。

说词大意是:金鸡第一遍报鸣时,叔叔和伯伯们请起床,你们要为姑娘穿嫁衣,选最好的衣服让我穿,穿嫁衣的姑娘多可怜。金鸡第二遍报鸣时,婶婶和姑姑请起床,你们要为姑娘佩戴饰品,选最好的饰品让我佩戴,佩戴饰品的姑娘多可怜。金鸡第三遍报鸣时,姐妹们勿睡请起床,你们要为姑娘穿新鞋,选上等的鞋子让我穿,穿新鞋的姑娘多可怜。

6. 土地颂

送亲队伍到达新郎家附近,接过迎亲队伍的哈达,喝了迎宾酒后,就要祭当地的土地神或山神,表示我今天踏入了你的地盘,请多多关照。这是藏族民间文化当中的一个奇特现象,只要你跨入异地,就有祈求当地神灵护佑的习俗,这样做的目的无非就是通过这样的举动来完成自己的目的。

说词大意是:此地的各路神灵及此家的守护神,我们初次踏入贵地,没有冒犯之意,而是送亲的队伍,为了完成今天的使命,请你们多多关照,请你们加持护佑。

7. 房屋颂

农区藏乡每家每户都是四四方方的庄廓院子,所谓庄廓院子实际上是由高大的土筑围墙、厚实的大门组成的四合院。由于青海地处边远,气候高寒,严酷的环境造成了它独有的风格。进了正房门，正对面和两个侧面都是木质房屋，面积稍大一点的是客厅，围绕客厅两侧便是佛堂、厨房、卧室等。

说词大意是：挑高的门和气派的大门，圆形的拱窗和转角的石砌。淡淡的松木香充斥在身旁，镂空的雕花窗斑斑点点，实而精致的柱子显得威武，自然轻松、休闲质朴的格局显得舒适，这样的房屋令人羡慕。

8. 献哈达

当送亲队伍就座后，主持人开始张罗，婚礼马上开始。首先祝贺新郎、新娘，这是一个永远记住的日子，一对新婚夫妇喜结良缘。愿你们白头偕老，恩爱甜蜜。接着各位按当地习俗给新郎、新娘献哈达，以表祝福。同时，娘家人的代表献哈达的同时，有一段特殊的祝词。

说词大意是：我手中的洁白哈达，是上部卫藏的幸福哈达，是活佛手中的吉祥结；我手中的洁白哈达，是下部汉地的幸福哈达，是王妃手中的吉祥物；我手中的洁白哈达，是安多藏区的幸福哈达，是婚礼必备的吉祥带。

9. 茶颂

青藏高原海拔高，气候寒冷，藏族人的饮食尤以肉食为主。为了消化，为了暖身，藏族农牧民在很早年就偏爱喝浓茶，尤其是奶茶。藏族人的茶俗或茶礼中，非常重礼节、讲友谊，饮茶时要讲究长幼、主客之序。斟满茶先敬父母长辈，茶碗要洁净，不能有缺口、裂纹或旧碗，以双手敬，用双手接。

当第一杯香喷喷的奶茶端到客人手里后，就要展开茶说。

说词大意是：尊敬的客人们，请不要急着喝茶等我说，喝茶先要讲茶道，如果讲不上茶道，今天的茶水没法喝。我手中端的是龙碗，龙碗边上是吉祥八宝，龙碗底部是八瓣莲花，龙碗中间是八幅天轮，龙碗中的五谷精华真香甜，请各位慢慢品尝。

10. 酒颂

在婚庆场合，敬酒是非常重要的一个程序。送亲队伍快要到达新郎家附近时，就有人端着酒杯在等候，给送亲队伍一一敬酒后，进入新郎家。

说词大意是:酒是五谷酿制而成，是人类的朋友，能使人们畅所欲言，能驱寒解毒，能加速血液循环。今天这样的吉祥婚礼上，怎能没有酒怎能不说酒呢？愿各位朋友尽情畅饮，尽情开怀交流。

11. 媒人致辞

当婚礼进行到一半的时候，媒人站起来给各位详细介绍这场婚姻的前后经历，即当初怎么提亲，中间经历了哪些过程，最后皆大欢喜的整个场景。

说词大意是:今天举办结婚庆典，这婚庆的序幕开启得好，这婚庆的海螺号吹得响，叔辈的婚庆祝词说得好。婚事由媒人来说，尊重媒人说的话，您体谅我的难处，我维护他的尊严，喜事定能办成功。

12. 婚礼宴说

等酒足饭饱后，开始婚礼宴说，这是婚礼中最主要、也是最精彩的部分，一般由送亲队伍中资格比较老的人来说。

说词大意是:婚宴的席位分左、中、右,右边的席位排列整齐,好似右边升起了太阳。左边的席位排列整齐,好似左边升起了皓月。中间的席位排列整齐,似高山猛虎俯视大地。圆形的席位排列整齐,像幸福美满的大圆圈。

13. 衣服颂

送亲队伍先将新娘的衣服一件件晾出来，而后开始说衣服的赞颂词，内容多由新娘的叔叔、娘舅等来说。

说词大意是：今天新娘的衣服，是用百只绵羊的上等毛，是用百名妇女捻成的线，是汉地的百名匠人织成的。裁好了天轮般的衣领，衣领就像法轮转。仿照八对宝贝条，裁好了宝贝条似的提儿,提儿就像丝绸带。仿照八瓣莲花般的大地,裁好了莲花般的水獭边,水獭边就像五色的彩虹。

14. 系腰带

系腰带是藏族婚俗中比较常见的一种民俗文化，在婚礼现场一般由新娘的哥哥或亲戚等人给新郎边系腰带边说腰带的来历、作用、意义等的一种仪式。

说词大意是：腰带先从正面系，正面系完两面系，左面缠绕右面缠，系得不紧又不松，这样的系法很威武，天下无敌胆子大。

15. 新郎、新娘祈福

给新郎系完腰带后，有一段新郎、新娘的祈福仪式，一般由僧人或宾客中的一位年长者来说。

说词大意是：今天艳阳高照，是吉祥的日子，高空泼洒雨露，五色彩虹升起，一对新人终成眷属。愿你们幸福生活，好运高照享不尽。愿你们尊老爱幼，勤劳持家，与家人邻里和睦相处，你们的家庭定会福满堂。

16. 谢媒说

媒人是促成婚姻的关键人物。婚礼即将结束时，双方协商给媒人送礼感谢的仪式。

说词大意是：今晨的雄鸡叫得吉祥，山顶上的太阳升得吉祥，山腰当中的佛塔建得吉祥，山脚下的供品供得吉祥，宾客们在席间坐得吉祥，妇女们在灶间忙得吉祥，席上的桌子摆得吉祥，媒人在席间坐得吉祥。

17. 嘱托

婚礼快结束时，由新娘家的人将新娘嘱托给新郎父母亲及其亲朋好友，让他们多多关照年幼的新娘，在新的家庭里教会她生活技能，教会她无忧无虑地生活。

说词大意是：今天的婚礼圆满吉祥，各位宾客酒足饭饱，到了这个关头，我代表新娘一家，要说几句嘱托的话，望新郎一家的各位长辈及新郎，要多多关照我家的姑娘，我家的姑娘今天要托付给你们，从今起成了你们家的人。

18. 吉祥祝词

婚礼结束时有一段吉祥祝词，是对婚礼的总结，也是对未来的祝愿。内容多由老年人来说。

说词大意是：向长者敬酒又献茶，福祉吉言溢满庭院。青年男女载歌载舞，美好时光无法忘记。你俩亲家互谅互让，两家大事圆满完成。希望今后你俩亲家，子子孙孙和睦相好，祝叔伯们健康长寿，祝同龄者事业发达，祝孩童们健康幸福，祝你们大家幸福吉祥，祝愿宾主扎西德勒。

如今，随着社会环境的变迁，藏族婚宴十八说的很多程式被越来越缩小范围，无法推广，无法宣传，在民间几乎无人问津。再加上婚宴仪式简单化等因素，还有以前能说会道的老人相继去世，给它的传承带来了后继无人的后果。

如今政府部门已将其列为非遗保护名录，继而进一步全面深入细致地开展了普查工作，广泛搜集婚宴十八说的所有相关资料，对婚宴十八说的历史渊源、详细内容、顺序编排、现状情况进行了详细的调查、了解。先后编写了相关书籍，也进行了录音、录像工作。建立了以婚宴十八说为主要内容的民间艺人团队，他们经常活跃在各种场合，表演藏族婚宴十八说，以此增添活动机会，让婚宴十八说扎根在民间，永远传承下去。

美酒与锅盔
——我所知道的循化藏族婚俗

扎西卓玛[*]

以酒邀友、以酒饯行、以酒颂神、以酒赞英雄。酒，在循化藏乡的节庆典礼中不可缺少，尤其是在婚礼提亲时，男方家要托媒人带着酒和哈达，酒瓶颈上系一绺白羊毛去女方家说亲，如果女方长辈启封喝酒，表示允亲；之后，选定一个吉日，男方去女方家喝定亲酒；定亲后就要另择上半月的某个单日，送彩礼，喝彩礼酒；新娘出嫁去男方家时，沿途会有亲友举酒送行，整个婚礼程序都是用酒来命名，在此过程中酒有单双瓶之分，单瓶有初步议定之意，双瓶则为终举。

男子有了意中人，男方家就要找媒人，媒人是贯穿婚礼始终的核心人物，媒人通常为德高望重的男性长者，懂得一整套婚姻程序，机敏善辩，能说会道。请到媒人后，男方家就托媒人带着哈达、酒，在瓶颈系一绺白羊毛去女方家说亲，女方长辈启封喝酒，表示允亲且已订婚。有的不肯一次允诺，以示庄重，媒人跑数趟，每次所带哈达、酒不予退回，说明还有希望，直到酒瓶被开启。如果当场或者数日后退回则表示拒绝。

喝定亲酒，由女方家主要亲戚和家族成员参加，打开定亲酒瓶的一般是女孩的舅舅。开瓶，则表明女方家答应了这门婚事，不得反悔。男方家来提亲的人，要一一向女方家的人敬酒，并商量彩礼。

---

* 扎西卓玛，青海师范大学历史学院教师。

定亲后就要另择某个月上半月的单日，送彩礼，喝彩礼酒。早期送彩礼，是以牲畜为主，据《循化志》载："女家杀羊，待媒酒饭。遂议彩礼，俱以牲口或马、或牦牛、或犏牛、或羊，量男家之贫富，或百、或五十只，或数只俱可。择吉日先送其半。"如今彩礼俱以钱财为主。通常都是媒人和新郎一同到女方家送彩礼，女方家只收取一半钱财，婚礼当天又退回少部分。循化藏乡在传承已久的婚俗行为规范中，一直保持着彩礼的合理性，既探明了男方的诚意，又没让男方家负担过重；女方家既有尊严，又不受到社会舆论的谴责，两全其美，成为循化藏文化结构中积极的组成部分。

在娶亲前，女方家会宴请部落或家族内的成员们，家族内的成员们会带上钱、哈达或绸缎赴宴。这些人中除了近亲之外，都不会去男方家举办的庆典，所以这也算是在女方家举办的小型婚礼庆典。

娶亲前一天，新娘要梳发，佩戴式样各异的辫套。太阳落山后，新郎由一名近亲男子做伴郎到女方家迎亲。女方村里村民都会带钱、锅盔、酒、茯茶等礼物到新娘家中庆贺，女性村民们嚷嚷着要揪新郎或伴郎的耳朵，男性村民则上前劝阻，这时新郎就要拿出钱和喜糖示好，还要唱民歌相互歌咏酬答。女方家要请喇嘛诵经，意为女儿出嫁不要带走家中的福禄财运。最后，新娘在女性亲眷的陪同下，面对自家家门，左手以长袖捂脸，右手朝前撒谷物后退，女性亲眷唱辞行曲，表达对新娘的不舍。送亲队伍由舅、父、叔、兄、弟等男性亲眷组成，人数由陪嫁的多寡决定。沿途也有亲友举酒迎亲。

到达男方村庄时，村民们都会前来迎接，村民们到男方家庆贺，所带礼物也是钱、酒、茯茶和锅盔。新娘行至婆家门口行三个磕头礼，由父母子女双全的中年妇女拿着龙碗陪同，新娘到火膛前行三个磕头礼，用铜勺舀茶壶中已烧好的奶茶，舀三下，再盛满龙碗，敬献于佛堂，之后就进入洞房。女方家向亲友们展示嫁妆，男方家则以丰盛的食物、美酒和歌舞招待宾客，其间女方舅舅要面对新郎、新娘及在座的宾客致婚礼赞辞，并给新郎系绸缎。婚礼仪式结束后，送亲队伍返回时，男方家要赠予女方家舅舅带尾羊背、酒、绸缎等礼物。

婚礼结束后，新娘就要择吉日穿婆家特制的礼服，背着装满油炸饼子、锅盔、苹果、红枣、糖的背篓回娘家。返回婆家时需由娘家母亲送行，男方家要送给新娘母亲绸缎。

如今，婚礼也有繁简之别。简便者，婚礼之前的程序都一样，而婚礼一般都是在饭店举行，由男方家设宴，准备歌舞节目，双方亲朋好友都齐聚在饭店，新郎将新娘接到饭店后，由婚礼主持人安排一切婚礼程序。先是由新郎、新娘给双方父母敬献哈达，以感谢养育之恩，之后，在座的亲朋好友给新郎和新娘敬献哈达，最后由新郎、新娘给在座的亲朋好友一一敬酒以表感谢，至此婚礼结束。

道帏乡还有一种特殊婚俗，即引婚。引婚习俗一般是恋人间十分相爱，但女方长辈拒不同意。两人只能约好时间、地点，由男方邀集同伴若干，趁夜将姑娘"引"至家中。次日拂晓时分，男方派媒人至女方家报引婚之事，避免女方父母误解。然后备礼托媒人提亲，求得女方父母同意后，按常规送礼，宴客举行婚礼。有的女方父母不顾女儿心愿，极力反对，男方就要送回姑娘，若姑娘嫁意已决，会再次逃往男方家。如果姑娘是不情愿被引来，跑回娘家后男方不再追求。

在循化藏区若背篓中容不下太多东西，就会在背篓四周竖起木棍，其上用绳子横向缠绕，以扩大背篓的容纳量。其中多半为锅盔（烧制的各种造型的馍馍，尤以带尖的居多）和油炸馍。

制作锅盔时，首先在背篓底部放一层油炸馍，然后在背篓四周排放锅盔，中间放花卷、包子、苹果、大枣、糖果等填满背篓，最后在背篓顶端周围插入木棍，木棍之间放锅盔围着，中间再以猪肋骨、各种包子、糖果、大枣等填满，做好以后将四周木棍用哈达缠绑固定，哈达的尾部要打个如意结垂于左边，木棍的尖头还要再用红枣和糖果做修饰。背篓的背带用白色的羊毛编织，寓意为新人早生贵子、幸福美满。

新娘出嫁时，送亲队伍在舅、父、叔、兄、弟和两位女眷的陪同下启程，这两位女眷要换背锅盔。启程前送亲队伍要携带一个锅盔，与此同时，男方家的男性亲属们和两位女眷也带着一个锅盔，启程去迎接新娘。送亲队伍和迎亲队伍会合时，双方交换锅盔。之后，女方家的两位女眷就要带着男方家的锅盔原路返回，其他人则去男方家参加婚宴。当新娘回门去娘家时，婆家也要准备锅盔，并由两位女眷护送。娘家也会派两位女眷带一个锅盔前去迎接，双方会合后，互换锅盔，之后婆家的两位女眷带着娘家的锅盔原路返回，其他人则回娘家。至此锅盔的交换习俗完成。

若婚礼在新春佳节举办，一般初三是娶亲的日子，初五是回门的日子。那么多位新人同时举办婚礼的概率大大增加，为了避免在送亲途中碰面，都会早早出门，因为村民们认为两位新娘碰面意味着不吉利，一个村庄的新娘们尤其会避免这种情况。如果与其他村庄的新娘出嫁不期而遇，两位新娘就要互相交换戒指才能继续上路，以此举来消除相遇后的不吉利。

随着社会的发展，循化藏区的民众与外界交流增多，结婚对象也不仅限于循化藏区，出现了跨区、跨省、跨国婚姻。因此，上述极具循化藏族农区特色的锅盔交换习俗也早已发生变化。如果结婚对象为异地，当地就不会有这种婚姻习俗，所以如今的锅盔交换习俗也只是送亲或回门单方面的行为。

道帏乡宁巴村藏族神鼓舞

旦正加*

　　藏族很多地方有跳神鼓舞的习俗，循化县道帏藏族乡也不例外，其中宁巴村的神鼓舞享誉省内外，属于国家级、省级非物质文化遗产保护项目。其历史悠久、内涵丰富、形式多样，具有鲜明的地方民族特色。

一

　　神鼓舞，藏语叫作"拉什则"（又写成龙鼓舞或螭鼓舞，笔者认为，叫神鼓舞更符合其内涵）。据老人们说，一二百年前宁巴村有个"噶哇珲波"（千户），是道帏四大噶哇珲波（道帏四大噶哇：胡卓瓦噶哇、宁巴噶哇、德曼噶哇或拉木龙哇囊索噶哇、苏合格噶哇。）之一。其住处就在村边的"噶哇囊"（官府或府邸），每年正月初二在那里开始跳神鼓舞。后来雍增仓活佛（约1881—1958）将其进一步巩固和规范化，使这一传统一直沿袭了下来。宁巴村的神鼓舞可分为两种：一种是传统的"拉什则"，带有浓厚的宗教祭祀色彩；另一种是可以参加各种场合进行表演的"拉什则"，是20世纪80年代末在现代舞蹈专业老师指导下进行改编后的"龙鼓舞"，它带有一定的表演性质，是为了迎合市场需求而逐渐发展起来的神鼓舞，目前大部分人看到的就是这一种。其实，

---

* 旦正加，青海社会科学院副研究员。

藏族传统神鼓舞的起源可以追溯到原始苯教时期，是"拉巴"（巫师）在祭祀神灵时的即兴动作，应为一人击鼓跳跃时的无规则舞步，而后来逐渐演变成为能够多人参与的，内容丰富、形式多样的群体性祭祀舞蹈，或者叫神鼓舞。其服饰、道具、动作、队形、鼓点、节拍、舞步、手势等进一步规范和程式化，形成了具有一定历史文化内涵和统一形式风格的模式。

二

经过几十年的努力，宁巴村藏族神鼓舞在众人的推崇下正走向市场，其队伍不断壮大，影响范围进一步扩大。1978 年召开了党的十一届三中全会，恢复了党的民族宗教政策。次年，在村老人们的努力下宁巴村重新组建了 18 年前的神鼓舞队，由加杨尕藏等 5 位老人担任教练，并筛选合格人员进行排练后在春节期间表演，使宁巴传统神鼓舞重见天日，焕发昔日的风采。1984 年，在道帏乡政府的邀请下，宁巴村藏族神鼓舞队第一次出村参加全乡春节活动，为父老乡亲表演了精彩的传统神鼓舞；同年，应邀参加了循化县人民政府成立 30 周年庆典并表演神鼓舞，受到了全县各族人民的热烈欢迎。1986 年，青海省文化厅派省群艺馆的专业舞蹈老师对宁巴村的神鼓舞进行了为期 1 个月的实地指导，舞者接受正规的训练，并为赴西宁参加春节庆祝活动做好准备。1987 年，宁巴神鼓舞首次正式应邀参加了西宁市元宵节广场表演活动，给省会西宁各族观众留下了非常深刻的印象。之后，宁巴村藏族神鼓舞名声在外，逐渐被外界知晓，受到了众人的关注。1988 年，宁巴神鼓舞队代表青海省赴云南昆明参加全国少数民族民间舞蹈广场会演暨云南省第二届民族文化艺术节，获优秀节目奖。1989 年，在专业人员指导下进行改编的《吉祥的龙鼓舞》参加了北京第二届中国艺术节和国庆四十周年联欢活动，在天安门广场表演，受到了江泽民、杨尚昆、李鹏、万里等国家领导人的接见并合影留念。1992 年，参加北京中国旅游观光年活动，在首都国际贸易中心展览大厅表演。2007 年，宁巴神鼓舞有幸被列入青海第二批省级非物质文化遗产名录。2008 年，被列入第二批国家级非物质文化遗产名录。2010 年 2 月，参加全国非物质文化遗产项目"青海专场·高原奇葩"的展演活动；8 月，参加了省第三届国际唐卡艺术博览会及第七届文化旅游节非物质文化遗产展演活动；9 月，参加上海世博会青海馆文化活动周和陕西韩城举办的"司马迁杯"首届全国锣鼓大赛，并获得优秀表演奖。

上述活动将宁巴村的传统神鼓和民族民间音乐舞蹈艺术逐步带到了全国观众面前，受到了各族人民的热烈欢迎。尤其是把它成功申报为国家级非物质文化遗产项目后，在更大范围内引起了社会各界的关注，相关的文字介绍和摄影资料也开始多了起来。

三

每年农历十二月十五，"卡果巴"（组织者，一般由两人组成，1~2 年改选一次，负责一年一度"拉什则"的组织工作）先汇集全村村民议定本年度参加神鼓舞的人数、年龄，并安排具体训练事宜，即日起开始排练，共 15 天，其间不分昼夜地进行排练，藏语叫作"羌姆吉合"。对被挑选参与神鼓舞的人员有严格的规定，首先必须是男性，而且年龄一般在 18~25 岁之间，人数少则二三十人，多则四五十人，也可以视具体情况而定。据说，以前在这一天要宰一只羊，先祭祀当地山神，剩下的肉煮好后再给所有参加人员平均分配，每人一份，就叫作"夏嘎"。据村民介绍，现在村委会每年拿出 300 元，做一顿萝卜炖肉汤给所有参加神鼓舞的男子们享用。与此同时，还要推举一个技艺娴熟、品行端正的人做"拉珲"，大家都要服从"拉珲"的安排和约定俗成的规矩，不允许缺席或代替。

"从严格意义上讲"，在跳神鼓舞期间，舞者都要"净身"，不许吃肉食和辛辣味食物，也不可饮酒、杀生、偷盗和打架斗殴，保持一身清净。若有违规者自觉退出舞队或不准参加本年度"拉什则"祭神活动。

四

煨桑请神。宁巴村设有上、中、下三个组，从下往上分别于正月初二、初三和初五筹办神鼓舞活动，旨在禳灾驱邪，风调雨顺，保佑村民人寿年丰。2012 年 1 月 27 日（农历正月初五），是上组筹办日。上午 10 点半，舞者们身着藏装，上穿"多格"（专门做给跳神鼓舞者的四瓣披肩，料子多用绸缎，质地较厚，上有花纹），头戴"柔俄"（五佛冠帽），内穿"次领"（藏族长袖衬衣），脚蹬长筒花鞋，来到村西头的"本康"（十万佛殿）处。先煨桑请神，放飞风马，点燃烟花爆竹，吹响海螺，然后舞者们绕"本康"三圈，众人齐呼"拉杰啰！"（愿诸神得胜，国泰民安），并跟随"拉珲"边舞边来到村前一打麦场里。负责煨桑或管理场地的人员都要提前赶到此地，并在打麦场中央折垫好松柏树枝，准备煨桑。全村老少也都先后来到打麦场等候观看。舞者们快到打麦场时有人开始点燃松柏树枝，每家都有人拿着"桑口"（装有糌粑粉的小布袋）去煨桑处，把糌粑粉倒在火上进行煨桑，男子们有的吹海螺，有的燃放烟花爆竹。

拉珲领舞。据老人们说，正月初二那天，按村规习俗跳神鼓舞要从"噶哇囊"开始。首先在"噶哇囊"进行煨桑仪式，并一一向吉祥天母磕头祈愿。神鼓舞者的穿戴也不像现在这样，而是要脚穿"波日绸查"（用牛皮做鞋身，毛毡做鞋筒，并用花氆氇镶边的一种藏靴），脖颈上挂着护身符和彩带。煨桑仪式结束后，由专门的"拉巴"领舞，其过程包括煨桑、请神、附体、领舞、敬神、祝福、送神等。现在没有"拉巴"，因此专门要推举一个经验丰富，熟悉"拉什则"仪式、环节、动作、规矩及习俗的资深者（不限年龄）当"拉珲"。在他的带领下，从"噶哇囊"开始跳"拉什则"，一前一后，边跳边走，最后走到"噶哇玉嘎"（噶哇家族的打麦场）。如今，"噶哇囊"和"噶哇玉嘎"为下组筹办日活动的地点，而正月初三的中组活动地点是在村嘛呢康里煨桑敬神后去文化活动大院进行的。

"拉什则堪"或"拉什则巴"（神鼓舞者）进入活动地点后便绕成一个大圆圈，并

◎神鼓舞表演（旦正加 提供）

听从"拉珲"的鼓点起始信号，众人随之起舞。舞者左手执"拉俄"（神鼓）。它是在一个椭圆形铁制鼓框架上用脱毛后的山羊皮蒙蔽而成的，鼓面上绘有诺布美巴尔（藏传佛教吉祥珍宝图案）、海螺等藏传佛教八宝吉祥图和风马，以及汉族的太极、盘龙等图案，背后都绘有彩色太极图案。"拉珲"的鼓面是由一对盘龙和海宝等其他吉祥图案构成的。鼓柄上套以木把，柄端缀有 3 个大铁环，每一个大铁环中串有一对片形铁环，一共 3 对 6 片铁环，在摇鼓之时会发出嘶嘶的铁环碰击声音。鼓鞭为木制，上套有花氆氇，长约 1.5 尺，下端系有彩条。他们边击边舞，神态庄重，表情严肃，脚步稳重而坚实，时而像大象挪步，时而像牦牛雄起，舞姿变化多样，有前有后，错落有致。他们以雄鹰展翅等各种姿态，按顺时针方向围绕成一个大圆圈，然后做各种动作和队形，包括转圈、交叉、换位、横排、竖排等。舞者以跳、转、蹲为基本动作，半蹲、仰目、俯首、弯腰、抬脚、转身、侧反跳等为衔接动作，有快有慢，动作自如，粗犷洒脱，其表演内容纷繁复杂，热烈粗犷。

在跳神鼓舞的过程中前后段之间稍有时间小憩，之后要看"拉珲"的摇鼓信号又开始接着跳下一个动作。据《道帏藏族社区志》等相关资料记载，宁巴村藏族神鼓舞是多段体例，以前共有 19 段（套）动作，它们分别是单击鼓、双击鼓、三击鼓、右转左转、上击鼓、下击鼓、阿笼（绕环或绕圈）、斗指、五击鼓、阿柔玛（敬地域神之歌）、先双击，后转击、索合玛（谷草，也有方队之意，其队形为二人、四人、六人一组，边转边舞快速通过，好像一小铁球在另一个转动的铁环里靠左侧向右转圈）、三步跳、六击鼓、七击鼓、鲁毒卓瓦（摇响鼓端铁环）、九击鼓、磕头施礼、朱那邱卓（毒蛇行径，其队形就像交叉 S 形）。但是目前流传下来的只有 13 段（套）动作，分别是单击鼓、双击鼓、阿笼、斗指（小指，也叫作期克印）、三击鼓、索合玛、三步跳、五击鼓、阿柔玛、六击鼓、七击鼓、九击鼓、磕头施礼。

表演程序。宁巴村藏族神鼓舞的具体动作表演有以下程序：

入场。舞者左手持鼓，右手拿鞭，按顺序——跟随"拉珲"，边舞边走，从打麦场左边开始入场。动作是先抬起右脚，两手举头，稍偏左侧击一次鼓，同时左脚轻跳一次，然后抬起左脚，身体稍向右前弯腰，在右膝盖处击一次鼓，同时右脚轻跳一次，这样按顺时针方向围绕成一个大圆圈。

煨桑迎接。舞队入场之时，村民们在打麦场中央煨桑，磕头，吹海螺，放风马，燃放烟花爆竹，并高呼"拉杰啰！"

三击一摇。舞者在原地稍息片刻后，看着"拉珲"的摇鼓信号，开始做下一个动作。先两手举头，稍偏左侧连续击三次鼓，接着摇一次鼓，使神鼓下端铁环碰击发出嘶嘶声音，他们走一段就要高呼"拉杰啰！"这样按顺时针方向绕圈一周。

一击一摇。舞者先蹲下，面朝里边，鼓面朝地一击一摇，身体随着向使力的方向摆动。首先从"拉珲"开始，一人接着一人，按鼓点节奏慢慢起来，两腿站直与上身往前弯腰构成90°，直到每人做完为止。这时，村民在中央煨桑，吹海螺。然后鼓点节奏依然不变，便向左侧步步移动绕圈。接着大家慢慢直起身体继续往左侧移动，动作幅度逐渐增大。之后两手举头，鼓面朝天击一次鼓，然后向左侧双跳两次，随着脚步动作神鼓下端发出铁环相互碰击的声音，这样重复做三次后向左转身180°，再蹲下身来一击一摇，便向右侧移动绕圈。后向右转身180°，同样的动作和节奏向左侧移动绕圈。

分组转身。在一击一摇绕圈3次后，又从"拉珲"开始，二人一组向左转身180°，蹲下来一击一摇，并继续向左转身180°，同时抬起左脚一击，放下一摇，便向左侧移动绕圈。接着还有三人一组，四人一组进行转身绕圈。

摇响铁环。舞者左手持鼓停在左胳膊前，右手拿鞭竖立在右胳膊前，鼓面朝前与人平行，每人跟着前一人，一步一步慢慢往前走，每走一步摇一次鼓，就会发出清脆响亮的铁环碰击的声音，按顺时针方向绕圈一周，叫作"鲁毒卓瓦"。

左右转击。先抬起左脚，身体稍向右前弯腰，两手自然在前，摇几下鼓端铁环，表示为准备信号，后左脚着地，同时抬起右脚转身一圈，即360°，身体稍向左前弯腰击一次鼓，同时左脚轻跳一次，紧接着左手举头摇鼓端铁环一次，又轻跳一次。然后右脚着地向相反方向转身一圈，一击一摇，这样反复动作绕圈一周。

转身二击。先左后右，抬脚转身360°后在前下方一击一跳，举头一击一跳，一摇一跳，其动作与左右转击相似。

双跳三步。稍息片刻后，舞者左手持鼓停在左胳膊前，右手拿鞭竖立在右胳膊前，面朝里边，背对观众，鼓面与人平行，在"拉珲"的摇鼓提示下，大家在同一个节点一起做动作，就是两脚同时向左侧跳三步，连续跳两步之后稍有停顿，然后接着跳第三步，这样按顺时针方向绕圈一周。

转身三击。先左后右，抬脚转身360°后在身体前下方一击一跳，胸前方一击一跳，举头一摇，再一击一摇，这样按顺时针方向绕圈一周，其动作与左右转击相似。

双击二人跳。全体舞者边击鼓边往顺时针方向一一跟后。动作是先左转180°双击，后右转180°双击，重复几遍，等鼓点较齐之时，又从"拉珲"开始，前后二人为一组，往里向右侧双击双跳进行移动，步伐较大，速度较快，而后又向右转身180°，便向左侧双击双跳之时，二人形成面对面，再向左转身180°双击双跳时，二人正好背对背，这时第三人开始进入，"拉珲"从第二和第三人之间穿插而过，到外围边沿后动作放慢，但还是以一样的鼓点节奏继续往前领舞走去，直到全部做完为止。

双击四人跳。4人为一组，在圈内构成二对二，鼓点节奏和动作与双击二人跳相同。

双击六人跳。6人为一组，在圈内构成三对三，鼓点节奏和动作与双击二人跳相同。全部做完后，舞者身体向前弯腰约90°，先向左转身180°双击双跳，然后向右转身180°双击双跳，这样反复多遍绕半圈后在原地停止歇息。

转身四击。先左后右，抬脚转身360°后，在身体前下方一击一跳，腹前方一击一跳，胸前方一击一跳，额前方一击一跳，举头一摇，按顺时针方向绕半圈，其动作与左右转击相似。

转身五击。先左后右，抬脚转身360°后在身体前下方一击一跳，腹前方一击一跳，胸前方一击一跳，额前方一击一跳，头顶上方一击一跳，举头一摇，按顺时针方向绕半圈，其动作与左右转击相似。

煨桑。村民来到场地中央进行第二次煨桑，磕头，吹海螺，放风马，燃放烟花爆竹。

三击跳。煨桑仪式还未结束舞者便开始起舞，先面朝里边，背对观众，身体向前弯腰约90°后击三次鼓，同时向左侧双跳三次进行移动，后向左转身180°，身体站直，两手举头，稍偏左侧击3次鼓，同时向右侧双跳3次进行移动绕圈。

唱"阿柔玛歌"。在三击跳过程中，5个好嗓子的人边跳边来到场地中央，围成一个小圆圈，按顺时针方向边舞边唱"阿柔玛歌"，其动作和唱法与藏族安多地区的"则柔歌舞"（藏族则柔歌舞，是一种二人以上围着圆圈边跳边唱的民间歌舞形式，主要流传于今青海、甘肃等安多藏区，尤其是农业区和半农半牧区。它的产生年代可以追溯到公元8世纪前后，甚至更早，并随着安多藏区农牧业生产的发展而不断丰富和发展起来的）较为相似，但也有区别。他们以三击鼓为节奏，三步侧双跳为步伐，转圈为队形，先舞后唱，其歌词大意是：

居于多麦东之东，无畏念钦至尊祭；
居于八座象山上，主守神灵达加祭；
居于林山宫殿中，神山阿尼吉座祭！

此段歌词是根据谭克老人的口述进行整理和翻译的。据《群文天地》主编侃本老师介绍，这是来自宁巴村俄巴祭文中的一段，专门祭祀宁巴村的山神。

唱完后，五人重新归队，举着手鼓继续跟着舞队跳下去。

三击转身。唱完"阿柔玛歌",五人重新归队绕半圈后,"拉珲"从左向右转身,这时他把身体向前弯腰,击三次鼓,额前方三击,胸前方三击,前下方三击,而且最后三击动作较快,鼓声急促,提醒大家即将要转身敲击。随后,舞者先抬起右脚向左转身360°,同时在前下方一击,胸前方一击,头顶左侧方一击,然后右脚落地,接着向左侧三击双跳 3 次,又向左转身一圈,这样反复动作绕圈一周。

摇响铁环绕圈一周。

单击跳。左手持鼓,右手拿鞭,两手放在额前,鼓面朝前,鼓的背面对着自己,鼓鞭从前右侧向后击鼓。动作先抬起左脚击一次鼓放下,后抬起右脚击一次鼓放下,同时身体向击鼓的方向微微转动,这样反复做几次后,鼓声隆隆,"拉珲"就开始领下一个动作。他边击鼓边往里跳三大步,然后向左转身180°,又向外反方向跳出三大步。这时正好与第二人往里跳入形成面对面交叉,之后再从第三、第四……一直到最后一人的前面交叉通过,所有舞者跟随其后一一转身向左绕圈,每个人从自己后面所有人的前面交叉通过,这就像一条大蛇向右爬行过程中,蛇头突然转为反方向,而且从自己的身体上迂曲地通过。最后,"拉珲"领着大家按顺序每人往前跳三大步后左转身180°,再向外跳出三大步,使队形转变成后方向并形成向右绕圈之式。但是这一次不会交叉通过,就跟着"拉珲"后面一一击鼓走下去,他们所经过的路线为 S 形,叫作"朱那邱卓"。

六击跳。先抬右脚,同时两手举头一击一跳,后抬左脚,同时两手举头一击一跳,这样左三次和右三次共六步,前三步往前走,后两步往后挪小步,最后一步抬起左脚,身体往里偏右侧弯腰约90°,一击一跳后左脚往前跨大步着地时迅速抬起右脚,并在头顶上方击一次鼓,便开始了下一个六击跳动作,这样反复做三次后身体则向前弯腰约90°,左一击右一击地跟着"拉珲"后面按顺时针方向绕半圈。

摇响铁环绕圈一周。

转身七击。身体向前弯腰约90°,先抬起右脚慢慢向左转身270°,与此同时左手

◎神鼓舞表演（旦正加 提供）

将神鼓从下举到头顶，然后往下到左膝盖处时开始边跳边击鼓三次进行转身，每一次击鼓约向左转30°，最后转到360°时，每二人面对面，并慢慢往上击4次鼓，分别从前下方、腹前、胸前和额前四个方位上击一次鼓，最后举头摇响鼓端铁环一次，然后抬起左脚向右转身一圈，鼓点和动作与左转身相同，这样反复动作按顺时针方向绕半圈。

三击跳。舞者左手持鼓，右手拿鞭，面朝里边，先向左侧双跳三步，做两次，后抬起右脚向左转身360°，同时在前下方、腹前和额前各击一次鼓，在每一次击鼓时都要用单脚往上轻跳一次，完整动作反复3次后身体则往里弯腰约90°，便向左侧双跳3步，而且在最后一步双跳落脚瞬间甩开左脚，这样按顺时针方向绕半圈。

此后，大家边跳边来到场地中央，以浓烟滚滚的"桑烟"为中心点把整个舞队分成左右两排形成面对面。在原地稍息片刻后开始做下一个队形，左右两排同时向前做3次三击双跳，此时彼此距离很近，要停下来击3次鼓，然后又向后做3次三击双跳并停下来击三次鼓，这样向前向后各做3次。然后要进行交叉通过，左右两排向前做3次三击双跳后合为一排，击三次鼓，后继续向前做3次三击双跳并停下来击3次，又往后走，这样整个动作要重复3遍。

磕头施礼。跳神鼓舞快接近尾声时，以三击跳为节奏来到场地南侧，面对当地山神阿尼吉座排成3行，大家两手举头做3次三击，后一次明显比前一次节奏要快，声音洪亮，这样反复做3次，而且每一次都要向山神磕头，以示感谢。

神鼓舞结束后暂不离现场，舞者们在原地站着，这时筹办方给每人发饮料解渴，一负责人宣读此次活动中村民的捐款献物情况，有捐 10 元、20 元、50 元不等，献礼包括白酒、苹果等，并一一击鼓答谢后就跟着"拉珲"边舞边退场，然后大家去东家用餐。按村里的习俗，各组筹办日当天，筹办方要安排午饭，等神鼓舞结束后要请大家吃"洛萨尔"（新年宴会），过去吃完饭后在一起喝酒、唱歌，谈天逗笑。如今，由于多方面的原因，这一习俗逐渐发生着变化，年轻人大多会不约而同地到篮球场打篮球，只有那些老人们坐下来喝茶、聊天。

据村民介绍，春节期间，除初二、初三和初五三天祭祀表演之外，若有过八十大寿和结婚等喜庆之事被邀请神鼓舞队时，舞者们必须要到那家去祝寿和祝福，但平时不去其他村子表演。如果要外出参加活动，每次必须通过三位主管人员协商同意后方能提取神鼓、服饰等道具。这三位主管人员分别是每届村民选举出来的村委会支书、村长和村民代表多杰才让。他们三人每位保管一把钥匙，其中多杰才让相当于常务代表。他是一个非常热爱民族歌舞的人，也是宁巴神鼓舞恢复之后第一次参加神鼓舞队的人之一，有着多年领舞经验。因此，宁巴村推举他负责本村的各项艺术类活动，尤其是神鼓舞的组织和外出活动等。神鼓舞的所有道具包括神鼓、服饰的借出、收回和整理、保管工作都由他来担当并通过他来完成〔神鼓舞的服装、道具以往是舞者自家保管。因为藏服和神鼓大部分是由自己定做的，所以没有统一管理的习俗。从 2011 年由循化县文化局赠制50 套神鼓舞表演服装和神鼓等道具后，为了方便管理和神鼓舞表演能够持续下去，县文化局建议，村委会和村民代表（大部分为村寨老人）商讨后决定由村委会统一管理，并推举多杰才让专门负责服装道具的保管和借用等工作〕。

每次活动结束后，表演服装和道具要一一归还给多杰才让保管。他先要点清、整理后入铁皮箱子里上锁，并放在文化大院文体器材室里，待有活动时才能拿出来借用。

道帏上部三村的夏尔群鼓舞

阿顿·华多太

贺隆堡、比隆和贺庄三村，在道帏地区传统的区划中被称为"多巴喀桑（上部三村）"。相传，这三个村庄是一个家族的三兄弟分家形成的。至今还有犹如"一牛之皮一父之子"的口传说法。在这三村之中，贺庄村因为是一代名僧格西·喜饶嘉措

◎夏尔群鼓舞（华多太 提供）

大师的诞生地而广为人知。因为这种特殊的血缘关系和历史渊源，相较于道帏地区的其他村庄，这三个村在文化传统和风俗习惯方面，具有一定的共同属性。主要表现在节庆、歌舞和语言方面，其中最为典型的是这三村共同传承下来的独树一帜的一种舞蹈艺术——夏尔群鼓舞。这种舞蹈艺术集舞蹈、打鼓和歌唱为一体，具有较高的艺术价值和传承价

值，因此于 2014 年 6 月被列入青海省第四批省级非物质文化遗产保护名录。

夏尔群鼓舞是本地区该三村所独有的民间舞蹈，据说是一位叫霍尔阿旺南杰的先民从四川一个称为"巴"的地方带到此地，距今有近 700 年的历史。夏尔群鼓舞的舞者均为青壮年男子，在当地语言里称"夏尔哇"（藏语意为东方人，史书称蕃弭药），而多人合众的舞蹈形式谓之"群"，因而"夏尔群"的意思是夏尔哇合众舞。类似的舞蹈形式在甘肃陇南县和卓尼县境内汉藏民间均有传承。

道帏上部三村的这种舞蹈艺术，在世代相传过程中融合了当地的诸多民俗文化元素。手鼓，作为夏尔群鼓舞必不可少的道具，在制作方面具有鲜明的地方特色。手鼓鼓皮一般是由自然死亡的羊皮制成，若是能由自然死亡的鹿皮制成堪称最佳。鼓面方圆一尺半左右，绘有"诺布嘎琦（喜蜷之宝）"图案，呈圆形，有鼓腔，厚四五厘米，鼓囊左右两侧拴有两条牛皮鼓槌，从鼓腔中央垂直竖有一个把柄，形似中原地区的拨浪鼓。表演的时候舞者右手持鼓，用劲向左右摇晃，甩皮槌敲击鼓面发声。群舞的时候，众人齐打手鼓，洪亮的鼓声响彻山谷，宛如撞钟一般，场面极为壮观。

依照三村传统村规，男孩岁至 15，就有义务成为夏尔群鼓舞的舞者。舞者身着氆氇长袍，项垂护身符，两条彩色缎带交叉披挂于双肩，缎带上拴数条哈达，脚蹬长靴。开始起舞的时候，"夏珲"（领舞者）一马当先，在前领舞，其余人依次跟随其后。所有舞者右手持鼓举上，左手攮袖上举（据说古时候左手持铜铃），排成一列，一边做相应的肢体动作，一边甩打手鼓，击鼓的节奏必须和"夏珲"的击鼓时间相一致。表演队每完成一个动作的表演，"夏珲"通过一个转折动作，依次将队伍转换到下一个舞蹈动作。整个舞蹈动作缓慢而舒展，鼓声古朴而粗犷，富有浓郁的原生态风格。据老人们讲，传统的夏尔群鼓舞的舞蹈动作有 21 种之多，目前传承下来的只有 15 种，这些尚有名目的舞蹈动作分别是：起步左右奏、转身前后奏、行走左右奏、叩首中央奏、展臂向右奏、鸡步左右奏、仰身头顶奏、躬身脚尖奏、英姿旋转奏、蹲行左右奏、转折跳蹲奏、双人蹲跳奏、四人蹲跳奏、穿插左右奏、威仪叉腰奏作。

夏尔群鼓舞在舞蹈到过半的时候，有一个合唱仪式，此时大伙儿以圆圈形式向顺时针方向顿步蹈转，时先指定好的两位舞者一边跳舞，一边向中央靠拢。至正中央，大伙儿便停下舞步，甩响手鼓三下。两位舞者立于地，双双举起手鼓，遮侧脸，面面相觑，唱道：

> 我夏尔哇来自东方，如旭日一般蒸蒸来，
>
> 我夏尔哇来自卫地，带着卫佛的祝福来，
>
> 我夏尔哇来自集市，如同龄一般结伴来；
>
> 天空是为八辐宝轮，具足八辐带来吉祥，
>
> 大地是为八瓣莲花，具足八瓣带来吉祥，
>
> 家园是为四梁八柱，具足八柱带来吉祥。

每唱完一段，大伙儿甩鼓三下，高呼"扎西德勒彭森措巴肖"。

在一年当中，夏尔群鼓舞的表演活动总共会进行三次。第一次是在阴历十二月十五，也就是"藏历山头煨桑日"。当天刚蒙蒙亮，小伙子们带上事先准备好的"隆达"和煨桑用的各种物品，结伴步行到村后深沟的一个据说是祖传的煨桑山冈之上。大伙儿陆续集中到山冈之后，煨上桑烟，插上经幡，高呼着"拉嘉洛"把"隆达"抛向高高的天空。满天翻跹的"隆达"像晨光中飞翔的白鸽。毕后，人们会聚到山坳的草滩上，席地而坐。按照规矩，初次参加的人需要提供一块鼻圈馍馍，未婚男子需要提供一瓶酒。大伙儿围成圆圈，把所有食物摆到中央，喝奶茶、吃干粮、喝酒、唱歌嬉戏。待到太阳快要升起，大伙儿徒步返回至离村不远的一个地方，年长者派几个小伙子到村里取手鼓和服装。在村里，拥有手鼓的家庭几天之前将一年未使用的手鼓晒在太阳下，晒去上面的潮气，使其保持最佳的发音状态。几个小伙子七手八脚把手鼓带到既定的地方之后，年长者先是在现场煨桑，15 岁以上的男子整装以待。由一位经验丰富的老者

带领，围着煨起的火堆，顺便将自己的手鼓在桑烟里熏一熏，然后由老者带领开始起跳，边甩手鼓、边迈舞步，浩浩荡荡列队向村口舞蹈而行。

村口有老人们端着青稞酒，手捧哈达，说唱吉祥祝词，迎候缓缓而来的舞者。领舞者等饮了敬酒，接过哈达，行过简单的仪式后，继续舞蹈前行至村中的嘛呢康（村中庙院）。此时全村村民都集中到了嘛呢康。大家先忙着参加煨桑仪式，往煨桑台上添加各自带来的柏树枝和青稞炒面。自然以年龄大小围坐在嘛呢康的庭院，观看夏尔群鼓舞正式表演。表演结束之后，年长的老人们根据舞蹈情况，从临时组建的舞蹈队中挑选一位善舞者，推举为"夏珲"（夏尔群鼓舞的领舞者），并确定本年度夏尔群鼓舞队的人选。从第二天开始，这支舞蹈队在一位舞蹈高手的指导下，进行为期10天的演练，直到阴历十二月二十五结束。

第二次演出，在大年初二举行。当天参加表演的队员身着盛装，手持手鼓，首先到嘛呢康参加煨桑仪式。然后从嘛呢康开始起跳，径直跳到村中央的广场。此时村中所有男女老少都集中在广场上，年长者被安排在广场正北位置，其余人从左右围成一个圈，观看舞蹈队的表演，每个人的脸上都洋溢着喜庆的笑容。表演结束之后，按照传统规矩，新娘入门的家庭、新生儿女家庭和独立门户的家庭特邀舞蹈队到自家庭院进行表演。此时领队老者随夏尔群舞队来到这些人家进行念祷祝词，祈求来年早得贵子、幸福安康、财富兴旺等。这些人家在庭院中央放置一张木桌，木桌上摆一些油炸馍馍、一两斤肉和50元或100元纸钞。夏尔群舞队从大门外开始起舞，舞步到庭院之后，就以木桌为中心围圈进行表演。家庭主人还给前来围观的孩子抛撒一些糖果，让他们徒手争抢，场面热闹。表演结束之后，该家人将木桌上的物品馈赠给夏尔群舞队，以表酬谢。

第三次演出是在正月十五。先是全村的人聚到村口的山梁上举行拉则仪式，当天黎明时分，每户人家都把事先准备好的拴满彩色羊毛的柳树枝带到村口的山梁上。在山梁上筑有一堵宽约2米、长约10米、高2米的拉则墙。举行仪式的时候，人们将所有柳树枝插到拉则石墙上的凹槽里，加一些石块进行加固，然后用"穆绳"（天绳，用羊毛制成）从外围拴起来。当五彩斑斓的柳树枝插在上面，厚重的石墙上仿佛开满了绚烂的鲜花，展现着某种魔幻的色彩。此后，大伙儿开始煨桑、吹海螺、抛撒风马、放鞭炮、高喊"拉嘉罗"，仪式在"混乱有序"中达到高潮，仿佛一场盛大的庆功会。仪式结束之后，大家都回聚到嘛呢康，盛装的夏尔群舞队开始在嘛呢康正式演出，庄重而祥和的鼓声让熙熙攘攘的村民顿时安静下来，注目观看一年当中的最后一次表演。演出结束之后，家庭主妇们各自回家烹制好一锅饭，然后捧锅端碗来到嘛呢康，供全村所有的人聚众用餐。一时各种各样不同口味的饭菜摆在所有人的面前，人们端着各自的碗游走在人群里，看谁家的饭菜可口就选择吃谁家的，家庭主妇们则为自家的饭最早被用完而感到自豪。吃饱喝足之后，大伙儿又围坐一圈，年长者在屋檐下饮酒寒暄，年轻男女们则为大家表演舞蹈、歌曲等节目，热闹非凡的场面在酒醉的诙谐调侃中达到高潮。这场活动的结束标志着一个年轮的正式结束。第二天大家又步入新一年的历程，务农的务农，上学的上学，做生意的做生意，继续为各自来年的打算忙活奔波。

在道帏上部三村村民们的眼里，夏尔群鼓舞不仅是一种供大家观赏的视觉盛宴，也是一个事关全村一周年运势好转的祭神仪式。其意义在于用娱乐地方神灵的方式，祈求人间无祸无灾、风调雨顺、人畜兴旺、五谷丰登、国泰民安！

我所知道的藏族民歌"扎西勒"

索南东智[*]

藏族民歌是广大农牧民群众喜闻乐见的一种歌唱形式。无论是逢年过节，还是收获喜庆，无论是家中休息，还是田间劳动，都离不开民歌的伴随。

藏族民歌按其结构和表达形式，可分为"勒"和"谐"两大类，其中"勒"（民歌，也有人称作"酒曲"）又分为牧歌、农歌、赞颂歌、婚礼歌、敬酒歌、扎西勒（吉祥歌）等；"谐"（情歌）脱胎于山歌，在循化当地人称"拉伊"者居多，主要是年轻男女之间倾吐灼热的爱慕之情，内容多涉及爱情也涉及其它生活的方方面面，完整的对歌设有一定的程序，如引歌、问候歌、相恋歌、相爱歌、相思歌、相违歌、相离歌和尾歌等。

循化藏族聚居区是民间文化的富矿区，这里既有以唱为主的各种民歌类节目，也有以说为主

◎非遗传承者才仁东知 （索南东智 提供）

---

* 索南东智，西北民族大学美术学院教师。

的各种民间口述类节目。其中"扎西勒"是流行于循化县藏族百姓中的主要民歌形式之一，承载着藏族人民悲欢离合的思想情感，反映着丰富多彩的生活习俗，赞美着生存生活的自然环境，传授着历史文化传统和人文精神。

循化县藏族民歌具有悠久的历史和肥沃的文化土壤，它是劳动人民为满足生活需要和审美要求，自己传承与创作、演唱并使用、欣赏的，也是循化藏族的祖先们世世代代相传的文化瑰宝，体现着人们生存的勇气和对美的渴望，它能记载和传承当地劳动人民在各个历史阶段的不同生活方式。表达了劳动人民祈求美好、幸福生活的愿望和思想感情。

"扎西勒"的曲调唱法是在循化当地的民歌传承人长期以来经过艺术实践升华成的。我们通过调查和传承发展情况，以文都乡牙训村为中心的民歌传承人才仁东知从他祖辈开始算起，"扎西勒"民歌的传承距今有400多年的传承史。才仁东知是从他爷爷周加克和母亲李毛吉的教导下，传承了"扎西勒"民歌的曲调和唱法。

"扎西勒"民歌的特点是唱腔雄浑高亢，音调悠长，音域宽广，节奏自由。歌词内容多以赞美山川河流、和美家园、幸福生活为主，适合在大型场合演唱。如今逢年过节、婚庆、祝寿等喜庆之日主要演唱"扎西勒"民歌。

"扎西勒"民歌曲调唱法与演练，不仅营造了良好的社会气氛，还充实了老百姓的业余民歌实践活动，深受广大群众的喜欢。2018年1月15日，藏族民歌"扎西勒"批准列入第五批省级非物质文化遗产名录。

"扎西勒"民歌的传承人叫才仁东知，1953年出生于文都乡牙训村，他自幼酷爱民歌演唱，少年时在父母的教导下，学会了不少的藏族民歌唱法。其父亲仁青加，是一位全能民间艺人，母亲李毛吉又是村里有名的"扎西勒"民歌好手，他自幼随父母学习了藏族民歌及"扎西勒"演唱技巧，后来随着时间的磨合形成了自己独特的演唱风格。他演唱功底深厚，声音清脆而明亮，曲调高亢而悠扬，在循化地区颇有影响。他不但会唱"扎西勒"民歌，而且还会运用其他唱腔演唱民歌和舞歌，被称呼为"民歌老人"。

◎才仁东知表演非遗项目 （索南东智 提供）　　◎藏族民歌"扎西勒"传承人合影 （索南东智 提供）

　　1978年，他参加了青海省乐都区举办的藏族民歌文艺晚会。1980年10月7日，参加了青海省文化厅组织举办的省内藏族民歌传承培训班。1983年9月，参加了循化县宣传部组织举办的迎接十世班禅大师副委员长文艺晚会，并被誉为"班禅歌手"受到表彰。2001年9月21日，参加了青海藏语广播电视台和循化县宣传部举办的藏历新年文艺晚会。2017年5月，参加了青海省藏语广播电视台《雪域足迹》栏目。2019年7月，参加了青海《安多卫视》民俗栏目，讲解循化藏族民歌"扎西勒"的传承故事。2020年11月，参加了青海省文化厅组织的全省第四批省级非遗代表性传承人培训班。2022年1月，参加了青海省文化厅组织的全省第二期省级非遗代表性培训班。

　　才仁东知在授艺方面，主要以现场演示、实践为主。尝试让学生用自主、合作、探究的学习方式进行学习，以"扎西勒"民歌审美体验为核心，以培养智力因素（曲调、歌词、节奏等）与非智力因素（兴趣、情感、性格、意志等）相结合为原则，以发展学生的创造思维为重点，激发学生的兴趣，注重学生对"扎西勒"民歌的感受能力，培养传承人形成良好的人文素养，为传承学生终身喜爱民歌，学习"扎西勒"民歌，享受藏族民歌奠定良好基础。其次，利用各重大节日、学校放假、农闲等，外出务工人员、学生回乡之际，全力开展非物质文化扎西勒传承工作。

尕楞秀日村的虎狮舞

鲁　毛

循化县尕楞藏族乡秀日村一直流传着一种古老的傩舞——"达桑"。在藏语中，"达"即老虎，狮子叫"桑"，"达桑"即虎狮舞。虎狮舞是藏族同胞过春节时祈求平安，自娱自乐的一种民间文化活动。

在国内其他地区，狮子舞基本成为北、南两方风格迥异的两种"狮舞"形式。有些形态可掬、温文尔雅，表演戏球、踩踏板，

◎虎狮舞表演（鲁毛 提供）

以与人亲昵似猫的"文狮"为主；有些矫健凶猛、虎视眈眈，以高难杂技性表演的"武狮"为主。而老虎舞比较单一，基本上是表演老虎出游、觅食、睡觉、与人打斗等动作。无论是狮子舞还是老虎舞，都成为人们避邪免灾、吉祥纳福不可或缺的形式之一。而狮舞和虎舞往往各走各的路，一般要狮子的地区不会再有老虎舞出现，有老虎舞的地区也不会要狮子，狮子与老虎少有同台出现的。

而循化县尕楞藏族乡秀日村在表演"达桑"时，老虎与狮子却同台登场舞动，不仅互相配合默契，而且各自带着幼崽竞技，这样的场面在国内是非常罕见的。

在藏族众多史料中，有各种虎狮舞表演的零星记载，据《五部遗教》记载，公元

8世纪末，西藏第一座佛教寺院桑耶寺落成典礼上就有虎狮舞表演。《桑耶寺志》记载，公元762年，赤松德赞亲自为寺院奠基，历时12年建造，到775年终告落成。桑耶寺在建筑过程中遇到了很多阻力，按当时的说法是世间妖魔鬼怪在作祟，所以在落成典礼上特意安排老虎和狮子等猛兽来撑场面，目的就是镇住世间凶神恶煞。其后《西藏王统记》等也有相应的虎狮舞记载。

尕楞乡秀日村的虎狮舞与上面提到的虎狮舞之间到底有什么关联，限于资料无法给出肯定的解答，但至少说明在青藏高原东部边沿地区也有虎狮舞的存在。

秀日村的虎狮舞有一定的历史。据村里八十几岁的老人们回忆，他们小时候经常看虎狮舞表演，他们的祖辈也提起过小时候参与虎狮舞表演的经历。到了1958—1982年，由于种种原因，虎狮舞表演几乎停止了，1982年再次恢复后，一直持续到现在。

虎狮舞表演是在春节和阴历六月进行，这两个季节的农区，人员比较密集，又比较闲暇，是表演的好时节。据老人们说，过去表演场次不受限制，夏天的演出规模及场次比春节期间要大，如今基本上形成规制，在春节初五和初六，阴历六月十八日至十九举行，总共4天。表演当天，来自秀日村及四周村落的村民们身穿民族服装，兴高采烈地观看虎狮舞表演，这些村落是虎狮舞文化的辐射区，对虎狮舞文化有着浓厚的感情。

一到虎狮舞表演时间，秀日村男女老少集体出来在表演场地祭祀山神、煨桑、放鞭炮、吹海螺、击鼓，全村老少聚在一起欢呼雀跃，制造活跃的气氛。他们首先给狮子和老虎敬酒，进而拉开虎狮舞表演的序幕。

虎狮舞中的主要角色为老虎和幼虎、狮子和幼狮4个。这4个角色由4名身体敏捷性很好的演员来表演，他们头戴狮子头盔，上身反穿豹皮藏袍，下身穿山羊皮短裤；4名舞狮人头戴草帽，脚穿草鞋。引导老虎的舞虎人肩扛一杆猎枪，枪杆上吊着一只乌鸦的干尸，以示此地天空鸟儿不得飞翔；而引导狮子的舞狮人肩上扛着一副弓箭，弓箭顶端吊着一只小熊的干尸，以示此地野兽不得出没。在整个表演中以狮子的威猛和老虎的矫健动作来烘托民间舞蹈的祭祀氛围。

◎虎狮舞表演（鲁毛 提供）

虎狮舞的表演共分四场：

第一幕开场白，去姜域（指云南丽江大理一带），舞狮人登场，慢悠悠地说："今天观众多啊！场面热闹哦，现在马上表演虎狮舞，请观众观看节目。"

第二幕，舞虎人引逗"阿杂热"出场，说要去迎接雪山上的狮子。同时将手中的棍棒当作坐骑，表现出难以驾驭的姿态，让人捧腹大笑，幽默诙谐。据称，狮子郎手持棍棒神力无穷，非同凡响，只有那个棍棒才能调驯森林猛虎、雪山狮子，其余任何力量都难以降服它们。

第三幕，舞狮人、"阿杂热"、猛虎、狮子依次登场，猛虎、狮子绕场地转三圈，跳起来走一圈，再相互打斗。猛虎、雄狮表演翻腾、扑跌、跳跃、蹿高等技巧，并有走梅花桩、窜桌子、踩滚球等高难度动作。

第四幕，猛虎、雄狮连跳一次，三连跳两次（连跳即两步两步地跳两次，三连跳即三步三步地跳两次）。然后，猛虎、雄狮卧在地上不动弹，其意为众生不安定，大地跟着不稳定，现在猛虎、雄狮趴在地上就是为了镇定大地，只有猛虎、雄狮卧下才能稳住大地。舞狮人、"阿杂热"趁狮子卧下的时候挤奶子。

最后皆大欢喜，虎狮舞结束，人们席地而坐边吃边喝，民间歌手开始民歌表演，小孩们窜来窜去，大家尽情享受节日的气氛。

虎狮舞表演的基本内容及场景就是上述的这四幕，看似较短，但表演起来费时、费力，没有强健的身体做保证，就无法担当演员的角色，虎和狮都是猛兽，想要扮演好实属不易。当地人表演虎狮舞的初衷是，守一方净土保一方平安，祈盼五谷丰登、六畜兴旺、国泰民安。

关于虎狮舞的传承，秀日村的普毛当周功不可没。普毛当周现年 64 岁，自幼能歌善舞，喜欢民间传统文化，年轻时参加过尕楞藏族乡秀日村文艺宣传队。1972 年曾参演过如《智取威虎山》《红灯记》等多部样板戏。后来，乡上的文艺宣传队解散，普毛当周又从艺于李加东智老人，学习了在民间流传的虎狮舞。他善于观察动物的动作，在李加东智、多杰等人的言传身教下，边学边练，继承传统的同时，形成了一套独具尕楞地方特色的虎狮舞。

1984—1985 年春节期间，普毛当周曾组织表演队在秀日村为乡亲们演出，轰动一时。在循化县文化馆的大力支持下，虎狮舞列入了省级非遗保护名录。接着他自制了两套虎狮舞道具和猎枪、弓箭等佩饰，有效地激活了传统民间文化的活力。

秀日村地处边缘，经济不发达，交通滞后，但在普毛当周的执着坚守下，虎狮舞仪式却得以比较完整地保留下来。一个弥足珍贵的濒临灭绝、亟待保护和研究的非物质文化遗产项目得到了薪火相传。

道帏乡六月插箭节见闻

扎西卓玛

插箭仪式

道帏地区一年一度的插箭仪式是当地特色民俗活动之一。插箭仪式是藏族民间山神信仰的体现，除了藏传佛教信徒都崇拜的沃德巩甲、冈仁波钦、念青唐古拉、阿尼玛卿、年保玉则、雅拉香波等著名神山外，道帏藏族乡民崇拜的山神具有其地方性特征。道帏藏族乡民集体崇拜的是东日、达力加和贡依三大山神，各村也有自己区域内祭祀供养的山神。藏民族认为居住地的主峰都有神灵居于其上，这些神灵可以保佑一方居民，如若将其得罪，使之不高兴，则会降灾难于此地。由于山神扮演着卫士的角色，主要祭品就是利镞锐箭，象征山神的英明和神力，人们定期举行隆重的祭祀仪式，悦神娱人，插箭就是祭祀方式之一。

道帏藏族插箭仪式就是祭祀道帏三大山神（东日、达力加、贡依）。听乡民说："以前道帏内部各村之间斗争不断，常有人因此而丧命。为了阻止这一现象，乡民们便请活佛算卦。活佛指示：道帏的这三大山神都是从别的地方迁移而来，所以三座山神均背向道帏而立，这是山神不团结的象征，从而也导致了道帏内部各村之间的不团结，所以要举行插箭仪式祭祀三大山神，这样道帏内部就会团结。"由此便发起23个藏族村庄和1个汉族村庄集体祭祀的较大规模的插箭仪式。祭祀点位于道帏乡政府北侧，虎头山麓、古雷寺以北专设的插箭台。插入插箭台中的箭可分为寺院和各村集体制作的大箭和以家庭为单位制作的小箭，而在插箭仪式中焦点都集中于大箭，因为各村竞争的就是大箭之大与华丽。

插箭仪式中竞争的祭品

各村对集体山神的供献与膜拜，形成了一个由仪式和呈献组成的错综复杂的网络，竞争贯穿于仪式中。

祭品首先是烟祭，也被称为"煨桑"，是插箭仪式的开场。竞争点在供于烟祭物品的全面精致和绸缎、氆氇的数量。僧人们在插箭台左边临时搭建的棚子里手持法器，念诵经文。法事完毕后，男人们齐聚在插箭台下方的大煨桑台周围，将预先准备好的祭品倾倒在煨桑台上焚烧供奉神灵；最底层是一捆捆的干树枝，其上铺有松柏枝，然后将以小袋为单位的酥油、糌粑、青稞、白糖、黑糖、大枣、核桃、苹果等撒在松柏枝上，还有一罐罐的牛奶和酸奶及一包包砖茶，都是乡民日常生活中的上等食物，如3种奶制品（酥油、牛奶、酸奶）、3种糖（白糖、黑糖、藏糖）在藏文化中属圣洁的食物，每每举行祭神仪式时都是必不可少的祭品，而荤腥的食物是不允许作为插箭仪式煨桑时的祭品的。用火点燃这些祭品之后，男性乡民们在一片欢呼声中，向天空抛撒风马，风马是印有驮宝神马的五彩方形小纸片，每当祭山神时，向天空抛撒风马是一项不可少的重要内容，即向山神奉献坐骑宝马。颂词翻译成汉语就是"祈愿福气、权力、时运的降临！"所以藏族乡民认为通过献祭，会让神灵还予福利、权力和时运，并让自己的地位得以晋升，从而赢得胜利。顿时，天上、地下飘动着一片白茫茫的风马，犹如满天的雪花，祈求福运吉祥。随着祭烟的腾空和风马的飞舞，人们一遍遍地默诵着先辈传下的祈文祷词，纷纷向山神磕头，按顺时针方向绕煨桑台转圈，这一切如同人神之间沟通的信号，把信徒的虔诚和人们对美好生活的祝愿捎给山神。

其次，插箭仪式的主要祭品当属箭，竞争点在于箭的长度、箭板图案的精美程度、箭板上所挂绸缎的数量与质量。插箭前，由各村村长组成的评选组会从23个村庄制作的箭中选出3支最大、最出众的箭，它们分别代表拉科活佛、佛学泰斗喜饶嘉措大师、拉卜楞寺贡唐仓大师敬献给山神。拉科活佛和贡唐仓大师属拉卜楞寺，道帏与夏河拉卜楞同属于一个文化区，再加上拉卜楞寺在安多的崇高声誉和显赫地位，乡民们也因此而信奉拉卜楞寺的高僧大德；喜饶嘉措大师是从道帏走出的中国佛教界一位卓越的领导人、一位伟大的爱国主义者，

◎插箭仪式（扎喜卓玛 提供）

也是一位杰出的学者，为维护祖国统一、加强民族团结和保护发展藏文化事业贡献了毕生的精力，因此得到道帏乡民的尊崇。

所以，在插箭仪式的准备工作中，各村在箭的制作上所花费的人力、物力都是比较大的，都想制作出华丽的第一箭。而背后的财富贡献通常由整村承担，有时也会由村中的一位有钱人承担，靠着把财富给予出去，获得声望，从而让整个村得到荣耀。集财富与人们精力于一身的箭成为最有价值的祭品，不仅成为人的替代品，而且成了神圣之物，因为它已经成为乡民们荣誉的象征，荣誉的获得也就能表明乡民与神、与高僧大德间的特殊关系。

整场祭祀仪式是以男性为主，女性则被作为仪式的一个单独阶层明确地划分出来，之所以这样一方面是因为在日常生活中，男女分工各有侧重，男性较为强壮，所以像

制箭、运箭、抬箭等力气活都是由男性乡民完成；另一方面是因为男主外，女主内的传统性别观念，认为男性应该承担起家庭和社会责任，女性则只需做好家务，照顾好老人和小孩，体现在插箭仪式中就是男性乡民忙碌于仪式的整个过程，女性乡民在山脚下观望祈祷，见证最终赢家的诞生；再者，女性通常被视为不洁净排除在大多数宗教活动之外，就算是接受也是安排在靠边的位置，所以藏传佛教也不例外，有时也会有关于女性的禁忌。

箭是整个仪式中主要的象征性祭品，选用树干笔直而又光滑的松树当作箭杆，然后把木头制成的箭板安装在箭杆顶端四周。箭板上绘有梯形含日月的云纹，涂有代表金、木、水、火、土五行颜色，黄色代表地，白色代表水，红色代表火，绿色代表风，蓝色代表天空。箭板上所绘的图案主要有两种形态，一种是以藏族原始宗教——苯教中万物有灵观念下的产物：虎、狮、龙、金翅鸟为主要图案，"这四种超自然动物分别代表藏区四方的土地神，金翅鸟表明藏地西方有一片红色岩石区域。龙代表绿草茵茵的地方、草场和溪流，其中一条河蜿蜒流向南方。黄色老虎表示光明之地的一块彼地或岩体向东方攀升。白色雪狮代表位于北方的雪山"。另一种是以藏传佛教观念下的产物：吉祥八宝即宝伞（象征荣誉和尊崇）、金鱼（代表幸福和自主）、宝瓶（财神的象征）、莲花（表示纯净和断灭）、右旋白海螺（象征佛语）、吉祥结（代表佛陀无限的智慧和慈悲）、胜利幢（佛陀战胜四魔之胜利的象征）、经法轮（象征教法传播四方）为主要的图案，两组图案有时交替使用；有时会在一个箭杆上放两组箭板，每组3块箭板，一个上面绘虎、狮、龙、金翅鸟的图案，一个上面绘吉祥八宝图案。箭杆上的箭板被制箭师傅固定之后，就要在上面挂以蓝、白、黄、红、绿为主要颜色的绸缎，挂的位置一般是从箭杆顶端到中部，绸缎的数量一般有3~8条。在箭杆的顶部还绑有一些少量的松柏枝。由于参加插箭仪式的每个村制箭过程都非常复杂而且繁重，所以需要全村男性通力合作才能完成。以竞争为目的制成的箭一个比一个大，所以就需要十几位男青年扛至祭祀点，更大的则需要卡车运送。在我参加的插箭节中，获得第一的箭长32米，箭板上的图案是由当地著名的唐卡大师绘制，箭板所挂绸缎最多，并且都为上等质地，这是全村巨大的荣誉。评选完成后，评选组会当众宣布名次，最好的 3 支箭会用大型吊车最先插入箭台中，其余的以箭的长度为标准，依次插入箭台。插完集体的大箭之后才能插以家庭为单位制作的小箭，插小箭没有严格的次序，男性村民手持自家制作的箭，列队顺时针绕巨箭 3 圈之后，插入其中。在插箭的过程中，人们谨慎而有秩序，气氛庄严神圣。所有的箭都插完后，就用比较粗的绳子把箭身拉直固定，再用手工捻制的羊毛线缠绕并拉到山顶。此时乡民们已完成祭祀，而僧人们还需为神箭念诵经文，用净水和谷物为神箭净化加持。

插箭仪式是有信仰的人们共同完成的对山神的供奉，无论是物质的，还是精神的，同时也是经济的，因为这是乡民们除了春节以外的大型贸易场地，商贩们也是其借仪式后的野餐聚会而实现财富的流通，人的聚集刺激了当地消费，带来经济效益；它同时也是一种社会现象：各村聚集在道帏乡，造成人们强烈的紧张与兴奋，互不相识的人们自此相识，并获得认同感，但又在村庄间的竞争中形成对立关系，最后达到稳定团结的目的。

循化宁巴村藏族传统垒石砌墙技艺

万玛吉[*]

循化县宁巴村垒石砌墙技艺历史悠久，工艺精湛，名匠辈出，在藏区久负盛名。该技艺是石匠对经过任何加工的各种天然石块，加之具有一定黏性的黑土，用石斧、木槌、墨盒等简单的工具和原始的手量目测法将石块按严格的施工工序层层垒砌至顶处的专门的建造技艺。实践证明，此技艺完全适应青藏高原的地形、气候和资源条件，也和当地藏族百姓的生活习俗及生产方式相适宜。

宁巴村垒石砌墙技艺以师带徒、口耳相传的方式，保留在该村有将近 500 年的历史。砌墙技艺之所以发源并传承于道帏乡宁巴村，是与该村得天独厚的自然资源分不开的。宁巴村坐落于青海循化撒拉族

◎藏族的垒石砌墙技艺 （万玛吉 提供）

---

* 万玛吉，循化藏文中学教师。

自治县道帏乡东部，距县城约 30 公里。这里三面环山，山高石头多，且山大沟深，石头资源异常丰富，漫山遍野到处都是各式各样的石头。目前该村主要的生计方式是农耕、养殖业和劳务经济。其中传统垒石砌墙技艺和采挖虫草为村民主要的经济收入来源。

宁巴村的垒石砌墙技艺是藏传佛教寺院建筑艺术中的一朵奇葩，它将宗教文化的庄严肃穆与民间石砌艺术的纯朴自然融为一体，形成了独具魅力的藏式砌墙建筑艺术。宁巴村的男子素来有从事砌墙技艺的传统，几乎人人都会砌墙，家家有能手，很多著名的砌墙建筑艺术大师均出自这里，因而"宁巴村的石匠、白塔寺（甘肃永靖县）的木匠、吾同村（同仁市）的画匠"被誉为安多三大艺术绝技。

宁巴村匠人们的建筑是石匠们夜以继日付出很多的心血才完成的，上山采集每一块石头、仔细砌筑每一块石头及认真填抹每一层泥，这些都倾注了石匠的勤劳、耐心及高超的技艺。寺院垒石砌墙技艺是石匠们重要的劳动成果，是他们智慧的结晶。"仅就本县境内依次修建了古雷寺大经堂、喜饶嘉措大师纪念馆、文都寺大经堂、班禅大师纪念塔、护法神殿、丹麻古塔等。这些寺院的成功复原使宁巴藏式建筑队名震四方，各地佛寺慕名前来邀请宁巴建筑队承建工程，先后分赴本省海南州石藏寺、赛宗寺，果洛州夏茸尕布塔，甘肃省拉卜楞大经堂、印经院、贡塘塔，甘南州碌曲西藏寺、廓芒寺，合作市九阁殿，四川省阿坝各莫寺大经堂、综合楼等重点寺院。"（马有义主编：《中国撒拉族绿色家园循化旅游文化》，青海人民出版社 2008 年版）仅 30 年间累计完成了850 余座寺院的经堂、佛殿、佛塔等建造工程，创造经济价值达 8000 多万元，建筑工艺超群，赢得了自己的品牌。

宁巴村砌墙技艺是结合卫藏砌墙法和四川阿坝石砌法，加之当地人在此基础上长期实践摸索形成的。它适应青藏高原自然环境和生产、生活方式，成为当地人主要的经济收入来源之一。宁巴村垒石砌墙技艺是当地藏族男性从小耳濡目染、人人参与的一种主要以师带徒的方式传承至今的传统手工技艺文化。其传承的主要途径是口耳相传、口传心授、手把手教的形式，至今没有文本形式出现。不过该技艺有个精妙的工序，也可以说是技艺口诀或秘诀，当地石匠在砌筑石块时都以此为标准，砌筑的建筑都非常坚固且美观。此外，该村的砌墙技艺是在劳动实践中传授，由师傅带徒弟（或小工）在施工过程中，边垒石砌筑墙体边教边练边学，徒弟进步很快。垒石砌墙技艺历经500多年，祖辈石匠们多已故世，无从知晓。笔者在调查期间，所能查访到的名匠有才旦（已故）、宗哲（已故）、周加华（已故）、仁考（已故）等人。

才旦的第一批徒弟有华道、仁青加等人；第二批徒弟有南加、仁考、才洛扎西等人；第三批徒弟有宗哲、拉秀加、周加华、尕切周、才让加等人。仁考、才洛扎西和尕切周三人的徒弟是拉浪华道。才洛、公保扎西和拉浪华道三人的师傅为尕切周。多杰才旦的师傅是尕切周。才让加的徒弟是加果。多杰才旦的徒弟是楞本和万玛先。

笔者在调查时发现该村技艺传承的形式主要有师传徒、同伴相传和父传子。其中，绝大多数石匠是通过师传徒传承，少部分是同伴相传，父传子的很少见。这三种传承形式之间相互交错，并没有固定统一的模式，共同促进了砌墙技艺的传承和发展。

口传心授、师徒传承是我国传统手工技艺传承的主要形制。宁巴村的名匠才旦技艺超群，他擅长工巧明中的计算，留存至今的砌墙工序及每种石块的名称都是他的功劳。才旦先后有三批徒弟，见上文述及部分。才旦比才让加和尕切周等徒弟年长40岁，有丰富的砌墙经验，最初他们都在同一个工地上施工，施行边教边学边干的策略，在实践中传授技艺。1946年增修甘肃夏河拉卜楞寺大经堂前殿和1948年扩建拉卜楞寺大经堂后殿时才旦任工头，宗哲、李加、周加华、仁考、南加等人参与砌建，这期间他对之前的砌墙步骤作了详细的整理，给每种石块和泥土命名，奠定了流传至今系统完整的砌墙工序的基础。不过当地没有正式的参拜师傅和徒弟入门的仪式，"果哇"为藏语，意为工头，他既是师傅，又是总管；以前大多数石匠欲找活干，就得拿着哈达和酒去拜访工头家，无须对其进行跪拜，工头就带他们去工地上，且细心督导他们的手艺，最初干小工或普工的活，一年半载，就可以胜任砌墙技艺各个工种的活。这样在同一个工头的带领下去干藏式建筑，一来二去，无形当中就确立了师徒关系。

同伴相传是年龄相仿、技艺娴熟的两人以上的石匠相互之间进行学习切磋手艺并互助互动的一种传承。上文中才旦和他的徒弟们，宗哲、李加、周加华等人既是师徒关系，相互间的技艺也是同伴相传习得。宁巴村技艺最初的传承形制可能是师徒传承和同伴相传的结合，因为没有特殊的师傅参拜仪式，师徒传承也衍化为同伴相传，寺院方面通知工头带人过来修建，他就会带上和他平时一起干活的石匠们。该村的拉浪华道、才洛、公保扎西三人是兄弟，他们之间的技艺既是同伴传承，也是血缘传承的形式，所谓血缘传承是同一血缘（直系或旁系血亲）范围内所进行的砌墙技艺的传承。他们三人中，刚开始大哥拉浪华道跟随尕切周等师傅干活，经过师傅的辛勤培育和耐心教授，他已习得所有的砌墙步骤和要领，两三年之后拉浪华道就自己做了"果哇"，开始独立承包工程，之后他带领自己的两个弟弟才洛和公保扎西砌建了很多藏式建筑。

父传子，即在家庭范围之内，父亲将技艺传男不传女，这种血缘式的技艺传承一定程度上杜绝了家族技艺的流失。通过父传子、言传身教，下一代逐渐掌握该技艺的基本要领和方法。随之将关乎技艺的计算、绘图、传说、思想、禁忌、风俗等的传承也从小就扎根下一代的脑海。调查期间，属于这一类型的传承方式不多见，只有几例。名匠才旦将自己的手艺传给其子拉秀加，拉秀加从小耳濡目染其父亲的技艺，加上天资聪慧，少年时期就已基本掌握砌墙的所有要领。1955年，才旦和拉秀加去甘肃省卓尼县修建乔吾西大经堂，大经堂的地基是由才旦铺垫的，顶部由其子拉秀加修建。该村那藏部落的才让加将其手艺传给他儿子李加。此外，有个特例就是隔代传承，即爷爷把手艺传给孙子，才洛扎西将其手艺传给他的孙子南改。

砌筑寺庙和佛塔的墙体时，不能溅血、不能乱丢垃圾和烟头；不能将指甲、鼻涕和淫秽之物落到墙体内；不准头发和脏鞋等晦气之物落入墙体。

宁巴村的石匠在砌筑宗教性建筑墙体时遵守的禁忌现象，如人的头发和指甲等物不准落进墙体。在藏族人看来，人的头发、血液、指甲、鼻涕等是淫秽之物，所以严格禁止这些物体在砌筑寺院时出现；在佛教徒看来寺院是神圣的场所，不能有任何不干净、不洁的东西进入。而并非弗雷泽谈到的在某些原始部落血和指甲被看作是神圣之物，有灵魂存在或巫师使用交感巫术害自己。此外，藏族社会日常生活中存在的各种禁忌现象，如行为禁忌、饮食禁忌、起居禁忌等是早于法律而出现的，它们是藏族习惯法的组成部分，在法律没有出现的原始社会，扮演着法律的角色，而作为生活戒律被藏族人严格遵守。至今，大多数禁忌现象还在藏族社会被遵守着，如忌讳在父母长辈面前唱情歌，在长辈面前谈论涉及爱情方面的话语，对长辈和僧人谈话要使用敬语，忌直呼已过世人的名字等。人们严格遵守这些忌讳，并不是希望从中获得什么直接的利益，而是出于道德方面的考虑。

宁巴村砌墙技艺的现状不容乐观。该村砌墙技艺年老的手艺人相继离开人世，而大多数年轻人都出门上学或打工，技艺现面临失传的危险境地，加之在全球化和现代化的冲击下，大多数石匠找不到工活，面临转行或失业的境地，继承和保护此精湛的技艺是非常紧迫的。

我所知道的宁巴村石头宴和砌墙歌

万玛吉

宁巴村的石匠在砌建寺庙的过程中，从开工至竣工共有五次宴庆，分别为立石之宴、墙角宴、窗宴、边玛宴和竣工宴。五次宴庆中，较为隆重的是立石之宴和竣工宴。砌墙歌藏语称"美洛完玛"，意为"劳动号子"。砌墙歌也为劳动歌的一部分，在藏区一般出现在修建民居时夯土墙过程中，在砌筑石墙时哼唱得极为少见。据宁巴村的个别石匠称，砌筑寺庙打地基时也视情况而定，偶尔会唱砌墙歌。虽然"美洛完玛"在砌筑寺庙时唱得极少，但由于它在石匠和木匠们修建寺庙时有娱乐、消除劳累及使人精神振奋和团结协作的功效，故在此有必要剖析它的意蕴和作用。

石头宴

立石之宴：寺庙的选址和开工仪式结束之后，工头及有关人员开始放线丈量及测绘，以便确定建筑规模并打地基。夯实好地基之后，各石匠就要各就各位，砌石工就要铺放内外墙的大石块（藏语称"顿庆"），立大石时石块之间必须有 0.15 厘米的间距，这个间距被称为"眼"。内外墙的大石块要前后左右交错放置，相互须交叉，而不能对齐铺放，切忌每块石头前后左右对齐，以免在垒砌上面的石块时把下面已砌好的石块挤掉，石块之间不能相互粘连，自然裂缝。每个石匠一天要干长 5 尺，宽根据墙体厚度的尺寸，即三四块"顿庆"的宽度，高 1 米。据多杰才旦称，在立第一层的大石块时工头会送来一些特殊的石块让石匠放置，工头说这石块是某某活佛的、那石块是某某活佛的，这些石块是由一些活佛诵经加持过的，送至此处放置保佑建筑福满安康。立完第一层大石之后，举行隆重的"立石之宴"。宴庆由寺院方面主办，届时供养寺院的村民会早早煮好手抓羊肉、烩菜、"蕨麻哲色"和各种水果及烟酒来款待所有施工者，邀请他们到寺院用餐，并且寺院的喇嘛向工头献哈达，赠予茯茶或冰糖及几百元作为吉兆之物；给一般的施工人员每人送一条哈达、护身结及几十元钱。还向寺院周边的孩子们散发一些糖果，以祈愿工程顺利进行，石匠们铺好第一层的大石块后，工头就要对其进行验工。

墙角宴：砌墙角的工序在所有的工序中是最为复杂的，对石匠的砌筑技术要求非常高，通常工头会提前拿着烟和酒去砌墙技术最为精湛的石匠家，安排他砌墙角。据村民称，以前要想去干藏式建筑，石匠需拿着哈达和酒主动去找工头，这样工头才会把你纳入他的施工队，安排相应的工作。不过，砌墙角部分非常复杂，故工头得主动找技术最好的石匠，而且他的工钱比一般的石匠要高。在循化县道帏藏族乡传统的审美观念中，评价一座寺院石砌墙面的标准就是须查看墙角的垂直度和锋尖度，可见墙角的造型在整个建筑中扮演着至关重要的角色。砌筑墙角的石块必须是三角形，由两块一大一小的三角石对置而成，大的叫"周"，小的为"前"。这两种石块需交错换位放置，层层叠压至墙顶。另外，放置这两种石块时，也必须间隔一定的距离。砌墙的石块越锋利越美观，砌好两石之后随即要补眼，补眼即用小石条填补之前两石块的间隔，然后再砌第二层。完成第一层的四个墙角之后寺院举办一个庆贺宴会，称为"角宴"。设宴的内容跟上文的立石之宴相当。

工程按施工工序逐层砌筑，这样反复进行至 15~18 层，高度达到 12 米以上，就要设置窗户。一般情况下，修建一座佛殿，至少设计 5 个以上间距，每个间距设一个窗户。窗户两侧刷饰黑色梯形边框，朴素而宁静，上面没有复杂的雕刻，只绘有简单的彩画。

在窗户两侧刷黑色边框,远远望去有增加窗户面积的视觉效果,是藏族审美习惯的体现。为了避免强烈的阳光照射,藏族人一般在窗顶上悬挂垂帐式顶帘,此种做法除了防晒外,也是一种传统的装饰。所有的窗户放置完成,这时就要举行第三次宴席,叫"窗宴",比角宴规模稍大。

边玛宴:窗宴完毕,开始进入顶部边玛墙砌筑程序,"边玛檐墙仅用在寺院殿堂、达赖、班禅宫室及一些大贵族庄园主楼的外墙顶部。一般仅用在女儿墙的外墙面,高度仅1米多。"砌筑边玛墙,先将边玛草枝干去皮、晒干,切成30厘米长短,捆扎成手臂粗。再把捆扎好的边玛树枝截面朝外砌筑在墙的外壁上,用橛子牢牢钉好,一层层叠压,层峦叠嶂,逐层加固,其上加几道木板、橼子、黏土夯实镶嵌,内壁仍砌筑石块,最后用赭红色的染料将边玛枝条染色,边玛墙就形成了。这样重复砌筑,1~3米到了顶部,最后要进行防水处理就算工程接近尾声。边玛墙的设置,有两个重要的作用,一是它减轻了上部墙体对墙基的负荷,减轻了负担;二是在墙体上筑进边玛草,使得墙体略显明快不呆板,显得美观大方,获得视觉美感的效果。边玛宴和之前的几次宴庆内容相当。

竣工宴:修建寺院的整个工程完工后要进行最后一次宴席——竣工宴,也叫落成宴。这个宴庆的规模最大,宰杀牛羊,宴会场面大,摆设阔气,烟酒丰盛。届时寺院喇嘛跳神舞,不仅给每个民工馈赠礼品实物,而且嘉奖工头,以表示工程竣工圆满和吉祥如意。竣工宴有时也包括在竣工仪式中,一并举行。据多杰才旦称,当时他参与砌建甘肃省玛曲县内玛贡巴措钦大殿,在竣工宴庆上,出资修建该大殿的霍藏活佛奖励了石匠们的辛勤劳动,多杰才旦是负责该工程的工头,活佛给了他15000块钱和1只羊,每位石匠300块钱作为奖励。这些奖励是除工钱之外的,以示感激。

施工过程中举行的五次宴庆,其所有的物资都由寺院方面提供,其主要的功效由寺院方面肯定石匠们的劳动成果,让他们稍作休息,放松调节一下身心,亦有接风洗尘之意。另外,修建寺院建筑,最忌讳赶工,要尽可能地放慢工程的速度,让石匠们稍作休憩，也有为了晾干石墙墙体的目的。

砌墙歌

砌墙歌也叫打墙歌，藏语称"美洛完玛"，意为"劳动号子"。"劳动号子"是在众人一起协作进行劳作时唱的民歌，它是在劳动过程中形成的。"劳动号子"是藏族民间歌舞音乐中产生最早的一种，也可以说它是后来一切诗歌的源头。"劳动号子"一直是广大藏族人民群众劳动、生活中不可缺少的精神食粮。此外，"号"又有号召、呼号的含义，故"劳动号子"可以称作是劳动时用于呼号的民歌，这种歌主要流行于半农半牧区。2012 年 11 月在宁巴村调查期间，发现"劳动号子"是由一人先领唱，余下人附和唱之。

砌墙歌在修建民居建筑时才会唱；而宗教性建筑自身显示出威严肃穆的神态，且在虔诚的宗教徒心中是神圣不可侵犯的，故在宗教场所一般不允许劳作时出现世俗的娱乐，这里指唱歌跳舞。然而，在调查时搜集到，砌筑寺庙时也存在个别特例，偶尔寺院方面或活佛提倡大伙唱砌墙歌，如石匠才洛称宁巴石匠在修建青海同仁尕孜寺时就唱过砌墙歌；石匠多杰才旦说，拉卜楞寺贡塘活佛曾提倡砌筑寺庙石墙时唱过砌墙歌；阿卡西热称，1986 年宁巴石匠重建失火后的拉卜楞寺措钦大殿时唱过砌墙歌。不过，修建寺庙时唱的"劳动号子"主要在打地基时唱。鉴于夯实庄廓土墙和砌筑寺庙石墙（打地基部分）时所唱的砌墙歌为同一"劳动号子"，虽场景和人物不同，但该号子的歌词大意和功效是相同的。

访问数位村民得知，砌墙歌有如下几个功能：娱乐、团结协作、消除疲劳及振奋精神等。劳动本身是复杂枯燥的，在劳动过程中由一人领唱、众人随声合唱的劳动号子不仅能放松心情、消除劳累，使人精神抖擞；且有活跃气氛、让众人快快乐乐地劳作的作用；更有号召大伙齐声呼号、团结协作的功效。循化道帏藏区的"美洛完玛"，男女老少在劳作时都可唱，它与劳动密切结合，并体现着劳动、包含着劳动过程中的切实感受和劳动群众的健美思想。此外，"劳动号子"的内容非常丰富，如打墙、收割、打碾、锄草、耕地、积肥、挤奶、打酥油等不同的种类，动作协调，歌词短促、生动活泼、极富节奏感、有趣除累，唱词没有约定俗成的格式，也没有实际意义，劳动中需要什么内容，随唱随编，其乐无穷。

宁巴村藏族的礼物交换习俗

扎西卓玛

  宁巴村位于道帏乡政府对面约 3 公里处，地处道帏乡核心区域。村民们依沟壑山坡而居，一半村子在山坡上，呈东西走向，西高东低之状，南、西、北三面均被大山围绕，东接临平公路，是一个以藏族为主的农业村。宁巴村是循化县有名的文化乡，这里有龙鼓舞、藏戏表演，著名的石头建筑也是这个村的一大特色。民众的交际语言以安多农区方言为主，而在与外界其他民族交流时会以基本的汉语河州方言为主。宁巴村有自己单独的寺院、嘛呢房，在信仰上以格鲁派为主，兼有宁玛派信仰。

  在宁巴村村民的日常生活当中，村民们都不会独自享用这些美食，哪怕是一丁点也会分食给家族或部落内的成员，所以食物和社交不可分割，在原始社会时期是这样，在现代社会也依然如此。

  在宁巴村表达性礼物中馍馍占有很大的比例，渗透在婚丧嫁娶、岁时节庆当中。在藏语中，把馍馍统称为"Go re"，根据做法和形状的不同又有所细分，如在蒸锅中蒸制的馍馍统称为"Go re rlang ga"，"Rlang"就是蒸汽的意思；在铝锅中慢慢炒制的统称为"Go re brngosblangs"；在油锅中炸制的统称为"Go re btsos nu"；在铁锅中用炭火烤制的统称为"Go re sreg nu"，汉译为锅盔，是西北人喜食的地方传统面食。在藏族农区也是一种常见的食物，属于农区生产劳动的最终结果，有很多种不同的做法，可以根据不同的礼物交换场合进行不同的组合排列。下面依据宁巴村的锅盔加以说明：

做锅盔的铁锅，直径约为 20 厘米，高约 9 厘米，底部厚约 1 厘米，两边各有小环，锅盖顶端有突出的锥形或圆环形铁尖，便于烧制完成后提携，一般都是埋进火塘前的炭火中烧制，所以村民家的铁锅都呈黑色。

烧制锅盔首先要发面：在容器中加入酵母用温水泡化后，倒入面粉和成团，放在温度适宜的地方醒发半小时。发酵好的面团要再次揉捏，排出面团中的气体，之后加入碱面，揉成相应的形状，放进早已用火温热好的铁锅里，盖上锅盖。等差不多半个小时，锅盔就可以出锅了。烧制完成各种形状的锅盔，既携带方便又容易饱腹，是宁巴村放牧人和远行者们必备的干粮。

烧制时，放油的锅盔叫"Gyisblag"，不放油的叫"Snagcu"，还有"Bang zas"，大意为由产妇食用的锅盔，它的主要特点是加入了胡麻油、黑糖、奶酪等营养物烧制而成，适于产妇滋补，是宁巴村村民们去看望产妇时的最佳礼品。制作"Snagcu"时，不需要放入食用油，在面中加入酵母发醒后，再加入碱面，揉成 5 厘米厚的圆形面团，中间留有一个小孩拳头般大小的洞，因形如牛鼻圈而得名。

制作锅盔时，也不放入食用油，揉制后形如襁褓中的婴儿，因而也被称为"Lo lo-kha to"。除此之外还有双胞胎和三胞胎的形状，深受小孩子们的喜爱，所以是专属于小孩们的锅盔，妇女们常会烧制这种锅盔，作为送给小孩们的礼物。

在宁巴村，婴儿诞生满月后的第一天清晨，家人要提前召集村中 15 岁以下的小孩们在家门口，母亲要抱着婴儿第一次迈出家门，与村庄的小孩儿们见面，并公布婴儿的名字，代表着婴儿就此成了小孩们玩耍队伍中的一员。家人嘱咐小孩们，以后要在一起好好玩耍，并把烧制好的小正方形的油炸馍作为礼物送给小孩们，小孩们争先恐后地领取礼物并仔细端详母亲怀中的婴儿，回到家后小孩们会把刚诞生满月的婴儿样貌告诉家人。在婴儿满周年的庆生仪式前，也会给村中 15 岁以下的小孩们小的花卷馍馍，称为"Btsasdus"，送的过程与上述相同。在送完"Byis bro"和"Btsasdus"的未来的很多天里，满月和满周岁的婴儿将是村民们茶余饭后的话题，村民们都知道谁家生了小孩儿、长什么模样、什么时候满月、什么时候满周年等一系列信息。所以，这并不是单一层面上的新生儿家庭给村中小孩们送礼物，是创造全村村民认识新生儿的契机，属宁巴村村民人生当中重要的诞生仪礼。

宁巴村从十二月中旬就开始置办年货，到十二月末每家每户都必须制作"Rgyab lag"油炸馍。做法与上述的锅盔无异，先用酵母将面醒发后，把面擀平，切成手掌宽的长条状，再用刀尖在中间切个长方形小洞，把一边从切好的小洞里翻出，之后就放在干净的盘子上。同时，另一些人在锅中倒入 2/3 的油后烧开，将制好的"Rgyab lag"馍雏形，放入烧开的油锅中炸两分钟，再用筷子翻面继续炸两分钟后，即可捞出。如果盘里盛不了，村民们便拿一些麦籽草放在地上，将从油锅中捞出的"Rgyab lag"油炸馍依次放在上面晾干，晾干后的"Rgyab lag"油炸馍呈红色，所以也被称为"Go dmar"，即意为红色的馍馍。被称为"Rgyab lag"是因为油炸馍外形像一个把双手背在后背立正的人形，在安多藏语中将双手背在后背这一行为动作被称为"Rgyab lag"。"Rgyab lag"油炸馍在春节期间是一个用途较广的礼物，如新年拜年之际，村民们在最底层放一个"Snagcu"锅盔，中间是 4 个"Rgyab lag"油炸馍，顶端为一个花卷馍馍组成塔状，作为拜年礼物，这已是宁巴村约定俗成的新年礼物交换习俗；"Rgyab lag"油炸馍也是在新年期间招待客人的必备食物之一，会用干净的碟盘盛放几个"Rgyab

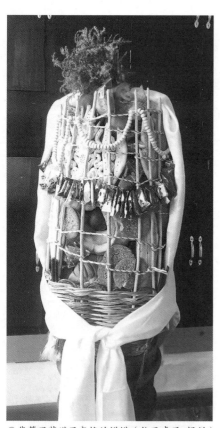

◎背篓里装满了交换的馍馍（扎西卓玛 提供）

lag"油炸馍，其上再放一些花卷馍馍。究其原因，从与村中奶奶们访谈得知：首先是外形美观，宁巴村村民对塔状层层累积向上的外形情有独钟，认为这很是吉利；其次是"Rgyab lag"油炸馍呈长条平面状，其上很容易放置其他类型的馍馍；最后还有一点是，在以前油是很珍贵的食物，只有在春节期间才会制作这种费油的"Rgyab lag"油炸馍，渐渐变成了一种习俗。所以，这种特别的礼物交换习俗除了在新年期间外，在日常生活中不是很常见。

"Lebgtub"是常出现在丧事中的一种正方形油炸馍，做法与上述油炸馍相同，只是将形状做成了正方形。如果有村民家办丧事，部落或家族中的亲属们会送来这种油炸馍作为吊唁礼，数量一般都在300~1000个不等。一定要在送葬之前送到，因为送葬的人们回主人家用餐完毕后，临走时主人家会给每个人5~10个油炸馍，外加一些物品作为回礼。除此之外，这也是主人家招待前来超度亡灵的僧人和前来吊唁村民们的餐食之一，但不能由逝者亲属享用。

"Con co"汉语译作"馓子"，在宁巴村"Con co"油炸馍是在逢年过节的喜庆日子里，摆放在客人面前的最好款待物。材料也是面粉和食用油，外加盐、胡椒汤，还有鸡蛋，盐和胡椒是为了面在油炸过程中不会裂开而添加，鸡蛋是为了油炸馍更加可口香甜。做法是在醒面发酵的过程中加入少许盐和胡椒搅拌，发酵后即可拿出油炸，油炸前要将面团切成薄片，把切好的薄片一个个压实后，中间掏一个手指大的小洞，一只手抓住薄片的两端，另一只手的一根手指穿过这个小洞向外拧，直到薄片成为筷子粗细的绳状。然后将面缠在一双筷子的两边，小心地放入油锅中炸2~3分钟，就可以捞出晾干。晾干是为了让油炸馍的颜色更加透亮呈金黄色，也是为了让刚出锅的油炸馍与空气充分结合，表面产生气泡，吃起来更加酥脆。油炸馍的美味，使其成为宁巴村村民在岁时节庆期间款待贵宾的上等食物之一。如在婚宴期间，男方家款待女方舅舅们的上等食物中，油炸馍列居首位。

一般宁巴村村民在背篓中容不下太多东西的时候，就会在背篓四周竖起木棍，其上用绳子横向缠绕，这样就增大了背篓的容纳量，这一做法被称为"Kha rvi"。而在这里所讲的"Kha rvi"，不是指单一的生产行为或者是一种馍馍，而是指在新娘出嫁后回门时，由男方家做的由很多种馍馍和物品组合在一起的背篓，因盛放的馍馍和物品太多，就需要像上述做法一样，在背篓四周竖起木棍，再用绳子横向缠绕，其中多半为锅盔和油炸馍，所以被称为"Go re kha rvi"。

制作"Go re kha rvi"时，首先在背篓的底部放一层"Rgyab lag"油炸馍，然后在背篓四周排放"Snagcu"锅盔和"Kha to"锅盔，中间放花卷、包子、"Kha to"锅盔、苹果、大枣、糖果等填满背篓，最后在背篓顶端周围插入木棍，木棍之间放"Snagcu"锅盔围着，中间再用猪肋骨、各种包子、糖果、大枣等填满，做好以后将四周木棍用哈达缠绑固定，哈达的尾部要打个如意结垂于左边，木棍的尖头还要用红枣和糖果做修饰。制成的"Go re kha rvi"最高有 1.5 米，最低也有半米。背篓的背带要用白色的羊毛编织，寓意为新人早生贵子、幸福美满。

新娘出嫁时，在送亲队伍舅、父、叔、兄、弟和两位女眷的陪同下启程，这两位女眷要换背"Go re kha rvi"，因为在送亲过程中"Go re kha rvi"不能放在地上，启程前送亲队伍还要携带一个锅盔。与此同时，男方家的男性亲属和两位女眷也已带着一个锅盔，启程去迎接新娘。当送亲队伍和迎亲队伍会合时，女方家的两位女眷要把"Go re kha rvi"转交给男方家的两位女眷，并将双方从家里带的锅盔进行交换。之后，女方家的两位女眷就要带着男方家的锅盔原路返回，其他人则去男方家参加婚宴。当新娘回门去娘家时，婆家也要准备"Go re kha rvi"，并由两位女眷护送，轮流背，出发前还是携带一个锅盔。娘家也会派两位女眷带一个锅盔前去迎接，双方会合后，婆家的女眷将"Go re kha rvi"转交给娘家的两位女眷，并互换双方从家中携带的锅盔，之后婆家的两位女眷带着娘家的锅盔原路返回，其他人则回娘家。至此"Go re kha rvi"的礼物交换习俗完成。

若婚礼在新春佳节举办，一般初三是娶亲的日子，初五是回门的日子。那么多位新人同时举办婚礼的概率大大增加，为了避免在送亲途中碰面，都会早早出门，因为村民们认为两位新娘碰面意味着不吉利，通常一个村庄的新娘们会避免这种情况。如果是其他村庄的就会不可避免地相遇。此时，两位相遇的新娘要互相交换戒指才能继续上路，以此举来消除相遇后的不吉利。

随着社会的发展，宁巴村村民与外界交流增多，结婚对象也不仅限于道帏地区，出现了跨区、跨省、跨国婚姻。因此，上述极具循化藏族农区特色的"Go re kha rvi"礼物交换习俗早已发生变化。如果结婚对象为异地，当地就不会有这种礼物交换习俗，所以如今的"Go re kha rvi"交换习俗也只是基于送亲或回门单方面地施行。

除了上述几种锅盔和油炸馍馍之外，村民们还会用面制成佛教象征物,献祭给神灵。如在五彩神箭上挂一条像手镯一样的馍馍，藏语称为"Go re a long"。还有在新春佳节，村民们供于自家佛堂的"Mchodvjav"，有很多种类，可任凭自己的想象用面团捏出各类动植物形象，也可捏成各种宗教符号，如六长寿、和气四瑞、吉祥七宝、背金大象、风马四旗等，然后在油锅中炸熟，捞出晾干，再涂上五彩的颜色后供佛。

新年前夕腊月二十九的晚饭，村民们都会做臊子面，在全家人一起用餐之前，会将臊子面一碗碗送给部落或家族中的长辈，以表尊敬。别家送来臊子面，主人家一边表示感谢，一边恭敬地接过臊子面，将其倒入自家碗中，并将别人家的碗洗干净，放入糖果、糕点或苹果之类作为回礼。总之，在宁巴村的礼物交换习俗中，不能让送礼人带来礼物的背篓或者是碗空着再拿回去，如在一些仪式场合中当村民们以6个花卷馍馍、若干个包子作为礼物前来时，主人家不会全部取走，因为他们都知道不能让送礼人空着背篓回去，礼物既然送到了主人手中，就已经归主人所有，所以主人会留下2个花卷和4个包子，作为回礼。送臊子面是新年家族内互相拜年送礼前的预热，一家家互换着自己家做的臊子面，不同的配料、不同的味道，重新构建起了部落或家族内各成员间的情感，唤醒了对部落或家族的归属感和认同感。

11月是村民们宰猪的时段，宰完猪以后，就要煮肉、灌肉肠、面肠，用猪肉、猪心、猪肝、猪肺做碗菜，请家族或部落内的亲属们前来品尝。未能来品尝的亲属，主人家将猪能吃的部分，按顺序插在筷子上，从上到下分别为：猪肺、猪肝、面肠、血块、肉肠、五花肉，送给他们。即使部落或家族中亲属众多，也会将上述食物平分后赠送，也许只能送一丁点，但不能不送。因为这并不属于不平等的礼物交换习俗，送礼与回礼间是短暂的，亲属们互送完之后，自己所拥有的数量不会比送之前有所减少，而在这一轮的礼物交换之后，得到的是亲属关系的维持和强化。村民们对宰完猪后，与家族或部落内的亲属们共享的这一做法，有他们自己的解释。他们认为宰猪就是杀生，杀生是有罪的，而宰完猪后猪肉由大家一起共享，那罪恶也就等于由大家平分了，大的罪恶由大家平分后，就变成了小的罪恶。这一解释体现了宁巴村部落或家族内有福同享、有难同当的观念，是个人依赖于部落或家族，怕被集体排斥的主要原因，毕竟个人的力量总是渺小的，需要在集体中寻找安全感。

在这期间，猪头是不能食用的，要挂在粮仓的房梁上风干，一直风干到准备种庄稼前，才会取下来食用，也要在部落或家族亲属间平分后互送，是宁巴村村民在种庄稼之前对自己的一份犒劳。

除此之外还有牛、羊肉，像早期送礼讲究牲畜为主，现如今彩礼都是用钱财替代。婚礼仪式结束后，送亲队伍就要返回，此时，男方家要赠予女方家舅舅带尾羊背、酒、绸缎等礼物，带尾羊背在藏族的礼物文化中占有举足轻重的地位，藏语称带尾羊背为"Tshang ra"，属重要的食物礼品，常赠予女方舅舅，由此可知舅舅在当地社会生活中的崇高地位；宁巴村的诞生仪式是在婴儿诞生7天后举行，届时娘家人也会参加该仪式，来时女方的舅舅必须要送一只羊，如今都是从外买一只已经宰杀好的全羊，来给月子中的外甥女补身子。

糖之所以成为宁巴村村民互相馈赠的礼品，主要还是基于人类天性中对甜味的需求。藏族人大都生活在高寒地带，对热量的需求贯穿了其整个繁衍生息的过程，糖作为藏族饮食中的必需品和热量的来源之一，使它一直保持其社会性和经济性的重要地位。在宁巴村的饮食结构中,糖总是与其他食物混合,也与茶混合后食用。对于村民来说,可口的饭食要包括两个部分:面做成的锅盔,以及由辣椒或蔬菜伴着锅盔吃的调味料;由青稞做成的糌粑,以及由酥油、蒜、糖、奶渣伴着糌粑吃的调味料。所以,锅盔和糌粑不但是生活必需,还被认为是日常饮食中唯一真正的主食。而与此同时村民们也会强调,没有这些调味料,锅盔和糌粑就难以下咽,吃起来没有滋味。调味料除了以上的辣椒、蒜、糖等带来味觉刺激的食物外,茶也属于另外一种调味料,如奶茶、藏茶、盖碗茶等,它能使冰冷的食物变成热餐。

最初糖对宁巴村村民来说是奢侈品,这体现在 20 世纪五六十年代过春节时,村民们送给孩子们的新年礼物就是一勺白砂糖,可见糖在村民日常生活中的重要意义。糖从调味剂到作为礼物交换,一方面是因为先前珍贵且稀有的特有属性,另一方面是它在宁巴村礼物文化中被约定俗成的特定用途,发生了更广泛和有意义的变化。现今糖不仅在宁巴村村民的日常生活当中是如此的普遍且寻常,而且也被运用到一些特殊场合,如祭祀神灵用的小碗红糖,常用于煨桑仪式中,也用来入药,因性温,常用以平风、回阳、恢复体力,引导风药归经;春节期间作为礼品互送的冰糖,主要成分是蔗糖,有多晶体冰糖、老黄冰糖、天然冰糖、塔柱冰糖等分类。宁巴村作为礼物的冰糖,都是从商店买的袋装,净含量 500 克,多产自与道帏乡相邻的甘肃省临夏市。还有在婴儿满月、春节时送给小孩们的糖果等,按照宁巴村自身的礼物交换习俗,糖已变成了它内在的一部分。

在宁巴村,茶作为礼物赠送,是因为其生津止渴、分解油腻、帮助消化之功效。藏族饮食结构多以肉、奶、油脂等高热量食物为主,缺少蔬菜和水果,而茶正好能消食御寒,补充人体所需的维生素,正所谓"腥肉之食,非茶不消;青稞之热,非茶不解"。

宁巴村的茶种类有茯砖茶、藏茶、奶茶、酥油茶、清茶和盖碗茶。作为礼物相赠的茯砖茶,大小为 1.5 千克,长方形,经过发酵、蒸制消毒和放入砖形模具加工压制而成,茯茶也被称为砖茶或边销茶,是专供边疆人民饮用的茶,具有体积小、易保存、有效成分含量高的特点，自古以来都是西北地区的主要饮用茶。藏茶多运自夏河拉卜楞，是采摘于高海拔山坡上的成熟茶叶和红苔，经过特殊工艺制成的发酵茶，属典型的黑茶。在宁巴村这两种茶是熬制奶茶、酥油茶、泡清茶的主要原料。熬制酥油茶时，先将茯茶或藏茶用水久熬成浓汁，再加入牛奶一起熬煮，熬煮到冒泡时，放入酥油茶，用勺子搅拌至充分融化，就可以饮用。酥油茶与奶茶的不同之处在于，熬制奶茶时不会加入酥油，其他环节则相同，酥油茶味醇可口、营养丰富，是招待宾客的最佳饮品。清茶就是用煮沸的水来冲泡茶叶，有时会加入冰糖，来覆盖茶的苦涩。

随着饲养犏牛和牦牛的数量减少，牛奶已不能满足村民们每天的饮茶需求，唯一可以让锅盔蘸湿的便只有茶，而且还能让冷餐变成热饭，茶和锅盔一起，构成了宁巴村村民们在秋收繁忙期间的日常餐饭，由此也减少了家庭主妇们在劳动时间上的压力。

盖碗茶盛行于清代的宫廷皇室，后在各地流行，因茶具是茶碗、碗盖和掌盘为一体而得名。循化撒拉族的盖碗茶具有其独特之处，他们将盖碗茶称为"刮碗子"，由茶、冰糖、桂圆、核桃仁、杏干、葡萄干、枸杞等组成，味甜可口、配料丰富，深受藏族民众喜爱，是日常茶类饮品之一。

以前宁巴村家家有酿造青稞酒的习俗，之后便渐渐销声匿迹了。后来商店卖的瓶装酒取代了自制的青稞酒，但酒在宁巴村礼物交换中所处的重要位置从未发生改变。

以酒邀友、以酒饯行、以酒颂神、以酒赞英雄……酒在宁巴村村民的节庆典礼中不可缺少，尤其是在婚礼中：提亲时，男方家就要托媒人带着哈达、酒，在瓶颈系一绺白羊毛去女方家说亲，女方长辈启封喝酒，才表示允亲且已订婚；女方家答应之后，就选定一个吉日，男方去女方家喝定亲酒，定亲后就要另择某个月上半月的单日，送彩礼，喝彩礼酒，新娘出嫁去男方家时，沿途会有亲友举酒送行，整个婚礼程序都是用酒来命名，在此过程中酒有单双瓶之分，单瓶有初步议定之意，双瓶则为终举。

酒在宁巴村的饮食生活中也是不能缺少的饮品，因为在寒冷的季节，酒能抵御寒冷，酒还能解除疲劳、舒筋活血，起着不可替代的交流交往、沟通情感的作用。但在藏传佛教中是不提倡饮酒的，属佛家戒律，其过错不在于酒，而是人们喝了酒之后就会迷乱心智，做出格的事情，为此宁巴村的村民们也开始抵触在日常生活中饮酒，酒鬼在宁巴村是被抵触的，且不受欢迎。

矛盾的是，酒又作为祭品出现在煨桑仪式和神灵供奉仪式当中。献给神灵的酒，可译为"御酒"或"神饮"，通常是献给世间神和护法神等愤怒相的神灵，如本尊、胜乐金刚、阎罗王一类的神灵，认为这类神灵喜爱喝酒，唯有喝了酒之后才能大显神通。

在宁巴村对礼物是十分重视的，不在于其价值。一方面是情感交流占据主导地位，礼物交换方式并不在于获取特定的利益，而是为了追求礼物交换中精神价值的合理；另一方面是展现送礼者的某种品德和能力，正所谓"观其器而知其工之巧"，尤其是对女性"勤"与"巧"的要求，主要表现在如果交换的礼物是食物，就讲求其美观与可口。其中锅盔和油炸馍将妇女的心灵手巧体现得淋漓尽致，收礼者常会当面给予赞誉，是对巧妇手艺的肯定，同时也表达了感激之情。

高原"小茅台"

——尕楞秀日酪馏酒

多杰仁青[*]

◎富有特色的酪馏酒产品 （多杰仁青 提供）

尕楞，藏语意为"长柱"，因境内自然形成的两根挺立的红砂柱而得名。尕楞藏族乡位于海东市循化撒拉族自治县西南的群山中，这里平均海拔 3000 米，全乡 11 个村，共计 1010 户 5436 人。而秀日村是全乡最偏远、规模最小的村庄，全村仅有 59 户 354

* 多杰仁青，甘南藏族自治州合作藏族中学教师。

人。村子的西面是阿尼夏吾神山，这座神山是祈祷酿酒的神山。村里的人们时刻保护着此神山，信众每年农历六月二十举行祭山活动，祈求丰衣足食、风调雨顺、酿酒使顺、人畜兴旺等。若是酿酒过程中遇到不良的现象，村里的人们到阿尼夏吾神山前赞颂文、煨桑、放风马、祈求神灵帮助。为此，每家每户的经堂中都挂有阿尼夏吾神山像，这也是秀日村的酒神。

这里是半农半牧区，地广人稀，非常适合黑青稞的种植，因它是酿酒的主要原料。山清水秀也是这里的独特条件，人们都说秀日酩馏社会有名，归根到底是水质好。阿尼夏吾神山处，水质硬度一般在3~5度，水中碳酸钙含量较高，多属甜水，酿的酒口味好。

在青海的乡村，人们习惯把自己用青稞酿造的美酒称为"酩馏"。而孕楞乡秀日村的"酩馏美酒"历史悠久、滋味独特，在青海藏区闻名遐迩。为此，寒冬腊月来青海循化孕楞的人，十有八九是来买"秀日酩馏"美酒的。

秀日酒文化源远流长，酒类产品也丰富多样，喝酒已经成为这里生活的一部分。那么酒是怎么酿出来的呢？酿酒的原理其实很简单，无非就是利用微生物发酵生产含一定浓度酒精饮料的过程，当然，实际操作的时候远远不是这么简单。大致来讲，秀日酩馏的诞生，一般要经过这样几个步骤：选料、制曲、发酵、陈酿、勾兑、灌装。

选料：秀日酩馏的酿造，一般是将黑青稞、小麦、白青稞等作为原料，要求作物颗粒均匀饱满、新鲜，无虫蛀、无霉变，干燥适宜，无泥沙、无异杂味、无其他杂物。当然，原料中还包括一些辅料。除此之外，水也是重要的原料之一。所谓"水为酒之血""好水酿好酒"，说的就是水源对酿酒的重要意义。秀日酩馏的水是选自阿尼夏吾神山的天然水。

制曲：曲为酒之骨，制曲是酿酒过程中重要的环节。纵观世界各国用谷物原料酿酒的历史，可发现有两大类，一类是以谷物发芽的方式，利用谷物发芽时产生的酶将原料本身糖化成糖分，再用酵母菌将糖分转变成酒精；另一类是用发霉的谷物，制成酒曲，用酒曲中所含的酶制剂将谷物原料糖化发酵成酒。秀日地区土酒酿造采用的就是第二种方式，这个过程主要是将淀粉糖化。

发酵：加入酒曲搅拌均匀之后，将已经拌入酒曲的粮食或者水果浆液放入容器中，然后用塑料或者保鲜膜密封、加盖。整个操作过程中都要防止杂菌进入，操作的容器要用开水消毒。发酵的时间为 20 天左右。

陈酿：俗话说，酒是陈的香。经过蒸馏的高度原酒只能算半成品，辛辣、不醇和，只有在特定环境中储存一段时间使其自然老熟，才能使酒体绵软适口、醇厚香浓。在陈酿期间，使酒质发生变化的奥妙在于随着储存日期的不断延长，酒分进行自发的反应。当然对陈酿也有一定的限度，并不是越陈越好，要根据酒型、气温等各方面的条件决定。

勾兑：这里说的勾兑和通常意义上大家理解的直接用酒精勾兑完全是两码事。所有的基酒都必须经过勾兑的工艺过程后才能进入下一个生产环节，因为基酒是高度数的酒精，辛辣刺喉，是不适合直接饮用的，只有经过勾兑，才能去除辛辣，口感圆润。在秀日酩馏的生产过程中，生香靠发酵、提香靠蒸馏、成型靠勾兑，勾兑技术可以称得上是酿酒的画龙点睛之笔。简单说就是秀日酩馏刚酿造出来以后，并没有完全体现酒品风格的物质转化，酒质粗劣淡寡，酒体欠缺丰满，不同车间出的酒味道是不一样的，需要靠勾兑统一口味，去除杂质，协调香味。

灌装：成品酒经过检验合格后，方可灌瓶贴标，然后上市销售。

"秀日的酩馏，比塘的木头，曲卜藏的搅团。"在循化藏乡人人皆知的"三绝"中的一绝——秀日酩馏，因酿造历史悠久、酒香四溢、滋味独特而在青海藏乡闻名遐迩。如今，在脱贫攻坚产业扶贫大潮中，这种酩馏成为秀日这个昔日贫困后进村脱贫致富奔小康的扶贫酒、致富酒。

2018 年 9 月底，循化县宣布全县脱贫摘帽。而在脱贫攻坚路上，梁溪区对循化特色产业的对口帮扶让人眼前一亮。在梁溪区赴循化县挂职干部的牵线搭桥下，首批 50 箱价值 5.1 万元的秀日酩馏酒进入了华美达国际酒店，登上了大雅之堂。

尕楞是循化县 4 个藏族乡镇较为贫困的乡镇，特殊的地形，远远望去，盘踞山顶。沟口就是黄河，沟脑通到化隆回族自治县和尖扎县境内。全乡 11 个行政村的 1010 户人家就生活在这里，总人口 5436 人，秀日村坐落在尕楞西北角，距乡政府 17 公里，是该乡最偏远、只有 59 户人家的小村庄。

因为山高沟深，这里一直处于半封闭状态。直到 20 世纪末时，还没有一条像样的公路通向这里。站在山顶，一眼能望见黄河，新建的海黄大桥遥相呼应。村里的人说："看起来大桥的直线距离不过几公里，可就是过不去。"

神山圣水，这是秀日老百姓唯一能拿得出手的资本。村里的人们介绍说，"好酒离不开好原料，更离不开好水"。秀日藏酒不论洗、煮、蒸，每一道酿造工艺环节都使用阿尼夏吾峰神泉的水。其独特的酿酒原料黑青稞和酿制工序酿出的秀日藏酒色泽橙黄，味道酸甜，酒精成分低，而且有饮后头不痛、口不干、醒酒快的特点，因此，秀日村一直被四邻八乡誉为"酩馏之乡"，秀日村的酩馏成了远近闻名的藏区"小茅台"。

酿造秀日酩馏的原料是黑青稞。它生长在海拔 3000 米以上的土地上，苗株日照时间长达 135 天以上，原花青素、黄酮、微量元素硒等含量明显高于普通青稞。尕楞乡全乡有耕地 1.1 万亩，其中种植黑青稞的面积达到 6400 多亩。

村里的人们早就意识到了市场经济调整观念，现在黑青稞卖价在每公斤 3 元左右，50 公斤黑青稞收入也就三四百元。但是 50 公斤青稞能酿出 35 公斤酩馏酒，按照每公斤 30 元算，收入不是翻了几番吗？

秀日的群众几乎家家户户都有酿酩馏的手艺。在好几家酩馏酒作坊中，我们看到他们酿酒所用的器材都是最传统的。有一部分人家，几十年来烧酒的灶台早已换了好几个，但这些酿酒工具却一直没有变。之所以坚持这样做，是因为用这些传统工具酿造出来的酩馏酒才会有"记忆"的味道，看来这样的效果是现代酿酒器具难以实现的。秀日酩馏酒酿造技术是以家庭为传承方式，口传身教。对于酿造酩馏酒的过程，已烂熟于心，虽然秀日酩馏酒的酿造过程听起来简单，但其中的发酵、温度、火候等这些细节全靠经验。

◎酩馏酒产品　（多杰仁青 提供）

如青稞煮到什么程度、在酒醅缸发酵几天、温度要控制在多少、酒料放多少，都有自己的一套程序，不会轻易改变。秀日酩馏酒酿造用料都是手工比对，酿酒时一定要严格控制各个细节，毕竟是喝的东西，所以一定要仔细。这是秀日酩馏酿造过程中一种不同的酿造技术。现在我专门在家酿酒，一年能酿出 1000 公斤酩馏，按照企业每公斤 30 元收购价格算的话，每年有 3 万多元的收入。

　　2014 年 6 月，以村民桑吉尖措、旦正才让、夏吾才旦、万玛才让、仁青才旦等打工有了一点积蓄的 5 人共同出资 30 万元，村民自筹 5.2 万元，省委宣传部帮扶 30 万元，注册成立循化县秀日藏酒有限公司。公司以收购村民酿造的散酒为基础，进行二次提纯、精美包装，实现从零散酿制到集中产加销。公司年产量从最初的 1 万公斤到 2018 年的 5 万公斤，已经辐射带动周边 3 个村 20 个建档立卡贫困户，人均增收 1000 多元。"农村要脱贫，就要靠产业。现在就盼着酒能早点卖出去，企业成了，我们的收入也就提高了。"村民这样说道。2018 年，通过"公司 + 精准扶贫户"的模式，村里 4 个建档立卡贫困户通过酿酒每户平均收益 3 万多元，实现了脱贫。

　　"莫笑农家腊酒浑，丰年留客足鸡豚。"随着"青海年·醉海东"活动的推进，海东各地都拿出自己好戏、绝活，给予青海人的传统年最温暖的触动。尕楞乡借助此次活动，将酩馏酒作为民俗文化和发展旅游的一个新切入点和经济增长点，大力挖掘其民俗文化资源，打造文化品牌，彰显藏乡酩馏文化优势。2018 年 2 月 14 日（农历正月初十），尕楞乡向人们发出了"品高原扶贫酒、唱民族团结歌、过移风易俗年"的邀请。可以想象，这个春节，尕楞红的不仅是那里如画的松林、舞动的锅庄、漫开的"拉伊"，还有那一坛秀日酩馏，定会让酒香氤氲的循化在这个春节流光溢彩。

◎酩馏酒缸 （多杰仁青 提供）

　　2018 年 12 月，住房城乡建设部会同文化和旅游部、国家文物局、财政部、自然资源部、农业农村部在各省（区、市）推荐基础上，经专家委员会审查，拟将秀日村列入第五批"中国传统村落名录"。

云端上的故事
——岩古录见闻

侃　本

黄河自尖扎县隆务峡口进入循化境后，到查汗都斯乡红光村之间有一段狭窄的峡谷，全长约 20 公里。峡内两岸崇山峻岭、陡壁如削，地形十分险要。狭窄的河道内礁石暗伏，滚滚黄河飞湍造漩，咆哮而下，蔚为壮观。

这条峡谷叫古什群峡，从清代《循化厅志》到民国间的各种资料，一直沿用这个名称，古什群在藏语中就是隘口、关津，或狭窄的关口之意。因峡谷南岸悬崖处建有一座"拱北"，2000 年国家在此峡谷修建黄河上游第四个梯级电站，而得名公伯峡水电站，所以如今叫公伯峡者居多。

一

古什群峡口以前有两个藏族村落，一个叫古什群村，一个叫东四古村，如《循化厅志》记载："考撒喇各工，皆有番庄，查汗大寺有二庄……"；顾颉刚《撒拉回》记载："查汗大寺工所属五庄中两庄是番民……"

古什群村在《循化厅志》中记录为古什郡庄，原村落位置被淹没在今公伯峡水电站大坝库区，在黄河南面的大坝库区及东面的东四古西侧有他们的田间地头，以种植小麦、油菜、豌豆、土豆、蔬菜、瓜果为主，村民在黄河北面山坡上放山羊为生。

古什群村在汉代以来就有属民和军队存在，东晋时期，此处是吐谷浑的势力范围，到了唐朝，吐谷浑被吐蕃所灭，现循化地区为吐蕃所统治，古什群峡因地理位置的特殊性，作为战略要地和关隘，吐蕃士兵驻守此峡口。

所以，古什群村的居民大多是吐蕃边防部队的后裔，唐蕃对峙时期他们一直在此活动。古什群峡两岸有两处重要的历史遗迹，早期有些人推测性地认为是汉代遗迹，也有学者认为是吐谷浑时期的遗迹。

自西汉时期，循化纳入全国统一的郡县制体系，其境西部为金城郡河关县辖地；南部为金城郡白石县辖地。东汉时改隶陇西郡。东晋初期，复为河关县地。西晋惠帝永宁元年（301），今循化为晋兴郡临津县辖地。以后，曾被前赵匈奴首领刘曜占领。苻坚灭凉，循化复归秦（前秦、氐族）。其后为西秦（鲜卑族）所辖。后被后凉吕光攻克临洮、武威、河关等地，置浇河郡（治贵德），循化属浇河郡。后入吐谷浑。据《水经注》记载，东晋义熙元年至十四年（405—418），吐谷浑在清水川（今循化县城西15公里处古什群峡）建造了一座河历桥，其结构为石块与木材自岸两边层层相压，直达顶端相接，好似两人握手，并将桥面铺平，此为（黄）河上游握桥之始，也是近代循化黄河上握桥的前身。北周驱逐吐谷浑，循化为洮河县（治贵德）辖地。隋朝时为河津县。唐初废河津县，置米州，后改为米川县，隶河州。唐高宗永徽六年（655），移县治于黄河以北，改隶廓州（治化隆群科）。以后吐蕃强盛，遂控制黄河南部。于高宗仪凤二年（677），循化复为唐积石军（治贵德）辖地。唐玄宗开元三年（715），唐将哥舒翰在今循化东清水乡置镇西军。开元二十六年（738），鄯州都督杜希望发兵夺吐蕃在此地黄河上所造的盐泉桥后，筑盐泉城（今循化城），置镇西军。后又为振威军、曜武军地。

古什群村从元代开始受尕楞仁吾村香雷卡囊索管辖，明代时受撒拉族韩土司和尕楞香雷卡囊索双重管辖，清代一度列为撒拉八工之查汗都斯工范畴，除了宗教信仰上

◎岩古录拱北 （侃本 提供）

与查汗都斯工 3 个撒拉族村落不一样外，其他如税收、剿匪、防御、统筹劳动、参与政府调遣，都要和查汗都斯工步调一致。在古什群村后人的调研中，曾经听到一条非常奇特的口述："乔亥多之土官光子之时，随其降妖。"乔亥多，今查汗都斯地方方言名称，在撒拉语和藏语中语音相近，都同指一个地方。"乔亥"在汉语中有多种称呼，如蓬蓬草、水蓬、灰蓬、沙蓬、旱蓬，在甘青当地汉语方言中叫"落落蓬"者多。"光子"是否指撒拉族下四工世袭土千户韩光祖，"随其降妖"是否指随土千户韩光祖到某地平叛或打仗，我们暂时无法得出明确的答案。不过，这两个藏族村落与查汗都斯工 3 个撒拉族村落长期交往中建立了很深的情谊，有福同享，有难同当，手足情深。民国后期两个藏族村落脱离查汗都斯工，迁移至尕楞地区后成为尕楞部落之一。当年他们无奈之下搬迁之际，撒拉族"许乎"们带着牲口来帮他们搬家，他们之间的亲密关系无法用一两句话来概括，至今仍然来往频繁。

古什群村在宗教信仰上一直属尕楞雷吾寺的香火部落，村落最盛时有150余户，分属于十几个部落。古什群村地处偏僻，交通不便，信息闭塞，历史上经常受不明劫匪袭击，特别是清同治年间受到一次大的劫难，从此一蹶不振。马步芳家族统治青海时期，为躲避繁重的兵役，青壮年纷纷出逃，在这样的背景下人员流动频繁，最后剩下40余户，四个部落，即马果部落（ma mgo tsho ba），古什群村历史最悠久，也是最大的部落，古什群村头人大部分出自这个部落；上鲁加部落和下鲁加部落（loau rgyal tsho ba），与尖扎昂拉八庄之鲁加（当地人称李加村）、本县北庄鲁加（当地人称洛尕村）、甘肃永靖县鲁加（当地人称洛家屯）是同根异源关系，历史上一直互相来往；廓洛部落（vkhor lo tsho ba），与同仁瓜什则阿哇部落有血缘关系，属尕楞央曲寺香火部落。古什群村村民信奉藏传佛教宁玛派，传承门浪法门。村中央有山神阿尼夏吾的纪念塔。

东四古村（青海省档案馆所存清代循化厅档案资料中均写成东素古庄，并且与其相关的档案资料有好几条）原村落位置在查汗都寺乡大庄村以西，古什群村以东，尕楞乡曲卜藏村以北地区，这一带藏语叫"赞卜乎"（zam vbig）。过去这里大部分是荒地，东四古村在这块荒地里放牧，在靠近黄河边有一小块农田。"赞卜乎"在藏语中是搭桥之意，也可以延伸为搭桥的地方，这个桥指的就是专门为黄河搭桥。吐谷浑搭建的黄河上游第一座"握桥"，后吐谷浑归附吐蕃，吐蕃王朝在唐时东进，古什群包括循化等地属于吐蕃，故后期吐蕃在唐宋时期在此地比较活跃是正常的。

东四古村的历史和古什群村相当，但他们的身份比较固定，就是专为黄河搭桥，或专门负责往黄河两岸运送货物。宋代唃厮啰时期他们就在这里生存，与河对面的甘都阿河滩古城里的人遥相呼应，参与唃厮啰王朝的军事行动。

东四古村最盛时约200户，8个部落，3个头人，宗教上属于尕楞央曲寺的香火部落，村民祭拜的家神主要以吉祥天母和旦坚佛居多。清同治年间，甘青地区连接不断的社会动荡，对这个村落影响特别大，因他们地处黄河木桥的必经之地，来往劫匪顺手牵羊，再加上土匪经常出没，弄得地方人心惶惶。从此以后大部分村民陆陆续续流落他乡，主要迁移地除尕楞东四古村外，还有黄河对面的甘都等附近地带，远在共和廿地乡、贵南沙沟乡、兴海大河坝乡、同德巴沟乡等地的农区都有他们的身影。迁移后只剩下80余户，有4个部落：索南怀（bsod nams dbal）、夏斯（xa zug）、盖光（sgar gong）、尼香（nye zhing），其他4个部落的信息至今未能打听到。

清代康熙年间扬名安多东部地区的大学者东四古·多德嘉措是东四古村人，他曾在甘都寺、佑宁寺、拉卜楞寺等地拜师求学，与甘肃拉卜楞寺第二世嘉木样活佛（1728—1791）同时期人，在第二世嘉木样活佛的各种著述中曾经几次提到过他。有些学者把他和湟源县东科尔寺第四世东科尔活佛多居嘉措（1621—1683）相混淆，多居嘉措是甘肃武威人，而多德嘉措则是当地人。多德嘉措曾经著书立说，名扬一方，但这些信息只有在第二世嘉木样活佛等的著作中才能看到点滴信息，据当地人说多德嘉措的著作在同治年间损毁，如今唯有他撰写的《山神阿尼夏吾的赞颂词》仍然在民间广为流传。其后，又有两位学者先后诞生在这个村落里，一个叫格西阿克达拉（dge bshes A khu rta ra），一个叫阿克然建巴（A khu ram vbyams pa）。格西和然建巴都是藏传佛教的学位名称，按当时的条件而言，在东四古村四周能授予学位的寺院有同仁的隆务寺、化隆的夏琼寺、湟中的塔尔寺、互助的佑宁寺，还有甘肃的拉卜楞寺，更何况拉卜楞寺当时还属于循化厅管辖。这两位学者在东四古村也很有影响力，尤其是山神阿尼夏吾的祭祀及天葬时不可或缺的人士，但时过境迁，更多信息无法获得。

古什群村和东四古村原本在此安心生活，清末至民国间，社会持续动荡，他们接连遇到了各种前所未有的困局。1922年4月，马麒遣使在古什群峡原有木桥的基础上将木桥进行改造扩建，当地两个藏族村落出工、出力，从此交通更加畅通了，通过黄河木桥来回走动更加便捷。马家军的部队经常通过此桥往临夏、甘南、循化一带频频换防，马步芳也时不时从甘都公馆带着部下，荷枪实弹到古什群峡岩古录神山附近狩猎，当地人敢怒而不敢言。

1935 年夏，来路不明的烈火烧坏了古什群黄河木桥，马家军归罪于当地两个藏族村落。因两个村落经常通过此桥驮运庄稼、柴火、野草，烧坏木桥的事跟他们脱不了干系，但经过一阵调查后没有找到证据。不久再次修复木桥，当地人再次出工、出力。与此同时，马家军在木桥附近安置一个军营，名义上是守护木桥，实际上是盘查过往行人，时不时地收过桥费，虽与当地村落矛盾不断，但没有发生大的冲突。

1936 年马步芳任青海省政府代主席兼西北"剿匪"第二防区司令。他不遗余力地阻击红军西进，在河西走廊给红军造成了巨大的伤亡。1938 年，马步芳任青海省政府主席，在原来的基础上此地又多了一个军营，同时在循化地区全面推行兵役制度、保甲制度，古什群村和东四古村设一个保，两个甲。古什群村的第一位保长是干保志斯（Rgan po vbru sil），第一位甲长是样果赛纳（Gang skor ser nag），东四古村的甲长姓名无法打听。干保志斯是古什群村头人的儿子，在未任保长之前，他还有一个身份是古什群峡口打捞队的负责人，主要负责打捞从黄河上游漂流下来的木料等，甘都马步芳公馆的木料就是他们打捞上来的。古什群峡口在《循化厅志卷二·关津》记录为："古什郡庄渡，在厅治西五十里。"其以下还有伊玛目、草滩巴和清水湾打捞队，这几个打捞队分工明确，团结协作。干保志斯是一位非常精明的人，深得民国循化县县长的赏识，他不仅与苏志村的撒拉族阿訇关系密切，还与伊玛目村的头人韩狮子保等也有很深的关系。伊玛目村与夏河拉卜楞寺有很深的商业往来，每年秋后他们把新鲜粮油驮运到拉卜楞寺，往往和古什群村的干保志斯结伴而行，干保志斯在一路上既可以充当藏语翻译，也可以了却他到拉卜楞寺朝拜的心愿。

1938 年下半年，马家军在赞普乎一带又安置了一个军营，这个军营安插在古什群村和东四古村的田间地头。从此以后，这两个村落的又一个噩梦开始了，首先军营不允许他们种地，切断他们的水源。士兵们经常荷枪实弹到村里公开抢劫，大到牛、羊，小到食物，甚至连柴火都抢，村民与士兵经常发生各种摩擦，甚至还酿成了人员伤亡事件。两个村落的村民无法忍受类似野蛮行径，联名向县政府控诉过几次，但政府也无力管控部队上的事，只能放任自流。东四古村无法在此安居，往南迁移至离尕楞曲卜藏村3公里的地方，至今在他们原来的村落某些残垣断壁依稀可见。

1939年3月，马步芳将被俘红军战士400多人组成"工兵营"，押解到赞卜乎一带，在原古什群村和东四古村的地盘上垦荒。在短短几年间，累计开垦荒地1700余亩，修木制水车5架、建住宅围墙60处、学校1所、水磨2盘及街道和清真寺，有160多人死于非命。循化撒拉族作家马明全的长篇报告文学《红星照耀黄河》，原原本本地再现了西路军战士押解到循化后，沿黄河南岸从事伐木、垦荒、修路、建房等苦役的悲惨经历。李文实《撒拉八工外五工》："解放前，马步芳开渠引古什群峡水在查汗大寺赞卜亥滩开垦水浇地有百余亩。移周边一带农民定居，解放后开黄丰渠，从古什群峡引黄河水，查汗大寺、苏只等村荒地尽垦，不仅广种小麦，而且瓜果满园。"

1940年，古什群村村民不堪其辱，无心留居此地，继东四古村的后尘准备迁移。此时，尕楞比塘村及时伸出援手，划出了一块空地安置了他们。古什群村约40户中17户人家迁移到这块地方，就是今天的拉龙卡村，当地人也称古什群卡，5户迁移到曲卜藏村，4户迁移到东四古村，有迁移到合然村的，也有迁移到甘都的，其他迁移到尖扎，剩余迁移到贵南沙沟，都是以投奔亲友的方式离开了此地。他们的后代至今仍然在叙述着祖辈们的活动轨迹，每年定期到岩古录来祭祀他们的山神。

古什群村搬迁时，将村落里的房屋等能搬迁的基本都搬走了，唯有水磨房和榨油坊留给了后人，还有村落中央的阿尼夏吾纪念塔无法搬走，并托付后人代为看管，等落脚后再想办法搬走。1958年，佛塔主体部分被毁。

古什群村原有两户马姓回族，祖籍是临夏大河家人，他们常年在甘都、查汗都斯一带以做木工为生，也会干铁匠、石匠的活，曾经多次来藏族村落干活，久而久之与当地人混得非常熟。经过村民商议将两户马姓回族安置到村里，划了一块地皮给他们，因为村里需要这样的手艺人。古什群村的嘛呢房扩建和新修水磨、榨油坊都是这些手艺人干出来的，后来藏族居民迁移的时候，这几户马姓回族没有选择迁移，而是继续留在原地。在有些资料上说，藏族迁移后马步芳安置了多名自己的亲信来到这里。

东四古村不同于古什群村，这个村落主营畜牧业的同时，兼营小块农田。他们的农田与古什群村农田挨在一起，共用一个水渠。东四古村比古什群村早3年整体往南迁移至离尕楞曲卜藏村3公里左右的地方，这里一直是他们的畜牧地，村名仍然叫东四古村。现在的村落不到20户，他们迁移的主要原因是要在他们的地盘上安置西路军战士，在这里垦荒。

1949年8月，循化县行将解放之际，守卫古什群黄河木桥的马步芳士兵得到指令，用一把大火烧毁了木桥。第二天，解放军的先遣部队到达此地，在原未完全烧毁桥墩的基础上，用最短的时间修了一座简易木桥，供解放军过黄河用。解放后进行了几次整修，1970年10月28日伊玛目黄河大桥建成通车，从此后古什群黄河木桥逐渐被人们遗忘。

二

古什群峡内有两个主要景点，一个叫岩古录（也有写成庵古鹿的），一个叫曼古录，在藏语中是上面坡和下面坡的意思。岩古录即上面坡，山坡上有古什群、东四古和尕楞秀日村等共奉的山神阿尼夏吾。沿着岩古录山路爬到顶就是尕楞乡秀日村，秀日村及仁吾村、宗占村，岗察牧区，同仁藏族一般沿这条山路来祭拜山神。从岩古录再往上走一点有另外一条山路可以通到宗务村，马步芳攻打宗务村时，走的就是这一条山路，因为宗务村盯防的是从仁吾村到宗务村的这一条大路，而马步芳的部队突然从山路出现，把他们打了个措手不及，宗务村损失惨重。

秀日村东面的尕楞乡其他村落的人沿着曲卜藏，现东四古村，直插过来有一条山路通到岩古路。文都乡及道帏乡一带的人沿着查汗都斯黄河边这条路到岩古路来祭拜阿尼夏吾山神。黄河北面的化隆藏族及尖扎藏族，还有共和、贵南、兴海、同德农牧区的藏族经过甘都，古什群木桥直达岩古路来祭祀阿尼夏吾山神。

曼古录即下面坡，在古什群村黄河北面，与阿尼夏吾山神隔河相望，它们之间的垂直距离有六七公里。这里是过去古什群和东四古两村，还有甘都部分藏族村落的天葬台，附近有拉什则插箭台，其不远处的沟口有一小型寺庙。沿着山坡上去是化隆县德恒隆乡，如今这条山路很少有人走动，但过去的天葬台和寺院遗址依稀可见，拉什则仍有甘都藏族插箭祭祀。

当年，马步芳军队在此扎营后，军营里的士兵时不时用枪射杀天葬台的老鹰，从此天葬台的老鹰四处逃散，天葬台就此废弃。不久，古什群和东四古村迁移，此后与岩古录相对应的地名曼古录渐渐被人遗忘，改革开放后尕楞乡拉龙卡村和东四古村的部分老人时不时地来到自己的故土，清理杂草，在原天葬台的石块上煨桑，以示对故土的怀念。

三

民国时期，古什群村藏族村民迁移不久，没有选择迁移的马姓回族接纳了从临夏逃难来的十几户回族落户到该地，在此基础上从积石镇草滩坝、查汗都斯的苏志、大庄、街子的塘坊和化隆甘都等地撒拉族和回族散户也陆陆续续落户到这里，渐渐形成了一个崭新的村落，村落名称仍然沿用古什群村。

当藏族迁移户发现自己的故地被外人慢慢吞噬，遂组织人员前来交涉，官府也派人过来调查。三方聚在一起商讨此事，最后官府认为藏族迁移已成事实，临夏人落户也已成事实，但临夏人落户此地既没有向官府通报，也没有向原住户支付任何费用，且享受着前人的庄廓、田地、草场、水磨、榨油坊等，应该给以适当的补偿，于是原住户象征性地拿到一笔补偿款，回去修建了拉龙卡村的嘛呢房。这件事虽然这样平息了，循化当地藏族来岩古录祭拜山神没有遇到问题，但后来循化以外的尖扎、同仁、化隆一带的善男信女到岩古录祭拜阿尼夏吾山神时，却遭到了当地新住户的阻挠。官府出面先后进行三次裁定，第一次认为岩古录是藏族山神阿尼夏吾的栖息地，是藏族人民祖祖辈辈流传下来的，无论是境内的还是境外的藏族都不能被阻止前来祭拜。第二次却认定岩古录已成老新教（伊斯兰苏菲神秘主义）拱北，藏族信徒尽量不要去那里，以免造成不必要的误会，但无法阻止藏族信徒前来祭拜。到了第三次，官府在了解前因后果的基础上终身裁定,藏族民间山神信仰和回族老新教（伊斯兰苏菲神秘主义）拱北信仰在岩古录可以同时并存，因为两个教门历史脉络不同，信仰的核心内容不同，祭拜的方式、方法不同，如果互相谅解，可以同时并存，并不影响彼此。从此以后，这两个不同的教门在这个悬崖峭壁上同时存在了下去。

山神信仰和拱北信仰经过了几十年的磨合后，终于形成了某种默契，互不干涉，和平共处。按藏族民间山神信仰来说，只要有山神依附的山就可以，不需要建殿或厅，善男信女对着山神磕头、转圈、煨桑、插箭、烧香、求缘、抛风马旗、挂经幡即可。历史上古什群、秀日和东四古等村每年定期来此地祭拜山神，而其他地方的善男信女可根据自己的需求来祭拜，或几年一次，或一生一次都可以。

1958年以后，随着宗教改革的进一步深入和"文革"的到来，各族信教群众在宗教仪式和规模上有所收敛。在岩古录山坡上既没有寺，也没有庙，藏族对山神信仰和回族等对拱北信仰都在私底下悄然进行。民间的这种行为政府是无力管控的。直到改革开放以后，在民间爱心人士的资助下，今岩古录山坡下修建3间过亭，供穆斯林信徒礼拜静修。后又在距拱北东向修礼拜间。1985年3月1日拱北动工重建，1986年秋竣工。重修后的拱北更加牢固，规模空前，造型美观，攀缘方便。拱北为八卦亭，修建在1500米高的悬崖峭壁上，亭基半悬于凌空，亭体用铁链系在悬崖上，惊险异常。亭内有木制的墓庐，墙上悬挂有各处穆斯林赠送的匾额及诗词。

藏族迁移后的后古什群村以回族、撒拉族为主，从1940年至1948年时村落初具规模，约30户。1949年循化县解放后，古什群村正式记录在册，隶属循化县苏志乡。

1958 年更名红旗公社，1961 年更名查汗都斯公社，1984 年再次更名查汗都斯乡。2000 年，公伯峡水电站正式开工建设，4 月库区移民安置在查汗都斯乡原良种场一带，建古什群移民新村，安置古什群村 408 人。

此时，原村落里的马姓回族，通知尕楞乡拉龙卡村，原佛塔遗址即将被淹没。拉龙卡村随即联系比塘、和然、建设塘、曲卜藏、秀日、东四古等村落，7 个村落的青壮年男子牵着马、骡子等，到原址将山神阿尼夏吾纪念塔地基挖开，将土方、石块、木料等全部驮运到东四古村西北部山坡上，与原佛塔遗址直线距离约 3 公里。在同仁隆务寺卡索活佛的主持下，在此新建一座山神阿尼夏吾纪念塔，将驮运过来的所有土方、石块、木料填埋在新佛塔里。这座新塔所选地址非常奇妙，这里既能看到原佛塔遗址，也能看到阿尼夏吾神山的修行洞。

四

综合各种文献，大概在唐宋年间，一位叫阿其达（也有写成阿子达）的中印度比丘僧，与众多僧人先后踏足青藏高原腹地。为什么这么多印度高僧到青藏高原呢？印度佛教从公元 10 世纪开始内外交困，11 世纪末和 12 世纪初走向末路，这些高僧无力应付局面，于是选择向四处避难，有的直接到了青藏高原。他们当中既有印度那烂陀寺赫赫有名的大学者阿底峡（Atisa，982-1054）大师，有出任过萨迦班智达师傅的迦湿弥罗班勤，有相传出任过格萨尔王师傅的米底大师，有默默无闻的查拉大师，后两位曾经踏足过通天河流域，最后来河湟地区弘法修行。来自基拉特的盘唐哇大师，沿黄河谷地来到甘肃永靖县洛家屯修行，明代时又有一位盘唐哇，随祖师爷的足迹再次踏足洛家屯，终其一生。还有好几位这样的大师沿着这条路来到河湟谷地，或修行，或传教。

比丘僧阿其达的最后落脚点是旦斗寺，他的修行洞至今仍然在旦斗寺保存完好，《旦斗寺志》《安多政教史》《晋美丹曲嘉措文集》《才旦夏茸文集》等从不同侧面记载了比丘僧阿其达在此修行历程。除了旦斗寺以外他还在附近的石窟中进行了修炼，其中古什群峡的岩古录石窟也是他的主要修行点之一，在这里他收了一位徒弟叫夏吾。夏吾一生服侍比丘僧阿其达，终因得道成仙，后人将其封为山神，称阿尼夏吾，岩古录山是其封山神的地方。从众多民间口述中得知阿尼夏吾山神头戴白色毡帽，身披白色斗篷，骑着白马。嘉毛华旦大师于 1735 年左右在尕楞乡合然寺弥勒佛殿壁画中所绘的阿尼夏吾塑像至今仍然清晰可见。阿尼夏吾背倚橘色祥云，头戴白色毡帽，身披青色上衣外有橘色豹纹披肩，骑黑灰色马，右手执红缨枪，左手执宝贝，肩挎箭袋，白色圆脸，眉清目秀，儒雅慈祥。《阿尼夏吾的赞颂词》中记载，山神阿尼夏吾为八地菩萨，居士之身。

目前，有关山神阿尼夏吾的文字记载，除了上述的《旦斗寺志》等资料中顺带性的提到外，主要有康熙年间东四古村人多德嘉措撰写的《阿尼夏吾的赞颂词》，17 世纪豆合给活佛撰写的《山神阿尼夏吾颂词》等。另外，支扎寺寺主夏玛尔班智达·根敦丹增嘉措（1852—1912）的传记等中也有零星的记载。

关于拱北按伊斯兰教相关的资料解释，"拱北"是阿拉伯语音译，原意为拱形建筑物或圆拱形墓亭，意为"先贤陵墓""圣徒陵墓"。后专指苏菲派在其谢赫、圣裔、先贤坟墓上建造的圆拱形建筑物，供人瞻仰拜谒，称为"拱北"。

据说岩古录拱北是伊斯兰教一位贤者显迹的地方。说在 300 年前后，有位伊斯兰苏菲贤者在循化一带传教，脚跨黄河两岸，用汤瓶舀水洗小净，他去世后在峡口中山顶险要处修建纪念寝陵。在显迹之处，即石岸平台上修八卦形拱北，内设墓庐，俗称"拱子"。此后，穆斯林常到此处念经聚会，或静坐修身，逐渐参拜者众多。后来在岩古录拱北脚下平坦处修建了一座清真寺，供穆斯林群众礼拜。为了更好地管理"拱北"，由查汗都斯工所属的大庄、中庄、下庄三村每年轮流分别派出 3 名、1 名、2 名管理人员长期轮流驻守保护管理。后来政府要求大庄村在岩古录拱北脚下黄河边开垦土地，种植农作物，移民十几户人家在此定居，逐渐拱北的管理由他们负责至今。

贤者脚跨黄河两岸舀水这个传说，藏族和回族、撒拉族有一致的说法。这段美好的故事永远流传在各族人民中间，让循化各民族间的"许乎"关系代代相传。

关于岩古录拱北方面的文章我见了很多，其中贾伟、李臣玲、张海燕3人合写的论文《分歧中的和谐——奄古鹿拱北的人类学调查》和周拉、夏吾交巴、炬华3人合写的论文《共享和谐——青海省循化县多民族、多宗教共同信仰阿尼夏吾神山现象分析》，从学者的视角探讨了藏族山神信仰和回族拱北信仰之间彼此了解、相互尊重、求同存异、和谐共处的过程，总结得非常具体、客观。

五

在与山神阿尼夏吾相关的众多民俗活动中，尕楞乡古什群村和东四古村、秀日村、曲卜藏村一带早年一直流传着一种古老傩舞，即祭祀山神的神舞，藏语称拉什则，汉译为跳神。

"跳神"在同仁和循化一带的古老村庄基本都有，这种民间祭祀神舞在法师的带动下，众多年轻人左手持鼓，右手持鼓棒，边击鼓边跳舞来祭祀山神。这几个村落的法师都是山神阿尼夏吾附体，在他的带领下有节奏地跳动。人数少则十几人，多则二十几人，没有严格的设定。表演时间一般在春节进行，有时夏天也可以进行。在这几个村落里，与跳神相伴、相随的另外一种古老傩舞——虎狮舞，是一个非常奇特的民间活动。

后来古什群村和东四古村从黄河边迁移到尕楞乡后，东四古村将跳神和虎狮舞断断续续地保留了一段时间，而古什群村迁移到拉龙卡后，再也没有将跳神和虎狮舞活动维持下来。唯有曲卜藏村将这两项活动一直延续到2000年左右，而秀日村将虎狮舞弘扬传承，目前已列入省级非遗项目。

虎狮舞中的主要角色为老虎和幼虎、狮子和幼狮4个，还有驯虎师、驯狮师。驯虎师和驯狮师实际上是猛兽引导员，肩扛猎枪和弓箭，与虎狮同台登场，协同表演。据说过去还有一位表演者叫"阿杂热"，他是第一个登场，负责耍棍子，角色与孙悟空等同，受到小孩子们的青睐。

据了解，在国内狮子与老虎同台出现是非常罕见的，一般耍狮子的地区不会再有老虎舞的出现，同理有老虎舞的地区也不会有耍狮子的出现，但是在循化孓楞地区一直流传着这样一种奇特的傩舞，而且还与山神阿尼夏吾的祭祀密切相关。

我本人先后去过岩古录 4 次，第一次是 1978 年暑假，陪熟人去岩古录朝拜山神，夜宿古什群村熟人家，那时岩古录山上和山下都没有任何建筑。第二次是 1987 年，那时山下有礼拜店，山坡上的亭子也建起来了。后两次是公伯峡水库大坝建起来以后去的，为了完成调研的任务，先从码头坐船到山脚，然后顺铁链一步一步爬上去的。每次去都能碰上撒拉族、回族、藏族兄弟，大家各拜各的互不影响。如果在山坡上遇到老人，都争先恐后地去拉一把、扶一把，大家有说有笑，互相询问来自哪里，山下有几间房子，可以住宿歇息，也可以在此用餐。一到这里，撒拉族阿娘立即端茶、端馍馍，还有鸡肉、羊肉。等吃完了象征性地给点饭钱，如果你手头拮据也可以不付钱，我去的次数多了心里早有数，每次按人头给个 100 块钱左右，他们在人迹罕至的地方开店非常不易，但他们从来不会催要饭钱，都是自觉行为。从临夏、民和等地远道而来的一般提前打电话，告诉他们有几个人，需要宰一只羊。他们通知附近东四古村的藏族放牧员，放牧员按约定的时间把羊赶到岩古录附近让他们挑选，羊的价格一般低于市场价，但他们之间从来不砍价，撒拉族给多少钱，藏族就收多少钱，这应该是信任的力量吧！

如今，岩古录已成为循化县非常出名的旅游景点之一，每年农历四月十四为拱北先贤纪念日，回族、撒拉族信徒到此诵经、礼拜、静修。而藏族善男信女也在该月十一、十三、十五这三天选择一天来此地祭祀山神，一般十一这天人比较多，这天旦斗寺也有相应的祭祀活动。这几天远道而来的信徒们从各地纷纷到此祭拜、烧香、求缘。另外，在岩古录山顶由秀日村分别在农历五月二十一和六月二十二对山神进行插箭祭祀，届时有虎狮舞表演、民歌传唱等活动。岩古录山下是拱北峡发电站，高大的拦河坝、宽阔的人工湖，游客置身于此，欣赏壮美的山河风景，感受厚重的文化底蕴。

在岩古录很难见到因宗教文化的异质而相互纷争的现象，人们见到的往往是一派和谐景象。这种现象给我们一个示范：不同的民族文化和民族宗教是可以和谐共生的。岩古录现象所蕴含的文化意蕴和现实意义，对多民族、多语言、多文化、多宗教的和谐共处具有现实意义。

七

藏乡今昔

道帏——青海最东部的藏族乡

侃 本

道帏概说

道帏位于循化县东南部，是青海东南方向的大门，也是青海省最东部的藏族乡，距县府26公里。"道帏"在藏语中有好几个意思，其中以"石头帐篷"最为著名，因境内宁巴村下部田间地头有块酷似帐篷的巨石而得名。"道帏"的藏语全称是"道帏塞毛疆"，翻译过来就是"道帏紫金川"，因其四周地貌均为金黄色，故文人学士取了一个非常文雅又有诗意的地名。道帏还有一个汉语地名叫起台沟，最早见于明代《河州志》，先后出现乞台、七台、旗台、起台等，均是不同时期的写法。无论是藏语地名道帏浪哇，还是汉语地名起台沟，均指的是达力加山以下至黄河沿岸以上这条狭长的沟。如今随着社会环境的变迁，道帏特指道帏藏族乡。

明太祖洪武四年（1371），随着河州卫的建置，其四周又设置24关，道帏正好地处河州卫与积石关之间。万历年间在道帏地区设立起台堡，屯兵驻守。起台堡的原意是从黄河边至达力加山之间根据地形分7个台级，每台设立小型驿站和烽火台。第一台在大寺古村和瓦匠庄村之间，第二台在张尕村和白庄镇之间，第三台在王家村，第四台在吾曼多村，第五台在古雷村，第六台在贺塘村，第七台在起台堡村。明代《河州志》不仅几次出现"七台"两个字，还有古雷寺在五台关的记载，古雷寺北面的这座山藏语叫"恰当山"，而山背面的积石山县的人称其为"五台山"，正好印证了起台堡最初的地名就是第七个方台上面的军事堡垒，简称七台堡，久而久之相沿成习，称为起台堡。

清代循化厅按"五里一塘，十里一岗"布局，在道帏境内设置贺隆堡塘、多哇塘、洛尔塘等，宁巴岗、吾曼多岗、王家岗等，都与当时的军事设施密切相关。

道帏乡地理位置东与甘肃省积石山县、临夏县为界，南临甘肃省夏河县甘加乡，西南与白庄镇夕昌沟接壤，西北与白庄镇、清水乡孟达村为邻，临平公路穿境而过，循临高速全线贯通，交通四通八达。

道帏乡辖 27 个行政村（其中 23 个藏族村、2 个撒拉族村、1 个回族村、1 个汉族村），34 个自然村，共 3962 户，14604 人。其中藏族 10311 人，撒拉族 3318 人，汉族 619 人，回族 356 人。

道帏乡地处东经 102°39'，北纬 34°40' 之间，平均海拔 2620 米，年平均气温在 3~6℃之间，年降水量 300~400 毫米，雨季集中在 6—9 月，农作物生长期为 180~220 天，农作物一年一熟，适宜农、林、牧经营，是一个以农为主，兼营牧业的地区。全乡土地总面积 606.7 平方公里，其中农用耕地面积 32654 亩（水地 1.3054 万亩；浅山 1.71 万亩；脑山 0.25 万亩）；草山面积 88 万亩（可利用草山面积 84 万亩）；林业用地面积 15.9 万亩（森林 0.1 万亩；人工林 0.32 万亩；公益林 7.5 万亩）。共有主干渠 38 条，涝池 22 座。

多姿多彩的自然景观

道帏地区的景观主要由自然景观和人文景观构成。自然景观方面有云雾缭绕的崇山峻岭、清澈无瑕的高山湖泊、绿草如茵的茫茫草原、郁郁葱葱的苍翠树林、千岩竞秀的地质地貌、高低重叠的沟壑山谷、弯弯曲曲的高山流水等。人文景观方面有金碧辉煌的寺院建筑、错落有致的村落民居、层层叠叠的乡间梯田、寻幽探胜的名胜古迹、四通八达的乡村公路等。

道帏是一个多山的地区，其四周大小不等的山不计其数，但个个山色壮美、风景秀丽。尤其晨曦初照，像含羞的少女，若隐若现；日落西山，余光横照，美不胜收。夏日这些山峰云雾缭绕，雨后天晴的早晚常会出现云海，站在高山之巅俯视，看到的是漫无边际的云层。到了冬季，冰天雪地，主峰的冰雪几乎常年不化。在道帏地区的众多山脉中，尤以东面的东日山、南面的达力加山、西面的贡依山最出名，统称三大神山，依附着各自的历史文化传统。这三座山把整个道帏地区揽在怀里，每一个村庄要么背靠一座神山，要么面朝一座神山。在这样的依托下，道帏人对神山有很强的依赖感，定期到神山所在地区进行宗教祭祀，插箭、煨桑、抛隆达等，祈求神山护佑，人丁兴旺、五谷丰登。

道帏人除了对神山的崇拜外，对圣湖的崇拜也同样不可小觑。定期到达力加仙湖、孟达天池进行宗教祭祀，在湖边煨桑、抛隆达，往湖里投放五谷杂粮，祈求圣湖显灵加持。达力加仙湖又名五山池，又称雾山池，位于达力加主峰之东南，主峰顶的海拔达4800米。池呈圆形，周长500多米，水深10米左右，蓄水量约10万立方米，池水渗漏池外。《西宁府续志》记载：六月积冰，遇旱祷之则雨。五山池以它独特的高、奇、险、神、绝闻名遐迩。

与错落有致的村落形成鲜明对比的是山谷间的寺院，一律红墙、绿瓦、金顶，还有散落在寺院建筑群之间的白色佛塔，相映生辉，汇成奇特震撼的视觉盛宴。说到佛塔当然要说说道帏天然佛塔（又称安多天然佛塔），天然佛塔藏语称"乔丁让迅"，是青海省文物保护单位，是集旅游观光、体验民俗、宗教朝观为一体的旅游景点。整座佛塔为方形土丘，好像盛满青稞的斗，其边长约50米，塔高18米，占地面积约2500平方米，体积约45000立方米。

道帏最好的季节是夏天，这个时期高山草甸绿草如茵，漫山遍野的雪莲花、杜鹃花、格桑花、羊羔花、铃铛花、八瓣梅等芳香扑鼻，沁人肺腑，令人陶醉。在川水地区绿树成荫，麦浪翻滚，瓜果飘香，农民们沉浸在收获的喜悦当中。闲暇时，人们成群结队地走出户外，在树林里、草滩上、田间地头享受着夏日的生活。

伴随着夏日的凉风，各种民间民俗活动也纷至沓来。道帏的每个寺院都有宗教节日，每个村落也有相应的宗教法事活动。这期间最主要的活动是阴历六月十五的道帏拉则节和阴历六月初十的道帏上部张沙、起台堡、贺龙堡、贺庄、比仑村等为主的达力加拉则节，其间有歌舞表演、拉伊对唱、篮球比赛、赛马展示等，所有村民均穿戴节日的盛装，从四面八方赶来享受夏日的盛会。

源远流长的历史文化

综合资料分析，在先秦时期，甚至更早一些时期，这里便是古羌人活动地带，是河湟羌人出没之中心之一。在这里出土了马家窑文化及卡约文化阿合特拉类型的文物数件。到了唐代，史料文字记录越来越多，如《敦煌本吐蕃历史文书》"及至羊年（高宗显庆四年，公元659年）达力加莽布杰于东日湖一带与唐苏定方交战"的记载。

达力加莽布杰是吐蕃守边将领，长期在河湟地区驻军，莽布杰是他的官职。公元659年，他就在孟达天池与积石峡关一带，与唐将苏定方交战而亡。其后，达力加莽布杰的继任者江嚓将领丹巴西合道和朝嚓将领交噶达尔吉被派遣到达力加山一带换防，他们利用达力加山与积石峡的天然屏障，与唐军进行了几次规模较大的战役。

此后，又据《安多政教史》的记载："及至赞普热巴巾时，玉嚓将领三兄弟从化隆巴燕，换防到东日山一带，后迁至卡加措周（甘肃省夏河县境内）一带。"

随着唐蕃对垒的加剧，从各地来这换防的军民一波又一波，这些虽然没有详细的文字记载，但与其相生相伴的宁玛派的宗教教职人员的记载在各种文献资料中却经常能看到，道帏地区的宁玛派家族中大部分有这方面的口述史，而且历史脉络、文化信息都比较清晰，值得信赖。

公元 845 年，末代赞普乌东赞（803—845，俗称朗达玛）因灭佛，激起信佛僧俗的极度仇恨，后遭到拉浪·华吉多杰的刺杀。为了躲避追查，拉浪·华吉多杰远逃至今孟达天池一带隐居修行。与此同时，西藏三贤者也来到丹斗寺修行，加入村的喇青贡巴热色（952—1035）拜其为师。

宋代唃厮啰（997—1065）时期，在道帏地区不仅修建了城堡，而且又有了新的地名。《宋史·地理志三》曰："循化城，旧名一公城，别见'河州'。东至怀羌城四十五里，西至积石军一百余里，南至下乔家族地分一百余里，北至来同堡六十五里。安疆……南至循化城一百一十里，通津堡……南至循化城一百三十里。"这里的循化城，便是宋代的循化城，地点就在道帏乡境内，道帏当地方言称其为"开那号"，意"黑城子"。因是唃厮啰政权的发祥地，而闻名一时。

又据《续资治通鉴长编拾补》卷二十二载："十一月，郎阿章领河南部族寇来宾、循化、安疆寨，洮西安抚李忠战殁。至厚遣刘仲武、潘逯统兵救之，遇贼骨延岭，后鏖战大捷，解循化城之围，首领瓦拶出降，余城寨兵皆败走。"据《青海古城考辨》的研究，这里的循化城就是指坐落在道帏地区的黑城子，旧名一公城，或叶公城、榆古城；安疆寨是指今白庄乡张尕塌城，骨延岭便是今甘青交界的达力加山。

据青海省文物考古研究所发掘的资料显示，2017 年，青海省文物考古研究所与循化县文物管理所联合对黑城子城址进行了抢救性发掘。实际发掘面积 5560 平方米，清理出房址 4 座、灰沟 13 条、灰坑 137 个，出土陶器、瓷器、铜器、铁器、石器、骨角器及漆木器等 400 余件。循化黑城子遗址是青海省第一座经过考古发掘的宋金时期驿站遗址，首次发现了一批宋代耀州窑瓷器。这是青海首次发现具有明确地层的瓷器，为研究宋金时期的交通、邮驿制度等提供了较为丰富的实物依据。

元代根据《元史·百官三》等的记载，循化地区属吐蕃等路宣慰使司都元帅府，亦称朵思麻宣慰司，治所在河州，是元代设于青藏高原的地方行政机构，受宣政院管辖，

◎道帏的农田 （侃本 提供）

也是其下属 3 个 "宣慰使司都元帅府" 之一。朵思麻宣慰司设置了连接西藏萨迦寺与河州朵思麻宣慰司之间的 27 个加毛（《萨迦世袭谱》记载 "加毛" 是驿站之意），其中一处加毛在道帏。与此同时，萨迦派的寺院、囊索等出现在这里，还有十几个部落有非常明晰的口述史，他们到此地繁衍生息均与萨迦派在甘青地区的立足有关。

明代洪武三年（1370）随着邓愈兵克河州，吐蕃等处宣慰使司都元帅府索南普率部归降，次年河州卫建置，循化地区纳入河州卫的范畴。这时候出现的《河州志》首次将道帏记录成乞台族、乞台五族等。至今，临夏一带的中老年人一直把道帏称起台沟，把起台沟视为临夏的一部分，一说起台沟总觉得有亲切感。

清乾隆二十六年（1761），总督杨应琚奏请将河州同知移驻循化城。次年三月，吏部覆准；同年七月，在循化城内建筑同知衙署，从此称循化厅。乾隆五十七年（1792）龚景瀚纂修《循化厅志稿》8 卷，该书将道帏称为起台族，将道帏地区的村落名称、户数、土地亩数都详细地记录在册。

同时期还有《秦边纪略》《边政考》《西宁府志》《西宁府新志》等汉文史籍及《安多政教史》《拉卜楞寺志》《隆务寺志》《古雷寺志》《张沙寺志》等藏文史籍，各种活佛传等私人笔记均有不同程度的记述，在此不一一赘述。

根深蒂固的农耕文化

道帏乡是循化县地理面积最大的一个乡，这里不仅是循化县的粮食基地，还有全县 2/5 的天然草场。这里的土地肥沃，气候宜人，水资源丰富，凭借得天独厚的地理优势，这里非常适宜种植春小麦、冬小麦、青稞、豌豆、油菜、胡麻、土豆等。

道帏地区从事农业文化历史悠久，底蕴深厚。综合各种史料的记载，宋代唃厮啰时期，这里已经有小规模的农业生产，宋代循化城的食物原料主要为麸麦、元麦、肉类，均产自当地。上文提到的郎阿章领河南部族来寇，既想攻城拔寨，又想抢夺麸麦等食物。不久，西夏人统领河湟地区，在道帏地区原有小规模农业生产的基础上，进行大量的开垦造田，种植农作物。道帏谷地两面的山坡上有很多开垦造田的痕迹，据老一辈人的口述称，这是当年西夏时期遗留的农田。这样的传说在本县文都地区、同仁县的川水地区、贵德黄河两岸、化隆巴燕等地区俯拾即是。这些传说一传十、十传百，很快被宁夏西夏研究学者所关注，后来西夏史研究学者唐荣尧先生踏足这里作调研，将所见所闻记录在他的专著《王族的背影》一书里。再后来银川电视台文化频道栏目、某文化传媒集团等先后派遣记者到青海，特邀我作为学术顾问，再次踏足此前走过的路程。

元代循化地区属吐蕃等路宣慰使司都元帅府，亦称朵思麻宣慰司，是元代设于青藏高原的三个地方行政机构之一，受宣政院管辖。此时道帏地区主要部落已基本形成，这些部落的来龙去脉非常清晰，一部分与朵思麻宣慰司有关联，在道帏谷地负责驿站工作，一部分从事农业，一部分从事畜牧业，还有一部分专门从事宗教祭祀工作。

到了明代，根据《河州志》的记载，道帏地区称乞台沟，当地人就是乞台族，总共有五个大部落，史称乞台五族。河州卫又根据职业分工将从事牧业、住在野外的称野西番，这些人政治上无法管控称生番，向官府交马又称纳马番族。居家从事农业的称家西番，政治上能管控的称熟番。秋收之后，向官府交税，因而又称纳粮番族，乞台五族正好是纳粮番族。

清代，根据《循化厅志》的记载："起台沟西番共五寨大小一十庄，共户一百八十五户，共种水、旱地九百九十段，纳粮一十八石五斗。"

从上述资料中可以管窥道帏地区悠久的耕作史，心灵手巧的道帏人民在精耕细作的同时，总结了农业方面的很多经验。从起初的开垦到选种，再到施肥、播种、浇水、锄草、收割、打碾、存储等，都有一系列完整而科学的程序，每个过程的名词术语非常丰富，如浇水，从初浇到六浇；锄草，从一锄到五锄都有专业术语。各种工具也不例外，如播种、打碾、存储的工具也有相应的专业术语。农耕文化有关的民俗俯拾皆是，播种时间要看良辰吉日，开播有一整套仪式，秋收也有相应的仪式，打碾结束要感谢各种农具，封存各种农具的时候都有相应的感谢仪式。人们在言谈举止中应用的谚语、谜语、口头禅，甚至民间故事都离不开农耕文化。农耕文化自始至终都是在欢快的民谣中完成的，民谣内容丰富，内涵深刻，曲调悠扬婉转，凄美感人，唱出了人生的沧桑和忧郁。

纵观道帏地区的农耕文化，显现出悠久的历史和深厚的文化积淀。所有农耕活动都与丰富的民俗文化交织在一起，既有体力劳动的艰苦性，又有祭祀活动的神秘性，更有载歌载舞的欢快性。这种根深蒂固的农耕文化，在其他藏乡非常鲜见，这就是道帏地区农耕文化的魅力。

农耕文化造就了道帏人，道帏人性格内敛沉稳，思维比较理性，做事稳重踏实。特殊的环境锤炼了道帏人，道帏藏族乡的四周与汉族、撒拉族、回族、东乡族、保安族聚集区接壤，唯独没有和藏族聚集区毗连。从某种意义上来说，道帏俨然成了一个文化孤岛。道帏人经常与四邻的各民族交流、交往，有自己的思考，有自己的观点。元明清以来，整个西北一带地区冲突、民族纷争、宗教纠纷不断，在这样的环境下历练，能独善其身实属不易。农耕文化的内涵是"应时、取宜、守则、和谐"，这八个字很好地诠释了道帏人的处世哲学。

道帏人除了农耕文化外，还有出门务工、经商等传统，这对增加他们的收入，激发他们的潜能，增长他们的视野，积累更多的社会经验都有很大的帮助，缘此这里也出现了一大批商人，他们一直在商业领域努力拼搏，取得了可喜的成绩。

丰富多彩的原生态文化

一般而言，自然状况下生存下来的文化都属于原生态文化。也可以这样理解，原始的、没有被特殊雕琢，散发着乡土气息的东西就是原生态。

特殊的地理环境催生了道帏特色的原生态文化，种类繁多、内容丰富。既有藏族原生态文化的共性，也有特殊环境的地域特性。在此挑几件常见的作一些叙述。

1. "拉什则"

直译过来是"跳神"之意。20世纪80年代初，被青海省群众艺术馆挖掘整理并推向大众舞台，当时取名龙鼓舞。2007年，龙鼓舞被列入第二批青海省非物质文化遗产名录，名称改成"螭鼓舞"。无论是龙鼓舞，还是螭鼓舞，都与其本意大相径庭。当年取名龙鼓舞是考虑到当时的社会环境，与迷信隔开距离，取个吉祥的名字而已，而螭鼓舞则完全是望文生义，有画蛇添足之嫌。"拉什则"是与民间祭祀活动相生相伴产生的一种鼓舞，就宁巴村为例，他们祭祀的是该村山神阿尼吉座，与龙和螭没有任何关联。该村的"拉什则"每年正月初二开始表演，直到后来由专业舞蹈老师进行改编，变成了带有表演性质的鼓舞。随后陆续参加了县、市、省及北京等地的多次演出。2008年被列入第二批国家级非物质文化遗产名录。

道帏地区有"拉什则"或"跳神"活动的村庄除宁巴村外，还有张沙村、拉木龙哇村、王加村，但有些村落逐渐放弃了这项活动。

2. 夏尔群鼓舞

夏尔群鼓舞是贺龙堡、比隆和贺庄三个村独有的民间传统鼓舞，每年农历腊月十五开始表演到正月十五结束。舞者身着传统藏服，脚蹬长靴，项垂护身符，两条彩色缎带交叉披挂于肩上，缎带上拴有数条哈达，右手持鼓举上，左手攥袖上举，排成一列，身体一蹲一起。舞头领舞，其余人紧随其后，一边摆出各式优美的舞姿，一边甩响手鼓，动作缓慢而舒展，古朴而粗犷，具有比较完整的原始舞蹈形态特征。2013

年 11 月，被青海省人民政府公布为第四批省级非遗保护名录。

3. 狮子舞

道帏地区夕冲村、吾曼村、吾曼多村在 1958 年前均有狮子舞表演，改革开放后夕冲村的狮子舞表演恢复了一阵，但后来随着时间的推移逐渐放弃了。狮子舞主要由狮子、舞狮人和狮子饲养员三人组成。主要在春节期间表演，成为人们休闲娱乐、避邪免灾、吉祥纳福的娱乐活动之一。以表演亲昵、憨态可掬为主的文戏和矫健迅猛、虎视眈眈的武戏为主，间有高难度的侧翻滚等表演。舞狮人的表演主要配合狮子，以耍棍子为主，身体要敏捷、利索。狮子饲养员身穿藏袍，肩扛褡裢，始终跟在狮子后面。表演顺序为舞狮人在前面带路，狮子夹在中间，狮子饲养员跟在后面。一到表演场地，舞狮人开始耍棍子，继而狮子开始表演它的技艺，等他们表演得差不多了，在旁边休息的间隙，狮子饲养员来到前台大秀他的口才，内容以春节拜年，吉祥祝福为主。

4. 寺院羌姆

羌姆是寺院宗教舞蹈，汉译为"面具舞""傩舞"等。舞时有鼓、钹、唢呐、长号伴奏。舞者均戴形象各异的面具，身穿各式服装。

羌姆表演时，先举行牲祭仪式（以物代之），器乐长鸣，接着众神和各种动物出场，舞成一圈。其中有凶神舞、骷髅舞、神牛舞、神鹿舞、金刚舞、护法神舞等，一段接一段，每个舞蹈均有特定而丰富的宗教内容。

在道帏地区古雷寺和东那寺以前有宗教法舞，内容各不相同，1958 年以后没有恢复起来。

5. 猎人舞

猎人真名叫贡保多吉，有人写成《贡保多吉听法》，也有将它叫作《米拉日巴劝化记》或《猎人与小鹿》，实际上讲的都是同一个故事，不过是从不同角度给它起了三个不同的名字罢了。故事是说猎人贡保多吉打猎时追赶着一只鹿，鹿跑到圣者米拉日巴跟前求救，米拉日巴即施法教，将鹿调伏卧于座前。接着猎犬跃出追逐，圣者又施法教，劝其不必起追杀之心，在米拉日巴的耐心说教下，最后猎人贡保多吉皈依佛法。这本是一个寺院的宗教小舞剧，但道帏乡多什则村把它巧妙地引进到村里，由村民自己把主要内容进行改变，然后自编自演的一种节目。该剧总共有四位演员，一位演僧人即米拉日巴大师，一位演猎人贡保多吉，另两位演员应该是鹿和犬，但多什则村直接由两个人凑数。剧情内容经过巧妙变化，四个人用对白的形式，表达了或赞颂或讥讽自己身边发生的事，劝导人们敬老爱幼、积极向善、家庭和睦，倡导忠诚等内容，但是随着社会环境的变迁，这种乡村自娱自乐的调侃剧目，终因它奚落、讥讽、挪揄、调侃的特性，失去了受众的关注，自然消亡了。

6. 藏戏

比仑村和宁巴村的藏戏，系拉卜楞藏戏的分支。比仑村的次成和宁巴村的拉吉于20世纪50年代在拉卜楞出家为僧，后来机缘巧合他们两人都参与了藏戏表演。1980年首先由比仑村出演了藏戏《松赞干布》，接着又相继出演了《阿达拉木》等剧种。1982年，宁巴村则出演了《智美更登》，接着又相继出演了《卓哇桑姆》等剧种，在道帏地区很受老百姓的欢迎。

7. 其他

道帏地区还有很多形式多样的原生态文化，如各类祭祀仪式、婚丧嫁娶、劳动仪式、房屋建造、节日习俗等。如今随着社会环境的变迁，很多原生态文化仪式逐渐消失在人们的视野中。

成绩斐然的文化教育

道帏地区人杰地灵，名家辈出，文化教育硕果累累。历史上这里既有汉文化为主的儒学教育，又有藏文化为主的寺院教育，更有多元文化背景下的现代教育。下面按顺序依次介绍：

1. 寺院教育

道帏的寺院教育造就了一大批学者，大部分都是从道帏起步，然后进入甘肃拉卜楞寺或湟中塔尔寺，最后进入西藏三大寺进行深造，成为高僧大德。据不完全统计，道帏历史上先后出现过近10位拉仁巴、3位阿仁巴、2位多仁巴、2位毛兰然尖巴，还有2位宁玛派班智达。

其中最为著名的是一代高僧、佛学泰斗喜饶嘉措大师。他是中国佛教界一位卓越的领导人，一位伟大的爱国主义者。他为反抗帝国主义侵略，反对西藏上层反动集团的分裂活动，维护祖国统一和领土完整，加强民族团结，增进各民族间的文化交流和相互了解，保护和发展民族文化事业做出了不可磨灭的贡献，成为藏传佛教界爱国爱教的光辉典范，被毛泽东、周恩来等同志多次赞誉为"爱国老人""藏族学者"。对于喜饶嘉措大师在促进民族团结、维护祖国统一等方面卓有成效的努力和贡献，党和人民政府给予了高度的评价。

2. 儒学教育

道帏的儒学教育主要集中在起台堡村，该村于明万历年间形成，居民以汉族为主。资料显示，清道光三年（1823）起台堡村有一处私塾，邓氏家族开班，学房三间。民国初年，在这所私塾的基础上开办了一所小学，起台堡村的文人学士大部分先在这所私塾或小学里打好基础，然后走向临夏、兰州等地不间断地求学。起台堡村出来的众多文人学士中，最出名的属邓氏六杰和韦氏三杰。起台堡是循化县最早开展现代教育的地方，这得益于"邓氏六杰"之一的邓富。邓富是光绪乙酉年科考中的武拔贡，很早就在起台堡创办了一所小学，让起台堡村的孩子们能够读书。邓富的弟弟邓宗，是甘青地区最早加入同盟会的人，也是甘肃教育事业的先驱。邓富的女儿邓春藻和邓宗的女儿邓春兰是新文化运动的女性领袖和倡导女性教育的先驱者。邓春兰在五四新文化运动中，为中国大学解除女禁奔走呼喊，成为我国第一批女大学生。邓宗的大儿子邓春膏，1928 年从美国芝加哥大学获教育哲学博士后回兰州从事教育工作，曾担任兰州大学校长。邓宗的二儿子邓春霖，也在 1931 年从美国获得博士学位，但可惜的是他英年早逝。邓氏家族是我国教育史上的一个里程碑，为我们谱写了光辉的一页。据调研得知，过去为数不多的起台堡人到附近的藏传佛教寺院去学习藏语，但成功人士寥寥无几，而当地藏族人到起台堡学汉语者却大有人在，其中不乏成功人士。

3. 宁玛派的民间教育

在藏传佛教宁玛派的传承中，有一类组织松散，不需要在寺院出家，可以居家学习的人。他们把长发盘在头上，穿白色的袈裟，农活、学习两不误。他们除了学习宁玛派的仪轨等基础知识外，还要学习阴阳八卦学、风水学、基础医学知识等。他们平常给农民算卦、看病、看风水、做法事、调解纠纷、心理疏导、祭祀山神等，要做好这些事没有一定的知识储备是不行的，所以在基层他们算是有一定知识的人，也有一定的威望。在道帏地区这些人统称"俄化"或"洪"，主要有俄化九大家族，在此基础上各村都有零散分布。他们平常居家学习，然后定期在道帏天然佛塔旁边集中诵经、做法事、统一授课、学习文化知识等活动。道帏历史上曾经出现过的民间合议制，其成员基本上以这些民间知识分子为主。青海解放初期，从道帏地区吸收了大量的民间知识分子来扩充国家干部，这些民间知识分子都纷纷进入体制内，为新型的人民政府工作，为民族地区的稳定、文化的繁荣做出了积极贡献。如今，他们的后代大部分都是知识分子出身，因为其家族都有尊师重教的传统，无论是过去，还是现在，我们有必要提一下这些尘封的历史，让人们记住曾经有这么一批人，为新中国建设付出了自己的心血。

4. 现代教育

要论道帏地区的现代教育，需从 1942 年 2 月 11 日由国民政府教育部创办的青海喇嘛教育国文讲习所开始。该讲习所能在古雷寺落地，喜饶嘉措大师居功至伟。没有他，我们无从谈起在这块边远闭塞的地方会出现这么一所现代意义上的学校。讲习所的创办过程虽然有点曲折，但创办目的、机构设置、课程安排都是焕然一新。讲习所的宗旨是"改进边疆教育，促进藏民文化，宣传三民主义，阐明抗日国策"。讲习所的机构有学生管理、教务指导、后勤服务等部门，课程有经学、传统文化、国文等。

喜饶嘉措大师早年从寺院出来后，不仅在北大、清华等国立5所大学里担任过客座教授，而且在上海菩提学会和重庆汉藏教理院等民间机构创办的学院里也讲过课，所以他对现代教育并不陌生，能办成这样一个讲习所，完完全全是他深思熟虑的结晶。1949年国民政府退居台湾，讲习所的办学经费已无从拨付，但讲习所的学员及教学体系一直保存了下来。1950年元月，青海省人民政府成立，喜饶嘉措大师荣任副主席，该讲习所即由当地人民政府接管，在此基础上开办新学校，取名古雷学校，一直延续至今。

据道帏藏族乡政府提供的材料分析，从1950年至2020年的70年间，从古雷学校毕业的学生有5000人之多，其中向省内外大中专院校及部队、行政事业单位、厂矿企业等累计输送了4000余人，其中至今能确定姓名、祖籍、工作单位的国家干部有2000余人。他们的足迹遍布青海、甘肃、西藏、四川、云南、北京、上海、陕西、山西、辽宁、内蒙古、新疆等地。

自改革开放以后，道帏乡的现代教育更上一层楼，人们引以为傲的是出现了近50位博士研究生，其中有国际知名大学哈佛、剑桥、东京等大学毕业的博士生，也有国内北大、清华、复旦、浙大等大学毕业的博士生，200余位硕士研究生，民族教育初见成效，被外界公认为"文化之乡""博士之乡"。

道帏乡民族教育起步早、底子厚，全社会重视教育，每村每户之间形成竞争机制。另外，在政府部门的大力推动下，自2017年以来，"圆梦计划""雨露计划""捐资助学"等各类教育资助政策全部落实到位，切实保障家庭经济困难学生顺利完成学业。截至目前，全乡共计发放受助资金2700万元，惠及学生2200余人次。同时，不断拓宽社会捐资助学渠道，社会团体和爱心人士积极参与捐资助学活动，累计捐资、捐物折合资金7.2万元，尽力扶持教育的良好氛围逐步形成。

5. 群众体育

道帏地区有较好的群众体育基础，人们在繁忙的劳作之余喜欢赛马、摔跤、比体力、下棋、踢毽子等，在这样的熏陶下人们自然而然地对体育竞技充满兴趣。道帏乡群众体育的蓬勃发展，为省、地、县输送了一大批优秀运动员。如1974年第七届德黑兰亚运会女子标枪冠军周毛加、2019年卡塔尔多哈进行的田径世界锦标赛女子50公里竞走亚军李毛措、青海省篮球健将李加才让，还有省运会上获得射箭、射击、手榴弹投掷冠军等一大批优秀体育人才。

在众多体育项目中，道帏人情有独钟的是篮球运动。篮球运动在道帏起步较早，据资料显示，1951年前后，当时的区（乡）政府工作人员里有几位篮球爱好者，在他们的传帮带下，当地人才开始接触篮球。1965年在公社书记付连生（音）的带动下，每个村庄开始组队参加篮球比赛，这样篮球大规模传入道帏地区，从此以后以村为单位每年进行篮球比赛，而后参加县上的比赛。如今，篮球比赛是道帏人逢年过节必不可少的一项重大活动。道帏地区的群众基本都会打篮球，人人都喜欢打篮球，篮球普及率非常高，通过篮球运动进入体制内就业的也有二十几位。道帏地区民间有"迎春杯"篮球赛，至今已顺利进行过25届。1984年，在全国第二届"丰收杯"篮球分区赛中，道帏乡农民篮球队代表青海省参加比赛，获赛区第五名；1988年，道帏乡农民篮球队代表青海省参加了在四川举行的第一届全国农民运动会等。每次省内各种篮球赛，各参赛队中都有道帏籍选手，道帏选手往往成为各队主力队员。由此，道帏乡多次被省、地、县有关部门授予"特色文化乡""篮球之乡""乡村文化先进乡""文明乡镇"等荣誉称号。2001年，被国家体育总局评为"全国群众体育先进单位"；2003年，被国家民委、国家体育总局评为"全国民族体育先进单位"；2004年，被农业部、国家体育总局、国家农民体育协会评为"全国亿万农民健身活动先进乡镇"；2005年，被中央文明委评为"全国创建文明村镇工作先进村镇"；2007年，被国家民委、国家体育总局评为"全国民族体育先进集体"等。

叹为观止的手工技艺

道帏人心灵手巧、精明能干，除了农活外，大部分人擅长饮食加工，还有一部分人会木工活、五金加工、裁缝、房屋建造、柳条编织工具、佛画艺术等。他们靠这些技艺走南闯北，既长了见识，又有了收入，长此以往，乐此不疲。

在道帏人众多的手工技艺中，石头砌墙技艺非常出名。石头砌墙以不借助水泥、钢材等任何现代建筑材料，用细土和炸石层层垒砌而成，这种藏式建筑堪称建筑奇迹。这种砌墙技艺，因其设计工艺精妙，施工技术精湛，被青、藏、川、甘等广大群众广泛认可，素有"宁巴石匠"或"道帏石匠"的美誉。

建筑因保护人类而存在，因传递信息而流传，因见证历史而永恒。宁巴石头砌墙技艺有几百年的历史，据《拉卜楞寺志》记载，第一世嘉木样活佛于康熙五十三年（1714）建造拉卜楞寺时，就有来自道帏的民间建筑师。据宁巴村的民间口述得知，清末和民国期间的拉卜楞寺主要建筑还是由宁巴石匠完成的。

自改革开放以后，宁巴人立足自身优势，先后参与了夏河拉卜楞寺大经堂、四川阿坝果芒寺大经堂等650余座藏式建筑。带动邻村乃至全乡380余人外出从事劳务经济，其中200余人从事藏式建筑业，每年带领本村及乡内1500多名劳动力外出务工，经济收入达3000多万元。年创收160万元，劳均4000余元，户均增收9400元，人均2000元左右，累计实现产值达1.75亿元，使"宁巴石匠"成为青海省优秀劳务品牌，被列为省级非物质文化遗产项目。

代代相传的民族团结文化

民族团结和社会稳定是一个地方经济社会发展的重要政治基石。道帏乡是循化县唯一藏族、撒拉族、回族、汉族都有居住村落的地区，道帏乡的民族团结对整个循化县的民族团结都具有十分重要的意义。下面通过几个特殊村落谈一下道帏乡的民族团结情况：

1. 起台堡村

是道帏藏族乡唯一的汉族村落，当地藏语称"嘉开"，其意是汉人的城堡。据清乾隆年间编纂的《循化厅志》卷二载，该堡为明万历年间修建，设守备所。南关厢为清乾隆五年时增筑。城堡东西长150米，南北宽125米，夯土筑，基宽9米，高12米，城墙设有马面。东西开门，东门设有关厢，关厢三面周长430米，高4米。起台堡城建成后从河州、洮岷一带调动大量汉族军户来此屯兵，战争年间他们都是全民皆兵，和平年代都是普通农户。该村最盛时有200余户，1000余人，后来随着时间的推移，从人口极盛逐渐转变为20余户的村落。

起台堡村曾经是道帏地区有名的文化村，历史上人才辈出，在整个甘青地区都非常出名。改革开放以前道帏地区的乡村小学老师基本上都是起台堡村人在担任，大部分村的会计也是起台堡村人。起台堡村人在改革开放以前对道帏地区现代教育的发展劳苦功高。

起台堡村民间文化也非常丰富，具有农业社会生活的背景，保留了较多传统色彩的文化。民间信仰方面有土地庙、关羽庙、五山庙、常斋庙等，与甘肃洮岷文化自成一体。五山神庙供奉明初开国大将常遇春等神灵，这在青海只有起台堡村有。在甘肃临夏及洮岷一带，由于明代实施军屯等措施，常遇春等一大批明初西征大将被驻军后裔神化为山神，形成了当地信众最广的庞大的神灵谱系。起台堡村保留至今的特色民间文化是秧歌表演，虽然大部分村民已离开原住地，集中在县城附近等地，但村里有大事，包括秧歌表演时，都愿意回来参与其中。有时还派人来参加道帏拉则节，以表明他们的身份。此次，循化县政协组织撰写《福天宝地》时，笔者再次通过县政协、县档案馆、乡政府、乡派出所，对起台堡村的历史及现状进行了全方位的梳理，得知起台堡村有藏族人口50余位，大部分是汉藏联姻的家庭，在其他藏族村落也有散居的起台堡人，如拉科村就有十几户，但现在基本上已融入了当地藏族人。

2. 贺塘村

全称为贺隆堡塘村，"贺隆堡"是藏语，"塘"是汉语。贺隆堡塘起初设置时，从临夏迁来杨、赵、陈等约 10 户人家在此安营扎寨。关于塘、岗、堡，《循化撒拉族自治县志》记载："明清两朝兵卒迁移、钱粮运转、商贾贸易及物资交流往来的古道之一，是茶马古道的驿站。"

约在 1910 年前后，索家兄弟二人从临夏八坊逃荒来到贺塘村时，此地无回族，只有藏族和官营驿站留下的几户汉族，没有土地可种，只能做小本买卖养家糊口。有一次，比伦"洪保"（驻扎在比伦村的道帏上部片区的地方官员）到循化厅办事，路过此地时，勤快的索家兄弟赶紧迎上去将"洪保"接到简陋的房屋里，把马牵到马圈里，给"洪保"做了一顿可口的饭菜。"洪保"吃饱喝足后，对回族同胞的手艺赞不绝口，准备上路时看见马也吃饱喝足，这下"洪保"非常满意，当即给他们划了一块地皮，让他们长期经营下去。后来马姓回族从临夏尕新集一代搬迁到贺塘村，目前已成为村中第一大姓。新中国成立前后，韩姓撒拉族从白庄张尕等地陆续迁来。改革开放前期，汉族逐渐搬走，于是回族购买汉族、藏族的土地，贺塘村逐渐成为以回族为主，兼有撒拉族的村落。贺塘村与贺隆堡塘村、贺庄村、比伦村之间关系比较亲近。

3. 俄家

是藏语地名，俄家村以撒拉族为主，兼有少量回族的一个村落。起初来自甘肃天水一带的王姓三兄弟流落到此地，住在简易的窑洞里，以专门缝制定做藏式牛皮鞋为生，当地人称他们为"王鞋匠"。不久，从本县查汗都斯来了一批韩姓撒拉族，从临夏一带来了一批马姓回族在此落户，而王姓三兄弟迁至别处。随着村落的形式初具规模，相邻的几个藏族村落开始有意见，和这些外来户进行对话。此时正值吾曼寺在维修扩建中，俄家人不失时机地提出来他们也可以尽一分力量，和吾曼村、吾曼道村、都拉村一道将吾曼寺修葺一新，他们的所作所为赢得了当地人的认可。同治年间的河州暴动，波及此地时，俄家人第一次用穆斯林的身份保护了当地的一些财产及设施，从此附近藏族村落默许了他们的存在。20 世纪 80 年代初期，吾曼寺再次批准开放时，俄家人仍然用他们的方式出资出力，反过来俄家村清真寺落成时上述三个村落也参加了庆典，他们之间关系比较密切。

4. 立伦

是藏语地名，立伦村是道帏乡纯撒拉族村落。晚清时期，有一次街子查加（藏语称恰加）阿訇的运输队通过道帏进入临夏时遇到劫匪，物资丢失，送行人员遇难。事件发生后循化厅立即介入此事，责令道帏地方官员限期将劫匪捉拿归案，追回丢失物资。道帏地理位置特殊，东、南、西三面紧邻甘肃，这里时常发生武装劫案，其中大部分劫案都是无头案。当道帏地方官员无计可施、焦头烂额、手足无措时，查加阿訇却审时度势地说："这些损失由无辜的老百姓承担，使本不富裕的老百姓雪上加霜，我看还是划一块地皮作为补偿吧。"于是在吾曼多村和三木仓村之间划了一块地皮。查加阿訇随即从街子塘坊选出 5 户马姓撒拉族到今立伦村公路北面落户，以耕种为生，不久又从本县其他地方陆陆续续迁来很多散户形成了立伦村。当时立伦村公路南面有 2 个藏族小村庄，一个叫曲噶村，一个叫口向村。1910 年前后，曲噶村分成五拨，向旦麻、拉木龙娃、拉科、多哇、宁巴等村迁移，其后代至今仍然都叫曲噶村人。与曲噶村一步之遥的口向村，于 1918 年整体并入离自己最近的循哇村。继而立伦村地盘进一部扩大，成为循化至临夏必经之地的又一所落脚休息的地方。立伦村与其附近吾曼多村和三木仓村、循哇村交往比较深，经常互相走动。

作为多民族、多宗教共生地区，近年来，道帏乡党委以创建全国民族团结进步示范县为契机，通过宣传教育、环境整治、普法教育、模范带动等措施，引导贫困群众树立发展意识，使藏、撒拉、回、汉多个民族和佛教、伊斯兰教多个宗教和谐共存，形成了各民族群众互敬互爱、互帮互助，一门心思促发展的良好局面。

一是由乡党委、政府主导，成立了 18 人民间调解委员会，让群众参与乡村治理，以主人翁身份管理好乡村、建设好家乡。其小组成员有藏族、汉族、撒拉族，职业结构为宗教界人士、人大代表、老农、老干部、老党员等，累计调解各类大小矛盾纠纷

250 多件，调处率达到 99%，从而为全乡经济发展、社会稳定做出了巨大的贡献。

二是积极树立民族团结先进模范。如完么仁增老师用 28 年的风雨历程在藏族村落和撒拉族村落之间架起了友谊的桥梁，既为来塘村的两代人传授了知识，更是为两个民族的团结进步做出了毕生的贡献。

三是大力传播"许乎"文化。在长期的生产实践中，撒拉族和藏族群众之间建立起一种血浓于水的感情，相互称之为"许乎"，藏语意思是亲如兄弟般的朋友关系。如在俄家村清真寺竣工典礼上，道帏乡 12 座藏传佛教寺院寺管会主任，古雷寺拉羌活佛和全寺僧侣及 23 个藏族村的村干部参加庆典活动；每当遇到撒拉族、回族同胞从麦加朝圣回来，藏族朋友第一时间去庆贺；在比隆村运动员李毛措荣誉归乡时，撒拉族群众也和藏族群众一样，纷纷到其家中表示祝贺；每年春节期间道帏乡举办群众篮球赛，撒拉族、回族都派代表参赛，如果撒拉族和回族代表比赛成绩不理想，各藏族代表队建议将精神文明奖颁发给他们；2019 年 5 月，当道帏乡铁尕楞村一农户因用火不慎发生火灾后，3 个撒拉族村党支部第一时间发出向受灾户捐款的倡议。在道帏乡民间的这种交往非常频繁，在此提到的只是几个个案罢了。"许乎"文化在道帏乡发扬光大，各民族之间的交流交融更加通畅，各民族群众携手共建家园的美好愿望得以实现。

总之，道帏藏族乡在循化县委、县政府的坚强领导下，务实担当，积极作为，把道帏藏族乡的各项事业做得有声有色。在农业大丰收的前提下，教育、文化、民族团结都紧跟时代的步骤，在循化县乃至青海省都小有名气。愿道帏藏族乡的各项事业紧紧围绕"农业富乡、产业裕民、生态立乡、依法治乡"的战略思想，开拓创新，积极进取，为全面建成小康社会而努力奋斗。

文都——十世班禅大师故里

彭毛多杰[*]

基本情况

文都，又作"边都"，藏语为"必拉山下部"之意，文都在其下部而得名。文都藏族乡位于循化县西南部，东靠积石镇，南接岗察乡，西邻尕楞乡，北与街子镇接壤，距县城 15 公里，由中库、相玉、毛玉 3 条沟组成。文都乡地处北纬 35.46°，东经102.23°，辖区面积 218 平方千米，东高西低，三面环山，山谷相间，境内主要山峰有罩子山、太子山、杨立山、泽自山 4 座大山，最高山峰泽自山主峰位于文都乡西南部，海拔 4246 米。文都境内主要河流有中库沟河、相玉沟河、毛玉沟河、纳伦河、撒毛河、旦麻河等河流，在不同地段汇入文都河（下游的街子河），流长 10 多千米，在街子镇流入黄河，被人们誉为"头戴草原、腰系森林、脚踏良田"的好地方。

文都地区属大陆性高原气候，年平均气温 4℃~8℃。降水量 300~400 毫米，无霜期 140~200 天，作物生长期 200~240 天。乡治拉兄滩海拔为 2200 米。境内还有野生动物 18 种，冬虫夏草等野生植物和药草类有 600 多种。

截至 2020 年末，全乡辖 16 个行政村，34 个自然村，共有 2690 户 9386 人。乡直单位 6 个，学校 12 所，共有 6 座藏传佛教寺院。文都乡是一个以农业为主、畜牧业为

---

* 彭毛多杰，青海广播电视台安多卫视新闻中心副主任。

辅的纯藏族农业乡。全乡耕地面积近 2.4 万亩，草场面积 15.8 万亩，林场面积 8.2 万亩，荒山荒坡面积 6.2 万亩。地势南高北低，三面环山，山谷相间，农作物一年一熟，主要有小麦、青稞、豆子、马铃薯、油菜等，是一个农牧兼营型的地区。

历史渊源

古象雄时期开始，文都这块土地上就有人类的生存活动。古羌人在这里安寨扎根、布局村落时仍带有原迁地的村名和地名，如王仓麻（苯教村之意）等村、地名。吐蕃时期，松赞干布攻打从东北慕容部迁移到河西走廊一带的鲜卑族吐谷浑时，命其大臣噶·东赞率 20 万士兵，以达力加莽布杰作为统帅将军，在循化、化隆、民和一带，向定都枹罕的吐谷浑出战打败后，当时的吐蕃军队士兵及其后裔们驻留在循化、化隆、民和等河湟流域驻扎安家、繁衍生息。在宋代，岭·格萨尔王在统治整个朵甘思时期，在朵甘思与朵思麻交界处黄河湾区下游，统治整个果洛班玛一带的有势力强大的董·必里部落首领董·必里王尼玛坚赞，长期与岭·格萨尔王交战，后来向宗喀王唃厮啰投靠时，其内部逐步形成为董·必里、必里嘉岭、必里麻 3 个部落。宗喀王唃厮啰把 3 个部落分别派遣到黄河流域的上、中、下游扎根。其中必里麻部落迁徙到今循化文都一带，统治了玛隆丹斗区域，修建了文都古城之外城，成为必里麻王。必里嘉岭部落迁徙到今贵德地方，统治了今贵德、贵南、同德一带，修建了必里城（今毕家城），成为必里嘉岭王。董·必里部落仍在果洛班玛一带驻扎繁衍，统治了整个果洛一带，继任为董·必里王。萨迦班智达与帝师八思巴前往凉州会盟时，沿途携必里王一起参加凉州会盟。后来这个部落被明朝封为必里万户。元世祖忽必烈封帝师八思巴为总制院首领，赐给恰那多吉金印，封为白兰王，并任命为安多地区（吐蕃宣慰司）总长官。当八思巴和恰那多吉被元朝封为帝师和白兰王时，忽必烈之子云南王忽哥赤受供上师益西迥乃也在朝廷，被封为朵思麻宣慰使（朵思麻本钦）。文都地区有"文都七族"（部落），即朵哇部落、拉代喀西部落、毛玉沟部落、相玉沟部落、下澳热部落、上澳热部落、中库部落。所以，素有"天上有北斗七星，地上有文都七族"之美誉。这七个部落的大概组成情况如下：

（一）朵哇部落，即澳察麻日、牙日、拉木、拉兄四族。

（二）拉代喀西部落，即拉代、抽子、洛哇及相玉夏哇和翟仓、旦麻僧部仓、合哇万德仓、恰牛诺洛仓、牙日杨洛仓等小部落组成为四族。

（三）毛玉沟部落，即毛玉、恰牛、合哇、王仓麻、苏化五庄。

（四）相玉沟部落，即相玉、日麻香、旦麻、白草毛、阿代、萨桑拉卡六庄。

（五）下澳热部落，即修藏和扎色口、拉龙哇、曲嘉尕麻、曲嘉公麻、娘仓六庄。

（六）上澳热部落，即牙训、江甲、循哇、策子四庄。

（七）中库部落，即日忙、哇库、扎色、当尕、尼色、江甲拉卡、日麻七庄。

宗教信仰

古象雄时期，文都地区全民信仰苯教，各地建有苯教寺院。据说，文都大寺的前身也是苯教寺院，还创建了王仓麻苯教殿等。在后弘期，桑耶寺高僧藏绕赛、尧格迥、玛释迦等三贤哲携一驮律藏经典，不辞路途遥远，从尖扎南宗寺、罗多吉扎，来到了地势险要的丹斗山，在石窟中长期修行。当时，拉郎贝吉多杰也来到丹斗山隔河相望的孟达天池附近神仙洞隐居修行。喇钦贡巴绕赛在黄河北岸的加入村出生，后来在丹斗山三贤哲和两位汉传和尚座前出家学佛，从此在丹斗寺开启了后弘期曙光。因此，在后弘期三贤哲和喇钦贡巴绕赛的影响之下，循化、化隆一带的大部分藏族群众改信宁玛派教法。同样，文都地区的民众也逐步信仰宁玛派教法，出现了文都百位密宗师，并创建了文都旧密宗院（文都俄康）。在元代，萨迦班智达前往凉州会盟，途经该地区时创建了玛隆丹斗水晶佛殿。后来，奉元世祖忽必烈和帝师八思巴之命，大元第二任帝师亦怜真创建了文都大寺，本钦·益西迥乃在丹斗水晶殿旁修建了世界吉祥万佛塔。从此开始，文都地区民众信仰了萨迦派教法。在清代，四世班禅大师与五世达赖喇嘛的高足弟子桑罗却扎巴拉大师，在哲蚌寺系统性地学习了格鲁派教法后，又回到文都大寺创建了以系统学习格鲁派五部大论教育体系为主的文都大寺闻思院，随之该地区信众也逐步开始信仰格鲁派教法。至今该寺出现了白草毛达杰、相玉曲合扎、拉代胆巴、修藏东智等高僧大德和大格西。他们培养的众多学僧，大多已成为青海各大寺院讲经传法的骨干力量，为循化地区民族团结、社会稳定、宗教和谐，甚至和谐美丽新青海建设、经济社会发展等方面做出了自己应有贡献。

文都境内出现的著名佛教人士有十世班禅大师、敦珠仁钦法王、桑罗却扎巴拉、赤钦金巴嘉措、确吉扎巴坚赞、旧密大师敦琼绕哇泽、第七世叶什姜嘉样更顿嘉措、第八世土观活佛、第八世叶什姜活佛、奇美活佛、华丹活佛、拉姜活佛等。著名的社会人士有尧西·古公才旦、尧西·索朗卓玛、奥赛多杰、曲丹、德乔、宗者拉杰等。著名的佛塔有世界吉祥万佛塔、文都舍利宝塔、牙训佛塔、十世班禅大师金刚宝座塔等。

（一）**世界吉祥万佛塔**：世界吉祥万佛塔位于元代青藏高原的交通要冲和朵思麻宣慰司行政重地——十世班禅大师故居朵思麻文都驿城。1246 年，萨迦班智达前往凉州会盟途中为会盟的圆满顺利而在青海境内先后创建了贵德珍珠寺、尖扎虹光舍利宝塔、循化玛隆丹斗水晶殿。1255 年，大元帝师八思巴在朵思麻文都驿城玛隆丹斗水晶佛殿接受了比丘戒。1261 年，遵元世祖忽必烈之命，大臣答失蛮率随从官吏进入青藏高原的第一个要地朵思麻文都驿城，设立了汉、藏、蒙等各民族间主要交往交流的玛隆丹斗驿站。1264 年，元世祖忽必烈和帝师八思巴在元上都议定，任命帝师八思巴之弟本钦·益西迥乃为朵思麻本钦（朵思麻宣慰使），在文都驿城附近的宋代唃厮啰管辖统治玛隆丹斗区域的必里王城内，再次修建了朵思麻宣慰司（朵思麻却喀）文都古城。

1272 年，遵元世祖忽必烈和帝师八思巴之命，本钦·益西迥乃在皇室大量资金的支持下，在帝师八思巴受戒之地文都驿城玛隆丹斗水晶佛殿边，为世界和平、国泰民安、弘扬佛法而修建了世界吉祥万佛塔。

（二）**文都舍利宝塔**：文都舍利宝塔，也叫阿育王舍利宝塔，位于文都乡治拉兄村。循化境内有两座阿育王舍利宝塔，即文都舍利宝塔、道帏安多自然佛塔。文都舍利宝塔原先与道帏安多天然佛塔一样，是由土堆方丘形成的佛塔。后来由于循化地区各民族之间冲突不断、矛盾此起彼伏，为了化解冲突、平息矛盾而在原有土堆方丘塔基上修建了八座佛塔中的和合塔。1915 年，在文都土官喀本加的带领之下，文都僧俗信教群众共同重建修缮了文都舍利和合塔，由著名的晋美·丹曲嘉措大师亲自开光加持，并撰著了《文都舍利宝塔志》，收录于其著作中。1980 年，十世班禅大师在青海文都家乡视察时，亲自捐助资金来恢复重建了家乡循化境内的三座佛塔，即文都舍利宝塔、班禅经师拉科活佛诞生地佛塔、道帏循哇坡拉科活佛创建的佛塔。1981 年底，这三座佛塔恢复重建竣工后，十世班禅大师亲自在北京开光加持。

（三）**牙训佛塔**：牙训佛塔，位于文都乡中库沟中游牙训村，由高级工艺美术大师《中国藏族文化艺术彩绘大观》总设计师宗者拉杰修建。它是藏族传统石木结构的建筑艺术，由塔基、金刚座、塔顶三部分组成，展现了别具风格的藏传佛教佛塔建筑雕刻艺术，反映了藏民族古老的优秀文化和高超的技艺，显得格外引人注目。这座佛塔建成竣工后，举行了盛大的开光仪式，迎请隆务大寺夏日仓活佛为佛塔开光加持，场面十分壮观，令人赞不绝口。

（四）**十世班禅大师金刚宝座塔**：十世班禅大师金刚宝座塔，位于文都乡治前往十世班禅大师夏宫方向两公里处。这座法座，缘起于十世班禅大师 1980 年回家乡时，为信教群众摸顶祈福所修建的土坛法座，是由当地 9 个村庄的信教群众共同修建完成，周边有 16 个村庄。十世班禅大师圆寂后，这座土坛法座便成为当地百姓和信教群众心目中的神圣宝座，成为信教群众经常朝拜和供灯的重要圣地。为了避免这座神圣而无上的法座毁于风雨剥蚀，也为了纪念十世班禅大师丰功伟绩，当地百姓和信教群众再三祈求，尤其是十世班禅大师侄子噶尔哇·阿旺桑波多次向阿旺乔智堪布提请修建十世班禅大师金刚宝座塔的建议。鉴于此，阿旺乔智堪布圆满修建了十世班禅大师金刚宝座塔，在塔院内还修建了十世班禅大师夏宫文化体验馆。

文都大寺

文都大寺，于1272年由喇嘛噶西哇·仁钦确吉喜饶坚赞创建，也称"文都贡钦扎西钦阔朗"，意为"文都大寺吉祥法轮洲"，位于离循化文都集镇西南5公里的拉代村之北侧山坳，距县城20公里，属藏传佛教格鲁派寺院，是规模较大的藏传佛教寺院建筑群，为国家级重点文物保护单位。该寺坐西向东，依山而建，总长约360米，总宽度约250米，占地面积135亩，主要文物建筑分布在大经堂的西、南、北三侧。文物建筑有大经堂、南侧小经堂、观音殿，北侧十世班禅大师灵塔殿、大师纪念馆、皇家护国护法殿及帝师亦怜真行宫，西侧三世殿、朵哇灵塔殿、宗喀巴佛殿和弥勒殿，是集旅游观光、体验佛教文化、佛教圣地朝圣为一体的旅游景点。

文都地区除了文都大寺之外，还有斗道寺、多吾寺、萨毛寺、康茂寺、中库寺、文都俄康6座寺院。

斗道寺，位于文都乡毛玉沟西南山腰处，由第一世奇美活佛创建，是晋美·丹曲嘉措大师、才旦夏茸活佛等6位大师学习和修行的主要道场，也是历代奇美活佛修行弘法道场。

多吾寺，位于文都乡相玉沟上部，是第一世奇美活佛创建，也是历代鲁热活佛修行弘法道场。

萨毛寺，位于文都乡公麻沟十世班禅大师夏宫景区内，是第二世德合盖阿旺更敦丹增创建，也是历代华丹活佛修行的弘法道场。

康茂寺，位于文都乡中库沟上部，是热科活佛创建，也是历代叶什姜堪布活佛修行的弘法道场。

中库寺，位于文都乡中库沟上部南处，是热科喇嘛益西创建，属拉卜楞子寺，也是历代嘉堪钦扎巴坚赞活佛修行的弘法道场。

文都俄康，位于文都乡拉兄村，是文都乡境内唯一的宁玛派俄康，也是历代旦正活佛修行的弘法道场。

班禅大师故居文都千户府

文都千户府是我国伟大的爱国主义者、著名的国务活动家、中国共产党的忠诚朋友、中国藏传佛教杰出领袖十世班禅大师的诞生地。这里的万佛山，雄伟壮丽，风景秀丽，气候宜人，小河自南向北穿村而过，公路连接循化县城和黄南州。故居占地面积6亩，建筑面积约2552平方米，属于典型的藏式庄廓建筑。2019年被评为"全国红色旅游经典景区"；2019年1月，被中共青海省委宣传部命名为"青海省爱国主义教育基地"，也是国家级重点文物保护单位。

宗教活动和民间文化习俗

文都乡有独特的民俗风情和民族服饰、婚丧嫁娶、宗教文化等。其中文都大寺从正月初三至二十三（为期一个月）举行一年一度的嘉洛毛兰（正月祈愿法会），主要有跳金刚神舞、巡展未来弥勒佛、展宗喀巴3尊师徒佛像、诵经祈福法会等。每年立夏后的六月十五至八月初一之间全体僧众要驻夏45天，其间僧众禁止出寺远足，要进行辩经、诵经、静修等。每年的十月二十五至十一月初一举行燃灯节。

文都境内的每个村庄，每个月有一天的策聚法会。立夏和立冬后，各村庄举行大白伞盖佛母和度母经万诵等法事活动。文都三沟以沟为单位，举行为期三天的冬季法会。

文都地区民间同样过为期3天的藏历年和为期8天的春节，还举行为期5天的全乡聚集性的春节文化艺术节和"春节杯"篮球赛。藏历新年和春节期间，村民表演螭鼓舞和藏戏等民间文化节目，是一种娱人悦神的民间祭祀舞蹈，具有浓郁的藏族宗教文化色彩，充分反映了青藏高原舞蹈文化的特征和古老淳朴的原始宗教文化的遗风。每到初一、初八、十五等宗教纪念日和佛祖纪念日时，人们便早早起身，首先在自家院内煨桑，然后带上柏树枝、藏面等去寺院经堂、佛殿或高山顶煨桑拜佛，祭祀神灵，求得今生平安，来世幸福。每逢过节、娶亲、盖房等喜庆之日，以多种形式演唱藏族民歌等娱乐活动，于2018年列入青海省第五批省级非物质文化遗产名录，也涌现了藏族民歌的代表性传承人才仁东知等民间艺人。

尕楞——多彩民俗之乡

万玛吉

循化县尕楞乡位于县城西南，距县城 35 公里，海拔 2452 米，域内地形复杂，群山起伏，山高谷深，森林密布。

尕楞，藏语称"噶让"，即长柱子之意，因其境内有两个天然形成的擎天柱岩石，故得名。尕楞乡是海东地区拥有天然林较大的乡镇，区域内东南山川被天然林覆盖。全乡共有 11 个行政村，分别是洛哇 、香沙、麻尕、牙尕、哇龙、比塘、建设堂、曲卜藏、修日、仁务、宗占。

尕楞乡共有 1153 户，总人口 5360 人。地势东高西低，南高北低，远看像一个盆地，乡政府所在地的牙尕村在盆地中心，再往上就是其他两条沟。相传，格萨尔王在今尕楞和苏志村间大战劲敌霍尔时，格萨尔王用箭射向霍尔，刹那间箭把对面的山劈开，最后箭落在现如今甘都东玛那（寺）附近。劈开的山就成为现如今的尕楞擎天柱，这就是尕楞岩石柱来历的传说。据说，这里还存有格萨尔王的宝座、拴马柱、拴狗柱等自然景观。

7 月正是尕楞最美的季节。当你驱车走进尕楞口，映入眼帘的便是漫山遍野郁郁葱葱的松树林，绿油油长势茂密喜人的草，夹杂其间的还有五彩缤纷的各种野花。当你置身其中时，会感到前所未有的放松和喜悦。再往前就会看到麦田相连，阡陌纵横，牛马悠然，屋舍俨然。

本人虽然之前去过尕楞三次，但仅仅是看看风景，没有对此地进行过深入调研。这次和父亲仁青加于 2021 年 7 月 26 日对尕楞进行了一次实地调查。走访了尕楞乡政府，接着由乡政府的工作人员乔旦带领我们拜访了两位知晓当地历史的老人。一位是牙尕村的交巴老人，今年 70 岁，他是一位博学健谈、学识丰富的老人。交巴老人精神矍铄，善于健谈。他说道："从久远的历史讲，尕楞部落的形成是由尕楞沟口（洛哇村）矗立着的两个石柱而得名。"他为我们讲解了尕楞地区的形成、历史、藏传佛教格鲁派尕楞籍的活佛和高僧大德及当地的一些风俗习惯，为本人提供了大量原始的第一手资料。另一位老人是麻尕村的热杰老人，今年 82 岁，为我们讲述了尕楞的民歌（民谣）、佛事活动等知识，收获颇多。

当地的民间传说认为，尕楞地区大概有 600 多年的历史，最早的是加门村，当时 8 个骑手来此定居，由此形成村落。后来随着社会历史的发展，人口越来越多，发展成了十几个村落。尕楞地区较早的地方土官叫囊索，其所在地就在仁务村，当地人称相雷卡囊索，与热贡隆务囊索有亲缘关系，其后代至今仍然在该村。在后来尕楞地区的又一土官成长起来，当地人叫尕楞郭哇，曾驻牧在洛哇村，那时候全村都居住在一城池里头，既安全、方便，又能防御外敌侵扰。后来土官势力衰弱卸任了职务，由尕楞牙尕村继任了郭哇职务。

曾经的尕楞寺修建在加门村，管事喇嘛必须由加门村僧人充任。现今旦正活佛的宁玛派僧俗诵经院很久以前是个尼姑院，后来尼姑院解散，旦正活佛在一片废墟遗址重建了诵经院。

20 世纪 20 年代，尕楞寺活佛二世晋美·丹曲嘉措于此地建一官邸居住，昂欠周围修建僧舍，当时为静房，俗称"修行寺"，藏语称为"日朝"。截至 1946 年，还未建成经堂，也未形成寺院规模。当代藏学家才旦夏茸活佛早年在此学经，住晋美活佛官邸。1946年寺主晋美·丹曲嘉措圆寂，由才旦夏茸管理事务，次年由他主持建成晋美灵塔殿（古当拉康钦莫），内修八塔，以晋美·丹曲嘉措舍利分别装藏，成为临时经堂，遂形成一座小寺。1947年，晋美·丹曲嘉措的转世灵童晋美隆多嘉措诞生于四川阿坝，1950年从四川阿坝地区接回尕楞寺坐床，1952年才旦夏茸离寺，1960年晋美隆多嘉措回阿坝后圆寂。

尕楞寺规模虽小，但由于是晋美活佛传承的寺院，他博通佛典，戒行严谨，学识渊博，在安多格鲁派中享有盛誉。本省黄南、甘肃的郎木寺及四川的阿坝等地部分寺院，颇受这个传承的影响。遂于昂欠四周修建僧舍，但未建经堂，还未形成寺院规模。尕楞有历史悠久的落永堂等藏传佛教寺院建筑、热贡文化艺术创始人之一"嘉毛华旦"亲笔留存的壁画"合然噶尔"和"曲卜藏噶尔"等文化遗产。此外，尕楞乡属藏传佛教格鲁派的寺有尕楞静房、尕楞寺、洛杨塘寺（落永堂）、比塘寺、曲卜藏寺、修日寺、仁务寺，属宁玛派的旦波切俄康和拉多俄康。据说，尕楞的哇龙村仍有信奉苯教的人。尕楞沟诞生的活佛有12位：彭措南杰（夏尕楞噶居）、索智仓、赛卡仓、宗噶仓、俄娘多杰德斗、拉科仓、郭莽洛藏却德、昂让仓、达给仓、参智仓、旦正仓、底靠仓。

除此之外，尕楞地区还有诸多的佛事活动和仪式与日常的生产，生活紧密相关。

"迁豆"仪式

农历正月二十四和二十五，举行"迁豆"仪式。年轻的女子穿戴一新，背戴"恰莫"（尕楞地区古老的银质头饰），念一万遍德盖经（白伞经），之后大家欢欢乐乐地唱歌跳舞，祈福今年粮食丰收，人畜平安。

尕楞地区年轻女性在节庆、婚娶之时头戴的"恰莫"，这种头饰在循化的道帏藏族乡很少见，在文都地区也几乎没有保存如此完好的头饰。而尕楞地区家家户户几乎都珍藏着保存完好的"恰莫"，这种头饰是镶在红蓝相间的布上，最上面镶嵌八个圆形的"董最"，即圆形的银饰。圆形银饰正中镶嵌着一颗精致的红玛瑙，它的四周雕刻着花朵图案，并用黄色颜料和青色颜料染了色。布的中间镶嵌的是十多排珍贵的红珊瑚。布的最下面镶嵌的便是三组竖排的贝壳，每五个为一组竖形排列，最下面的贝壳较小。姑娘出嫁时头天下午开始就要洗发梳辫，为新娘梳辫之人须是父母健在、夫妻和睦、儿女双全有福气的中年妇女，图的就是吉利幸福。文都地区姑娘出嫁时有些人家会专门拿着50块或100块钱及冰糖苹果等去孕楞的亲戚家借这种非常好看且独具特色的"恰莫"。另外，姑娘出嫁时头戴的"恰莫"与"迁豆"仪式及"寿季"仪式姑娘头戴的"恰莫"不同，后两者仪式上戴的只有圆形的银饰，而没有中间的珊瑚和下面的贝壳。

二牛抬杠仪式

农历二月十一举行二牛抬杠，即耕种仪式，藏语称为"唐孕"。届时，选几个父母健在，配偶健在，儿女双全之人牵牛、赶牛、开种（动土），寓意祈福这一年风调雨顺，庄稼丰收，五谷丰登。

"寿季"仪式

农历六月十四和十五，会举行"寿季"仪式。18岁以上的女子盛装打扮，头戴"恰莫"，由一名年轻的男子引领，走街串巷来到嘛呢房，走到已煮好的麦粥锅台前，象征性的搅拌几下，最后大家一起喝粥。煮粥的麦子取自当年快成熟的麦仁。这个仪式寓意在于祝贺今年粮食丰收。

"驱鬼"仪式

用朵玛制作一个和小孩差不多大小的人像，这个人像被当地人称为"年羹尧"，朵玛肚中掺有红色的液体假扮血液，再由在深山老林中常年修行的僧人将滚烫的油浇洒在朵玛上，最后由僧人将人像朵玛扔掉，仪式方告结束。这仪式的寓意在于驱逐鬼怪，祈福人畜平安。

"跳神"仪式

农历正月十七寺院跳欠，由寺院的不同僧人扮演"切加""贡保""德加"，剧情演的是朗达玛被刺之事。

阿尼夏吾的传说：阿尼夏吾位于尕楞秀日村背面山坡中央（今拱北峡库区南面），巉岩密布，山路崎岖陡峭，让人寸步难行，这里是青海唯一一处藏传佛教和伊斯兰教共生的场所。藏族人尊称这座山为"阿尼夏吾"。而青海、宁夏、新疆甚至国外的穆斯林苏菲派称这里为"庵古录"拱北，相传以前此处有位伊斯兰教的大贤显迹，故修了这个拱北。关于拱北的来历和修建过程，在民间有这样的传说。相传几百年前，有一位住在这个地方的藏族牧羊人，在放羊的时候突然看见一个白衣白袍的人，双脚分别跨在不同的山头，弯腰用汤瓶舀黄河水，这个藏族人被眼前的一幕吓得栽倒在地，磕起头来，口中呼喊"阿尼夏吾"，等他起来那人早就不见了。他将见到的这一幕告诉另外一人，就这样一传十，十传百，传到住在这川里的一个撒拉族阿訇耳中，阿訇想穿白衣白袍用汤瓶舀水者不就是穆斯林吗？上山寻找，发现了穆斯林修士的修行遗迹，却找不到那位修士。此后，撒拉族和藏族都对此地心生敬畏，穆斯林到此念经朝拜。而青海安多地区的藏族人每每到这求子，在山头挂小孩的衣服，求子成功者，孩子都取名"夏吾多杰"或"夏吾卓玛"，以夏吾取名，就是为了纪念藏族人心中神圣的"阿尼夏吾"。

尕楞饮食

尕楞地区的饮食与道帏及文都地区相差无几，都是水晶包子、"嘎措"、搅团、手抓羊肉、酥油糌粑等，但尕楞地区有个特殊的食材叫"夏夏"馍馍。做法如下：先把发酵的面用水弄稀，然后舀在大颠勺中，之后在大锅中均匀抹上一层油，再将颠勺中的面水慢慢地按顺时针方向倒在锅中，添柴放置几分钟让其成熟即可。用此方法制成的"夏夏"馍馍，薄如蝉翼，美味无比。这个"夏夏"馍馍一般是在僧人到家中念经或娘乃时节食用。

劳动歌：割麦子歌

不要害怕哟

可爱的小田

九月庄稼就该收

没熟也要收起来

看吧，请看看我的表现

"格尔"上部第一沟

柳树丛丛正开屏

锋利无比斧头前

不容柳枝再招展

"格尔"上部第二沟

庄稼金穗忙开屏

飞快无比镰刀前

不容金穗展风采

看吧，请看看我的表现

要"巴燕"铁匠的镰刀

要"高梅"沟里的磨石

铁匠手里拿镰刀

高梅沟里拿磨石

割田老汉磨镰刀

割田妇女忙着割啊

年轻人们齐努力呀

割田妇女们齐努力呀

年轻人们齐努力呀

庄稼就要割完了

大家一起齐努力

割完大家都休息

　　这首割麦子歌收录在由侃本老师等人制作的《循化藏族民俗文化纪实》光盘中，现在看来，实属珍贵。因为随着社会经济的快速发展，传统民间文化也在不断消失，用文字和影像资料等形式保存弥足珍贵的文化，就会让更多的人看到，这是我们当代人的责任和义务。

　　在每年的秋收时节，妇女们头戴白色的"郭杰"，"郭杰"戴在头上可覆盖整个背部，是不可多得的纳凉、防晒好物。手拿镰刀，一边唱歌，一边割麦子。这种割麦子歌是在以前生产队时期流行起来的，一直延续到现在。歌词反映了收割庄稼时需要精良的工具，给收割者打气鼓劲，此外还有收割者间竞争的意味。道帏地区20世纪90年代至21世纪初也有头戴灰色"郭杰"干活的习俗，但现在很少见。

儿歌：要柴歌

阿妈罗罗恰玛则藏呀

恰玛咪那恰蕙则藏呀

恰蕙咪那昂哇则藏呀

噢毛苏那尼玛则苏哇

阿吾苏那达瓦则苏哇

歌词内容翻译如下：

阿妈罗罗，给我一点柴呀，

没有柴的话，给我一点短木棍呀，

没有短木棍的话，给我一点牛粪呀，

生个男孩的话，会生个太阳一般的男孩呀，

生个女孩的话，会生个月亮一般的女孩呀。

这首歌其实就是农历十月二十五日当地的一个习俗，很多小孩集聚在一起，然后挨家挨户去要柴，还要唱这首儿歌，祈福这家会生一个白白胖胖的孩子。

佛事活动

农历二月，尕楞地区会有嘛呢翁者，持续时间为7天，将各种种子如麦子、青稞、豌豆等混在一起，进行既是诵经又是祈福的仪式。

农历四月初一开始持续3个月念香沙嘛呢，每个月6天，如农历每个月的三十和初一、初七和初八、十四和十五，寓意也是祈福庄稼丰收。

农历每个月的十二或十三会念"彩吉"，村里面所有的成年男子会聚在某个人家念"德盖"经，祈福村子平安。

农历九月二十二，是佛教四大节日之一的"天降日"，这一天是为了纪念佛陀释迦牟尼上天为母说法毕，重返娑婆世界之纪念日。这一天是人神共庆的好日子。循化地区的藏族一般会选择在这天举办宴席、婚庆和乔迁新居。

农历十月二十五，是藏传佛教格鲁派创始人宗喀巴（1357—1419）大师的圆寂日，格鲁派寺院为纪念大师将这天定为佛教节日——燃灯节。尕楞地区以前会在这天傍晚去田间地头烧"则度"，即烧席芨草用来代替佛灯。后来出于环境保护的理念,烧"则度"的现象逐渐消失了。

尕楞地区因为地处偏远山区，所以该地更多地保留了较原始的独具特色的藏族文化和习俗，但限于本人没有学过藏文，对受访老人所讲述的一些典故、佛教用语甚至地方的名字都缺乏系统地了解，再加上仅仅调研一天所得，所以此文难免有很多不足之处。

岗察——循化唯一的纯牧业乡

闹吾才让[*]

概　说

　　岗察乡是循化县唯一的纯牧业乡。关于此地民众的来历，当地传说认为清嘉庆年间从贵德岗察藏族地方迁来。1949 年前岗察三部落分别由昂锁、部落头人管理。1949年后至 1953 年 10 月前为岗察游牧特别行政区。同年 10 月成立岗察牧业乡，归属第三区管辖。1956 年 8 月，撤区改成岗察藏族乡。1958 年 7 月，改为地方国营红旗牧场。1959 年 7 月 20 日，成立岗察牧业公社。1961 年 11 月，改称岗察人民公社。1966 年10 月 3 日，改名星火公社。1970 年 6 月 4 日，复名岗察公社。1984 年 6 月，改公社为乡，称岗察藏族乡。

　　岗察乡位于县城西南部 37 公里，乡政府地处北纬 35° 42'，东经 102° 14'，海拔3280 米。全乡总面积 467.81 平方公里，折合 70.17 万亩，占全县总面积的 22.28%。由岗察、卡索、苏化三个游牧区组成。东与道帏藏族乡相连，东南与甘肃夏河县甘加镇接壤，南和同仁市为邻，西与尖扎县交界，北同尕楞、文都、白庄三乡毗邻，循同（循化—同仁）公路穿过乡镇。

　　全乡总面积 64 万亩，可利用草场面积为 54.68 万亩，平均海拔 3600 米，无霜期为

---

* 　闹吾才让，青海民族教材编译中心编辑。

118 天,平均气温为 9℃,主产藏系羊和牦牛,全乡草场可承载牲畜总数为 7.3 万头（只）,辖岗察、卡索、苏化 3 个行政村,11 个牧民定居点,共有 488 户 2144 人；下辖 2 所学校、1 座寺院。

截至 2020 年底,全乡牲畜存栏数 62367 头（只）,同期出栏率达 35.5%；全乡农村经济总收入为 2633.4 万元,比上年增长 4.5%。同年,人均纯收入达 9961.77 元,比上年增长 6.6%。目前,全乡 3 个村均已实现村集体经济"破零"计划（岗察村在循化县城购买铺面项目和本地打造金莲花生态园旅游项目,卡索村和苏化村入股循化县光伏产业项目）。

传奇的岗察部落

有人把岗察解释为骨髓养育的后裔,但有点牵强附会,不符历史事实。虽说"岗"在藏语中有"骨髓或双腿骨干"之意,"察"是后代或后裔的意思,但据藏文史料记载,藏族起源过程中,繁衍为六大邦,藏语称"莫吾董周",也是六大氏族部落,共同居住在广袤的青藏高原上。其中第一大邦"董"有十八部族,藏语称"察青觉杰",是族名以"察"为根的十八族。其族名以武士身躯部位为基本名称:"多乎察"族,指武士官帽顶缨；"莫乎察"族,指武士头盔；"国察"族,指武士头部；"雪乎察"族,指武士双手臂；"岗察"族,指武士双腿骨干；"师德合察"族,指武士右箭铲；"日察"族,指武士左侧佩剑处,等等。意即把整个涉藏地区按地区排列,喻为一雄壮武士,阿里地区为上,西卫藏地区为中,多康地区为下,其中岗察属多康下藏部落。其实"董"十八部族都分布在康区和安多地区。以"岗"为姓氏的部落后裔被称为"岗察",据客观历史演变来看,是由最初的血缘关系为纽带的氏族部落转变为地缘关系的部落,由姓氏名称演变为部落名称,现已成为地名。

岗察部落世居青海湖畔广袤的草原,繁衍生息。自公元 16 世纪起,蒙古族亦不剌、阿尔秃斯、俺答汗、和硕特固始汗部先后入居青海地区，占领藏族传统牧地。岗察族先是被迫迁徙盐池一带，后又被迫远迁到黄河以南达日尕云（今贵德常牧乡上下岗查地区）地区。《西宁府新志》记载："刚察族不甚驯良，（在贵德）所城东南一百一十里……东至渊住六十里，南至石山四十里，西至都受五十里，北至三岔塘三十里，东西长六十里，南北长四十里。乡约多尔麻所管。"清廷采取"扶蒙抑藏政策"，将黄河以南的藏族部落分别隶属于贵德厅及循化营。规定蒙藏牧地以黄河为界，禁止互相逾越，分而治之。

嘉庆和道光年间，黄河以南藏族诸部中的岗察族等十余族不堪种种压迫、限制，为求生存，又不得不逾河北迁，游牧于柯柯乌苏、青海湖及盐池附近。族内一部分人未逾河北迁，而向东迁至今循化境内，岗察族的牧民就是在这样的历史背景下迁徙到此地，并在这片丰美的草原上逐水草而居，繁衍生息，经营传统畜牧业。

历史悠久的岗察寺

岗察寺由"岗察"藏语村名而得寺名，全称"岗察具喜兴旺洲"。位于循化县岗察乡以南 6.5 公里处的山坳，这里地势平坦，风景优美。由第一赛卡活佛索南嘉措于 1740 年创建的格鲁派寺院。1980 年重新开放。原占地面积 40 亩，主要建筑有经堂 1 座，佛堂 2 座，僧舍 31 户。古迹文物有释迦千座殿及佛像唐卡等 1025 尊（幅），《甘珠尔》等典籍 560 余卷。盛时来自循化县岗察乡岗察村的住寺僧人有 40 余名，活佛 1 人，设有密宗院。

1958 年前有寺僧 40 人，僧舍 31 户 186 间，经堂 1 座，佛堂 2 座。1958 年宗教改革时，寺院被关闭，僧人遣返回乡务牧。1966 年 11 月，寺院建筑经堂、佛堂及僧舍全部被拆除，财产分给附近村庄。损坏文物佛像及经典 1580 余卷（尊）。1980 年 6 月经政府批准开放，同年成立寺院民主管理委员会，由僧人久美旦巴担任主任。截至 2021 年 1 月，来自本县岗察乡岗察村的住寺僧人有 27 名，经堂 1 座，活佛昂欠 1 院，僧舍 21 户。现有文物佛像及经典 600 余卷（尊）。设有密宗院。历辈赛卡仓为寺主活佛。现任寺主是第五世岗察寺赛卡活佛嘉木样·特布旦，现年 43 岁，常年在岗察寺驻锡，是循化县第十五届政协委员。每年主要宗教活动有正月祈愿法会，六月"麻尼"、九月降凡节、十月五供节等。

近年来，在循化县委县政府及岗察乡党委政府的大力支持下，寺院累计投资 287 万元，修建道路、改造电路低压线路，僧舍自来水实现了"户户通"，修建厕所，安装寺院路灯，改造寺院食堂暖气，开展"绿色寺院"创建活动等改善民生政策使广大僧众感受到党和政府的温暖。

独特的牧人生活

因地理环境、历史因缘、生活习俗、生产方式等影响，岗察牧区的民族文化、衣食住行习俗不同于其他农区藏族，独具特色。

岗察牧区地域辽阔，草原广袤，雪山神峻。岗察藏族人民在这片神奇的土地上，游牧生产，繁衍生息，世代相传。进入现代，在中国共产党领导之下，逐步富裕起来的岗察藏族人民，随着时代步伐，不断充实、改良着自己民族的传统风俗习惯。

岗察藏族的穿着服饰方面，种类繁多，主要有"佐华"（用大羊皮缝制的皮袄）、"热拉"（用布料做里面缝制的夏装长衫）、"抽拉"（用氆氇缝制的夏装宽衫，能避雨隔风）、"察日"（用羔皮缝制的皮袄）等。装饰品有妇女佩戴的用珊瑚、翡翠、象牙、绿松石制作的辫套。腰带右侧系挂精致银奶钩。妇女还惯用金银质地的项链、戒指、耳环、手镯等装饰物，多为金银制品。岗察藏族服饰有着简朴、奢华两种风格。平常日子，着装朴素，秋冬之际多穿大羊皮袄，得保暖、耐磨、耐脏之利；夏季多穿"热拉"，取凉热适宜，着装轻巧之便。随着社会进步，经济发展，藏族服饰从传统式样逐步向美观、实用、方便、高档发展。现在牧民穿流行服装已较普遍。

饮食方面：岗察藏族传统饮食以糌粑、牛羊肉和奶制品为主。糌粑吃法简单，耐饥，便于携带，适于游牧、行旅生活。奶制品有"曲拉（干奶酪）"、酥油、奶茶、酸奶等。肉类有手抓牛羊肉、风干肉、灌肠等。风干肉肉质鲜红，无膻味，存放期长，不易腐霉，携带方便，为牧民必备食品。灌肠有肉肠、面肠、血肠等。此外，还有"措麻"（水晶包子），肉团流油，香味独特，营养丰富。"蕨麻哲思"（酥油蕨麻），甜而不腻，营养丰富，有大补之效。"星"即藏制糕点。岗察藏族饮食的特点是糌粑、酥油、奶茶、牛、羊肉在日常生活中为主食。进入现代，牧民吃米、面已较普及，做各种炒菜，食物品种丰富多样，营养结构更趋合理。

居住方面：岗察藏族传统的宅居方式是帐篷。帐篷用黑牛毛织成的片子缝制而成。牧区群众原先都住牛毛制作的帐篷，现多数已定居。扎帐时用10根立柱支撑，帐顶用9根牛毛绳交叉牵引至帐外，拴于木橛上，再用9根立柱在帐外牵引支撑，起杠绳调整作用。帐顶留有长方形天窗作透光排烟之用。前方正中为帐门。帐内正中两柱间垒有一座狭长锅灶，藏语称"塔布夸"，两侧各留一小洞，供取暖除灰用，备有羊皮口袋鼓风。现在牧民已改变居住方式，建造了适应牧区特点，适合民族习惯，具有民族特色的定居房屋。至2005年底，全乡牧户已全部实现定居。

以前岗察藏族逐水草而居的游牧生活，一年四季至少两度转移牧场，即夏季牧场和冬季牧场。无论出行远路或放牧都需骑马，购物卖粮，迁帐搬家，离不开牦牛驮物驮粮，现在牧民购买摩托车、汽车较普遍，只要道路平坦，就乘车外出。

岗察牧人能歌善舞，每逢传统佳节，载歌载舞，欢聚一堂，人人喜爱歌舞，人人都是歌手。正因为有这样的环境气氛，岗察出现了较有名气的藏语歌手勒毛措、青措吉等。

丰美的岗察草原

岗察草原位于县城西南部的岗察藏族牧业乡，循同公路贯通而过。这里重峦叠嶂，连绵起伏，广阔无垠，水草丰美，牛羊成群。6 月至 8 月是旅游的最佳时期，草原上牧草茂盛，百花盛开，羊肥奶鲜。牧民们在绿草如茵的草地上搭建帐篷，炊烟袅袅，载歌载舞，歌声悠扬。使人暂时远离都市的喧闹，尽情享受大自然幽静、广阔、优美的无限风光，是一处难得的旅游胜地。

夕昌——山水·人文之乡

尕藏扎西[*]　李加东智[**]

历史源流

夕昌，藏语称赛强，位于循化县白庄镇境内。"赛"一词，是藏族原始六大骨系（或姓氏）之一，其全名为"赛琼扎"，相传此姓氏族群是藏族祖先神猴和岩魔女的四大嫡系之一，主要聚落在川西嘉绒、安多农区等地。因此，《果洛宗谱》（扎西加措、土却多杰著，青海民族出版社 1992 年 3 月第一版，第 23 页）记载："赛氏主要聚落在安多地区。阿赛则多聚落在康区，两者均属'扎'。"从地势地貌看，赛氏部落的人多居住和生活在深山老林处。夕昌之地是有山有林的风水宝地，与赛部落的集体居住特征相吻合。至于赛羌一词中的"羌"字，据已故学者陈来嘉措陈述，最初的"羌"字的藏文正确写法应为"aChing"，因与"Chang"字读音相同，后人误写为"Chang"。若此推断正确，那么"赛强"一词意为维系赛氏部落之地方。赛氏部落的源头是吐蕃，吐蕃强盛时期，其远征军常年活动于与唐交界的甘青之地，尤其在以河湟为中心的"大小宗喀"地方驻牧和屯田，循化藏区作为连接甘青的主干廊道，自然成为吐蕃军活跃的地方。据敦煌本吐蕃历史文书《大事纪年》记载：吐蕃诸大臣常于朵麦之地进行清查户口、征税、集会、议盟等活动，多发生在丹底和热西朵（现为清水）等地，吐蕃覆灭后，此地吐蕃兵丁变为遗民。《大事纪年》亦记载，"达力加莽布杰于东日乌湖与唐朝大将苏定方交战，达力加卒，以八千之众败于一千。"（王尧、陈践译注：《敦煌古藏

---

* 尕藏扎西，青海省委党校副教授。

** 李加东智，社会工作者。

文文献探索集》，上海古籍出版社 2008 年第一版，第 4 页）此处的东日乌湖指的是当今的孟达天池，战事发生于此地。达力加莽布杰战死后，被当地居民供奉为山神。夕昌民间有个传统游戏叫"阿加达力加"，其程式大概是，参加游戏的人们分别装扮成国王、大臣和百姓，国王把毽子踢传给臣子，臣子把毽子踢传给百姓，百姓则把毽子踢传回国王，如此轮回不断，在接传毽子的过程中出现失误者则要受惩罚。这个毽子游戏是夕昌居民对吐蕃大臣达力加莽布杰的一种历史记忆，从一个侧面说明了此方百姓曾为达力加将军的子民。实际上，夕昌的少数家族是后来从外地迁徙至此的，如牙日村的郭哇仓就是从海西天峻县迁徙至此的，强宁村的西仓部落是从甘肃碌曲县西仓地方迁徙至夕昌，麻日村的梢波亚果部落是从黄南州河南县迁徙至此的，等等。可见，夕昌的主体居民是吐蕃军队的遗民，而一小部分则是后来从外地迁徙至此的，因此在源头上是多元的。据民间口头资料，在之前的很长一段时间里，夕昌居民的生产、生活方式主要是牧业，这有赖于夕昌沟广袤的草场资源。而近 200 年内，生产方式才从牧业过渡到以农业为主、牧业为辅的格局。

夕昌人从游牧生产方式转型为半农半牧的生产、生活方式后，过着定居生活，并创建了佛教寺庙，开始共同举办宗教法会，在共享宗教活动和土地资源的过程中，形成了地域共同体。公元 17 世纪时，在第二世嘉木样活佛的倡导和主持下，夕昌居民整合原来几座旧寺庙的资源，创建了夕昌寺。从此，夕昌寺成为该地居民的主要活动场所和文化中心，在培养地方知识分子和丰富民众文化生活方面发挥了重要作用。

村 落

夕昌沟有 7 个自然村，分别为牙日、麻日（Ma-ru）、格达、多吾、吾科、阿萨仓、强宁。新中国成立后，为行政便利起见，将格达和多吾两村合并成为格达村，而牙日和阿萨仓则被整合成为牙日村，如今夕昌之地有 5 个行政村，即牙日村、麻日村、格达村、吾科村、强宁村。

由于夕昌交通条件差、自然地理条件比较封闭，外来文化及现代化对地方传统的冲击力小，故此地传统部落（Tso-ba）组织及部落习俗基本上都被保留和继承下来。部落对所属居民的组织、动员和维系作用也并未随着现代化的到来而被削弱。部落组织在婚丧嫁娶、宗教活动、节日庆典等活动中扮演主要角色。牙日村有 8 个部落（措哇），分别是郭哇仓、纳洛仓、江萨仓、囊仓、古格仓、霍尔仓、恰格仓、阿萨仓。麻日村有 6 个部落，分别为梢波亚果仓、梢波麻果仓、拉江仓、拉哇囊仓、朗卡仓、嘉卡措仓。格达村有两个部落，分别是格勒仓和达仓。多吾村有 3 个部落，分别是多吾仓、占巴仓、昂拉仓。吾科村有 6 个部落，分别是曼巴仓、霍尔仓、宝吾仓、祠祠仓、嘉奈仓、吾科仓。强宁村有西仓部落。

由于夕昌地方地理环境较封闭，在历史上基本上处于松散的地方自治状态，先由强宁西仓首领管辖，后由牙日村郭哇仓管辖。公元 18 世纪（约 1787）后，嘉木样活佛通过拉卜楞寺与夕昌的宗教从属关系（母寺和子寺关系）来管理夕昌的僧俗事宜。新中国成立后，夕昌在行政区域上划归为白庄乡（现白庄镇），成为白庄镇唯一的藏族聚居区。

寺 院

佛教传入夕昌的时间当属吐蕃时期，当时由驻牧于起台沟一带的吐蕃民兵将佛教传播于此地。及至后弘期，佛教开始从后弘期鼻祖喇钦贡巴饶赛的诞生地加入向四周传播，沿着清水河传播至夕昌。随着佛教的传播，夕昌先民先后创建了 5 座寺庙，分别是尼玛龙寺院、贡宝日寺、甘当寺、夕昌禅院、夕昌寺。其中，尼玛龙寺由霍尔洛桑嘉木样创建，后没落失修，其木材分发给夕昌寺和刚察寺；贡宝日寺被撤后，其木材运至夕昌麻日，用于修建嘛呢康，前些年修缮麻日村的嘛呢康时发现，从贡宝日寺运来的旧木材尚在保存；夕昌禅院位于夕昌寺东南角 1 公里处的山坡上，现已没落失修，但废墟仍在。该禅院历史悠久，相传由玖·丹巴仁青创建，是一处专门修行佛法的修行地。公元 17 世纪时，拉卜楞寺密续学院的第二任法台霍尔·洛赛嘉措和赛卡·索南嘉措将夕昌禅院扩建修缮，并改之为曼巴扎仓。该禅院于 1958 年后关闭，至今未恢复。

夕昌寺扎西达尔杰林，是继夕昌禅院后建造的格鲁派寺院，也是目前夕昌地区仅存的一座寺院。对其历史，《安多政教史》记载："赛强（注：夕昌）有一座历史悠久之寺庙，经该地僧俗商议，将其供奉给嘉木样活佛。嘉木样活佛视察该寺的地势地貌后，嘱咐将其迁至他处并改之为清规寺院。经嘉木样活佛资助，在迁入地新建了大经堂，并在其主持下，创立了依托彩色细沙的普明大日如来和时轮金刚仪轨，成为一方殊胜福田之乡。"该书所载之"历史悠久的寺院"并非夕昌禅院，因为夕昌禅院并非夕昌寺之前身，两者无继承关系，在 18 世纪末至 20 世纪 50 年代的漫长岁月中，两者是并存不悖的。1958 年，两座寺院被关闭，直到 80 年代党的宗教开放政策落实后，夕昌寺才得以恢复宗教活动。当时夕昌禅院未得到修缮，被历史遗弃。关于夕昌寺的历史，《安多政教史》记载：夕昌寺是经当地僧俗代表商议而于 1787 年供奉给甘肃拉卜楞寺的寺主活佛嘉木样活佛晋美旺波（1728—1791），当时该活佛亲临现场，予以部署和指挥，将寺院从原来的旧址迁至目前所处的位置（笔者注：地名为扎西杨磊赛雄）。夕昌寺建立后，法台都在嘉木样活佛的精心安排下从拉卜楞寺派遣至夕昌寺的，后来逐渐形成了不成文的规制。从拉卜楞寺派来的诸法台，多半都在拉卜楞寺担任过某扎仓的法台等职务，如官却丹达尔（曾任拉卜楞曼巴扎仓法台），于 1824 年担任夕昌寺首任法台。此人精通密续，尤擅时轮，遂立大日如来普明。后来香喇曲扎（曾任拉卜楞曼巴扎仓法台）上任夕昌寺法台，创立了时轮金刚仪轨。据《安多政教史》记载，李雪巴索南嘉措（生于木蛇年，拉卜楞寺时轮学院法台）、赛勒活佛官却华丹（生于火鼠年）、若尔盖洛桑华丹等人先后担任过夕昌寺法台（赤巴）。

夕昌寺基础设施的建设和发展也离不开拉卜楞寺历代嘉木样活佛的帮助和支持。

1804年，经夕昌头人宁格加等人请求，三世嘉木样洛桑土登久美资助修建大经堂。1873年，第四世达格东月嘉措在担任夕昌寺法台期间主持修建寝殿。作为达格东月嘉措的随从人员，拉科仁波切随同达格东月嘉措亲赴夕昌寺，在该寺驻扎一年有余，其间参加夕昌寺的日常法会。后来，拉科活佛常言自己是夕昌寺的僧源。1937年，在拉科仁波切的主持下，开始修建弥勒殿，此殿于1939年竣工。1946年，拉科仁波切以弥勒殿诸所依佛像竣工典礼为契机，莅临夕昌寺，主持了弥勒殿开光仪式，并资助制造了用于"晒佛"的缎制佛像。拉科活佛一生主持了13次时轮金刚法会，其中首次法会在夕昌寺主持。

夕昌寺通过其与安多地区最大的寺院拉卜楞寺之间的交流渠道，培养了一大批优秀的佛学知识分子。其中，从史料上可考证的有霍尔·洛赛嘉措、官却丹达尔、香喇曲扎、李雪巴索南嘉措、赛勒活佛官却华丹（生于火鼠年）、左盖洛桑华丹、达格东月嘉措、多然巴官却索南、古格喇嘛、拉然巴嘉措、成来嘉措等。成来嘉措则为当代之人，"文革"期间被迫还俗，后被迎请至青海民族学院和青海民族出版社等单位从事教学和出版工作，为改革开放后的民族教育发展做出了积极贡献。尤其在出版领域，成来嘉措先生曾编辑出版诸多藏文珍本文献，成为藏文出版行业的栋梁之材。

学　校

夕昌学校始建于1961年，位于循化县城南面，甘肃省夏河县交界处，离县城大约有30公里。学校辐射牙日、麻日、格达、吾科、强宁5个行政村12个自然村的所有适龄儿童及承担学前教育，是白庄学区唯一的藏汉双语学校。

学校现有160多名学生，设7个教学班，5名教师，临代教师7名，授课科目有英语、汉语文、藏语文、数学、思想品德、综合实践、音乐、体育、美术、健康劳动等。据统计，截至2017年学校共输送初中生560名，这些学生中的一部分积极上进，考取了硕士、博士研究生，现有博士生 7 名，研究生 21 名。从人口比例看，夕昌的博士数量排名挤进了循化县各村落的第一方阵之列。这对经济发展较落后、交通条件较差的夕昌而言是十分难能可贵的。

多年来，学校奔着有利于学生全面发展，培养学生个性为宗旨，奉行博学、善思、励志的校训，努力提高教育教学质量，加强注重学生的德育工作，取得较大成绩，屡次在全县统考和抽考中排名靠前，并获得"教学管理先进集体"等多项荣誉。

山　水

夕昌幅员辽阔、山清水秀、水草丰美，山水林田湖草冰沙佳景怡人，和谐祥和，生机勃勃。夕昌沟东南方向巍然屹立着被当地居民称为神山的贡禹山，其海拔为 4800 余米，此山东面为道帏沟，南面与为夕昌沟，北面延伸至萨麦东纳。因夕昌居民的生产、生活所需的诸多自然资源与此山息息相关，因此被当地供奉为神山。据说，栖于此山的山神原型为年羹尧，有人也说是关羽。有关祭祀文本记载，该山神的特征为紫面长髯，右手拿着长矛，左手端着宝瓶，顶髻饰有珍宝，身披铠甲，复披红色半月形披风，坐骑为枣红色骏马。当地居民按此形象制作旗帜，用于祭祀活动。夕昌西南，屹立着壮美的彤宝神山，据传该护法神为一比丘，具体来历无史料可稽考。彤宝神山东面、南面和北面均为夕昌草地。据夕昌头人强宁西仓家族保存至今的地图和相关草山纠纷调解协议显示，夕昌的草地非常广袤，即东至萨麦东纳、加仓村嘉义纳噶、贡禹山、仲则热瓦、卧徐山等地，南至晒托垭口和尼玛龙多本、夏磊多斯、西达夏肖巴拉泽、萨庆梢噶、彤宝神山山顶、尧龙则等地，北至嘉莫贡觉，也就是夕昌和科哇的地界线。上述夕昌草山范围的大概地界线轮廓得到老人官却、公保、杰洛、夏吾才让、桑杰加等的确认。1951 年 6 月，喜饶嘉措大师在夕昌夏龙多地方调解夕昌和岗察之间的草山纠纷，当事双方签署的草山协议和地图由夕昌七村共同保管，至今完好无损，其内容与上述地界线相吻合。（参见《喜饶嘉措文集》第三卷，青海民族出版社 1984 年版，第 635 页）牙日村在历史上对草山使用方面有优先权，夕昌南面的纳阁郭航到北面的嘉莫贡觉之间的草山由夕昌牙日村独享，可见牙日村为夕昌沟最早定居的村落。

据有关部门统计，夕昌的林地面积为 220154.55 亩，其中，天保林面积有 11.10 亩、公益林面积有 109154.55 亩，是循化县之最。这里动植物种群多样、人与自然和谐相处，风景优美，山水林田湖草冰等形成和谐多元的生命共同体。

节　日

夕昌的主要节日有春节、正月祈愿大法会、二月十一祭祀敖包、三月时轮金刚彩沙坛城仪轨、四月木兰（祈愿法会）、五月端午节、嘛呢文智、六月插箭节、九月二十二日降神节、十月阿确节（宗喀巴大师圆寂日）。春节初一家人团聚吃年夜饭，初三家中男士上山煨桑，跳鼓舞。初五开始举办篮球比赛，村中各部落之间，以及各村落之间相互比赛，其间举办方组织锅庄舞及其他歌舞表演。届时夕昌七村齐聚一堂，观看赛事及节目。初七下午太阳快落山时，各村庄跳鼓舞，举行煨桑仪式，以此禳灾祈福。十一至十五为夕昌寺正月祈愿大法会，各村落轮流熬茶供养僧众。十五春节毕，各村居民欢聚嘛呢康，吃嘛呢剩饭，给小孩们分发嘛呢康佛堂的供养品。若村中有八十大寿老人，将给民众供养寿宴，并给小孩们分发糖果，以表喜庆。二月十一，举行盛大祭祀仪式，供奉当地主要山神阿尼彤宝、阿尼贡禹和阿尼赛乔，祈求本年度风调雨顺。四月木兰可谓夕昌沟最大的民间节日，在安多藏区独有。据传四月十五是释迦牟尼佛诞生、成佛及涅槃之日，为表纪念，卫藏等地将此月命名为萨嘎达瓦，民众吃素食和闭斋。按照佛教仪轨，夕昌先民将四月十一至十五定为纪念释迦牟尼佛诞生、成佛及涅槃的"三重吉祥日"，供养僧众，举行各种宗教活动。四月十一为弥勒佛巡展仪式；四月十三，按照拉卜楞寺的规制，僧众表演米拉日巴羌姆舞（又称鹿羌姆）；四月十五进行晒佛和"世界大公桑"活动。四月木兰节不仅具有宗教属性，也具有浓郁的民俗特征，人间烟火气息很浓重。该地全民欢聚于夕昌寺北面的草滩，享用以村为单位轮流供养的油饼及奶茶。饭毕归家途中，年轻人进行拉伊对唱，歌声绵延不断，成为木兰节的一大亮点。端午节又称药师佛节，家中小孩将采摘的野花供奉于佛堂，并采摘嫩绿的树枝插于门缝。早上一般吃韭菜包子，随后去溪边沐浴，此举被认为是在用药师佛之药水洗净身上的疾病及秽气。六月插箭节，村中男人前去阿尼彤宝的分支山岗"当壤"进行插箭仪式，并迎请僧人念供奉山神之佛经。插箭仪式完毕后，村民欢聚在村附近风景点，进行"香浪"（野营）。九月二十二的降神节，被认为是佛祖释迦牟尼从三十三层的天神界下凡人间之日，夕昌村民一般在此日行善布施、闭斋念经。十月阿确节（宗喀巴大师圆寂日），闭斋念经、供灯纪念宗喀巴大师圆寂日。

综上，夕昌的诸节日既是宗教的，也是世俗的，两者融合度较高。如春节和端午节明显受中原文化影响，同时也带有明显的民族文化因素和地方民俗特色，其余的都带有不同程度的宗教色彩，但也不失为富有民俗气息民间节日，因为民众的参与度相当高。如四月木兰既有羌姆舞蹈表演，也有农村拉伊（情歌）对唱的活动。除了上述重要节日，夕昌尚有其他一些较次要的节日，因篇幅有限在此不再赘述。

夕昌之地不仅是风景胜地，更是文化高地和人文之乡，开发空间很广、发展潜力很大，相信在循化县委、县政府的正确领导下，夕昌人民乘着国家"乡村振兴"战略的顺风车，通过自身努力，创建更加美好的家园。

旦斗寺与黄河北面的三个藏族村落

侃　本

　　旦斗寺（也有写丹斗寺的），地处化隆县金源乡与循化县积石镇交接的小积石山南麓，地理位置属于化隆县辖区。旦斗寺历史上有 8 个香火村落，简单讲就是有八个属地村落。8 个村落中 5 个村落属化隆县，3 个村落属循化县。这 8 个村落是旦斗寺的主要僧源地，也就是负责旦斗寺日常起居的村落，从这个层面而言，旦斗寺与 8 个香火村是一对共生的文化单元。循化县黄河北岸的积石镇加入村、清水乡阿麻叉村和专堂村，按旦斗寺的说法叫"西巴卡森"，其意大概是积石山腰的 3 个香火村落。这 3 个藏族村落无论是服饰、方言，还是心理特征，都与化隆藏族比较接近，但与黄河南面的道帏、文都和孕楞相比较，还是有明显的区域差别。

旦斗寺：藏传佛教"后弘期"的发祥地之一

　　公元 9 世纪中叶，吐蕃末代赞普朗达玛在西藏掀起禁佛灭佛运动，寺院关闭，僧人流放。此时，正在拉萨附近的曲卧山静修的藏饶赛、肴格迥、玛释迦牟尼 3 位僧人闻听后，携带部分佛经西逃阿里，后来又从阿里北逃南疆，然后借道内蒙古进入河西走廊腹地。在流离了十几年后，最后终于流落到今旦斗寺所在的丹霞山岩中隐居修行，史称西藏"三贤哲"。

公元 843 年，在朗达玛灭佛的第三年，一个在拉萨东山叶巴岩洞里修习的僧人拉隆贝吉多杰悄然化装后，在大昭寺前面的石碑前用计谋接近赞普，趁其不备用暗箭弑杀。然后机智地逃出拉萨，亡命天涯，最后来到河湟地区，与"三贤哲"有过接触，后来在东日仙湖（又名孟达天池）附近的深山老林里隐居修行，终其一生，其修行处今称神仙洞。此后吐蕃发生大规模的奴隶起义，吐蕃王国就此寿终正寝，宣告了吐蕃王朝的正式解体，从此西藏开始了将近 500 年漫长的分裂混战时期。

当"三贤哲"在旦斗寺隐居修行时，加入村的羊倌穆思三白在此放羊途中发现了他们。据资料显示，穆思三白的祖籍是西藏拉萨以北的彭域肖巴一带，在唐代，吐蕃赞普热巴巾（《旧唐书》称可黎可足，执政时间公元 803—838 年）时期，吐蕃武将达囊赤森杰奉命调兵遣将至循化加入村一带屯边，穆思三白便是其后代，有些资料更具体地说是其孙子。穆思三白家族是一个信奉苯教的家族，自幼受家庭熏陶，他对苯教的基本知识有一定的认知。当他几次接触"三贤哲"后，内心非常震撼，这三位贤者不仅知识渊博，而且个个和蔼可亲。经过一番考察后，穆思三白决定拜三位贤者为师，于是按佛教仪轨进行剃度，受了沙弥戒，取名格哇赛。从此以后，少年格哇赛认真拜师求学，系统地学习了佛教知识。后来，随着年龄的增长，他先后到过河西走廊的武威、张掖、敦煌及今永靖县的炳灵寺等地拜师学艺。

格哇赛成名后，人们尊称他为喇钦贡巴饶赛（892—975），"喇钦"是大师的意思，"贡巴饶赛"是通达佛教教义之意，通俗一点就是学识渊博的意思。再后来，喇钦贡巴饶赛创建旦斗寺，招徒弘法，使藏传佛教再度从这里复兴，因而该寺成了藏传佛教各派信徒向往的圣地，来此修持者络绎不绝。不久，来自卫藏的卢梅崔臣喜饶等 10 人远道来旦斗寺拜喇钦为师，喇钦为他们开坛讲法，并把"三贤哲"从西藏带来的佛教经典传授给他们。他们学成后返回西藏弘法，在西藏山南桑耶地方部落首领的支持下弘扬佛教，修复了在山南的桑耶寺，并创建了一批新的佛法讲习地。喇钦的这几批徒弟陆续在整个西藏弘扬佛教，佛教很快就得以恢复。星星之火，可以燎原，佛教从青海河湟地区重新传入西藏，并复兴起来。

旦斗寺虽地处偏僻，但作为藏传佛教"后弘期"的发祥地，在藏族历史上具有重要地位，一直是各派信徒们向往的圣地，朝圣者络绎不绝，三世达赖等西藏重要人物都曾到过旦斗寺。明清以来，西藏各派高僧大德到内地朝圣，途经河湟地区，不少人都来此朝拜，有的甚至长住修持。

历史上，该寺属民和才旦寺系统，大约从清代以来，一直接受才旦活佛管辖。该寺的整个建筑非常有特色，寺周悬崖陡立，石壁高耸，佛殿或建于峭壁之中，或建于悬崖之下，或依天然岩洞而成，别具一格。在这里还发现很多早期壁画，引起了学术界的高度关注。

旦斗寺建筑主要由阿尼李加殿、热杂帕殿、比丘阿其达修行殿、三世达赖修行殿、"三贤哲"及喇钦修行殿、弥勒殿、阿柔格西修行殿、释迦殿、大经堂、才旦堪布活佛府邸、才旦夏茸活佛府邸、叶东佛塔及僧舍、大厨房等组成，共200余间，是一个完整的建筑群，保存有大量珍贵文物。

据《青海记》载，当时有18僧，《安多政教史》则云有百余僧人。1958年后关闭，1962年开放，有寺僧18人。1967年再次关闭。1980年又重新开放，现有寺僧35户69人，寺周林木近千亩，由寺僧管护。宗教法事活动有正月祈愿法会、三月春季学经期会、四月为期7天的主神供养会、赛康巴所创的五月修供法会、六月十五起为期45天的夏季学经期会、八月为期7天的胜乐供养法会、十月宗喀巴圆寂日的五供法会等。

加入村：喇钦贡巴饶赛的诞生地

加入村在循化县积石镇黄河北岸，背靠丹霞如火的小积石山，面朝黄河。加入村之所以出名，它是喇钦贡巴饶赛的诞生地，从宋代开始各种文献多有记载。其中比较出名的有元代西藏纳唐寺学者迥丹日比热智对喇钦贡巴饶赛的评述，明代西藏噶举派学者管宣奴贝的《青史》，清代佑宁寺活佛土观洛桑却吉尼玛撰写的《喇钦贡巴饶赛传略》，民国时期才旦夏茸活佛撰写的《喇钦贡巴饶赛小传》等。近代又有两位循化籍学者用汉文撰写了加入村和喇钦贡巴饶赛相关的文章，如吴均先生的《论喇钦贡巴饶赛》，吴绍安先生的《追忆喇钦贡巴饶赛》《循化最古老的村庄》，从各种资料入手，详细论述了喇钦贡巴饶赛和加入村的历史地位。

加入村早年的生计方式是以畜牧业为主，该村的后山及其上滩或上台地区，直至甘都一代都是他们广阔的畜牧地，当时的落脚点以上滩为主，当地方言叫"牙囊堂"或"巴堂"，喇钦贡巴饶赛的古迹就在这里。后来随着社会环境的变迁，在放牧的同时，也开始种植农作物和瓜果，现加入村所在地是他们的农田，在波浪滩一带也有他们居住的痕迹。

加入村不仅历史悠久，而且早年人口也比较多，但是这里交通闭塞，信息滞后，生产单一，遇到自然灾害人们的生计会受到各种影响。清代中期以来各种人为因素常常困扰着他们，特别是历次河湟事变给他们带来了严重的影响。在自然灾害和人为因素的双重作用下，大部分人选择背井离乡，如甘肃省夏河县清水乡桑格塘村（前光滩村）加入部落，30余户，于2000年组织人员专程来循化加入村省亲。本省互助县白马寺下面的那个村落叫白马村（藏语叫玛藏村），有几户加入村的移民，本县文都乡抽子村据说是全员从加入村移民过去的。道帏乡加仓村加入部落，多哇村加入部落，多什则村加入部落，木洪村加入部落，都是从黄河北岸的加入村分离出去的，部落名称至今仍然叫加入，都以自己是喇钦贡巴饶赛的后裔而无比自豪。据粗略统计，这些人加起来共150余户，800余人。另外，零散出去且如今还能寻根问底的在本县文都乡其他村落10余户、尕楞乡有10余户，化隆县甘都镇、金源乡、卡力岗地区30余户，120人左右，除此无任何音信。

民国马步芳家族统治青海之时，名目繁多的苛捐杂税及繁重的兵役法，在无奈之下又走出去了一部分人，直至解放前夕加入村只剩下了十几户。

改革开放之前，这个千年村落因黄河隔绝，出行非常不便。虽然与县城相隔两公里左右，隔岸相望，可以对话，但是往返一次需要一整天的时间。听当地老人讲，以前这个村庄的男人基本都会在黄河里来回畅游，有时候靠羊皮筏子过黄河，后来靠小木船过黄河。到20世纪60年代，人民政府才运来一艘大型船，黄河两岸架起一根粗大的钢丝绳，船靠钢丝绳慢慢缓行，非常安全。按当时的条件来说，这条船非常大，可载人载物，也可载牲畜，小拖拉机也可以托运过去。一天往返一次，早晨8点左右从河北岸往南岸开，下午5点左右从河南岸往北岸开。一旦遇到特殊事情则可以破例。1979年，连接黄河南北的循化积石黄河吊桥正式建成通车，一下子拉近了千年古村落与现代城镇之间的距离。从此以后，两岸通行非常便捷。从政府部门和单位角度而言，第一个跨过黄河修建的是循化县委党校，其后陆续有循化县检察院、循化县农业局、循化县孟保局、循化县高级中学、循化县消防大队、循化县武装部、循化县敬老院、循化县会议中心接踵过河落户。如今，循化境内的黄河上有9座桥梁，出行非常便利，这是党和政府的又一便民工程。

加入村在改革开放之前，有五六十户人家，其中汉族16户，回族7户，撒拉族1户，其余皆为藏族。汉族是从县城迁移过去的，有王、赵、胡、白、车、黎、李、张、田、姚、魏、祁、罗等，总计16家。回族7户，有肖、马、杨3个姓氏，迁移自县城寺门巷、西街村等地。撒拉族1户，韩姓，迁移自草滩坝村。档案资料和民间口述非常吻合，这一波人的第一批是1955年和1956年迁移过去的，当时因县城改扩建，东西大道要畅通，各巷道要疏通，所以在政府动员，个人自愿，所在地接受的基础上把县城的一部分人有计划地分流到尕庄、木匠滩、加入等地。他们首先被安顿在藏族人家里，等有条件的时候在附近盖房居住。据加入村马乃本先生的《回忆与收获》一书记载，他们家当初接待了4户人家。这些人在迁移点站住脚后，又陆陆续续地动员其他亲信移民到这个村落。如今的加入村生产类型除主要从事农业外，还种植蔬菜、瓜果，有些家庭还有少量的养殖业，有些还经商，生活自给自足，幸福美满。

自从一座座大桥矗立在黄河上后，过去封闭的加入村一下子面貌大改变。在人口飞速发展的同时，宾馆、医院、商铺、生态园、精致的农家庭院，密密麻麻。一到夏天这里更是热闹非凡，有官方组织的黄河抢渡赛等活动，也有从各地来这儿旅游度假、休闲娱乐的人。

如今加入村 220 余户，800 余人，分上下两台，下台为加入村本部，上台在加入村本部部分移民的基础上，近几年从化隆县金源乡、循化县尕楞乡、道帏乡等地搬迁而来的居民有汉族，也有撒拉族、回族，但主体民族仍然是藏族。在下台加入村的原住民后代有两个部落，一个叫恩措热，意即前部落；另一个叫豆噶热，意即后部落，30余户，其余皆为改革开放以后从四面八方迁移过来的。

以前从加入村经过弯弯曲曲的山路直接通达旦斗寺，但这条山路险要、陡峭，年轻人步行需要三四个小时，往返约 8 个小时的路程。2021 年，在才旦堪布活佛的努力下，从加入村到旦斗寺修起了公路，半个小时就能到达目的地，取名"喇钦路"。才旦堪布活佛还把喇钦诞生的"巴雪"遗址也很好地保护了起来，在原址上修起了一座纪念塔，以此来供人们瞻仰这位贤哲。

加入村的嘛呢房历史悠久，1958 年的宗教改革和"文革"期间均没有受到损毁，被很好地保护了下来，老人们闲暇之余在嘛呢房念经转圈，是他们休闲的好地方，旁边有一座佛塔。加入村的山神叫阿尼知合毛切，具体位置在波浪滩北面矗立，面对加入村的那一座山，有些人戏称笔架山，其颂词是由文都大寺第一世噶得合活佛撰写。加入村背面的小积石山顶有该村的"拉则"，当地人称"环凯"。从加入村至旦斗寺直行的这条沟叫"本浪"，意即万佛沟，弯弯曲曲的那一条爬坡路段叫"章章拉"，意即笔直的山坡，才旦夏茸活佛的著述中别称"豆江拉"，意即驱难坡。沟口叫"本浪多"或"本浪堂"，20 世纪 50 年代，才将"本浪多"的藏语地名用汉语记录成"波浪滩"。1958 年前这条沟里有许多堆积的石块，都是进出旦斗寺的朝圣者一块一块堆积起来的，石块上刻有"六字真言"或各种"佛像"造型，沿途的大石块和岩石上均有这样的咒语或佛画艺术。过去人们生活艰辛，多灾多难的时候，往往去寺庙朝圣，祈求神灵保佑，身体健康，生活美满，主要想表达的是一种美好的心情。

历辈才旦堪布活佛，历辈才旦夏茸活佛，因旦斗寺的关系经常到加入村进行各种活动。还有文都大寺第一世噶得合活佛（清道光年间人），孕楞隆杨塘寺寺主晋美·丹曲嘉措（1898—1946）活佛等也曾经踏足加入村进行过各类活动。在他们的著述或口述中经常提到这些地名，以此推断哲学地名至少有上百年的历史。

加入村的民间祭祀活动主要有，阴历四月初一至初五的旦斗寺供奉节，阴历四月十三后山腰上的祭祀拉什则节，阴历八月十五的胜乐金刚供奉节，阴历九月二十二旦斗寺供佛节。加入村藏族村名供奉的家神主要为华旦拉毛，即以吉祥天母为主。

加入村的民间民俗活动非常丰富，所有的农事活动、婚丧嫁娶及其日常生活都有相应的仪式，如春耕选良辰吉日，通过煨桑、吹海螺等仪式，祈求五谷丰登。秋收、打碾也有相应的仪式。秋后磨面须到黄河对面的草滩坝、清水一带去方能磨上面，或坐等黄河里的水磨船来磨面。每家每户有固定的佛堂，都对佛教非常虔诚。婚俗方面有新娘"哭嫁"等习俗，舅舅位高权大，姑娘出嫁舅舅有很大的发言权。在日常生活中有很多禁忌，但如今随着社会环境的变迁，很多传统的东西正在悄然地发生着变化，原来盛行的婚俗、葬俗及日常风俗习惯均有明显的时代感。

加入村地理位置特殊，各民族交错杂居，多元文化相互融合，因而这里的人聪明好学，先后出现很多成功人士。如诞生在加入村的才旦堪布活佛，如今是青海省政协委员，海东市人大常委、海东市佛教协会副会长，民和县人大常委会副主任、民和县佛教协会会长，他时刻关注着家乡的变化，加入村的很多文化活动他都在倾尽全力进行扶持。

马乃本同志是从加入村走出来的政界精英，最后从黄南藏族自治州副州长上退休。他从政期间坚持真理，秉公办事，深得人心。他退休后一直关注着加入村的发展，并积极出谋划策，助力乡村发展。他撰写的《回忆与收获》一书将自己的家族背景、村落历史、人生轨迹及参政议政的特殊经历——展现在读者面前，对我们认识加入村是一个很好的读物。

我的高中班主任赵超老师也是加入村人，他学识渊博，性格温顺，一生默默无闻地奉献在循化教育战线上，如今桃李满天下。加入村改革开放前的部分资料通过赵老师得以打听，赵老师如今退而不休，一直忙碌着，他的回忆录《人生路漫漫》也已出版。

我第一次走进加入村是 1978 年，那年我在循化中学上高中，班里有几位加入村的同学。某天与同学结伴去了该村，早晨乘船过黄河，下午返回。后来吊桥建成后去的次数渐渐多了起来，也认识了不少村里人。1980 年秋季，十世班禅大师到加入村视察，给现场所有人讲党的民族政策的同时，也专门谈了加入村悠久的历史，当时我也在现场。1986 年我在循化当老师期间，有一次专门去拜访了时任村支部书记安尖措同志，我和他儿子相熟，通过这层关系我早就认识他。在书记的精心安排下，在他们家的果园里与该村几位老人：安尖措书记、巴吾才旦、巴吾多吉、巴吾公保才让、巴吾加邦、巴吾才太、巴吾才布合等，从加入村的历史、文化、民俗、信仰、禁忌等，再到加入村的现状、未来、期待，进行了面对面的交流。再后来因工作关系又陆陆续续去了几次，采访了几位村民。2021 年又因循化县政协文史资料《福天宝地》撰写的需要，同我的高中班主任赵超老师、才旦堪布活佛、马乃本先生、乡村医生龙盘大夫、旦斗寺阿克久美克智等进行了几次交流，这篇文章在这样的背景下进行了完善。

阿麻叉村、专堂村：拉隆贝吉多杰的落脚点

阿麻叉村和专堂村属于清水乡，都在黄河北面，虽然海拔较低，但村内沟壑遍布，生态环境脆弱。站在这两个村子里，九曲的黄河、积石的丹霞和旦斗的山崖，均映入眼帘。

阿麻叉村有 44 户，285 人，专堂村有 63 户，342 人。过去两个村落交通极为不便，生产方式以生态养殖为主，种植经济作物为辅。生态养殖方面有牛、羊、猪、马、驴、

家禽，尤其是山羊居多。2008 年，在政府移民工程的感召下，阿麻叉村村民举家前往加入村上台，但也有少量未搬迁者，仍然在原村生活。自从循化至官亭公路修通后，专堂村的情况大有好转，公路直接经过村里，与外界的联系自然畅通起来。另外，政府的精准扶贫政策使这两个村受益匪浅，走上了脱贫之路。

阿麻叉村和专堂村的形成年代不见任何正史记载，但在民间与其有关的传说普遍认为，射杀末代赞普朗达玛的拉隆贝吉多杰从西藏千里逃亡到河湟地区，在尖扎县南宗寺、洛多杰扎寺及旦斗寺都有他的足迹。还曾经到过阿麻叉村和专堂村一带藏身，这两个村的村名都与他的传说息息相关，至今还保留有部分遗迹。虽然这是个传说，但历史的脉络还是比较清晰的。历史上比较有名的阿麻叉古城，如今只有少量的残垣断壁依稀可见。

这两个村落如今仍然有相应的《村规民约》及宗教活动场所，有祭祀山神的活动，每家每户都有佛堂，老人们经常去村里的嘛呢房念经，青壮年劳力出外务工，挣钱养家。这两个村落的男人们除了本民族语言外，都会说汉语、撒拉语。除会干各种农活外，还会建筑技艺等，多会一门手艺，多了一条致富门路。

如今，两个村落按照"生产发展、生活宽裕、村容整洁、乡风文明、管理民主"的新农村建设总体要求，坚持从本地实际出发，高起点规划、高标准实施、高质量建设、全方位推进，扎实推进村级经济社会发展。

后　记

　　"循化文史丛书"全四卷《积石古风》《福天宝地》《泉润四庄》《时空回响》如期出版，是循化县政协第十六届委员会的重要工作成果，也是打造书香循化、人文循化工程取得的重大成就。

　　这套颇具统战性、史料性和可读性的丛书，选材角度宽，人物类型多，内容涉猎广，时间跨度大，真实地记录了百年来循化的重大历史事件和重要历史人物以及社会变迁的方方面面，展示了时代文明进步的足迹。这些翔实可信的文化遗产，填补了循化地区民族史料征集出版的空白，必将为存史、资政、团结、育人、弘扬爱国主义精神、繁荣文化事业、促进民族团结发挥积极的作用。

　　《积石古风》展现了循化地区汉族人文历史镜像。"循邑名宿""学界名流""风流人物"等九个栏目，展示了近现代以来的历史风云人物和新中国成立至今在教育文化等诸多领域涌现出来的时代翘楚。

　　《福天宝地》聚焦于循化藏族地区的历史文化和人文情怀。丰厚的人文精神是循化藏族地区文化的灵魂，影响着这片土地上人们的思想观和价值观。

　　《泉润四庄》的诸多史料，都是在阡陌村巷和老人们零碎的记忆里捡拾和挖掘的珍宝。这些或美好或甜蜜或悲壮或沉重的乡村记忆，再现了历久弥新的精彩瞬间和悠悠乡愁。

　　《时空回响》是综合性的史料选辑。广征博采、史海淘宝，拾遗补阙、百态纷呈是其鲜明的特色。

"循化文史丛书"自征集、编纂至出版，得到了中共循化县委的高度重视和县政府的大力支持。青海民族大学也抽调部分教授和专家学者，为丛书的编辑工作付出了极大的心血。

中国文史出版社对基层政协文史资料工作的关心和支持，促成了"循化文史丛书"在专业的文史出版部门付梓。段敏副总编、王文运主任、李晓薇编辑以其深厚的专业学养和精益求精的敬业精神，严把政治关、史实关和文字关，坚持体现"三亲"特色，极大地提升了丛书的品质。

谨此，对所有关心、指导、支持和帮助征集、编纂和出版工作的领导、编辑和撰稿人员表示衷心的感谢。

本丛书在史料征集和编纂工作中仍有不少瑕疵或不尽如人意之处，诚望各位专家和广大读者批评指正。需要说明的是，由于各种原因，征集到手的史料未能全部入选丛书，我们在对这些撰稿员的辛勤付出致以谢忱的同时也表示深切的遗憾，望予见谅。

"循化文史丛书"编委会